十三經注疏

注 趙岐 疏 孫奭

공동번역 崔彩基 梁基正

譯註 孟子注疏 2

맹자주소

전통문화연구회

飜譯委員

共同飜譯　崔彩基 梁基正
企劃編輯　東洋古典飜譯編輯委員會
常任原文校閱　吳圭根
飜譯研究管理　南賢熙
潤　文　朴勝珠
校　訂　李承俊
出　版　白俊哲
裝　幀　김진디자인

圖書管理

弘報管理　李和春
普　及　徐源英
古典情報化　東洋古典情報化研究室

東洋古典現代化와 十三經注疏 譯註

본회가 東洋古典의 飜譯과 敎育, 情報化 등 古典現代化 사업을 시작한 지 어느덧 25년이 되었다. 그간 우리나라의 고전국역 상황을 보면, 東洋古典에 대한 번역문제는 1960년 중반에 한국고전번역을 정부에서 추진하면서 우선 四書五經 등 기본고전을 모범 번역하자는 논의가 있었지만 우리 고전이 아니라고 무산되었다.

1980년대에 韓國學 연구와 한국고전번역의 先決課題는 물론, 國際政治 관계나 經濟상의 이유로도 필요하다는 논의가 제기되었다. 그 후 1988년 본회가 발족하면서 東洋古典 번역을 착수하여, 1990년대 말경 본회에서 소위 '新注'의 四書三經을 註까지 懸吐完譯함으로써 東洋學과 韓國學徒들의 袖珍本이 되고 敎育界와 文化界까지 파급되었다.

그 후 본회 창립 20주년이 되면서 다시 대화의 과제와 목표를 논의하면서, 단순한 韓國學의 선결과제를 넘어 東洋文化에 대한 源泉的이며 體系的인 檢討의 필요성이 대두되었으니, 이제 우리는 東洋文化의 先導的 역할을 담당할 준비를 갖추고 21세기에 先進文化强國 건설로 새 歷史를 이루자는 것이었다.

일반적으로 十三經은 核心的 儒家經典의 總稱이지만, 이는 東洋文化의 뿌리라 하겠다. 우리 역사상으로 十三經은 저 멀리 삼국시대에 이미 高句麗의 太學에서 기본 교과로 채택하였고, 百濟에서는 五經博士 制度를 두었고, 新羅 薛聰은 九經을 方言으로 읽었고, 高麗에서는 國子監이나 九齋學堂에서 교육하였으며, 朝鮮朝 成均館과 鄕校, 書堂과 書院에서는 四書五經 등을 교육하여 人材 등용과 국가정책에 절대적 영향을 끼쳤다.

이 十三經의 代表的 註釋書는 漢・唐 시기의 '古注'라 일컬어지는 十三經注疏와, 그 후 宋代의 朱子的 世界觀이 반영된 '集註'와 '集傳' 등의 '新注'가 두 개의 軸이라 할 수 있다.

그런데 우리는 조선조에서부터 朱子學 일변도의 學風으로 경도되어, 그 偏向性이 오늘에까지 이르렀음은 심히 不幸이라 하겠다. 中國에서는 明・淸 시기에 訓詁學, 考證學이라는 學風이 일어 十三經注疏가 經學硏究의 標準이 되었고, 日本에서는 反朱子的 見解와 陽明學의 영향을 받아 明治維新 때 이미 漢文大系 등의 古典整理 사업으로 '古注' 연구가

一般化된 사실을 간과해서는 안 되겠다.

이에 東洋文化의 核心이라 할 수 있는 十三經注疏를 譯註하고, 이를 통해 우리 文化의 傳統에 대해 體系的으로 이해하고 復元함으로써, 그간 편협했던 학술 風土를 넘어 多樣性과 客觀性을 모색하고, 아울러 古典現代化의 水準을 높이고 融合的이고 自生的인 韓國學을 진작시켜야 할 것이다.

오늘날 중국과 일본에서 번역하지 못한 십삼경주소를 본회에서 130여 책으로 10년 안에 完譯하고, 이와 아울러 韓中日 三國의 東洋古典語彙 情報網을 구축함으로써, 우리의 東洋學과 韓國學 연구에 礎石과 架橋가 되어 우리나라가 先進文化强國으로 昇華되고 世界文化 발전에까지 기여하기를 기대한다.

이 十三經注疏의 번역은 三經과 三禮와 春秋三傳과 ≪論語≫, ≪孟子≫, ≪孝經≫, ≪爾雅≫ 등의 十三經을 經은 물론이요 注와 疏까지 譯註하는 것으로, 原典의 傳統性과 번역의 現代性을 기본으로 하여 漢學元老와 新進學者의 協同硏究飜譯으로 추진하고자 한다.

또한 註釋은 宋代의 소위 '新注'와 비교하고, 明淸代의 注와 韓國 先賢의 注와 見解, 그리고 日本의 注를 가급적 반영하며, 深度 있는 硏究解題를 하기로 하였다. 한편 古典의 우리식 讀解文法인 懸吐를 經과 注에 달고 방대한 疏에는 편의상 構文을 이해할 수 있는 標點을 달며, 經·注·疏 전체에 대한 內容索引을 할 계획이다.

끝으로 오랫동안 飜譯과 校閱에 종사하여 오신 元老漢學者와 10여 년 이상 漢學을 연수한 新進學者로서, 이 십삼경주소의 연구번역에 참여하여 難解한 注疏의 譯註에 헌신하시는 모든 분들께 무한한 감사를 드린다.

또한 고전현대화에 대한 政府의 지대한 關心과 支援에 감사를 드리며, 그간 직간접으로 지도편달하여 주신 학계와 교육계 및 문화계 인사 여러분께 심심한 謝意를 표하며, 앞으로도 따뜻한 관심과 엄정한 叱正을 부탁드리며 내내 평강과 행복을 기원한다.

社團法人 傳統文化硏究會 理事長 李啓晃

凡 例

1. 본서는 十三經注疏 중 ≪譯註 孟子注疏≫의 제2책이다.
2. 본서의 底本은 阮元 校刻本 ≪孟子注疏≫(淸 嘉慶 21년(1816) 阮元 校刻 十三經注疏, 中華書局, 2009, 이하 '阮刻本'으로 약칭)로 하되, 北京大 整理本 ≪孟子注疏≫(十三經注疏整理委員會 整理, 北京大學出版社, 2000, 이하 '北京大本'으로 약칭)를 참고하였다.
3. 본서는 원전의 傳統性과 번역의 現代性을 구현하기 위해 노력하였다.
4. 原文의 經과 注는 우리나라 전통 방식으로 懸吐하고, 疏는 간략히 標點만 하였다.
5. 原文은 저본의 體制에 따라 經, 注, 疏를 구분하고, 經은 大字로 표기하고 注과 疏는 【注】와 【疏】로 표시하여 구분하였다.
6. 原文의 分節은, 經과 注는 저본의 분절을 따르고, 疏는 단락이 길 경우 의미 단락에 따라 역자 재량으로 분절하였다.
7. 저본의 反切 注는 생략하되, 문맥을 이해하기 위해 필요한 경우에만 살리고, 讀音이 특수하거나 僻字인 경우에는 ( ) 속에 한글로 音을 달아주었다.
8. 疏에서 설명 대상으로 인용한 經과 注의 단어나 구절은 번역하지 않고 원문 그대로 〔 〕 속에 넣어주었다.

   예 〔孟子見梁惠王〕 맹자가 齊나라에서 梁으로 가서 惠王을 만난 것이다.
9. 飜譯은 原義에 충실하게 하되, 이해가 어려운 부분은 意譯 또는 補充譯을 하였다.
10. 飜譯文은 한글과 漢字를 混用하였으며, 맞춤법과 띄어쓰기는 한글 맞춤법과 표준어 규정을 따르는 것을 원칙으로 하였다.
11. 譯註는 故事, 官職, 校勘, 難解語, 역사적 사건, 人物, 인용문의 出典, 전문용어, 制度, 異說 등에 관한 사항을 밝혔다.
12. 校勘은 원문의 誤字, 脫字, 衍字, 倒文 등을 대상으로 하였다.
13. 校勘은 저본인 阮刻本의 校勘記 중 꼭 필요한 것만 선택하여 譯註에 반영하였다. 그 외에도 北京大本을 비롯한 여러 原典 자료를 참고하였으며, 이를 譯註에 밝혔다.

14. 阮刻本에서 校勘에 참고한 書目의 略稱은 다음과 같으며, 본서의 校勘註에도 약칭으로 표기하였다.

- 監本 : 明나라 神宗(1563~1620) 시기 北國子監 刊行本
- 孔本 : 淸나라 乾隆 38년(1773) 孔繼涵·微波榭 刊行本
- 毛本 : 明나라 崇禎(1628~1644) 연간 毛晉의 汲古閣 校刊本
- 閩本 : 明나라 嘉靖(1522~1566) 연간 福建巡撫 李元陽이 宋十行本을 바탕으로 重刊한 본
- 北宋蜀大字本 : 章邱 李氏 所藏本을 何焯(1661~1722)이 校正한 本
- 宋本 : 宋나라 劉氏 丹桂堂 巾箱本을 何焯(1661~1722)이 校正한 本
- 宋石經殘本 : 南宋 孝宗 淳熙 4년(1177)에 완성한 石刻本의 殘本
- 宋十行本 : 南宋(1127~1279) 시기 刊行本
- 岳本 : 相州 岳氏 刊行本을 何焯(1661~1722)이 校正한 本
- 廖本 : 元나라 때 重刊한 廖氏 世綵堂本을 何煌(1668~1745)이 校正한 本
- 日本國古本 : 日本 享保 15년(1735) 物觀이 지은 ≪七經孟子考文補遺≫에서 인용
- 足利本 : 日本 享保 15년(1735) 物觀이 지은 ≪七經孟子考文補遺≫에서 인용
- 韓本 : 淸나라 乾隆 46년(1781) 韓岱雲 刊行本

15. 본서의 校勘에 사용된 符號는 다음과 같다.

( )〔 〕: (저본의 誤字)〔교감한 正字〕

〔 〕: 저본의 脫字 보충

( ) : 저본의 衍字 삭제

16. 본서에 사용된 주요 符號는 다음과 같다.

" " : 對話, 각종 引用

' ' : " " 안에서 再引用, 强調

「 」: ' ' 안에서 再引用, 强調

( ) : 원문에서는 讀音이 특수한 글자나 僻字의 音
번역문에서는 간단한 譯註

〔 〕: 번역문과 뜻은 같으나 音이 다른 漢字나 句節, 譯註에서 인용한 原文, 疏에서 설명 대상으로 제시한 經이나 傳의 단어나 구절

≪ ≫ : 書名이나 典據

〈 〉: 篇章名, 作品名, 補充譯

【 】: 傳과 疏의 표시

○ : 저본에 사용된 단락 구분 표시 遵用

17. 본서의 標點은 한국에서 재래로 사용해오던 방식을 보완하여, 文理의 이해를 돕는 정도로 간략히 하였다. 본서에 사용된 標點符號는 다음과 같다.

. : 문장의 종결

, : 한 문장 안에서 句나 節의 구분이 필요한 곳

· : 대등한 명사나 구절의 병렬

“ ”: 1차 인용, 대화

‘ ’: 2차 인용, 대화, 강조, 經과 注의 단어나 구절을 인용한 부분

「 」: 3차 인용, 2차 인용 안에서 대화·강조

: : 疏 내용을 포괄하는 ‘正義曰’ 뒤에 사용

目 次

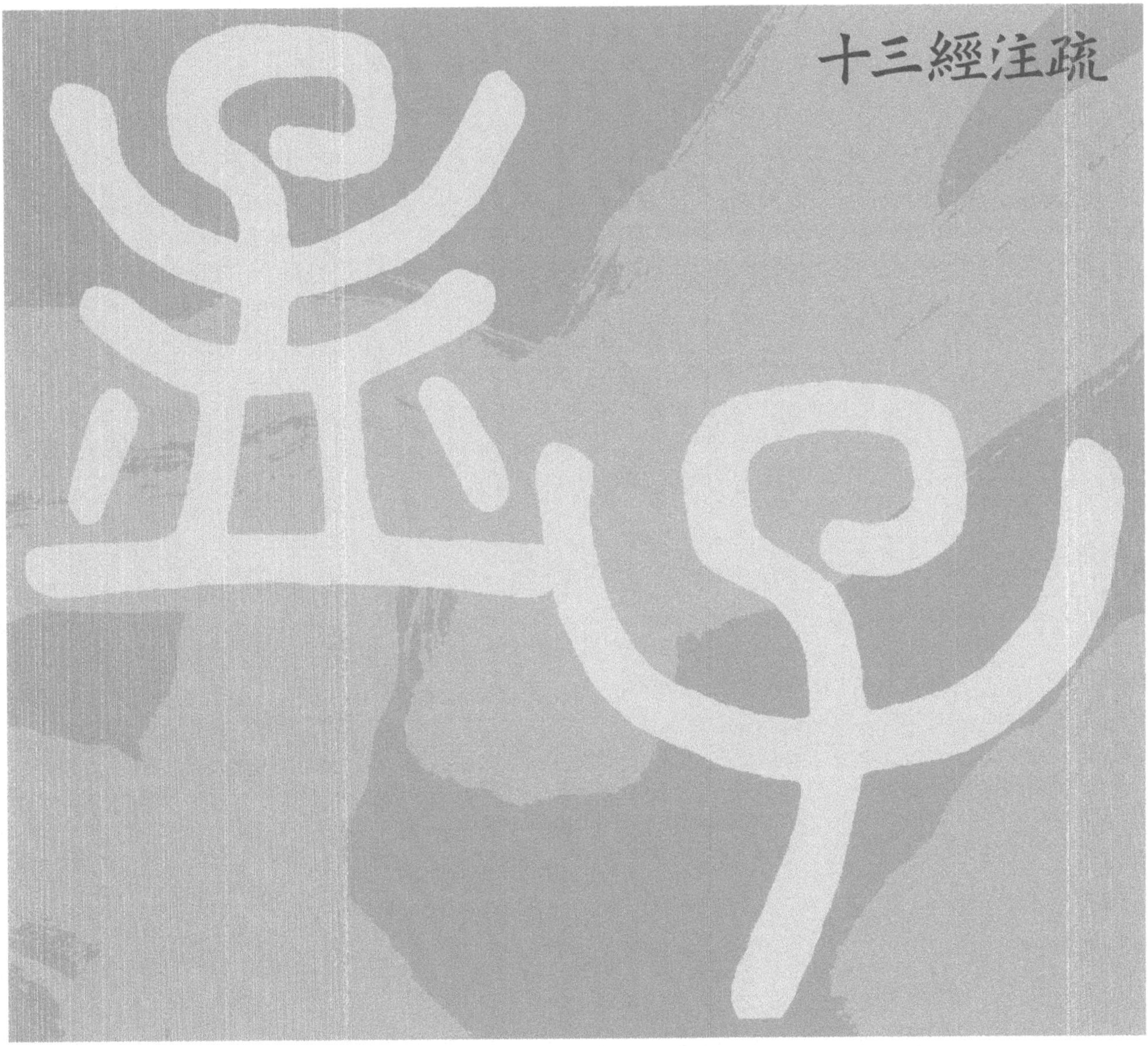

譯註 孟子注疏 2

맹자주소

孟子注疏解經 卷第三 上

公孫丑章句 上

凡九章

모두 9章이다.

趙氏 注 孫奭 疏

【注】 公孫丑者는 公孫은 姓이고 丑는 名이니 孟子弟子也라 丑有政事之才하여 問管晏[1)]之功하니 猶論語子路問政[2)]이라 故로 以題篇하니라

1) 管晏 : 管은 春秋시대 齊나라의 宰相인 管仲(B.C. 723~645)으로, 이름은 夷吾이다. 桓公을 도와 覇者가 되게 한 인물이다. 晏은 春秋시대 齊나라의 재상인 晏嬰(?~B.C. 500)으로, 자는 平仲이다. 靈公, 莊公, 景公 3대 동안 재상을 지냈다.

2) 子路問政 : ≪論語≫ 〈子路〉 제1장에 "子路가 정치에 대해 물으니, 공자께서 '행실에서 솔선수범하고 일에 있어서 몸소 수고해야 한다.'라고 대답하셨는데, 자로가 더 말씀해 주시길 청하니, '그렇게 하는 것을 게을리 하지 말라.'라고 하셨다.〔子路問政 子曰先之勞之 請益 曰無倦〕"라는 말이 나온다.

公孫丑는 公孫이 姓이고 丑(추)가 이름이니, 孟子 弟子이다. 공손추가 政治의 재주를 지녔으면서 管仲과 晏嬰의 功을 물었으니, 이는 ≪論語≫에서 子路가 정치를 물은 것과 같은 경우이다. 그러므로 한 편의 標題로 삼은 것이다.

【疏】 ○ 正義曰 : 前篇章首論梁惠王問以利國, 孟子答以仁義之事, 故目梁惠王爲篇題, 蓋謂君國當以仁義爲首也. 旣以仁義爲首, 然後其政可得行之. 是以此篇公孫丑有政事之才, 而問管晏之功, 如論語子路問政, 遂以目爲篇題, 不亦宜乎. 故次梁惠王之篇, 所以揭公孫丑爲此篇之題也. 此篇凡二十有三章, (目)〔自〕[1)]趙氏分之, 遂爲上下卷. 據此上卷有九章而已. 一章言德流速於置郵, 君子得時, 大行其道, 管・晏爲曾西之所羞. 二章言義以行勇, 則不動心, 養氣順道, 無效揠(알)苗, 聖人量時, 賢者道偏,

孟子究言情理而歸學孔子. 三章言王者任德, 霸者兼力. 四章言國必修政, 君必行仁, 禍福由己, 不專在天, 當防患於未亂. 五章言修古之道, 隣國之民, 以爲父母, 命曰天吏. 六章言人之行, 當內求諸己, 以演大四端, 充擴其道, 上以正君, 下以榮身. 七章言各治其術, 術有善惡, 禍福之來, 隨行而作. 恥爲人役, 不若居仁, 治術之忌, 勿爲矢人. 八章言大聖之君, 由取善於人. 九章言伯夷・柳下惠, 古之大賢, 猶有所闕. 其餘十四章趙氏分在下卷, 各有分說.

1) (目)〔自〕: 저본에는 '目'으로 되어 있으나, 四庫全書本에 의거하여 '自'로 바로잡았다.

○ 正義曰 : 前篇의 첫 장에서 梁惠王이 나라를 이롭게 할 방법을 물은 것에 대해 孟子가 仁義를 가지고 대답했던 일을 논하였으므로 양혜왕을 제목으로 만들어 篇題로 삼았으니, 이는 임금이 국가를 다스림에 仁義를 으뜸으로 삼아야 함을 말한 것이다. 仁義를 으뜸으로 삼은 뒤에야 정치가 제대로 행해질 수 있다. 그러므로 이 편에서 公孫丑가 정치의 재주를 지녔으면서 管仲과 晏嬰의 공을 물은 것이 마치 ≪論語≫에서 子路가 정치를 물은 경우와 같다고 여겨 마침내 제목으로 만들어 篇題로 삼았으니, 매우 합당하지 않은가. 그래서 〈양혜왕〉 편 다음에 편차하고 '공손추'를 들어 이 편의 제목으로 삼은 것이다.

이 편은 모두 23장으로 구성되어 있었던 것을 趙氏가 나눈 뒤로 마침내 上・下卷이 되었다. 이로 인해 上卷에는 9장만 실려 있을 뿐이다. 제1장에서는 "德이 전파되는 속도가 驛馬보다 빠르니, 君子가 때를 얻으면 그 도를 크게 행한다. 管仲과 晏嬰은 曾西조차 부끄러워하는 바가 되었다."라고 했다. 제2장에서는 "義를 바탕으로 勇氣를 실천하면 마음의 동요를 일으키지 않으니, 氣를 기르며 道義를 따르되 싹을 뽑는 일을 본받지 말아야 한다. 聖人은 때를 잘 헤아렸고 賢者는 道가 치우쳤는데, 孟子는 實情과 이치를 궁구하여 말하고 孔子에게 귀의하여 배웠다."라고 했다. 제3장에서는 "王者는 덕에 의거하고 霸者는 힘에 치중한다."라고 했다. 제4장에서는 "국가는 반드시 정치를 쇄신해야 하고 임금은 반드시 仁을 실천해야 한다. 禍福은 자신에게서 말미암는 것이고 하늘에만 달린 것이 아니니, 어지러워지기 전에 患亂을 방비해야 한다."라고 했다. 제5장에서는 "古人의 道를 닦으면 이웃 국가의 백성들이 부모처럼 여기고 '天吏'라고 부를 것이다."라고 말했다. 제6장에서는 "사람의 행동은 마땅히 안으로 자신에게서 근원을 찾아 네 가지 端緖를 미루어 확대하고, 그 道를 확충하여 위로는 임금을 바로잡고 아래로는 자신을 영화롭게 만들어야 한다."라고 했다. 제7장에서는 "각자 技術을 익힘에 기술에는 善과 惡이 있고, 禍와 福이 찾아오는 것은 행동에 따라 달라진다. 남에게 부림 받는 것을 부끄러워한다면 仁에 거처하는 것이 가장 좋으며, 기술을 익힘에 신중해야 할 점은 화살 만드는 사람이 되지 않는 것이다."라고 했다. 제8장에서는 "大聖人인 임금도 오히려 남에게서 善을 취했다."라고 했다. 제9장에서는 "伯夷와 柳下惠는 옛 大賢이었지만 모자란 점이 있었다."라고 했다. 나머지 14장은 趙氏가 나누어 下卷에 두었으니, 각기 辨說이 있다.

【疏】 ○ 注'公孫 姓 丑 名 孟子弟子也'至'題篇'. ○ 正義曰：自魯桓公之子慶父之後, 有孟孫氏·叔孫氏·季孫氏, 同出三桓[1]子孫. 衛國有王孫賈, 出自周頃王之後, 王孫賈之子自以去王室久, 改爲賈孫氏. 故孫氏多焉, 又非特止於一族也. 自封公後, 其子孫皆以公孫爲氏. 春秋隱公八年"無駭[2]卒, 羽父[3]請謚與族, 公問族於衆仲, 衆仲[4]對曰'天子建德, 因生以賜姓', 公命以字爲展氏." 杜預[5]曰"諸侯之子稱公子, 公子之子稱公孫, 公孫之子以王父字爲氏." 然則公孫氏皆自公子之後爲氏也. 今公孫丑, 其氏有自來矣. 案史記孟子列傳云"孟子退而與萬章·公孫丑之徒著述, 作七篇", 則公孫丑爲孟子弟子明矣. 經曰"弟子之惑滋甚"是也. 論語第十三篇"子路問政, 子曰先之勞之, 請益, 曰無倦", 集論語者因其問政, 故以題篇. 若此公孫丑有政事之才, 而問管晏之功, 亦以因其人而題其篇, 而次之梁惠王也.

1) 三桓：魯 桓公의 아들 慶父, 叔牙, 季友의 자손이 각각 孟孫氏, 叔孫氏, 季孫氏가 되어 노나라에서 번성하였는데, 이들을 '三桓'이라고 불렀다.
2) 無駭：노나라의 卿大夫이다. 公子展의 손자이고, 展禽 즉 柳下惠의 아버지이다.
3) 羽父：노나라의 大夫 公子翬이다.
4) 衆仲：노나라의 大夫이다.
5) 杜預：222~285. 魏晉시대 晉나라 때 정치가이자 학자이다. ≪春秋左氏傳集解≫를 지었다.

○ 注의 〔公孫 姓 丑 名 孟子弟子也〕에서 〔題篇〕까지

○ 正義曰：魯 桓公의 아들 慶父 이후로 孟孫氏, 叔孫氏, 季孫氏가 있었으니, 모두 三桓의 자손에서 나온 것이다. 衛나라에는 周 頃王의 후손에서 나온 王孫賈라는 사람이 있었는데, 왕손가의 아들이 스스로 王室과 멀어진지 오래되었다 하여 賈孫氏로 고쳤다. 이런 까닭에 孫氏가 많았으니, 또한 하나의 氏族뿐만이 아니었다. 公에 봉해진 뒤로 자손들이 모두 公孫으로 씨를 삼았다. ≪春秋≫ 隱公 8년에 "無駭가 졸하니, 羽

父가 그를 위해 諡號와 氏族을 청하였는데, 隱公이 衆仲에게 氏族에 대해 물었다. 중중이 대답하기를 '天子는 德이 있는 사람을 제후로 세우는데, 태어난 배경을 근거로 姓을 하사합니다.' 하니, 은공이 무해의 字를 가지고 展氏로 삼을 것을 명하였다."라고 하였다. 이에 대해 杜預는 "제후의 아들을 公子라 부르고, 公子의 아들을 公孫이라 부르고, 公孫의 아들은 할아버지의 字를 가지고 氏를 삼는다."라고 하였다. 그렇다면 公孫氏는 모두 公子의 후손에서 나온 것으로써 氏를 삼은 것이다. 지금 公孫丑의 경우 그 氏가 유래가 있는 것이다. ≪史記≫ 〈孟子列傳〉을 상고하건대, "맹자가 물러나 萬章, 공손추 같은 門徒들과 책을 저술하여 7篇을 지었다."라고 하였으니, 공손추가 맹자의 제자라는 사실이 분명하다. 그리고 經文에 "제자의 의혹이 더욱 심해집니다."라는 말도 바로 이를 뒷받침한다. ≪論語≫ 제13편에 "子路가 정치에 대해 물으니, 孔子께서 '행실에서 솔선수범하고 일에 있어서 몸소 수고해야 한다.'라고 대답하셨는데, 자로가 더 말씀해 주시길 청하니, '그렇게 하는 것을 게을리 하지 말라.'라고 하였다." 하였는데, ≪論語≫를 편집한 사람이 자로가 정치를 물은 것으로 인해 〈자로〉라고 篇題를 삼았던 것이다. 이처럼 공손추도 정치의 재주를 지녔으면서 管仲과 晏嬰의 공을 물었으므로 또한 그 사람으로 인해 이 편의 제목으로 삼고 〈梁惠王〉 편의 다음에 편차하였던 것이다.

1. 公孫丑問曰 夫子當路於齊하시면 管仲晏子之功을 可復許乎잇가

公孫丑가 물었다. "夫子께서 齊나라의 要職을 담당하시면 管仲과 晏子의 공을 다시 일으킬 수 있겠습니까?"

【注】 夫子는 謂孟子라 許는 猶興也라 如使夫子得當仕路於齊하여 而可以行道시면 管夷吾晏嬰之功을 寧可復興乎잇가

夫子는 孟子를 일컫는다. 許는 興과 같다. 만약 夫子께서 齊나라에서 벼슬을 맡아 道를 행할 수 있게 되신다면, 管夷吾와 晏嬰의 功을 다시 일으킬 수 있겠습니까?

管仲

孟子曰 子誠齊人也로다 知管仲晏子而已矣온여

맹자가 말하였다. "그대는 진실로 齊나라 사람이로다. 管仲과 晏子만 알 뿐이구나.

【注】誠은 實也라 子는 實齊人也로다 但知二子而已니 豈復知王者之佐乎아

誠은 '진실로'이다. 그대는 진실로 제나라 사람이다. 단지 〈관중과 안자〉 두 사람만 알 뿐이니, 어찌 王者의 補佐를 다시 알겠는가.

或問乎曾西曰 吾子與子路孰賢고 曾西蹴然曰 吾先子之所畏也니라

어떤 사람이 曾西에게 '그대와 子路 중에 누가 더 나은가?'라고 물으니, 曾西가 근엄한 표정으로 '〈자로는〉 우리 先子께서도 경외하신 분이다.'라고 하였다.

【注】曾西는 曾子之孫이라 蹴然은 猶蹴踖(석)也라 先子는 曾子也라 子路在四友[1)]라 故曾子畏敬之하니 曾西不敢比라

1) 四友 : 孔子의 수제자인 顔淵, 子貢, 子張, 子路를 가리킨다. ≪孔叢子≫ 〈論書〉의 "나에게 네 명의 벗이 있다. 내가 顔淵을 얻은 뒤로부터 문인들이 더욱 친하게 되었으니, 이것은 안연이 친하게 만든 것이 아니겠는가. 내가 子貢을 얻은 뒤로부터 먼 곳 선비들이 날마다 이르렀으니, 이는 자공이 달려오게 만든 것이 아니겠는가. 내가 子張을 얻은 뒤로부터 앞에는 광휘가 있고 뒤에는 광채가 있었으니, 이것은 자장이 앞뒤에서 끌어준 것이 아니겠는가. 내가 子路를 얻은 뒤로부터 나쁜 말이 문에 이르지 않았으니, 이것은 자로가 모욕을 막아준 것이 아니겠는가.〔吾有四友焉 自吾得回也 門人加親 是非胥附乎 自吾得賜也 遠方之士日至 是非奔輳乎 自吾得師也 前有光後有輝 是非先後乎 自吾得仲由也 惡言不至于門 是非禦侮乎〕"라는 孔子의 말에서 왔다.

曾西는 曾子의 손자이다. 蹴然은 蹴踖(공경하는 모양)과 같다. 先子는 증자이다. 자로는 네 벗의 반열에 있었으므로 증자가 敬畏하였으니, 증서가 감히 〈자신과〉 견주지 않은 것이다.

曰 然則吾子與管仲孰賢고 曾西艴(발)然不悅曰 爾何曾比予於管仲고

그 사람이 '그렇다면 그대와 管仲 가운데에는 누가 더 나은가?'라고 물으니, 曾西가 발끈하여 불쾌해 하며 '그대는 어찌하여 나를 관중과 견주는가.

【注】艴然은 慍怒色也라 何曾은 猶何乃也라

艴然은 성난 표정이다. 何曾은 何乃와 같다.

管仲得君이 如彼其專也며 行乎國政이 如彼其久也로되 功烈이 如彼其卑也하니 爾何曾比予於是오하니라

管仲은 임금의 신임을 저토록 독차지하고 국정을 저토록 오래 맡았는데도 공적이 저토록 형편이 없었네. 그대는 어찌하여 나를 그런 사람에 견준단 말인가.' 라고 하였다.

【注】曾西答或人하여 言管仲得遇桓公하여 使之專國政如彼하고 行政於國其久如彼로되 功烈이 卑陋如彼라하니 謂不(率)〔帥(솔)〕[1]齊桓公行王道而行霸道라 故言卑也라 重言何曾比我라하니 恥見比之(之)[2]甚也라

1) (率)〔帥(솔)〕: 저본에는 '率'로 되어 있으나, 廖本, 孔本, 韓本, 考文古本, ≪音義≫에 의거하여 '帥'로 바로잡았다.(阮元의 〈校勘記〉 참조)
2) 之(之): 저본에는 '之之'로 되어 있으나, 孔本·韓本에 의거하여 한 글자를 衍文으로 처리하였다.(阮元의 〈校勘記〉 참조)

曾西가 어떤 사람에게 답하여 말하기를 "管仲이 桓公의 신임을 얻어서 桓公이 그로 하여금 저토록 國政을 독차지 하게 하고, 나라에서 저토록 오래 정치를 수행하게 했는데도 功績이 저토록 형편없었다." 하였으니, 齊 桓公을 이끌어 王道를 행하게 만들지 않고 霸道를 행하게 한 것을 일컫는다. 그래서 형편없었다고 말한 것이다. "어찌하여 나를 견준단 말인가."라고 거듭 말하였으니, 이는 비교되는 것을 매우 부끄러워한 것이다.

曰 管仲은 曾西之所不爲也어늘 而子爲我願之乎아

그래서 管仲은 曾西도 따라 하지 않았는데, 그대는 내가 그것을 하기를 바라는가?"

【注】孟子心狹曾西하여 曾西尙不欲爲管仲이어늘 而子爲我願之乎아라하니 非丑之言小也라

맹자가 마음속으로 曾西를 하찮게 여기면서 "曾西도 오히려 管仲을 따라 하고자 하지 않았는데, 그대는 내가 그것을 하기를 바라는가."라고 하였으니, 公孫丑의 말이 협소함을 꾸짖은 것이다.

曰 管仲은 以其君霸하고 晏子는 以其君顯하니 管仲晏子는 猶不足爲與잇가

공손추가 말하였다. "관중은 자신의 임금을 패자가 되게 하였고 안자는 자신의 임금을 드러나게 하였습니다. 그런데도 관중과 안자의 일은 오히려 따라 하기에 부족한 것입니까?"

【注】丑曰 管仲은 輔桓公以霸道하고 晏子는 相景公以顯名하니 二子如此어늘 尙不可以爲邪(야)잇가

공손추가 "관중은 환공을 도와 패도를 이루었고, 안자는 경공을 도와 이름을 드러나게 하였습니다. 두 사람이 이와 같은데도 오히려 따라할 수 없는 것입니까?"라고 말하였다.

曰 以齊로 王이 由反手也니라

맹자가 말하였다. "齊나라를 가지고 王道를 행하는 것은 손바닥을 뒤집는 것처럼 쉬운 일이다."

【注】孟子言 以齊國之大而行王道는 其易(이)가 若反手耳니라 故로 譏管晏이 不勉其君以王業也라

맹자가 "齊나라의 강대함을 바탕으로 王道를 행하는 것은 쉬움이 마치 손바닥을 뒤집는 것과 같다."라고 하였다. 이를 통해 管仲과 晏子가 자신의 군주를 王業으로써 면려하지 않은 것을 비판한 것이다.

曰 若是則弟子之惑이 滋甚케이다 且以文王之德으로 百年而後崩하시되 猶未洽於天下어시늘 武王周公이 繼之然後에 大行하니 今言王若易然하시니 則文王은 不足法與잇가

公孫丑가 말하였다. "그렇다면 弟子인 저의 의혹은 더욱 깊어집니다. 文王처럼 큰 덕을 지니신 분도 100세까지 사시고 崩하셨는데도 여전히 〈교화가〉 천하에 두루 미치지 못하였고, 武王과 周公이 계승하고 나서야 〈교화가〉 크게 행해졌습니다. 그런데 지금 〈夫子께서는〉 왕도를 행하는 것을 쉬운 듯이 말씀하시니, 그렇다면 문왕은 본받기에 부족한 분입니까?"

【注】 丑曰 如是言하시니 則弟子惑이 益甚也니이다 文王은 尙不能及身而王이어시늘 何謂若易然也잇가 若是則文王은 不足以爲法邪잇가

公孫丑가 말하였다. "이렇게 말씀하시니 弟子인 저의 의혹은 더욱 깊어집니다. 文王도 오히려 자신의 당대에 王道를 천하에 베풀지 못하셨는데, 어찌해서 쉬운 듯이 말씀하십니까? 그렇다면 文王은 법도로 삼기에 부족한 분입니까?"

曰 文王은 何可當也시리오 **由湯**으로 **至於武丁**히 **賢聖之君六七**이 **作**하여 **天下歸殷**이 **久矣**니 **久則難變也**라 **武丁**이 **朝諸侯有天下**하되 **猶運之掌也**하시니

맹자가 말하였다. "文王이 어떻게 〈殷나라를〉 당할 수 있었겠느냐. 湯임금에서부터 武丁에 이르기까지 훌륭한 임금 예닐곱 분이 나와서 천하의 민심이 殷나라로 돌아간 지 오래되었는데, 오래되면 바꾸기가 어려운 법이다. 武丁이 제후들에게 朝會를 받고 천하를 소유하기를 마치 손바닥 위에서 운용하듯이 하였으니,

【注】 武丁은 高宗也라 孟子言文王之時에 難爲功이라 故로 言何可當也라 從湯以下로 聖賢之君六七이 興은 謂太甲太戊盤庚等也라 運之掌은 言其易也라

武丁은 高宗이다. 맹자는 文王의 때에는 공을 이루기 어려웠다고 말했다. 그러므로 "어떻게 〈殷나라를〉 당할 수 있었겠느냐."라고 말한 것이다. 湯임금 이래로 훌륭한 임금 예닐곱 분이 나왔다는 것은 太甲, 太戊, 盤庚 등을 일컬은 것이다. 손바닥 위에서 운용한다는 것은 쉬움을 말한 것이다.

紂之去武丁이 **未久也**라 **其故家遺俗**과 **流風善政**이 **猶有存者**하며 **又有微子**[1] **微仲**[2] **王子比干**[3] **箕子**[4] **膠鬲**(교격)[5]이 **皆賢人也**라 **相與輔相之**라 **故**로 **久而**

後失之也하니 **尺地**도 **莫非其有也**며 **一民**도 **莫非其臣也**어늘 **然而文王**이 **猶方百里起**하시니 **是以**로 **難也**니라

1) 微子 : 紂의 친형 혹은 異母兄이라고 한다. 이름은 啓이다.
2) 微仲 : 微子의 동생으로, 이름은 衍이다.
3) 比干 : 紂의 叔父이다.
4) 箕子 : 紂의 叔父이다.
5) 膠鬲(교격) : 紂의 賢臣이다.

紂의 시대는 武丁의 시대와 멀지 않았다. 그러므로 世家에 전해온 풍속과 세상에 전해온 교화와 좋은 정치가 여전히 남아 있었으며, 또 微子, 微仲, 王子 比干, 箕子, 膠鬲 등이 모두 賢人으로서 서로들 紂를 보필하고 도와주었다. 그래서 오랜 시간이 흐른 뒤에야 〈紂가 천하를〉 잃었던 것이다. 당시에 한 자의 땅도 紂의 소유가 아닌 것이 없었고 한 명의 백성도 紂의 신하 아닌 자가 없었다. 그런데도 文王이 사방 100리의 작은 나라를 근거로 일어나셨으니, 그래서 〈천하에 王道를 베풀기〉 어려우셨던 것이다.

【注】 紂가 得高宗餘化하고 又多良臣이라 故로 久乃亡也라 微仲膠鬲도 皆良臣也나 但不在三仁[1]中耳라 文王當此時라 故로 難也라

1) 三仁 : 微子, 箕子, 比干을 가리킨다. ≪論語≫ 〈微子〉에 "微子는 떠났고, 箕子는 종이 되었고, 比干은 간언하다가 죽었다. 孔子께서 '은나라에 세 仁者가 있었다.'라고 하셨다.〔微子去之 箕子爲之奴 比干諫而死 孔子曰殷有三仁焉〕"라는 말이 나온다.

紂가 高宗이 남긴 교화에 도움을 얻었고, 또 훌륭한 신하가 많았으므로 오랜 시간이 흐른 뒤에야 망하였다. 微仲과 膠鬲도 모두 훌륭한 신하였지만, 三仁 가운데 끼지 않았을 뿐이다. 文王이 이런 시대를 맞이하였기 때문에 어려웠던 것이다.

齊人有言曰 雖有智慧나 **不如乘勢**며 **雖有**鎡(자)**基**나 **不如待時**라하니 **今時則易然也**니라

齊나라 사람들 말에 '비록 지혜가 있더라도 형세를 이용하는 것만 못하고, 쟁기가 있더라도 제철을 기다리는 것만 못하다.'는 말이 있는데, 지금의 시대는

〈천하에 王道를 베풀기〉 쉬운 때이다.

耒耜

【注】 齊人諺言也라 乘勢는 居富貴之勢요 鎡基는 田器이니 耒耜(뇌사)之屬이라 待時는 三農時也라 今時는 易以行王化者也라

齊나라 사람의 속담이다. 형세를 이용한다는 것은 富貴의 형세를 의지한다는 것이고, 鎡基는 농기구이니 쟁기의 부류이다. 제철을 기다린다는 것은 봄, 여름, 가을 세 농사철을 말한다. 지금 시대에는 쉽게 王道의 교화를 행할 수 있다는 것이다.

夏后殷周之盛에 **地未有過千里者也**하니 **而齊有其地矣**며 **鷄鳴狗吠相聞而達乎四境**하니 **而齊有其民矣**니 **地不改辟矣**며 **民不改聚矣**라도 **行仁政而王**이면 **莫之能禦也**리라

夏, 殷, 周 三代의 전성기에도 땅이 천 리를 넘는 경우가 없었는데, 齊나라는 그만한 땅을 가지고 있으며, 닭 우는 소리와 개 짖는 소리가 서로 들려 사방 국경까지 미쳤는데, 齊나라는 그처럼 많은 백성을 가지고 있다. 땅을 더 개척하지 않고 백성을 더 모으지 않더라도 仁政을 행하여 천하에 王道를 펼친다면 누구도 그것을 막을 수 없을 것이다.

【注】 三代之盛에 封畿千里耳라 今齊地(士)〔土〕[1]民以足矣니 不更辟土聚民也라 鷄鳴狗吠相聞은 言民室屋相望而衆多也라 以此行仁而王이면 誰能止之也리오

1) (士)〔土〕: 저본에는 '士'로 되어 있으나, 閩本, 監本, 毛本에 의거하여 '土'로 바로잡았다.(阮元의 〈校勘記〉 참조)

三代의 전성기에도 왕의 직할지는 천 리일 뿐이었다. 지금 齊나라는 땅과 백성이 충분하니 더 땅을 개척하고 백성을 모을 필요가 없다. 닭이 울고 개가 짖는 소리가 서로 들린다는 것은 백성들의 집이 서로 바라볼 정도로 가깝고 많다는 말이다. 이것을 바탕으로 仁政을 행하여 王道를 천하에 베풀면 누가 능히 그것을 막겠는가.

且王者之不作이 **未有疏於此時者也**하며 **民之憔悴於虐政**이 **未有甚於此時者**

也하니 **饑者**에 **易爲食**이며 **渴者**에 **易爲飮**이니라 **孔子曰 德之流行**이 **速於置郵而傳命**이라하시니라

또 王者가 출현하지 않은 것이 지금보다 더 오래된 적이 없었으며, 백성들이 虐政에 시달려 초췌한 것이 지금보다 더 심한 적이 없었으니, 굶주린 자에게는 어떤 음식도 좋은 먹을 것이 되기 쉬우며, 목마른 자에게는 어떤 음료도 좋은 마실 것이 되기 쉬운 법이다. 孔子께서도 '德이 전파되는 속도가 驛馬로 명령을 전달하는 것보다 빠르다.'라고 하셨다.

【注】 言 王政不興이 久矣며 民患虐政이 甚矣니 若饑者食에 易爲美하며 渴者飮에 易爲甘이라 德之流行이 疾於置郵傳書命也니라

"王者의 정치가 출현하지 않은 지 오래되었고 백성이 虐政을 근심하는 것이 심각하니, 마치 배고픈 자에게는 어떤 음식도 맛있는 먹을 것이 쉽게 되고 목마른 자에게는 어떤 음료도 달콤한 마실 것이 쉽게 되는 상황과 같다. 德이 전파되는 속도가 驛馬로 명령서를 전달하는 것보다 빠르다."라고 말한 것이다.

當今之時하여 **萬乘之國**이 **行仁政**이면 **民之悅之**가 **猶解倒懸也**리라 **故**로 **事半古之人**이오 **功必倍之**는 **惟此時爲然**하니라

지금 같은 때에 萬乘의 나라가 仁政을 행한다면, 백성들의 기뻐함이 마치 거꾸로 매달린 것을 풀어준 것 같으리라. 그러므로 일은 古人의 절반만 하고도 그 功은 반드시 古人의 배가 될 것이니, 오직 지금만이 그러한 때이다."

【注】 倒懸은 喩困苦也라 當今所施恩惠之事가 半於古人이오 而功倍之矣라하니 言今行之易也라

거꾸로 매달렸다는 것은 곤란한 상황을 비유한 것이다. 지금 같은 때에는 베푸는 은혜가 古人의 반인데도 그 功은 배가 될 것이라고 하니, 지금 〈王道를〉 행하는 것이 쉬움을 말한 것이다.

【疏】 '公孫丑問曰'至'惟此時爲然' ○ 正義曰：此章言德流之速, 過於置郵, 君子得時,

大行其道, 管・晏雖勤, 猶爲曾西所羞也.[1)]

1) 此章言德流之速……猶爲曾西所羞也 : 北京大本에는 章指를 "이 章의 章指는 다음과 같다. 德이 전파되는 속도가 驛馬보다 빠르니, 君子가 때를 얻으면 그 도를 크게 행한다. 그러므로 呂望이 文王을 만나 王道의 계책을 아뢰었던 것이다. 管仲과 晏嬰은 비록 수고로웠지만, 오히려 曾西조차도 부끄러워하는 바가 되었다.〔此章指言德流之速 過於置郵 君子得時 大行其道 是以呂望睹文王而陳王圖 管晏雖勤 猶爲曾西所羞也〕"라고 하였다.

經의 〔公孫丑問曰〕에서 〔惟此時爲然〕까지

○ 正義曰 : 이 장은 다음과 같은 내용이다. "德이 전파되는 속도가 驛馬보다 빠르니, 君子가 때를 얻으면 그 도를 크게 행한다. 管仲과 晏嬰은 비록 수고로웠지만, 오히려 曾西조차도 부끄러워하는 바가 되었다."

'公孫丑問曰 夫子當路於齊 管仲晏子之功 可復許乎'者, 公孫丑問孟子, 言夫子得當仕路於齊國, 則管仲・晏子佐桓・景二霸之功, 寧可復興之乎. 管仲, 管夷吾也. 晏子, 晏嬰也. 夷吾, 佐桓公者也, 晏嬰, 佐景公者也.

〔公孫丑問曰 夫子當路於齊 管仲晏子之功 可復許乎〕 공손추가 맹자에게 "夫子께서 齊나라에서 관직을 맡게 되신다면, 관중과 안자가 桓公과 景公 두 霸者를 도왔던 공을 다시 일으킬 수 있겠습니까?"라고 물은 것이다. 관중은 管夷吾이다. 안자는 晏嬰이다. 관이오는 환공을 보좌했던 사람이고, 안영은 경공을 보좌했던 사람이다.

'孟子曰 子誠齊人也 知管仲晏子而已矣'者, 孟子答公孫丑, 以謂子實齊國之人也, 然但能知此二子而止矣. 孟子答之以此者, 其意蓋謂丑豈能復知有王者之佐乎.

〔孟子曰 子誠齊人也 知管仲晏子而已矣〕 맹자가 공손추에게 "그대는 진실로 제나라 사람이긴 하지만, 단지 이 두 사람만 알 뿐이구나."라고 대답한 것이다. 맹자가 이렇게 대답한 것은 아마도 '공손추가 王者의 輔佐가 있다는 것을 어찌 또 알 수 있겠느냐.'라고 여겼던 것이다.

'或問乎曾西曰 吾子與子路孰賢 曾西蹴然曰 吾先子之所畏也'至'爾何曾比予於是'者, 孟子又謂嘗有或人問乎曾西, 曾西, 曾子之孫也, 而曰, 吾子與子路孰賢, 曾西乃蹵踖而言曰, 我先子曾子所敬畏者也.

〔或問乎曾西曰 吾子與子路孰賢 曾西蹴然曰 吾先子之所畏也〕에서 〔爾何曾比予於是〕까지 맹자가 다시 〈공손추에게 다음과 같이〉 말하였다. "일찍이 어떤 사람이 曾西(증자의 손자)에게 묻기를 '그대와 子路 중에 누가 더 나은가?' 하니, 증서가 이에 근엄한 표정으로 '자로는 우리 조부인 曾子께서도 경외하신 분이다.'라고 하였다."

'曰 然則吾子與管仲孰賢 曾西艴然不悅曰 爾何曾比予於管仲'者, 言或人又曰, 如是則吾子與管仲孰爲賢. 曾西乃艴然慍怒而不悅曰, 爾何如乃比我於管仲爲也.

〔曰 然則吾子與管仲孰賢 曾西艴然不悅曰 爾何曾比予於管仲〕 "그 사람이 다시 '그렇다면 그대와 관중 가운데에는 누가 더 나은가?'라고 물으니, 증서가 이에 발끈 성내고 불쾌해하며 '그대는 어찌하여 나를 管仲과 견주는가.'라고 하였다."

'管仲得君如彼其專也 行乎國政如彼其久也 功烈如彼其卑也 爾何曾比予於是'者, 曾西言管仲得齊桓立爲仲父[2], 貴戚不敢爲之妒(투), 與高國之位[3], 大臣不敢爲之惡(오), 內外政皆盡委之斷焉, 言如此其專也. 自立位相職至終四十餘年, 執齊國之政, 言其行政又如此其久也. 其終也不過致君爲霸者而已, 而其功烈只如此之卑也. 爾故何如乃比我於是之甚焉. 功烈者, 蓋致力以爲功, 成業以爲烈, 言管仲以力致齊桓, 則止於爲霸功, 以業成就齊桓, 則亦止爲霸烈, 故曰功烈如彼之卑也. 孟子所以引此或人與曾西之言者, 意在於王佐爲貴也, 不以霸者之佐爲貴也.

2) 仲父 : 齊 桓公이 管仲을 높여 '仲父'라고 불렀다. '仲'은 管仲의 字이고, '父'는 아버지처럼 존경한다는 의미이다.(≪荀子≫ 〈仲尼〉)

3) 與高國之位 : 高國은 齊나라에서 上卿을 세습하던 高氏와 國氏를 가리킨다. 管仲에게 高氏와 國氏와 같은 지위를 주었다는 말이다.

〔管仲得君如彼其專也 行乎國政如彼其久也 功烈如彼其卑也 爾何曾比予於是〕 "曾西가 '관중이 齊 桓公의 신임을 얻어 仲父가 되니 貴戚들이 감히 그를 시기하지 못하였고, 高氏와 國氏의 지위를 부여하니 大臣들이 감히 그를 미워하지 못하였다. 안팎의 정치를 모두 그에게 맡겨서 결정하게 하였으니, 이토록 신임을 독차지했다는 말이다. 재상의 직책에 오른 이후 죽을 때까지 40여 년 동안 齊나라의 政權을 잡았으니, 국정을 맡은 것이 또한 이토록 오래되었다는 말이다. 그런데도 끝내는 임금을 보좌해 霸者가 되게 하는데 불과했으니, 그의 功烈이 단지 이처럼 형편이 없었다. 그대는 어찌하여

나를 이런 사람에 심하게 견준단 말인가.'라고 하였다." 功烈이라는 것은 힘을 다하는 것이 功이고 업적을 이루는 것이 烈이니, 관중이 힘을 다하여 제 환공을 보좌하였으나 霸功을 이루는데 그쳤을 뿐이고 업적을 이루어 제 환공을 성공시켰으나 또한 霸烈을 이루는데 그쳤을 뿐임을 말한 것이다. 그러므로 "功烈이 저토록 형편이 없었다."라고 한 것이다. 맹자가 여기서 어떤 사람이 曾西와 나누었던 대화를 인용한 의도는 王道의 輔佐는 귀하게 여기고 霸者의 보좌는 귀하게 여기지 않는 데에 있다.

(故)[4)]'曰管仲 曾西之所不爲也 而子爲我願之乎'者, 孟子言管仲, 曾西之所不願爲也, 而子以爲我願比之乎. 云'子'者, 指孫丑而云也.

4) (故) : 經文에 없는 글자이므로 衍文으로 처리하였다.

〔曰 管仲 曾西之所不爲也 而子爲我願之乎〕 맹자가 "관중은 증서도 따라 하기를 바라지 않는 사람인데, 그대는 내가 관중과 견주어지기를 바라는가?"라고 말한 것이다. '子'라고 한 것은 公孫丑를 가리켜 말한 것이다.

'曰 管仲以其君霸 晏子以其君顯 管仲晏子猶不足爲與 曰 以齊王猶反手也'者, 孟子言管仲以佐其君爲霸, 晏子以佐其君而顯名, 管仲・晏子猶若不足爲耳, 言我能佐齊國之大而行王道, 爲王其易則若反覆手掌也, 故曰以齊王, 由反手也. 孟子言此, 蓋譏管・晏二子不能致君行王道耳.

〔曰 管仲以其君霸 晏子以其君顯 管仲晏子猶不足爲與 曰 以齊王猶反手也〕 맹자가 "관중은 자신의 임금을 보좌하여 霸者가 되게 하였고 晏子는 자신의 임금을 보좌하여 명성이 드러나게 하였으나, 관중과 안자의 일은 오히려 따라 하기에 부족하다."라고 하고, 또 "내가 능히 강대한 齊나라를 도와 王道를 행하게 한다면, 王者가 되는 것은 마치 손바닥을 뒤집는 것처럼 쉬울 것이다."라고 말한 것이다. 그러므로 경문에서 "齊나라를 가지고 왕도를 행하는 것은 손바닥을 뒤집는 것처럼 쉬운 일이다."라고 하였다. 맹자가 이렇게 말한 것은 관중과 안자 두 사람이 임금을 도와 왕도를 행하도록 하지 못한 일을 비판한 것이다.

'曰 若是則弟子之惑滋甚'者, 公孫丑不曉孟子意在譏管・晏二子但爲霸者之佐, 故於孟子曰如此之言, 則弟子之蔽惑益甚也. 弟子者, 蓋公孫丑自稱爲孟子弟子也.

〔曰 若是則弟子之惑滋甚〕 공손추가 맹자의 뜻이 관중과 안자 두 사람이 단지 霸者의 보좌가 되었던 일을 비판한 데 있음을 알지 못하였다. 그러므로 맹자에게 "그 말씀대로라면 弟子인 저의 의혹이 더욱 깊어집니다."라고 말한 것이다. 弟子라는 말은 공손추가 맹자의 제자임을 스스로 칭한 것이다.

'且以文王之德 百年而後崩 猶未洽於天下 武王周公繼之 然後大行 今言王若易然 則文王不足法與'者, 公孫丑言今且以文王之德化觀之, 起自百里之微, 加之百年之久而後崩喪, 其尙不能及身而王, 天下浹洽其德. 及武王・周公繼續之, 然後德化大行, 爲王於天下. 今言以齊王若反手之易, 是則文王不足以爲之法與.

〔且以文王之德 百年而後崩 猶未洽於天下 武王周公繼之 然後大行 今言王若易然 則文王不足法與〕 공손추가 "지금 文王의 德化로 보자면, 백 리의 작은 나라를 바탕으로 흥기하여 100년의 장수를 누린 뒤에야 崩하였는데도 오히려 자신의 당대에 王道를 행하여 천하에 德을 두루 베풀지 못하였고, 武王과 周公에 이르러 문왕을 계승한 뒤에야 德化가 크게 베풀어져 천하에 王者가 되었습니다. 지금 〈夫子께서〉 齊나라를 가지고 王道를 행하는 것을 마치 손바닥 뒤집는 것처럼 쉽다고 말씀하시니, 이와 같다면 문왕은 법도로 삼기에 부족한 분입니까?"라고 말한 것이다.

'曰 文王何可當也 由湯至於武丁 賢聖之君六七作 天下歸殷久矣 久則難變也 武丁朝諸侯 有天下 猶運之掌也'至'是以難也'者, 孟子又言文王安可當也, 言自湯至於武丁, 其間賢聖之君六七作, 故天下德化被民也久, 恩澤漸人也深, 而天下之民歸心於殷, 固以久而難變也. 是以武丁朝諸侯而有天下, 若反運手掌之易也. 武丁, 高宗也. 云六七作, 若太甲・太戊・祖乙・盤庚等是也.

〔曰 文王何可當也 由湯至於武丁 賢聖之君六七作 天下歸殷久矣 久則難變也 武丁朝諸侯 有天下 猶運之掌也〕에서 〔是以難也〕까지

맹자가 또 "문왕이 어찌 〈殷나라를〉 당할 수 있었겠는가."라고 하고, "湯임금에서부터 武丁까지 사이에 훌륭한 임금 예닐곱 분이 나왔다. 그래서 천하에 德化가 백성에게 베풀어진 기간이 길었고 恩澤이 사람들을 적셔준 것이 깊었으며, 천하의 민심이 殷나라로 돌아간 것이 진실로 오래되어 변할 수 없는 상황이었다. 그런 까닭에 무정이 제후들에게 朝會를 받고 천하를 소유하기가 마치 손을 뒤집거나 손바닥 위에서 운용하

듯이 쉬울 수 있었던 것이다."라고 말한 것이다. 무정은 高宗이다. "예닐곱 분이 나왔다"라고 한 것은 太甲, 太戊, 祖乙, 盤庚 등과 같은 분들이 그들이다.

'紂之去武丁未久也 其故家遺俗 流風善政 猶有存者'至'是以難也'者, 孟子又言自殷紂去武丁之時尙未久, 故其世嗣續之, 故家其民習尙之遺俗, 上之化下, 其流風之所被, 善政之所行, 尙有存者. 不特此也, 又有微子・微仲・王子比干・箕子・膠鬲數者, 皆是賢人, 相與同輔相其紂, 故紂之失亡亦至久而後失也. 雖一尺之地, 莫非紂之所有, 一民, 莫非爲紂之臣, 然而如此, 尙能自百里之地而興起爲王, 是以難而不若武丁之易也.

〔紂之去武丁未久也 其故家遺俗 流風善政 猶有存者〕에서 〔是以難也〕까지

맹자가 또 "殷나라 紂의 시대에서 무정의 시대까지 아직 오래되지 않았다. 그리하여 계승한 임금들이 무정을 이어받으니, 世家와 백성들이 익히고 숭상한 遺俗과 윗사람이 아랫사람을 교화하여 그 流風이 퍼진 것과 善政이 시행된 것이 여전히 남아 있었다. 이뿐만이 아니라, 또한 微子, 微仲, 王子 比干, 箕子, 膠鬲 등 여러 사람이 모두 賢人으로서, 서로 함께 紂를 도왔다. 그러므로 紂가 천하를 잃고 망한 것도 오랜 기간이 지나서야 그렇게 되었던 것이다. 한 자의 땅도 紂의 소유가 아닌 것이 없었고 한 명의 백성도 紂의 신하가 아닌 자가 없었다. 하지만 이러한데도 〈문왕은〉 오히려 능히 100리의 작은 땅을 근거로 흥기하여 王者가 되었으니, 이런 까닭에 어려워서 무정처럼 쉽지 않았던 것이다."라고 말한 것이다.

'齊人有言曰 雖有智慧 不如乘勢 雖有鎡基 不如待時'者, 孟子又言齊國之人有言, 云人雖有智慧之才, 亦不如乘其富貴之勢, 雖有田器, 如耒耜之屬, 亦不如乘三時農務之際也. 蓋大而知之之謂智, 小而察之之謂慧. 鎡基, 田器之利也. 言人雖有智慧之才, 然非乘富貴之勢, 則智慧之才有所不運. 比之齊國, 則今時易以行王道者也, 故曰今時則易然也.

〔齊人有言曰 雖有智慧 不如乘勢 雖有鎡基 不如待時〕 맹자가 또 "齊나라 사람의 말에 '사람이 비록 智慧로운 재주가 있을지라도 富貴의 형세를 의지하는 것만 못하고, 비록 쟁기 따위와 같은 농기구가 있을지라도 세 농사철을 이용하는 것만 못하다.'라는 말이 있다."라고 말한 것이다. 큰 것에 대해 아는 것을 '智'라고 하고, 작은 것도 살피는 것을 '慧'라고 한다. 鎡基는 편리한 농기구이다. 이 구절은 다음과 같은 말이다. "사람이 비록 지혜의 재주가 있지만, 富貴의 형세를 의지하지 않으면 지혜의 재주를 운용할 수

없는 점이 있다. 齊나라에 비유하자면, 지금 시대는 王道를 쉽게 행할 수 있는 것과 같은 경우이다. 그러므로 '지금의 시대는 〈천하에 왕도를 베풀기〉 쉬운 때이다.'라고 하는 것이다."

'夏后殷周之盛 地未有過千里者也 而齊有其地矣'至'莫之能禦也'者, 孟子言自夏后殷周三代之盛, 治其封畿, 皆方千里, 未有過千里之地者也, 而齊國今有其地亦得其千里, 鷄鳴狗吠相聞而廣達乎四境, 是其齊國不特有千里之地而已, 其間鷄犬相聞而又有其民相望而衆多也. 如此, 土地亦以足矣, 故不待更廣辟其土地矣, 民人亦以足矣, 又不待聚集其民人矣, 卽行仁爲政而王之, 人莫能禦止之也.

〔夏后殷周之盛 地未有過千里者也 而齊有其地矣〕부터 〔莫之能禦也〕까지

맹자가 "夏, 殷, 周 三代의 전성기에 직할지를 다스린 것이 모두 사방 천 리 넓이로서, 천 리를 넘는 땅을 소유한 경우는 없었다. 그런데 齊나라는 지금 소유한 땅이 또한 천 리나 되고, 닭이 울고 개가 짖는 소리가 서로 들려 사방 국경까지 널리 미치고 있다. 이는 齊나라가 천 리의 땅을 가지고 있을 뿐만이 아니라, 그 땅 안에는 닭이 울고 개가 짖는 소리가 서로 들리고 또 백성들이 서로 바라볼 정도로 많은 것이다. 이렇다면 토지가 충분한 것이므로 더 토지를 넓히기를 기다릴 필요가 없는 것이고, 백성도 충분한 것이므로 또한 백성을 모으기를 기다릴 필요가 없는 것이다. 바로 仁을 실천하면서 정치를 행하여 王道를 천하에 펼친다면, 그것을 막을 사람이 없을 것이다."라고 말한 것이다.

'(其)〔且〕[5]王者不作 未有疏於此時者也 饑者易爲食 渴者易爲飮 孔子曰 德之流行 速於置郵而傳命'者, 孟子又言且王者之不興作, 未有如疏於此時者也, 而民人憔悴, 困苦於暴虐之政, 又未有如極甚於此時者也. (以)〔似〕[6]若饑餓者食易爲美, 渴者飮易爲甘矣. 故孔子有云 "其德化之流行, 其速疾又過於置郵而傳書命也." 郵, 驛名, 云境(土)〔上〕[7]舍也, 又云官名, 督郵, 主諸縣罰負. 說文曰 "境上行書舍也."

5) (其)〔且〕: 저본에는 '其'로 되어 있으나, 經文에 의거하여 '且'로 바로잡았다.(阮元의 〈校勘記〉 참조)

6) (以)〔似〕: 저본에는 '以'로 되어 있으나, 四庫全書本에 의거하여 '似'로 바로잡았다.

7) (土)〔上〕: 저본에는 '土'로 되어 있으나, 四庫全書本, ≪重修廣韻≫, ≪五音集韻≫ 등에 의거하여 '上'으로 바로잡았다.

〔且王者不作 未有疏於此時者也 饑者易爲食 渴者易爲飮 孔子曰 德之流行 速於置郵而傳命〕 맹자가 또 "또한 王者가 출현하지 않은 것이 지금보다 오래된 경우가 없었고 백성이 초췌한 채 暴政에 고통을 당하는 것이 또한 지금보다 극심한 경우는 없었다. 이는 마치 배고픈 자에게는 어떤 음식도 맛있는 것이 쉽게 되고 목마른 자에게는 어떤 음료도 달콤한 것이 쉽게 되는 상황과 같다. 그러므로 孔子가 '德化가 전파되는 속도가 驛馬로 명령서를 전달하는 것보다 더욱 빠르다.'라고 말씀하신 것이다."라고 한 것이다. 郵는 驛의 이름이니, 국경 근처에 있는 客舍를 말한다. 또 관직의 이름이라고도 하는데, 督郵는 여러 縣의 過失을 감독한다. ≪說文解字≫에는 "국경 근처에 있는 사신이 묵는 집이다."라고 하였다.

'當今之時 萬乘之國行仁政 民之悅之 猶解倒懸也'者, 孟子又言當今齊國之時, 爲萬乘之國, 行仁政而及民, 則民皆喜悅之, 如得解其倒懸之索也. 云'倒懸'者, 喩其困苦之如此也.

〔當今之時 萬乘之國行仁政 民之悅之 猶解倒懸也〕 맹자가 또 "지금의 齊나라가 萬乘의 나라이니, 仁政을 행하여 백성에게 혜택이 미치면 백성이 모두 기뻐하여 마치 자신을 거꾸로 매단 끈을 풀어준 것처럼 여길 것이다."라고 말한 것이다. 거꾸로 매달렸다는 것은 곤란한 상황이 이와 같음을 비유한 것이다.

'故事半古之人 功必倍之 惟此時爲然'者, 孟子又言故於當此之時, 其施恩惠之事, 但半於古人, 其成治功, 亦必倍過於古人矣. 故曰惟此當今齊國之時爲能如是也.

〔故事半古之人 功必倍之 惟此時爲然〕 맹자가 또 "그러므로 이러한 시기에 은혜로운 일을 단지 古人의 반만 베풀어도 성취하는 功은 반드시 古人의 배가 넘을 것이다."라고 말한 것이다. 그러므로 "오직 齊나라의 지금과 같은 시기만이 능히 그러할 수 있다."라고 말하였다.

【疏】 ○ 注'管夷吾晏嬰' ○ 正義曰：管仲, 齊之相也. 案左傳魯莊公(八)〔九〕[1)]年, 桓公殺公子糾, 召忽死之, 管仲不死, 請囚. 鮑叔受之, 及堂阜而稅之, 歸而以告曰"管夷吾治於高傒, 使相之可也." 杜注云"堂阜, 齊地, 西北有夷吾亭. 或曰鮑叔解夷吾縛於此." 又云 "高傒, 齊卿, 高敬仲也." 言管仲治理政事才, 多於高敬仲, 遂使相之. 晏嬰, 姓晏, 名嬰, 齊大夫也. 語云"晏平仲善與人交."[2] 周注云"謚爲平."[3] 謚法曰"法治而淸省曰平." 案左傳文知之, 是晏桓子之子也,[4] 相齊景公.

1) (八)〔九〕: 저본에는 '八'로 되어 있으나, ≪春秋左氏傳≫과 四庫全書本에 의거하여 '九'로 바로잡았다.
2) 晏平仲善與人交 : ≪論語≫ 〈公冶長〉에 나온다.
3) 周注云 謚爲平 : ≪論語注疏≫에 "齊나라 大夫이다. 晏이 姓이고, 平이 謚號이며, 이름은 嬰이다."라고 되어 있는 것을 가리킨다. '周'는 누구를 가리키는 것인지 미상이다.
4) 案左傳文知之 是晏桓子之子也 : ≪春秋左氏傳≫ 襄公 17년에 "齊나라 晏桓子가 죽자, 晏嬰이 거친 삼베로 지은 斬縗服을 입었다.〔齊晏桓子卒 晏嬰麤縗斬〕"라고 한 것을 가리킨다.

○ 注의 〔管夷吾晏嬰〕

○ 正義曰 : 管仲은 齊나라의 재상이다. ≪春秋左氏傳≫을 상고해보면, 魯 莊公 9년에 齊 桓公이 公子 糾를 죽이니, 召忽은 公子 糾를 위해 죽었고 관중은 죽지 않고 拘禁되기를 청하였다. 鮑叔이 그를 인수하여 堂阜에 이르러 그를 풀어주고 돌아와 환공에게 아뢰기를 "管夷吾는 政治의 재능이 高傒보다 뛰어나니, 그를 재상으로 삼도록 하는 것이 좋겠습니다." 하였다. 杜預의 注에 이르기를 "堂阜는 齊나라 땅이니, 그 서북쪽에 夷吾亭이 있다. 혹자는 '포숙이 관이오의 捕縛을 여기서 풀어주었다.'라고 하였다." 하였고, 또 이르기를 "고혜는 齊나라 卿이니, 高敬中이다." 하였다. 관중이 政事를 다스리는 재주가 고경중보다 뛰어나 마침내 재상으로 삼게 하였다는 말이다. 晏嬰은 姓이 晏이고, 이름이 嬰이니, 齊나라 大夫이다. ≪論語≫에 "晏平仲은 남과 교제를 잘한다."라고 하였는데, 그에 대한 周氏의 注에 "謚號가 平이다."라고 하였다. ≪謚法≫에 "법도로 다스리고 청렴한 것을 '平'이라고 한다."라고 하였다. ≪春秋左氏傳≫의 글을 통해 안영이 晏桓子의 아들이라는 것과 齊 景公의 재상이 되었다는 사실을 알 수 있다.

【疏】 ○ 注'曾西曾子之孫'及'子路' ○ 正義曰 : 曾西爲曾子之孫者, 經云"曾西曰, 吾先子之所畏也." 先子是曾子也, 以祖稱之也, 卽知曾西乃曾子之孫也. 其他經傳未詳. 子路, 孔子弟子, 姓仲, 名由, 字子路, 卞國人也. 案史記弟子傳云"少孔子九歲, 性鄙好勇力, 抗直, 冠雄鷄, 佩豭(가)豚, 陵暴孔子. 孔子設禮誘子路, 子路後儒服委質(지), 因門人請爲弟子." 云'蹵然 猶蹵踖'者, 語云"踧踖如也."[1] 馬注云"踧踖, 恭敬之貌."

1) 踧踖如也 : ≪論語≫ 〈鄕黨〉에 "임금이 조정에 나와 계시면 恭敬하시며, 威儀가 예법

에 맞으셨다.〔君在 踧踖如也 與與如也〕"라는 말이 나온다.

○ 注의 〔曾西 曾子之孫〕과 〔子路〕

○ 正義曰 : 曾西가 曾子의 손자라는 것은, 經文에서 "증서가 말하기를 '우리 先子께서도 경외하신 분이다.' 하였다."라고 하였기 때문이다. 先子는 증자로서, 그를 祖父라고 부르니, 증서가 증자의 손자라는 것을 알 수 있다. 다른 經傳은 미상이다. 子路는 孔子 弟子로, 姓은 仲이고 이름은 由이고 字는 子路이며, 卞나라 사람이다. ≪史記≫ 〈仲尼弟子列傳〉에 "공자보다 9세가 적다. 성격이 거칠고 勇力을 좋아하며 강직하였다. 수탉의 깃을 冠으로 쓰고 수퇘지 모양의 장식을 차고서 공자를 업신여겼다. 공자가 예를 갖추어 자로를 타이르니, 자로가 나중에 儒者의 복장을 하고 禮物을 바친 뒤에 門人을 통해 弟子가 되기를 청하였다."라고 하였다.

〔蹵然 猶蹵踖〕 ≪論語≫에 "踧踖如也"라고 하였는데, 馬氏의 注에 "踧踖은 恭敬하는 모양이다."라고 하였다.

【疏】 ○ 注'艴然 慍怒色' ○ 正義曰 : 釋云"艴, 不悅也, 字從弗色", 是知卽慍怒之色也.

○ 注의 〔艴然 慍怒色〕

○ 正義曰 : 글자 풀이에 "艴은 기뻐하지 않는 것이니, 글자가 弗과 色의 결합으로 되어 있다."라고 하였으니, 성난 표정이라는 것을 알 수 있다.

【疏】 ○ 注'武丁高宗也'至'易也' ○ 正義曰 : 孔安國傳[1]云 "盤庚弟小乙子, 名武丁. 德高可尊, (始)〔故〕[2]號爲高宗." 云'從湯以下 賢聖之君六七作 謂太甲太戊盤庚等是也'者, 案史記世表云 "自湯之後, 湯太子早卒, 故立次弟外丙. 外丙卽位二年卒, 立外丙弟仲壬. 仲壬卽位四年卒, 伊尹乃立太丁[3]子太甲. 太甲, 成湯適長孫也. 太甲立三年, 不明, 伊尹放之桐. 三年悔過自責, 反善, 伊尹乃迎帝太甲, 授之政. 太甲修德, 諸侯咸歸, 百姓以寧, 稱爲太宗. 太宗崩, 子沃丁立. 丁崩, 弟太庚立. 庚崩, 子小甲立. 甲崩, 弟雍已立, 殷道衰, 諸侯或不至. 已崩, 弟太戊立, 殷道復興, 諸侯歸之, 故稱中宗. 中宗崩, 子仲丁立, 丁遷於囂(효). 丁崩, 弟外壬立. 壬崩, 弟河亶甲立, 殷道復衰. 甲崩, 子帝祖乙立. 乙立, 殷道復興. 乙崩, 子祖辛立. 辛崩, 弟沃甲立. 甲崩, 兄祖辛之子祖丁立. 丁崩, 弟沃甲之子南庚立. 庚崩, 祖丁之子陽甲立, 殷道復衰. 甲崩, 弟盤庚立, 殷道復興, 諸侯來朝. 庚崩, 弟小辛立, 殷道復衰. 辛崩, 弟小乙立. 乙崩, 子武丁立,

殷道復興, 故號爲高宗"是也.

1) 孔安國傳 : 孔安國이 지은 ≪尙書≫의 傳을 가리킨다.
2) (始)〔故〕: 저본에는 '始'로 되어 있으나, ≪尙書注疏≫ 〈商書〉의 傳에 의거하여 '故'로 바로잡았다.
3) 太丁 : 湯王의 장자였는데, 일찍 죽었다.

○ 注의 〔武丁高宗也〕에서 〔易也〕까지

○ 正義曰 : 孔安國의 傳에 "盤庚의 동생인 小乙의 아들로, 이름은 武丁이다. 덕이 높아 존경할 만하였으므로 그를 '高宗'이라고 칭하였다."라고 하였다.

〔從湯以下 賢聖之君六七作 謂太甲太戊盤庚等也〕 ≪史記≫ 〈三代世表〉에 "湯이 崩한 뒤에 湯의 太子가 일찍 죽었으므로 그 다음 동생인 外丙을 임금으로 세웠다. 외병이 즉위한 지 2년 만에 죽자, 외병의 동생 仲壬을 임금으로 세웠다. 중임이 즉위한 지 4년 만에 죽자, 伊尹이 太丁의 아들 太甲을 임금으로 세웠다. 태갑은 成湯의 嫡長孫이다. 태갑이 즉위한 지 3년 동안 명석하게 행동하지 못하자, 이윤이 그를 桐으로 내쫓았다. 太甲이 3년 동안 잘못을 참회하고 自責하며 善으로 돌아오자, 伊尹이 帝 太甲을 맞이하여 그에게 政權을 돌려주었다. 태갑이 덕을 닦자 제후들이 모두 귀의하고 백성들이 편안해졌으므로 그를 '太宗'이라고 칭하였다. 태종이 崩하자 아들인 沃丁이 즉위하였다. 옥정이 崩하자 동생인 太庚이 즉위하였다. 태경이 붕하자 아들인 小甲이 즉위하였다. 소갑이 崩하자 동생인 雍己가 즉위하였는데, 殷나라의 道가 쇠하여 제후들이 더러 〈조회하러〉 오지 않았다. 옹기가 崩하자 동생인 太戊가 즉위하였는데, 殷나라의 道가 부흥하여 제후들이 귀의하였으므로 그를 '中宗'이라고 칭하였다. 중종이 崩하자 아들인 仲丁이 즉위하였는데, 중정이 囂로 遷都하였다. 중정이 崩하자 동생인 外壬이 즉위하였다. 외임이 崩하자 동생인 河亶甲이 즉위하였는데, 殷나라의 道가 다시 쇠하였다. 하단갑이 崩하자 아들인 帝 祖乙이 즉위하였다. 조을이 즉위하고 殷나라의 道가 부흥하였다. 조을이 崩하자 아들인 祖辛이 즉위하였다. 조신이 崩하자 동생인 沃甲이 즉위하였다. 옥갑이 崩하자 형인 조신의 아들 祖丁이 즉위하였다. 조정이 崩하자 동생인 옥갑의 아들 南庚이 즉위하였다. 남경이 崩하자 조정의 아들인 陽甲이 즉위하였는데, 殷나라의 道가 다시 쇠하였다. 양갑이 崩하자 동생인 盤庚이 즉위하였는데, 殷나라의 道가 부흥하여 제후들이 와서 조회하였다. 반경이 崩하자 동생인 小辛이 즉위하였는데, 殷나라의 道가 다시 쇠하였다. 소신이 崩하자 동생인 小乙이 즉위하였다. 소

을이 崩하자 아들인 武丁이 즉위하였는데, 殷나라의 道가 부흥하였으므로 '高宗'이라고 칭하였다."라고 한 것이 이것이다.

【疏】○ 注云'鎡基 田器 耒耜之屬' ○ 正義曰：釋名云 "鎡基, 大鋤也." 云'農時'者, 左傳莊公二十九年云"凡土功, 龍見而畢務", 注云"今九月, 周十一月, 龍星角亢, 晨見東方, 三務始畢." "火見而致用", 注云"大火, 心星, 次角亢見者, 致築作之物." "水昏正而栽", 注云"謂今十月定星昏而中, 於是樹板幹而興作." "日至而畢", 注云"日南至, 微陽始動, 故土功畢." 若其門戶・道・橋・城郭・牆・塹有所損壞, 則隨時修之, 僖公二十年云"凡啓塞[1]從時"是也. 又案七月之詩 云"三之日于耜(사), 四之日擧趾. 同我婦子, 饁(엽)彼南畝." 注云"三之日, 夏之正月也. 四之日, 周之四月. 民無不擧足耕矣."

1) 啓塞：門戶, 道路, 橋梁을 '啓'라고 하고, 城郭, 담장, 垓子를 '塞'이라고 한다.

○ 注의 〔鎡基 田器 耒耜之屬〕

○ 正義曰：≪釋名≫에 "鎡基는 大鋤이다."라고 하였다.

〔農時〕 ≪春秋左氏傳≫ 莊公 29년에 "무릇 土木工事는 蒼龍星이 東方에 출현하면 농사일이 끝난다."라고 하였는데, 그 注에 "지금의 9월은 周나라 11월이니, 창룡성인 角星・亢星이 새벽에 동방에 나타나면 봄, 여름, 가을 세 철의 농사가 비로소 끝난다."라고 하였다. 또 "大火星이 동방에 출현하면 공사에 필요한 물품을 공사장에 보낸다."라고 하였는데, 그 注에 "大火는 心星이니, 角星・亢星과 나란히 나타나면 공사에 필요한 물품을 보낸다."라고 하였다. 또 "水星이 황혼에 正南에 보이면 공사를 위한 板子를 세운다."라고 하였는데, 그 注에 "지금의 10월에 定星이 황혼에 하늘 한가운데 보이면, 이때에 板子와 骨組를 세우고 공사를 시작하는 것을 일컫는다."라고 하였다. 또 "日至(동지 또는 하지)가 되면 토목공사를 마친다."라고 하였는데, 그 注에 "해가 極南에 이르면 미약한 陽氣가 비로소 움직이므로 토목공사를 마친다."라고 하였다. 門戶, 도로, 교량, 성곽, 담장, 垓子에 손상이 있는 경우에는 時宜에 맞추어 수리하니, 僖公 20년에 "모든 啓와 塞은 시의에 맞추어 수리한다."라고 한 것이 이것이다. 또 ≪詩經≫ 〈七月〉 시에 "三陽의 날에 가서 쟁기를 수리하고, 四陽의 날에 발꿈치를 들고 밭을 갈러 가네. 우리 처자식과 함께 저 남쪽 이랑으로 밥을 내가네."라고 하였는데, 그 注에 "三陽의 날은 夏나라 正月이다. 四陽의 날은 周나라 4월이다. 백성 중에 발을 들고 밭을 갈러 가지 않는 이가 없다."라고 하였다.

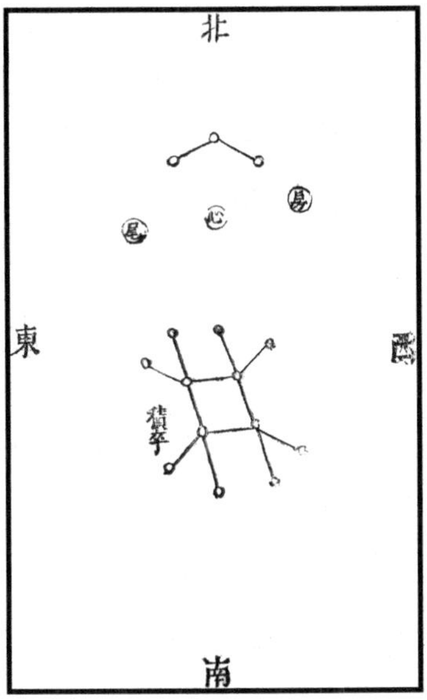

心星

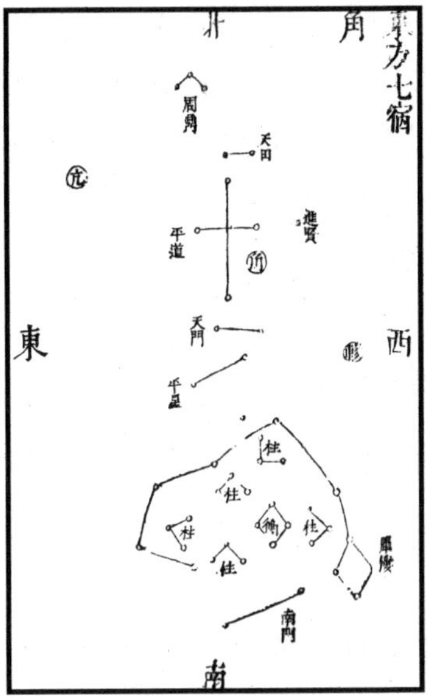

角星

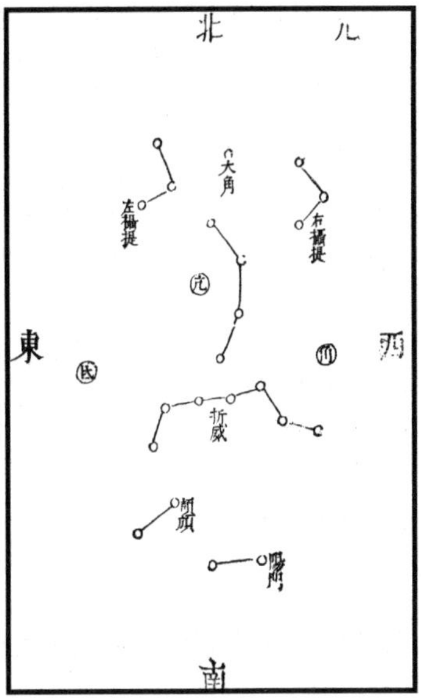

亢星

2. 公孫丑問曰 夫子加齊之卿相하사 得行道焉하시면 雖由此라도 霸王과 不異矣[1]리니 如此則動心가 否乎잇가

1) 雖由此 霸王不異矣 : 朱熹는 이 구절에 대해 "비록 이로 말미암아 霸者나 王者의 업적을 이루더라도 괴이할 것이 없다.〔雖由此而成霸王之業 亦不足怪〕"라고 주해하였는데, 이것에 의거하면 "雖由此霸王 不異矣"라고 句讀를 끊어야 한다.

공손추가 물었다. "夫子께서 齊나라의 卿相에 오르시어 道를 행할 수 있게 되신다면, 비록 卿相의 지위를 이용하더라도 옛날 霸業이나 王業을 이룬 경우와 다름이 없을 것입니다. 상황이 이와 같다면, 마음의 동요가 일어날 것 같습니까? 그렇지 않을 것 같습니까?"

【注】加는 猶居也라 丑問孟子 如使夫子得居齊卿相之位하사 行其道德하시면 雖用此臣位하여 輔君行之라도 亦不異於古霸王之君矣리니 如是면 寧動心畏難하여 自恐不能行가 否耶잇가 丑가 以此로 爲大道不易(이)하니 人當畏懼之하여 不敢欲行也라

加는 居와 같다. 公孫丑가 맹자에게 "만약 夫子께서 齊나라 卿相의 지위에 올라 道德을 행할 수 있게 되신다면, 비록 이런 신하의 지위를 이용하여 임금을 보좌해 道德

을 실천하게 하더라도, 옛날 霸業이나 王業을 이룬 임금의 경우와 다름이 없을 것입니다. 상황이 이와 같다면, 마음의 동요를 일으키고 어렵게 여기면서 제대로 해낼 수 없을까 두려워하실 것 같습니까? 그렇지 않으실 것 같습니까?"라고 물은 것이다. 공손추가 이 질문을 통해 大道를 행하는 것이 쉽지 않으므로 사람이 당연히 그것을 두려워하여 감히 행하고자 하지 않는다고 말한 것이다.

孟子曰 否라 我는 四十에 不動心호라

맹자가 말하였다. "그러지 않을 것이다. 나는 마흔부터 마음의 동요를 일으키지 않았다."

【注】孟子言 禮에 四十强而仕[1]라하니 我는 志氣가 已定이라 不妄動心有所畏也라

1) 四十强而仕 : ≪禮記≫ 〈曲禮 上〉에 나온다.

맹자가 "禮에 '40을 强이라고 하니 벼슬한다.'라고 하였다. 나는 志氣가 이미 안정되었으므로 함부로 마음의 동요를 일으키지도 않고 두려워하는 마음을 가지지도 않는다."라고 말한 것이다.

曰 若是則夫子過孟賁이 遠矣사소이다

공손추가 말하였다. "그렇다면 부자께서는 孟賁보다도 훨씬 뛰어나십니다."

【注】丑曰 若此면 夫子 志意堅勇이 過孟賁이라하다 賁은 勇士也라 孟子는 勇於德이라

공손추가 "그렇다면 夫子의 意志와 굳은 용기는 孟賁보다 뛰어나십니다."라고 말한 것이다. 맹분은 勇士이다. 맹자는 德에 용맹하였다.

曰 是不難하니 告子는 先我不動心하니라

맹자가 말하였다. "이것은 어렵지 않으니, 告子는 나보다 먼저 마음의 동요를 일으키지 않았다."

【注】孟子言 是不難也라 告子之勇은 未四十而不動心矣하니라

맹자가 "이것은 어렵지 않다. 告子의 勇氣는 사십이 되기도 전에 마음의 동요를 일으키지 않을 정도였다."라고 말한 것이다.

曰 不動心이 有道乎잇가

공손추가 말하였다. "마음의 동요를 일으키지 않는 데에 방법이 있습니까?"

【注】丑問 不動心之道는 云何잇가

공손추가 "마음의 동요를 일으키지 않는 방법은 어떠한 것입니까?"라고 물은 것이다.

曰 有하니라

맹자가 말하였다. "있다.

【注】孟子가 欲爲言之라

맹자가 그를 위해 말해주려고 한 것이다.

北宮黝(유)之養勇也는 不膚橈하며 不目逃하며 思以一豪挫於人이어든 若撻之於市朝하여 不受於褐寬博하며 亦不受於萬乘之君하니라 視刺萬乘之君하되 若刺褐夫하여 無嚴諸侯하며 惡聲이 至커든 必反之하니라

북궁유가 용기를 기르는 방법은 칼에 피부가 찔려도 움츠리지 않았고, 눈이 찔려도 눈동자를 피하지 않았다. 남에게 털끝만큼이라도 모욕을 당했다는 생각이 들면 마치 시장 거리에서 매를 맞는 것처럼 여겼다. 갈옷을 입은 천한 사내에게 모욕당하는 것을 참지 못하고, 萬乘의 임금에게 모욕당하는 것도 참지 못하였다. 만승의 임금을 찔러 죽이기를 마치 갈옷을 입은 사내를 찔러 죽이는 것처럼 생각하여 존경하는 제후가 없었으며, 험담이 들리면 반드시 보복하였다.

【注】北宮은 姓이요 黝는 名也라 人刺其肌膚라도 不爲橈却하며 刺其目이라도 目不轉睛逃避之矣라 人拔一毛를 若見捶(추)撻於市朝之中矣라 褐寬博은 獨夫被褐者라 嚴은 尊也니 無有尊嚴諸侯可敬者也라 以惡聲加己면 己必惡聲報之라 言所養育勇氣如是也라

北宮이 姓이고, 黝가 이름이다. 남이 자신의 피부를 칼로 찔러도 움츠리지 않았고, 자신의 눈을 찔러도 눈이 눈동자를 돌려 피하지 않았다. 남이 자신의 털 하나를 뽑을 정도로 사소한 모욕을 가한 것을 마치 시장 거리에서 매질을 당한 것처럼 수치스럽게 여겼다. 褐寬博은 갈옷을 입은 천한 사내이다. 嚴은 존경함이다. 존경할 만한 엄한 제후가 없었다는 뜻이다. 험담을 자신에게 가하면, 자신이 반드시 험담으로 보복했다. 그가 기른 용기가 이러했음을 말한 것이다.

孟施舍之所養勇也는 **曰 視不勝**하되 **猶勝也**로니 **量敵而後進**하며 **慮勝而後會**하면 **是**는 **畏三軍**[1]**者也**니 **舍豈能爲必勝哉**리오 **能無懼而已矣**라하니라

1) 三軍 : 中軍, 上軍, 下軍을 가리키는데, 각각 12,500명이다. 周나라 제도에 따르면, 큰 제후국은 三軍을 두었다.(≪周禮≫ 〈夏官 司馬〉)

孟施舍는 용기를 기르는 방법에 대해 이렇게 말하였다. '나는 이기지 못할 상대를 보고도 이길 것처럼 여긴다. 적을 헤아려 본 뒤에야 進軍하고 乘算이 있다고 생각된 뒤에야 交戰한다면, 이것은 三軍을 두려워하는 자이다. 내(舍)가 어찌 반드시 이기기만 하겠는가. 다만 능히 두려움이 없게 할 수 있을 뿐이다.'

【注】孟은 姓이고 舍는 名이고 施는 發音也라 施舍가 自言其名則 但曰舍라 舍가 豈能爲必勝哉리오 要不恐懼而已也라 以爲量敵少而進하며 慮勝者하여 足勝乃會라 若此면 畏三軍之衆者耳요 非勇者也라

孟이 姓이고, 舍가 이름이고, 施는 發音이다. 施舍가 자신의 이름을 말하는 경우에는 '舍'라고만 하였다. "舍가 어찌 능히 반드시 이기겠는가. 두려워하지 않고자 할 뿐이다. 적을 헤아려 적으면 進軍하고, 勝者를 헤아려보아 충분히 이길 만한 뒤에야 交戰한다. 이러하다면 三軍의 무리를 두려워하는 자일 뿐이고, 勇者가 아니다."라고 말한 것이다.

孟施舍는 **似曾子**하고 **北宮黝**는 **似子夏**하니 **夫二子之勇**이 **未知其孰賢**이어니와 **然而孟施舍守約也**니라

孟施舍는 曾子와 비슷하고 北宮黝는 子夏와 비슷하다. 이 두 사람의 용기 가운

데 어느 것이 더 나은지는 모르겠지만, 맹시사가 자신을 지키는 방법이 요점을 터득하였다.

【注】孟子以爲曾子長於孝라 孝는 百行之本이라 子夏知道雖衆이나 不如曾子孝之大也라 故로 以舍譬曾子하고 黝譬子夏하니 以施舍要之以不懼爲約要也라

맹자는 曾子가 孝에 뛰어났다고 여겼다. 孝는 백 가지 행실의 근본이다. 子夏가 道를 아는 것이 비록 많았어도 증자의 孝가 위대한 것만은 못하였다. 그러므로 맹자는 孟施舍를 증자에 비유하고, 北宮黝를 자하에 비유하였으니, 맹시사가 두려워하지 않는 방법으로 자신을 검속한 것이 요점을 얻었다고 여긴 것이다.

昔者에 曾子謂子襄曰 子好勇乎아 吾嘗聞大勇於夫子矣로니 自反而不縮이면 雖褐寬博이라도 吾不惴(췌)焉이어니와 自反而縮이면 雖千萬人이라도 吾往矣라하시니라 孟施舍之守氣는 又不如曾子之守約也니라

옛날에 曾子께서 子襄에게 '자네는 용기를 좋아하는가? 나는 일찍이 夫子(孔子)에게 大勇에 대해 들은 적이 있다. 스스로 돌이켜 의롭지 않다면 비록 상대가 갈옷을 입은 천한 사내라도 내가 그를 두렵게 만들 수 없지만, 스스로 돌이켜 보아서 의롭다면 비록 상대가 천만 인이더라도 나는 가서 대적할 수 있다.'라고 하셨다. 孟施舍가 氣를 지키는 것은 증자가 義를 지킴이 요점을 얻은 것만은 못하다."

【注】子襄은 曾子弟子也라 夫子는 謂孔子也라 縮은 義也라 惴은 懼也니 詩云 惴惴其慄[1)]이라 曾子謂子襄言 孔子告我大勇之道로니 人加惡於己면 己內自省하여 有不義不直之心이면 雖敵人被褐寬博一夫라도 不當輕이요 驚懼之也라 自省有義면 雖敵家千萬人이라도 我直往突之라하니 言義之强也라 施舍가 雖守勇氣나 不如曾子守義之爲約也라

1) 惴惴其慄 : ≪詩經≫ 〈秦風 黃鳥〉에 나온다.

子襄은 曾子 제자이다. 夫子는 孔子를 일컬은 것이다. 縮은 의로움이다. 惴는 두려워함이니, ≪詩經≫에 "두려워하며 벌벌 떠네."라는 말이 나온다. 증자가 자양에게 "공자께서 나에게 大勇의 道를 알려주셨는데, 남이 나에게 나쁜 짓을 가하면 내가 안으로 반성해보아서 不義하고 정직하지 못한 마음이 있다면 비록 적이 갈옷을 입은 천한 사

내 한 명이더라도 가볍게 여겨서는 안 되고 두려워해야 한다. 반성해보아서 의롭다면 비록 적이 천만 인의 무리라 하더라도 나는 곧바로 가서 부딪힌다."라고 하였으니, 義의 강함을 말한 것이다. 孟施舍가 비록 용기를 지켰으나, 증자가 義를 지킴이 요점을 얻은 것만은 못하였다.

曰 敢問夫子之不動心과 與告子之不動心을 可得聞與잇가

공손추가 말하였다. "감히 여쭙겠습니다. 부자께서 마음의 동요를 일으키지 않는 것과 告子가 마음의 동요를 일으키지 않는 것에 대해 들어볼 수 있겠습니까?"

【注】丑曰 不動心之勇을 其意를 豈可得聞與잇가

공손추가 "마음의 동요를 일으키지 않는 용기에 대해 그 의미를 들어볼 수 있겠습니까?"라고 말한 것이다.

告子曰 不得於言이어든 勿求於心하며 不得於心이어든 勿求於氣라하니[1] 不得於心이어든 勿求於氣는 可커니와 不得於言이어든 勿求於心은 不可하니

1) 不得於言……勿求於氣 : 朱熹는 이 구절에 대해 "말에 이해하지 못하는 점이 있으면 마땅히 그 말을 버려두어야 하고, 굳이 그 이치를 마음속에 되찾을 것이 없으며, 마음에 불안한 점이 있으면 마땅히 힘껏 그 마음을 제어해야 하고, 굳이 다시 기운에 도움을 구할 것이 없다.〔於言有所不達 則當舍置其言 而不必反求其理於心 於心有所不安 則當力制其心 而不必更求其助於氣〕"라고 주해하였다. 이것에 의거하여 본문을 번역하면 다음과 같다. "말에 이해하지 못하는 점이 있으면 마음에서 이치를 구하지 말며, 마음에 이해하지 못하는 점이 있으면 氣에 도움을 구하지 말라."

맹자가 말하였다. "고자는 '다른 사람에게서 선한 말을 듣지 못했다면 그에게서 선한 마음을 바라지 말고, 다른 사람에게서 선한 마음을 얻지 못했다면 그에게서 선한 말투를 바라지 말라.'라고 하였으니, 선한 마음을 얻지 못했다면 선한 말투를 바라지 말라는 것은 괜찮지만, 선한 말을 듣지 못했다면 선한 마음을 바라지 말라는 것은 불가하다.

【注】不得者는 不得人之善心善言也라 求者는 取也라 告子는 爲人이 勇而無慮하여 不原其

情하니 人有不善之言加於己면 不復取其心有善也하고 直怒之矣라 孟子以爲不可也라 告子知人之有惡心이면 雖以善辭氣로 來加己라도 亦直怒之矣라 孟子以爲是則可하니 言人當以心爲正也라 告子는 非純賢이니 其不動心之事가 一可用이요 一不可用也라

얻지 못했다는 것은 다른 사람의 선한 마음과 선한 말을 얻지 못했다는 것이다. 求라는 것은 취함이다. 告子는 사람됨이 용기는 있으나 思慮가 없어서 事情을 궁구해보지 않으니, 남이 不善한 말을 자기에게 가하면 그 마음에 선함이 있는지는 다시 고려해보지 않고 곧바로 성낸다. 맹자는 이것은 불가하다고 여겼다. 告子는 사람에게 악한 마음이 있다는 것을 알면, 비록 선한 말투로 자기에게 다가와 말하더라도 또한 곧바로 성낸다. 맹자는 이것은 괜찮다고 여겼으니, 사람은 마땅히 마음으로 正道를 삼아야 함을 말한 것이다. 告子는 순전한 賢人은 아니었으므로 마음의 동요를 일으키지 않는 일이 한편으로는 쓸 만하였고 한편으로는 쓸 만하지 못하였다.

夫志는 氣之帥(수)也오 氣는 體之充也니

무릇 志는 氣를 거느리는 장수이고 氣는 몸에 충만한 것이니,

【注】 志는 心所念慮也요 氣는 所以充滿形體하여 爲喜怒也라 志는 帥(솔)氣而行之하니 度(탁)其可否也라

志는 마음이 생각하는 것이고, 氣는 形體에 충만하여 喜怒의 감정을 일으키는 것이다. 志는 氣를 거느려 움직이게 하니 그 可否를 헤아린다.

夫志至焉이오 氣次焉이라

志가 가장 중요하고 氣가 그 다음이다.

【注】 志爲至要之本이요 氣爲其次焉이라

志가 가장 중요한 근본이고, 氣가 그 다음이다.

故로 曰 持其志오도 無暴其氣라하니라

그래서 '그 志를 견지하면서도 그 氣도 어지럽히지 말라.'라고 하는 것이다."

【注】暴는 亂也라 言志所向을 氣隨之하니 當正持其志하고 無亂其氣하여 妄以喜怒加人也라

暴는 어지럽힘이다. "志가 향하는 곳을 氣가 따르니, 마땅히 志를 똑바로 견지하면서도 氣를 어지럽혀 함부로 喜怒의 감정을 남에게 가하지 말아야 한다."라고 말한 것이다.

旣曰志至焉이오 氣次焉이라하시고 又曰 持其志오도 無暴其氣者는 何也잇고

公孫丑가 말하였다. "이미 '志가 가장 중요하고 氣가 그 다음이다.'라고 말씀하셨으면서, 다시 '그 志를 견지하면서도 그 氣도 어지럽히지 말라.'라고 하신 것은 어째서입니까?"

【注】丑問暴亂其氣云何라

공손추가 그 氣를 어지럽히지 말아야 한다고 말한 이유를 물은 것이다.

曰 志壹則動氣하고 氣壹則動志也니 今夫蹶者趨者是氣也而反動其心이니라

1) 志壹則動氣 氣壹則動志也 : 壹을 趙岐는 噎(열)과 통용자로 보아 '막힘'의 의미로 풀었고, 朱熹는 '專一'의 의미로 풀었다.

맹자가 말하였다. "志가 막히면 氣를 동요시키고 氣가 막히면 志를 동요시킨다. 지금 넘어지는 자와 달려가는 자는 氣 때문이지만, 도리어 그 마음의 동요를 일으킨다."

【注】孟子言壹者는 志氣閉而爲壹也라 志閉塞이면 則氣不行하고 氣閉塞이면 則志不通이라 蹶者에 相動하니 今夫行而蹶者는 氣閉하여 不能自持라 故로 志氣가 顚倒라 顚倒之間에 無不動心而恐矣니 則志氣之相動也라

맹자가 말한 壹이라는 것은 志와 氣가 닫혀서 막힌 것이다. 志가 막히면 氣가 움직이지 않고, 氣가 막히면 志가 통하지 않는다. 넘어지는 자에게 서로 작용하는 것이니, 지금 길을 가다가 넘어지는 자는 氣가 막혀 스스로 제어할 수 없으므로 志와 氣가 넘어뜨린 것이다. 넘어지는 사이에 마음의 동요를 일으켜 두렵지 않음이 없으니, 志와 氣가 서로 작용한 것이다.

敢問夫子는 **惡乎長**이시니잇고

공손추가 말하였다. "감히 여쭙겠습니다. 夫子께서는 얼마나 뛰어나십니까?"

【注】 丑問孟子才志所長何等이라

공손추가 맹자의 才能과 志가 뛰어난 것이 어느 정도인지 물은 것이다.

曰 **我**는 **知言**하며 **我**는 **善養吾浩然之氣**하노라

맹자가 말하였다. "나는 남의 말을 잘 알아들으며, 나는 나의 浩然之氣를 잘 기른다."

【注】 孟子云 我聞人言하고 能知其情所趨하며 我能自養育我之所有浩然之大氣也하노라

맹자가 "나는 남의 말을 듣고 그 마음이 무엇을 지향하는지 능히 알며, 나는 내가 지닌 浩然한 大氣를 능히 스스로 기른다."라고 말한 것이다.

敢問何謂浩然之氣잇고

공손추가 말하였다. "감히 여쭙겠습니다. 무엇을 浩然之氣라 합니까?"

【注】 丑問浩然之氣狀如何라

公孫丑가 浩然之氣가 어떠한 것인지 물은 것이다.

曰 **難言也**니라 **其爲氣也至大至剛**하니 **以直養而無害則塞于天地之間**이니라

맹자가 말하였다. "말하기 어렵다. 이 浩然之氣는 지극히 크고 지극히 강하니, 正直으로 잘 기르고 해치지 않는다면 천지 사이에 꽉 차게 된다.

【注】 言此至大至剛하니 正直之氣也라 然而貫洞纖微하고 (治)〔洽〕[1]於神明이라 故로 言之難也라 養之以義하고 不以邪事로 干害之면 則可使滋蔓하여 塞滿天地之間이니 布(旅)〔施〕[2]德教가 無窮極也니라

1) (治)〔洽〕: 저본에는 '治'로 되어 있으나, 廖本, 孔本, 韓本, 考文古本에 의거하여 '洽'

으로 바로잡았다.(阮元의 〈校勘記〉 참조)

2) (旅)〔施〕: 저본에는 '旅'로 되어 있으나, 監本, 毛本, 四庫全書本에 의거하여 '施'로 바로잡았다.(阮元의 〈校勘記〉 참조)

다음과 같은 내용이다. "이 浩然之氣는 지극히 크고 지극히 강하니, 정직한 氣이다. 하지만 宇宙를 관통하면서도 지극히 미세하고 神明에 부합하므로 말하기 어려운 것이다. 義로써 기르고 不正한 일로써 해치지 않는다면 자라나 널리 퍼져서 天地 사이에 꽉 차게 만들 수 있으니, 그렇게 되면 德의 敎化를 세상에 베풂이 한이 없다."

其爲氣也配義與道하니 無是면 餒(뇌)也니라

이 浩然之氣는 道・義와 짝하니, 이것이 없으면 굶주리는 것처럼 된다.

【注】重說是氣라 言此氣與道義相配偶俱行이라 義謂仁義니 可以立德之本也오 道謂陰陽이니 大道는 無形而生有形이라 舒之면 彌六合하고 卷之면 不盈握이로되 包絡天地하여 稟授群生者也라 言能養道氣而行義理면 常以充滿五臟이어니와 若其無此면 則腹腸이 饑虛하여 若人之餒餓也라

거듭 이 浩然之氣에 대해 설명하였다. "이 호연지기는 道・義와 서로 짝하여 함께 행해진다."라고 말한 것이다. 義는 仁義를 일컬으니, 德을 세울 수 있는 근본이다. 道는 陰陽을 일컫는다. 大道는 形體가 없지만 形體가 있는 것을 생겨나게 한다. 펼치면 宇宙를 가득 채우고 거두면 한 줌도 차지 않지만, 天地를 포괄하여 뭇 生命을 부여하는 것이다. "능히 道와 氣를 길러 義理를 행하면 항상 五臟에 충만하게 되지만, 만약 이것이 없으면 창자가 비게 되어 사람이 굶주리는 것처럼 된다."라고 말한 것이다.

是集義所生者라 非義襲而取之也니

이 浩然之氣는 義와 뒤섞여 생겨나는 것이지, 義를 통해 몰래 취할 수 있는 것이 아니다.

【注】集은 雜也라 密聲取敵曰襲이라 言此浩然之氣는 與義雜生하여 從內而出하니 人生受氣所自有者라

集은 뒤섞음이다. 소리를 죽이고 적을 공격하는 것을 襲이라 한다. "이 浩然之氣는

義와 뒤섞여서 생겨나 안에서 우러나오는 것이니, 사람이 태어나면서 부여받는 氣로서 본래 지니고 있는 것이다."라고 말한 것이다.

行有不慊於心則餒矣니라

자신의 행동이 마음에 유쾌하지 않은 점이 있으면 뱃속이 굶주리는 것처럼 된다.

【注】 慊은 快也라 自省所行에 仁義不備하여 干害浩氣면 則心腹이 饑餒矣라

慊은 쾌함이다. 행동을 반성했을 때 仁義가 갖추어지지 않아 浩然之氣에 해를 끼쳤다면, 뱃속이 굶주리게 된다.

我故로 曰 告子未嘗知義라하노니 以其外之也일새니라

그래서 내가 '告子는 義를 안 적이 없다.'고 한 것이니, 그가 義를 밖에 있다고 여겼기 때문이다.

【注】 孟子曰 仁義는 皆出於內어늘 而告子嘗以爲仁內義外라 故로 言其未嘗知義也일새니라

맹자가 "仁義는 모두 안에서 나오는 것인데, 告子는 언젠가 仁은 안에 있는 것이고 義는 밖에 있는 것이라고 하였다. 그래서 내가 그는 義를 안 적이 없다고 한 것이다."라고 말한 것이다.

必有事焉而勿正하고 心勿忘하며 勿助長也하여[1)]

1) 必有事焉而勿正……勿助長也 : 趙岐는 事를 福의 의미로, 正을 但의 의미로 풀었으나, 朱熹는 事를 從事의 의미로 正을 預期의 의미로 풀었다. 朱熹의 주석에 따라 번역하면 다음과 같다. "반드시 의로운 일을 축적하는 일에 종사하면서 그 효과를 미리 기대하지 말고, 마음속에 그 일에 종사할 것을 잊지 말며, 조장(助長)하지도 말아서……"

반드시 그 안에 福이 있지만, 단지 福을 얻는다는 이유 때문에 의로운 일을 하지는 말아야 하고, 마음속으로 〈福을 얻는다는 사실은〉 잊지 말며, 그 福을 조장하지도 말아서

【注】 言人行仁義之事면 必有福在其中이나 而勿正但以爲福故爲義也하고 但心勿忘其爲

福하며 而亦勿汲汲助長其福也라 汲汲則似宋人也라

“사람이 仁義의 일을 행하면 반드시 그 안에 福이 있으나, 단지 福을 얻으려는 이유 때문에 의로운 일을 하지는 말아야 하고, 다만 마음속으로 福을 얻는다는 사실은 잊지 말며, 또한 그 福을 助長하려고 급급하지 말아야 한다. 급급하면 宋나라 사람처럼 된다.”라고 말한 것이다.

無若宋人然이어다 **宋人有閔其苗之不長而揠**(알)**之者**러니 **芒芒然歸**하여 **謂其人曰 今日**에 **病矣**와라 **予助苗長矣**와라하여늘 **其子趨而往視之**하니 **苗則槁矣**러라

宋나라 사람처럼 되지 말아야 한다. 宋나라 사람 중에 벼 싹이 자라지 않는 것을 안타깝게 여겨 뽑아 올린 자가 있었다. 그리고는 피곤한 모습으로 돌아와서 집사람에게 ‘오늘은 몹시 피곤하다. 내가 벼 싹이 자라는 것을 도와주었다.’라고 하였다. 그 아들이 달려가서 보았더니, 벼 싹이 말라죽어 있었다.

【注】 揠은 挺拔之니 欲亟長也라 病은 罷也라 芒芒然은 罷倦之貌라 其人은 家人也요 其子는 揠苗者之子也라 趨는 走也라 槁는 乾枯也라 以喩人之情에 邀福者는 必有害가 若欲急長苗而反使之枯死也라

揠은 뽑아 올리는 것이니, 빨리 자라게 하고자 함이다. 病은 피곤함이다. 芒芒然은 피곤한 모양이다. ‘其人’은 집사람이고, ‘其子’는 싹을 뽑은 사람의 아들이다. 趨는 달려감이다. 槁는 마름이다. 사람의 인정상 복을 바라는 자는 반드시 해가 있는 것이 마치 싹을 빠르게 자라게 하고자 하다가 도리어 말라죽게 하는 것과 같음을 비유한 것이다.

天下之不助苗長者寡矣니 **以爲無益而舍之者**는 **不耘苗者也**오 **助之長者**는 **揠苗者也**니 **非徒無益**이라 **而又害之**니라

천하의 사람 중에는 벼 싹이 자라는 것을 돕지 않는 자가 적다. 〈福을 애써 구하는 것이〉 도움이 안 된다고 여겨 〈仁義를〉 버려두는 자는 벼 싹을 김매지 않는 자이고, 자라나는 것을 돕는 자는 벼 싹을 뽑아 올리는 자이다. 도움이 안 될 뿐만 아니라, 도리어 해치게 된다.”

【注】天下人行善者는 皆欲速得其福하고 恬然者少也라 以爲福祿在天하여 求之無益이라하여 舍置仁義하여 不求爲善은 是由農夫任天하고 不復耘治其苗也라 其遲福을 欲急得之者는 由此揠苗人也니 非徒無益於苗라 乃反害之라 言告子外義하여 常恐其行義하니 欲急得其福이라 故로 爲丑言人之行은 當內治善하고 不當急求其福이니 亦若此揠苗者矣라

천하의 사람 중에 선을 행하는 자들은 모두 복을 빨리 얻으려고 하며, 〈복을 얻는 데〉 초연한 사람은 드물다. 福祿은 하늘에 달린 것이어서 애써 얻고자 하는 것은 도움이 안 된다고 여겨서 仁義를 버려두고 선을 행하지 않는 것은 農夫가 농사를 하늘에 맡겨두고 다시는 벼 싹을 가꾸지 않는 것과 같다. 천천히 오는 복을 빨리 얻고자 하는 자는 벼 싹을 뽑아 올리는 農夫와 같은 자이니, 벼 싹에 도움이 안 될 뿐만 아니라 도리어 해치게 된다. 告子는 義가 밖에 있는 것이라고 여겨 항상 義를 행하는 것을 두려워하였으니, 복을 빨리 얻고자 했기 때문이다. 그러므로 맹자가 公孫丑에게 "사람의 행실은 마땅히 안으로 선을 다스려야 하고 복을 빨리 얻고자 해서는 안 되니, 이것은 또한 벼 싹을 뽑아 올리는 행위와 같은 것이다."라고 말했던 것이다.

何謂知言이니잇고

공손추가 말하였다. "어떤 경우를 두고 말을 잘 알아듣는다고 하는 것입니까?"

【注】丑問知言之意何謂라

공손추가 말을 잘 알아듣는다는 것의 의미가 무엇인지 물은 것이다.

曰 詖(피)辭에 **知其所蔽**하며 **淫辭**에 **知其所陷**하며 **邪辭**에 **知其所離**하며 **遁辭**에 **知其所窮**이니

맹자가 말하였다. "편파적인 말에서 무엇을 차단하려는지를 간파하고, 지나친 말에서 무엇을 함정에 빠뜨리려는지를 간파하고, 간사한 말에서 무엇을 이간시키려는지를 간파하고, 숨기는 말에서 무엇을 곤란하게 하려는지를 간파할 수 있으니,

【注】孟子曰 人有險詖之言하여 引事以褒人하여 若賓孟言雄鷄自斷其尾之事면 能知其欲以譽子朝蔽子猛也며 有淫美不信之辭하여 若驪姬勸晉獻公與申生之事면 能知欲以陷害

之也며 有邪辟不正之辭하여 若豎(수)牛觀仲壬賜環之事면 能知其欲行譖毁하여 以離之於叔孫也며 有隱遁之辭하여 若秦客之廋辭於朝면 能知其欲以窮晉諸大夫也라 若此四者之類에 我聞能知其所趣也니라

맹자가 "누군가 편파적인 말로써 어떤 일을 끌어다 어떤 사람을 칭찬하는 경우, 이를테면 賓孟이 수탉이 스스로 자기 꼬리를 잘라버린 것을 말한 일을 들으면, 子朝를 칭찬하고 子猛을 차단하려고 하는 빈맹의 의도를 능히 간파한다. 누군가 지나치게 좋으면서 믿기 어려운 말을 하는 경우, 이를 테면 驪姬가 晉 獻公에게 申生을 도와주라고 권한 일을 들으면, 〈신생을〉 함정에 빠뜨려 해치려는 여희의 의도를 능히 간파한다. 奸邪하고 不正한 말을 하는 경우, 이를테면 豎牛가 仲壬이 玉環을 하사받은 것을 보고서 저지른 일을 들으면, 무함하여 叔孫과 이간시키려는 수우의 의도를 능히 간파한다. 숨기는 말을 하는 경우, 이를테면 秦客이 조정에서 수수께끼 같은 말을 했던 일을 들으면, 晉나라의 大夫들을 곤란하게 만들려던 秦客의 의도를 능히 간파한다. 이러한 네 가지 부류의 말은 나는 들으면 그것이 추구하는 바를 능히 간파한다."라고 말한 것이다.

生於其心하여 **害於其政**하며 **發於其政**하여 **害於其事**하나니 **聖人**이 **復起**사도 **必從吾言矣**시리라

이 네 가지 말은 마음에서 나와 政事에 해를 끼치고, 정사에 발현되어 일에 해를 끼치게 된다. 聖人이 다시 나오시더라도 반드시 내 말을 따르실 것이다.

【注】生於其心은 譬若人君有好殘賊嚴酷心이면 必妨害仁政하여 不得行之也라 發於其政者는 若出令하여 欲以非時로 田獵하고 築作宮室하면 必妨害民之農事하여 使百姓으로 有饑寒之患也라 吾見其端하여 欲防而止之하니 如使聖人復興이라도 必從我言也리라

마음에서 나온다는 것은 이를테면, 임금이 잔악하고 가혹한 것을 좋아하는 마음을 갖는다면 반드시 仁政을 방해하여 그것을 실천할 수 없다는 것이다. 政事에 발현된다는 것은 이를테면, 명령을 내려 부적절한 시기에 사냥을 하고 宮室을 짓고자 하면 반드시 백성의 農事를 방해하여 백성으로 하여금 굶주리고 추위에 떠는 것을 근심하게 만든다는 것이다. 나는 그 단서를 살펴 그것을 방지하고자 하니, 설사 聖人이 다시 세상에 나오더라도 반드시 나의 말을 따를 것이다.

宰我子貢은 善爲說辭하고 冉牛閔子顔淵은 善言德行이러니 孔子兼之하시니라 曰我於辭命則不能也로라[1)]

1) 宰我子貢……曰我於辭命則不能也 : 이 구절을 趙岐는 맹자의 말로 보고 '曰' 이하를 맹자가 스스로를 평한 말로 보았으나, 朱熹는 林之奇의 說에 근거하여 公孫丑의 말로 보고 '曰' 이하를 孔子가 한 말로 풀이하였다.

宰我와 子貢은 辨說을 잘 했고, 冉伯牛, 閔子騫, 顔淵은 善言과 德行에 뛰어났는데, 孔子께서는 그것을 겸하셨다. 나로 말하자면, 辨說과 敎令에는 능하지 못하다.

【注】言人各有能하니 我는 於辭言敎命則不能如二子라

"사람은 각자 능한 바가 있으니, 나는 변설과 교령에는 두 사람만 못하다."라고 말한 것이다.

然則夫子는 旣聖矣乎잇가

공손추가 말하였다. "그렇다면 夫子께서는 이미 聖人이십니까?"

【注】丑見孟子但言不能辭命이오 不言不能德行하고는 謂孟子欲自比孔子라 故曰夫子旣已聖矣乎잇가하니라

公孫丑는 맹자가 辭命에는 능하지 못하다고만 말하고 德行에 능하지 못하다고는 말하지 않은 것을 보고, 맹자가 스스로를 孔子에 비견하고자 하였다고 여겼다. 그래서 "夫子께서는 이미 聖人이십니까?"라고 말한 것이다.

曰 惡(오)라 是何言也오 昔者에 子貢이 問於孔子曰 夫子는 聖矣乎신저 孔子曰 聖則吾不能이어니와 我는 學不厭而敎不倦也로라 子貢曰 學不厭은 智也오 敎不倦은 仁也니이다 仁且智하시니 夫子는 旣聖矣신저하니 夫聖은 孔子도 不居하시니 是何言也오

맹자가 말하였다. "아니, 이것이 무슨 말인가. 옛날에 子貢이 孔子에게 '夫子께

서는 聖人이십니까?'라고 물으니, 孔子께서 '聖人은 내가 능하지 못하지만, 나는 배움을 싫증내지 않고 가르침을 게을리 하지 않는다.'라고 하셨다. 이에 자공이 '배움을 싫증내지 않는 것은 智이고, 가르침을 게을리 하지 않는 것은 仁입니다. 仁하고 또 智하시니, 夫子께서는 이미 聖人일 것입니다.'라고 하였다. 聖人은 孔子께서도 자처하지 않으신 것인데, 이것이 무슨 말인가.

【注】惡者는 不安事之歎辭也라 孟子答丑言 往者에 子貢孔子가 相答如此하실새 孔子도 尙不敢安居於聖이어늘 我가 何敢自謂爲聖이리오 故로 再言是何言也오라하니라

惡라는 것은 일을 불안하게 여길 때 쓰는 감탄사이다. 맹자가 公孫丑에게 "옛날 子貢과 孔子께서 이처럼 서로 問答하셨을 때에 공자께서도 오히려 聖人을 감히 자처하지 않으셨는데, 내가 어찌 감히 스스로 聖人이라고 일컫겠는가."라고 대답한 것이다. 그러므로 거듭 "이것이 무슨 말인가."라고 말한 것이다.

昔者에 竊聞之하니 子夏子遊子張은 皆有聖人之一體하고 冉牛閔子顏淵은 則具體而微라하니라[1)]

1) 昔者……則具體而微 : 이 구절을 趙岐는 맹자의 말로 보았으나, 朱熹는 林之奇의 說에 근거하여 公孫丑의 말로 보았다.

지난날 내가 先師에게 삼가 들으니, '子夏, 子游, 子張은 모두 聖人의 일부분을 갖추고 있고, 冉伯牛, 閔子騫, 顏淵은 聖人의 전체를 갖추고는 있으나 조금 모자랐을 뿐이다.'라고 하셨다."

【注】體者는 四肢股肱也라 孟子言昔日竊聞師言也라 丑가 方問欲知孟子之德이라 故로 謙辭言竊聞也라 一體者는 得一肢也오 具體者는 四肢皆具라 微는 小也니 比聖人之體微小耳라 體以喩德也라

體라는 것은 四肢와 넓적다리, 팔이다. 맹자가 "옛날에 先師의 말을 삼가 들었다."라고 말한 것이다. 公孫丑가 맹자의 德을 물어 알고자 하였으므로 맹자가 謙辭로써 '삼가 들었다'고 말한 것이다. 一體라는 것은 四肢 가운데 하나를 얻었다는 것이고, 具體라는 것은 四肢가 모두 갖추어져다는 것이다. 微는 작음이니, 聖人의 전체에 비해 조

금 작을 뿐이라는 것이다. 몸으로 德을 비유한 것이다.

敢問所安하노이다

공손추가 말하였다. "夫子께서 편히 견줄 수 있는 분을 감히 여쭙겠습니다."

【注】丑問孟子所安比也라

공손추가 맹자가 편히 견줄 수 있는 분을 물은 것이다.

曰 姑舍是하라

맹자가 말하였다. "우선 이 문제는 놓아두어라."

【注】姑는 且也라 孟子曰 且置是하라 我不願比也라

姑는 우선이다. 맹자가 "우선 이 문제는 놓아두어라. 나는 견주고 싶지 않다."라고 말한 것이다.

曰 伯夷(伊尹)[1]는 **何如**하니잇고

1) (伊尹) : 저본에는 '伊尹'이 있으나, 趙岐의 注와 阮元의 〈校勘記〉에 의거하여 衍文으로 처리하였다.

공손추가 말하였다. "伯夷는 어떻습니까?"

伯夷

【注】丑曰 伯夷之行은 何如하니잇고 孟子心可願比伯夷否잇가

공손추가 "백이의 행실은 어떠했습니까? 맹자께서는 마음속으로 백이와 견주기를 원하십니까?"라고 말한 것이다.

曰 不同道하니라

맹자가 말하였다. "孔子, 伊尹과 道가 같지 않았다.

【注】言伯夷之行은 不與孔子伊尹同道也라

伯夷의 행실은 공자, 이윤과 道가 같지 않았다고 말한 것이다.

非其君不事하며 非其民不使하여 治則進하고 亂則退는 伯夷也오

좋아하는 임금이 아니면 섬기지 않고 正道로 얻은 백성이 아니면 부리지 않으면서, 세상이 다스려지면 나아가고 어지러워지면 물러나 숨은 분은 伯夷였고,

【注】非其君은 非己所好之君也라 非其民은 不以正道而得民이면 伯夷는 不願使之라 故로 謂之非其民也라

非其君은 자신이 좋아하는 임금이 아닌 경우이다. 非其民은 正道를 써서 백성을 얻지 않았다면, 伯夷는 그들을 부리고자 하지 않았기 때문에 非其民이라고 말한 것이다.

何事非君이며 何使非民이리오하여 治亦進하며 亂亦進은 伊尹也오

'누구를 섬긴들 임금이 아니며 누구를 부린들 백성이 아닌가.'라고 하면서, 다스려져도 나아가고 어지러워도 나아간 분은 이윤이었고,

【注】伊尹曰 事非其君者라도 何傷也리오 使非其民者라도 何傷也리오하니 要欲爲天理物하여 冀得行道而已矣라

伊尹은 "내가 좋아하는 임금이 아닌 분을 섬겨도 무슨 해가 될 것이 있으며, 正道로 얻은 백성이 아닌 자를 부려도 무슨 해가 될 것이 있겠는가."라고 하였으니 하늘을 위해 백성을 다스리고자 하면서 道를 행하기를 바랐을 뿐이었다.

可以仕則仕하며 可以止則止하며 可以久則久하며 可以速則速은 孔子也시니라

벼슬해야 할 때는 벼슬하고 그만둬야 할 때는 그만두며, 오래 머물러야 할 때는 오래 머무르고 빨리 떠나야 할 때는 빨리 떠나신 분은 孔子셨다.

【注】止는 處也오 久는 留也오 速은 疾去也라

止는 그만둠이고, 久는 머묾이고, 速은 빨리 떠남이다.

皆古聖人也라 **吾未能有行焉**이어니와 **乃所願則學孔子也**로라

이 분들은 모두 옛 성인이시다. 나는 이 분들처럼 행하지 못하지만, 내가 바라는 것은 공자를 배우는 것이다."

【注】 此는 皆古之聖人이라 我는 未能有所行若此이어니와 乃言我心之所庶幾면 則願欲學孔子라 所履進退無常이로되 量時爲宜也시니라

"이 분들은 모두 옛 聖人이시다. 나는 이 분들처럼 행하지 못하지만, 내 마음에 바라는 것을 말하자면, 孔子를 배우고자 하는 것이다. 孔子께서 행하신 나아감과 물러남은 일정함이 없으면서도 時宜를 헤아려 事理에 맞게 하셨다."라고 말한 것이다.

伯夷伊尹이 **於孔子**에 **若是班乎**잇가

공손추가 말하였다. "백이와 이윤이 공자와 견주어 이처럼 동등합니까?"

【注】 班은 齊等之貌也라 丑가 嫌伯夷伊尹이 與孔子로 相比하여 問此三人之德이 班然而等乎잇가

班은 동등한 모양이다. 公孫丑가 伯夷와 伊尹이 孔子와 비견되는 것을 꺼려하여 "이 세 분의 德이 동등하게 같습니까?"라고 물은 것이다.

伊尹

曰 否라 **自有生民以來**로 **未有孔子也**시니라

맹자가 말하였다. "아니다. 사람이 생겨난 이래로 공자 같은 분은 없었다."

【注】 孟子曰 不等也라 從有生民以來로 非純聖人이면 則未有與孔子齊德也니라

맹자가 "동등하지 않다. 사람이 생겨난 이래로 순전한 聖人이 아니라면, 孔子와 德을 나란히 견줄만한 사람은 없었다."라고 말한 것이다.

然則有同與잇가

공손추가 말하였다. "그렇다면 〈세 분에게〉 공통점이 있습니까?"

【注】 丑曰 然則此三人有同者邪(야)잇가

공손추가 "그렇다면 이 세 분에게 공통점이 있습니까?"라고 물은 것이다.

曰 有하니 得百里之地而君之면 皆能以朝諸侯有天下어니와 行一不義하며 殺一不辜而得天下는 皆不爲也리니 是則同하니라

맹자가 말하였다. "있다. 100리의 작은 땅을 얻어 임금이 되시면 세 분 모두 제후들이 자신을 朝會하도록 만들고 천하를 소유할 수 있지만, 하나라도 의롭지 못한 일을 행하거나 한 사람이라도 무고한 사람을 죽이면서 천하를 차지하는 일은 모두 하지 않을 것이니, 이것이 공통점이다."

【注】 孟子曰 此三人이 君國이면 皆能使隣國諸侯尊敬其德而朝之어니와 不以其義로 得之면 皆不爲也리니 是則孔子同之矣니라

맹자가 "이 세 분이 임금이 되어 나라를 다스린다면, 세 분 모두 이웃 나라 임금으로 하여금 자신의 德을 존경하여 자신에게 朝會를 하도록 만들 수 있지만, 義로써 그것을 얻지 못한다면 모두 하지 않을 것이니, 이것이 孔子와 같은 점이다."라고 말한 것이다.

曰 敢問其所以異하노이다

공손추가 말하였다. "그 분들의 다른 점을 감히 여쭙겠습니다."

【注】 丑問孔子與二人異謂何잇가

공손추가 "孔子가 나머지 두 분과 다른 점은 무엇입니까?"라고 물은 것이다.

曰 宰我子貢有若은 智足以知聖人이니 汚不至阿其所好니라

맹자가 말하였다. "宰我, 子貢, 有若은 지혜가 충분히 聖人을 알아볼 만한 사람들이다. 비록 그들의 수준이 조금 낮을지라도, 자신들이 좋아하는 사람에게 아첨할 정도에는 이르지는 않았다.

【注】孟子曰 宰我等三人之智는 足以識聖人이라 汚는 下也라 言三人이 雖小汚不平이라도 亦不至阿其所好(以非其事)[1]하고 阿私所愛而空譽之니 其言有可用者라 欲爲丑陳三子之道孔子也라

1) 以非其事 : 저본에는 '以非其事'가 있으나, ≪十三經注疏正字≫에 의거하여 衍文으로 처리하였다.

맹자가 "宰我 등 세 사람의 지혜는 충분히 聖人을 알아볼 수 있다."라고 말한 것이다. 汚는 낮음이다. "세 사람이 비록 수준이 조금 낮고 균등하지 않을지라도, 또한 자신이 좋아하는 사람에게 아첨하고 사랑하는 사람을 편들어 거짓으로 칭찬하는 정도에는 이르지 않았으므로 그들의 말을 채용할 수 있다."라고 말한 것이다. 公孫丑를 위해 세 사람이 孔子를 평가한 말을 진술하려고 한 것이다.

宰我曰 以予觀於夫子컨댄 賢於堯舜이 遠矣샷다

宰我는 孔子를 평가하기를 '내가 夫子를 보건대 堯舜보다 훨씬 훌륭하시다.' 하였고,

【注】予는 宰我名也라 以爲孔子賢於堯舜이라 以孔子但爲聖이오 不王天下나 而能制作素王[1]之道라 故로 美之라 如使當堯舜之世면 賢之遠矣리라

1) 素王 : 孔子를 가리키는 말이다. 孔子가 帝王의 지위는 없었지만, ≪春秋≫를 지어 歷史에 褒貶을 가한 것이 王業에 비견된다는 뜻으로 붙은 칭호이다.(≪論衡≫ 〈定賢〉)

予는 宰我의 이름이다. 孔子가 堯舜보다 훌륭하다고 여긴 것이다. 孔子는 단지 聖人일 뿐이고 천하에 王者가 되지는 못하였으나, 素王의 道를 제정했으므로 찬미한 것이다. 만약 堯舜의 시대를 살았더라면 훨씬 훌륭하였을 것이다.

子貢曰 見其禮而知其政하며 聞其樂而知其德[1]이라 由百世之後하여 等百世之王컨댄 莫之能違也니 自生民以來로 未有夫子也시니라

1) 見其禮而知其政 聞其樂而知其德 : 趙岐는 '其'를 孔子를 가리키는 것으로 보았으나, 朱熹는 각 시대의 王을 가리키는 것으로 보았다. 朱熹의 견해에 따라 번역하면 다음과 같다. "한 나라의 禮를 보면 그 나라 王의 政事를 알 수 있고, 한 나라의 음악을 들으면 그 나라 왕의 德을 알 수 있다."

子貢은 평가하기를 '孔子께서 제정하신 禮를 보면 그분의 政事를 알 수 있고, 孔子께서 정리하신 음악을 들어보면 그분의 德을 알 수 있다. 百世 뒤에 이전 百世의 聖王들을 비교해보아도 孔子의 道를 벗어나는 경우는 없을 것이니, 사람이 생겨난 이래로 孔子와 같은 분은 없었다.' 하였고,

【注】見其制作之禮면 知其政之可以致太平也오 聽聞其雅頌之樂이면 而知其德之可與文武同也라 春秋外傳[1]曰 五聲昭德이라하니 言五音之樂聲이 可以明德也라 從孔子後百世에 上推等其德於前百世之聖王컨댄 無能違離孔子道者니 自從生民以來로 未有能備若孔子也니라

1) 春秋外傳 : 左丘明이 지었다고 전해지는 ≪國語≫의 별칭이다. 西周 중기부터 春秋·戰國의 교체기까지 500여 년의 역사를 기록하였다.

孔子가 제정한 禮를 보면 그 政事가 太平을 이룰 수 있음을 알 수 있고, 〈雅〉와 〈頌〉의 음악을 들으면 德이 文王, 武王과 같음을 알 수 있다. ≪春秋外傳≫에 "五聲이 德을 밝힌다."라고 하였으니, 五音의 음악 소리가 德을 밝힐 수 있음을 말한 것이다. 孔子로부터 백세 뒤에, 이전 백세의 聖王들의 德을 소급하여 비교해보아도 孔子의 道에서 능히 벗어나는 사람은 없을 것이니, 사람이 생겨난 이래로 孔子처럼 능히 갖춘 분은 없었다.

有若曰 豈惟民哉리오 麒麟之於走獸와 鳳凰之於飛鳥와 泰山之於丘垤(질)과 河海之於行潦에 類也며 聖人之於民에 亦類也나 出於其類하며 拔乎其萃니라 自生民以來로 未有盛於孔子也시니라

有若은 평가하기를, '어찌 사람만 그렇겠는가. 麒麟이 달리는 짐승에 대하여, 鳳凰이 나는 새에 대하여, 泰山이 언덕에 대하여, 河海가 흐르는 물에 대하여 同類이며, 聖人이 사람에 대하여 또한 同類이지만, 同類 중에서 가장 특출하고 무리 중에서 가장 빼어나다. 사람이 생겨난 이래로 孔子보다 훌륭한 분은 없었다.' 하였다."

【注】垤은 蟻封也라 行潦는 道傍流潦也라 萃는 聚也라 有若以爲萬類之中에 各有殊異나 至

於人類卓絶하여는 未有盛美過於孔子者也라 若三子之言孔子가 所以(以)[1]異於伯夷伊尹也라 夫聖之道는 同符合契하니 前聖後聖이 其揆一也하여 不得相逾라 云生民以來無有者는 此三人이 皆孔子弟子이니 緣孔子聖德高美而盛稱之也라 孟子知其言大過라 故로 貶謂之汚下나 但不以無爲有耳라 因事則褒辭在其中矣니 亦以明師徒之義得相褒揚也라

1) (以) : 저본에는 '以'가 있으나, 監本, 毛本, 四庫全書本에 의거하여 衍文으로 처리하였다.(阮元의 〈校勘記〉 참조)

垤은 개미 언덕이다. 行潦는 길 가에 흐르는 빗물이다. 萃는 모임이다. 有若이 "萬物 중에는 각기 특출한 것이 있는데, 사람 중에 뛰어남으로 말하자면 孔子보다 훌륭한 분은 이제껏 없었다."라고 말한 것이다. 이 세 사람의 孔子에 대한 평가가 바로 孔子가 伯夷, 伊尹과 다른 까닭이다. 聖人의 道는 符節처럼 서로 합치되니, 이전의 聖人과 후대의 聖人은 법도가 똑같아서 서로 능가할 수 없다. 그런데도 "사람이 생겨난 이래로 〈孔子보다 훌륭한 분은〉 없었다."라고 말한 것은 이 세 사람이 모두 孔子의 제자로서, 孔子의 높고 아름다운 聖德에 의거하여 성대하게 칭송하였기 때문이다. 맹자는 그들의 말이 너무 지나치다는 것을 알았으므로 "수준이 조금 낮다."라고 폄하했던 것이지만, 없는 사실을 있다고 하지는 않았다. 어떤 일로 인해 그 사이에 칭송하는 말이 있게 되었을 것이니, 또한 이를 통해 스승과 제자의 의리는 서로 칭송할 수 있는 것임을 밝혔다.

【疏】'公孫丑問曰 夫子加齊之卿相'至'未有盛於孔子也' ○ 正義曰：此章言義以行勇, 則不動心, 養氣順道, 無效宋人. 聖人量時, 賢者道偏, 孟子究言情理, 歸學於孔子也.[1]

1) 此章言義以行勇……歸學於孔子也 : 北京大本에는 章指를 "이 章의 章指는 다음과 같다. 義를 바탕으로 勇氣를 실천하면 마음의 동요를 일으키지 않으니, 氣를 기르며 道義를 따르되 싹을 뽑는 일을 본받지 말아야 한다. 聖人은 때를 잘 헤아렸고 賢者는 道가 치우쳤다. 그러므로 孟子는 實情과 이치를 궁구하여 말하고 孔子에게 귀의하여 배웠다.〔此章指言義以行勇 則不動心 養氣順道 無效宋人 聖人量時 賢者道偏 是以孟子究言情理而歸之學孔子也〕"라고 하였다.

經의 〔公孫丑問曰 夫子加齊之卿相〕에서 〔未有盛於孔子也〕까지

○ 正義曰 : 이 장은 다음과 같은 내용이다. "義를 바탕으로 勇氣를 실천하면 마음

의 동요를 일으키지 않으니, 氣를 기르며 道義를 따르되 싹을 뽑는 일을 본받지 말아야 한다. 聖人은 때를 잘 헤아렸고 賢者는 道가 치우쳤는데, 孟子는 實情과 이치를 궁구하여 말하고 孔子에게 귀의하여 배웠다."

'公孫丑問曰 夫子加齊之卿相 得行道焉 雖由此霸王 不異矣 如此則動心否乎'者, 是公孫丑問孟子, 言以夫子之才, 加之以齊國卿相之位, 以得行其道, 雖曰用此卿相之位而輔相其君而行之, 亦不異於古之霸王矣. 如此則夫子寧動心畏懼其不能行乎否. 不動心畏懼其不能行乎.

〔公孫丑問曰 夫子加齊之卿相 得行道焉 雖由此霸王 不異矣 如此則動心否乎〕

公孫丑가 맹자에게 "夫子의 재주를 바탕으로 齊나라 卿相의 지위에 올라 道를 행할 수 있게 되시면, 비록 '이 卿相의 지위를 이용하여 자신의 임금을 보좌하여 道를 행했다.'라고 말할지라도 또한 옛날 霸業이나 王業을 이룬 경우와 다름이 없을 것입니다. 이와 같다면 夫子께서는 마음의 동요를 일으켜 道를 행할 수 없을까 두려워하시겠습니까? 마음의 동요를 일으켜 道를 행할 수 없을까 두려워하지 않으시겠습니까?"라고 물은 것이다.

'孟子曰 否 我四十不動心'者, 孟子答公孫丑, 以謂我年至四十之時, 內有所定, 故未嘗動心有所畏懼也.

〔孟子曰 否 我四十不動心〕

맹자가 公孫丑에게 "나는 40세에 이르러 안으로 정한 바가 있었으므로 마음의 동요를 일으키지 않았고 두려워하는 것이 있지 않았다."라고 대답한 것이다.

'曰 若是則夫子過孟賁遠矣'者, 公孫丑見孟子以謂四十之時已不動心, 言如此, 則夫子是有勇過於孟賁之勇士也.

〔曰 若是則夫子過孟賁遠矣〕 公孫丑가 맹자가 "나는 40세 때에 이미 마음의 동요을 일으키지 않았다"라고 말한 것을 듣고, "그렇다면 夫子께서는 孟賁이라는 勇士보다 뛰어난 용기를 지니고 있습니다."라고 말한 것이다.

'曰 是不難 告子先我不動心'者, 孟子言我之有勇過於孟賁, 此不難也. 孟子之意, 蓋謂

己之勇勇於德, 孟賁之勇但勇於力, 必能過之也. 所以謂不難也, 以言其易(이)過之也. 言告子之勇已先我於未四十之時而不動心矣.

〔曰 是不難 告子先我不動心〕 맹자가 "내가 지닌 용기가 孟賁보다 뛰어난 것은 어렵지 않은 일이다."라고 말한 것이다. 맹자의 뜻은 "나 자신의 용기는 德을 바탕으로 용감한 것이고, 孟賁의 용기는 단지 힘을 바탕으로 용감한 것이어서 나의 용기가 孟賁의 용기를 반드시 능가할 수 있다."라는 것이다. 이것이 바로 어렵지 않다고 말한 까닭이니, 孟賁을 쉽게 능가할 수 있음을 말한 것이다. 또 "告子의 용기는 40세가 되기 전에 이미 나보다 앞서 마음의 동요를 일으키지 않았다."라고 말한 것이다.

'曰 不動心有道乎'者, 丑問孟子, 謂不動心寧有道乎.

〔曰 不動心有道乎〕 公孫丑가 맹자에게 "마음의 동요를 일으키지 않는 데에 무슨 방법이 있습니까?"라고 물은 것이다.

'曰有', 孟子欲爲公孫丑言其不動心之道, 故答之曰有也.

〔曰 有〕 맹자가 公孫丑를 위해 마음의 동요를 일으키지 않는 방법을 말해주고자 하였으므로 "있다."라고 대답한 것이다.

'北宮黝之養勇也 不膚撓 不目逃'至'孟施舍之養勇也 曰 視不勝 猶勝也'以至'(又不如曾子之守約也)〔然而孟施舍守約也〕'[2]者, 此皆孟子答公孫丑而言養勇者也. 北宮黝, 北宮姓, 黝名. 孟施舍, 孟姓, 名舍, 施, 發言之音也. 曾子, 姓曾, 名參, 字子輿. 子夏姓卜, 名商, 字子夏. 竝爲孔門之徒弟也. 言北宮黝之養勇, 人刺其肌膚, 不爲撓卻, 人刺其目, 不以目轉睛而逃避. 思以一毫之毛而拔於人, 若見捶撻於市朝之中矣. 不受物於被褐者之獨夫, 亦不受賜於萬乘之君. 視刺萬乘之君, 但若刺被褐者之獨夫, 無嚴畏諸侯, 有惡聲加己, 己亦以惡聲反報之. 此北宮黝養勇之如是也. 孟施舍之養勇, 嘗謂視敵之不勝猶勝之也. 若以量度其敵可以敵, 然後進而敵之, 謀慮其必能勝敵, 然後方會其兵, 此是畏三軍之士也, 非勇者也. 故自稱名曰舍, 豈能爲必勝其敵哉, 但能無所畏懼而已矣. 此孟施舍養勇之如是也. 孟施舍養勇, 其跡近似於曾子, 北宮黝養勇, 其跡近似於子夏. 以其孟施舍養勇, 見於言而要約, 如曾子以孝弟事親喩爲守身之本, 聞夫子之道則喩爲一貫之要, 故以此比之也. 北宮黝養勇, 見於行而多方, 如子夏況在於紛華爲已, 有雜於小人之儒, 敎人以事於灑掃之末, 故以此比之也. 雖然, 以二子之實, 固不足比於曾子・子夏, 但以粗跡比之耳. 是二子之養勇, 皆止於一偏, 未如君子所養, 得其大全而已. 孟子所以言夫二子黝與舍之養勇, 又未知誰以爲猶賢, 然而能無懼而已者, 近能知其本也, 故曰孟施舍守約也.

2) (又不如曾子之守約也)〔然而孟施舍守約也〕: 저본에는 '又不如曾子之守約也'로 되어 있으나, 疏의 내용에 의거하여 '然而孟施舍守約也'로 바로잡았다.

〔北宮黝之養勇也 不膚撓 不目逃〕에서 〔孟施舍之養勇也 曰 視不勝 猶勝也〕까지 그리고 〔然而孟施舍守約也〕까지

이것은 모두 맹자가 公孫丑에게 용기를 기르는 방법에 대해 답해 말한 것이다. 北宮黝는 北宮이 姓이고, 黝가 이름이다. 孟施舍는 孟이 姓이고, 이름이 舍이고, 施는 發言音이다. 曾子는 姓이 曾이고, 이름은 參이고, 字는 子輿이다. 子夏는 姓이 卜이고, 이름은 商이고, 字가 子夏이다. 〈증자와 자하는〉 모두 孔子 門下의 제자이다. 다음과 같은 내용이다. 북궁유가 용기를 기르는 방법은 남이 자신의 피부를 칼로 찔러도 움츠리지 않고 남이 자신의 눈을 찔러도 눈이 눈동자를 굴려 피하지 않았다. 남에게 털 하나 뽑힐 정도의 작은 모욕을 당한 것을 마치 시장 거리에서 매질을 당한 것처럼 수치스럽게 생각했다. 갈옷 입은 천한 사내에게서 물건을 받지 않았으며, 萬乘의 임금에게 하사품을 받지도 않았다. 만승의 임금을 찔러 죽이기를 마치 갈옷 입은 천한 사내를 찔러 죽이는 정도로만 생각하였다. 두려워하는 제후가 없었으며, 누군가 자기에게 험담을 하면 자기도 험담으로 보복하였다. 이 북궁유가 용기를 기르는 방법이 이러하였다. 맹시사는 용기를 기르는 방법에 대해 일찍이 "나는 이기지 못할 상대를 보고도 이길 것처럼 여긴다. 만약 敵이 대적할 만한지 헤아려 본 뒤에야 進軍하여 대적하거나, 반드시 적을 이길 수 있다는 계산이 선 뒤에야 交戰한다면 이것은 三軍의 군사를 두려워하는 것이고 勇者가 아니다."라고 하였다. 그러므로 스스로 이름을 부르면서 "舍가 어찌 敵을 반드시 이기기만 하겠는가. 다만 두려워하는 것이 없도록 할 수 있을 뿐이다."라고 하였던 것이다. 이 맹시사가 용기를 기르는 방법이 이러하였다. 맹시사가 용기를 기르는 방법은 그 자취가 증자와 비슷하고, 북궁유가 용기를 기르는 방법은 그 자취가 자하와 비슷하다. 맹시사가 용기를 기르는 방법은 언어에 드러나고 요약되니, 이것은 마치 증자가 孝悌로 부모를 섬기는 것을 修身의 근본으로 삼을 줄 알았고, 孔子의 道를 듣고는 하나로 꿰는 要諦로 삼을 줄 알았던 것과 같다. 그러므로 맹시사를

증자에 비유한 것이다. 북궁유가 용기를 기르는 방법은 행동에 드러나고 방법이 많으니, 이것은 마치 자하가 繁華하게 자신을 다스리고 小人儒 사이에 뒤섞여서 물을 뿌리고 마당을 掃除하는 枝葉적인 일을 통해 사람을 가르치는 것과 같다. 그러므로 北宮黝를 자하에게 비유한 것이다. 비록 그렇지만 두 사람의 실제는 본래 증자와 자하에 비하기에는 부족하니, 단지 개략적인 자취로 비유한 것일 뿐이다. 이 두 사람이 용기를 기르는 것은 모두 한 쪽에 치우치는데 그쳤으니, 君子가 용기를 기름에 있어 전체를 얻는 것보다는 못하다. 맹자가 그래서 저 두 사람 북궁유와 맹시사가 용기를 기르는 것 중에 누가 더 나은지 모르겠다고 말하였으나, 능히 두려움이 없게 할 수 있는 것이 근본을 아는 것에 가까우므로 "맹시사가 자신을 지키는 방법이 요점을 얻었다."라고 말한 것이다.

'昔者曾子謂子襄曰 子好勇乎 吾嘗聞大勇於夫子矣'至'守約也', 孟子言往者曾子謂子襄曰, 子能好勇乎, 言我嘗聞夫子有大勇之義告於我, 以謂自反己之勇爲非義, 則在人者有可陵之辱, 故雖一褐寬博之獨夫, 我且不以小恐惴之, 而且亦大恐焉, 自反己之勇爲義, 則在人無可憚之威, 故雖千萬人之衆, 我且直往其中, 而不懼矣. 如此, 則孟施舍養勇在於守其氣勇, 又不如曾子以義爲守而要也. 言此, 則黝不如子夏可知矣. 以其養勇有本末之異, 則言北宮黝之多方, 不若孟施舍之守約, 以其守約有氣義之別, 則又言孟施舍之守其氣勇, 不如曾子以義爲守而要也. 然論其不動心則同根, 其德則大不相侔(모)矣.

〔昔者 曾子謂子襄曰 子好勇乎 吾嘗聞大勇於夫子矣〕에서 〔守約也〕까지

맹자가 "옛날에 曾子가 子襄에게 '자네는 용기를 좋아하는가? 나는 일찍이 夫子께서 나에게 大勇의 義를 말씀하시기에 들은 적이 있는데, 스스로 자신의 용기를 돌이켜보아 의롭지 않다면 남에 대해 내가 능욕을 당할 만한 잘못이 있으므로 비록 일개 갈옷을 입은 천한 사내라 할지라도 내가 작은 恐喝로 그를 두렵게 만들 수 없으며 또한 큰 恐喝로도 그를 두렵게 만들 수 없다. 스스로 자신의 용기를 돌이켜보아 의롭다면 남에게 내가 두려워할 만한 威勢가 없으므로 상대가 비록 천만 인이더라도 나는 곧바로 그들의 안으로 들어가서 두렵지 않을 수 있다.' 하였다. 이와 같다면 孟施舍가 용기를 기르는 방법은 자신의 용기를 지키는 데에 있으니, 증자가 義를 지키면서 요점을 얻은 것만 못하다."라고 말한 것이다. 맹자가 이렇게 말했다면, 北宮黝가 子夏만 못한 것

을 알 수 있다. 용기를 기름에 本末의 차이가 있는 점에서는 북궁유가 방법이 많은 것은 맹시사의 지킴이 요점을 얻은 것만 못하다고 말한 것이고, 지킴이 요점을 얻은 것에 氣와 義의 구별이 있는 점에서는 맹시사가 용기를 지키는 것은 증자가 義를 지키면서 요점을 얻은 것만 못하다고 말한 것이다. 하지만 마음의 동요를 일으키지 않은 것을 논한다면 근본은 같으나, 德을 논한다면 서로 매우 다르다.

'曰 敢問夫子之不動心與告子之不動心可得聞與'者, 公孫丑又問孟子之不動心與告子之不動心, 其道可得而聞知之與.

〔曰 敢問夫子之不動心與告子之不動心 可得聞與〕 공손추가 다시 맹자가 마음의 동요를 일으키지 않는 것과 고자가 마음의 동요를 일으키지 않는 것에 대해, 그 방도를 들어볼 수 있는지 물은 것이다.

'告子曰 不得於言 勿求於心 不得於心 勿求於氣'至'勿求於心 不可'者, 孟子答孫丑, 以謂告子言人有不善之言者, 是其不得於言者也, 故不復求其有善心. 告子意以謂人旣言之不善, 則心中亦必不善也, 故云不得於言, 勿求於心. 人有不善之心者, 是其不得於心者也, 故不復求其有善辭氣. 告子意以謂人心旣惡, 則所出辭氣亦必不善也, 故云不得於心, 勿求於氣. 孟子言之, 以謂人有不善之心, 故勿復求其有善辭氣, 則如告子之言可也, 如人但有不善之言, 便更不復求其心之有善, 則告子之言, 以爲不可也. 無他, 蓋以人之言雖有不善, 而其心未必不善也, 其心之不善, 則所出辭氣必不善故也. 以其告子非得其大全之道, 故其言此一可行, 一不可行也.

〔告子曰 不得於言 勿求於心 不得於心 勿求於氣〕에서 〔勿求於心 不可〕까지

맹자가 公孫丑에게 "告子가 '남이 不善한 말을 하는 것이 그에게서 선한 말을 듣지 못한다는 것이다. 그러므로 그에게 선한 마음을 더는 구하지 않는다.'라고 말한 것이니, 告子의 뜻은 사람의 말이 이미 不善하면 마음속도 반드시 不善하다는 것이다. 그러므로 '선한 말을 듣지 못했다면 그에게서 선한 마음을 바라지 말라.'라고 말한 것이다. 또 '남이 不善한 마음이 있는 것이 그에게서 선한 마음을 얻지 못한다는 것이다. 그러므로 선한 말투를 더는 바라지 말라.'라고 말한 것이니, 告子의 뜻은 사람의 마음이 이미 악하면 내뱉는 말투도 반드시 不善하다는 것이다. 그러므로 '선한 마음을 얻지 못했다면 그에게서 선한 말투를 바라지 말라.'라고 말한 것이다."라고 답한 것이다.

맹자는 告子의 말을 언급하고 "남에게 不善한 마음이 있으므로 그에게서 선한 말투를 더는 구하지 말라는 것이라면, 告子의 말대로 하는 것이 괜찮다. 만약 단지 남이 不善한 말을 할 뿐인데도 바로 그 마음의 선함은 더는 구하지 않는 것이라면, 告子의 말은 불가하다."라고 말한 것이다. 이것은 다른 이유가 아니라, 사람의 말에 비록 不善함이 있더라도 그 마음이 반드시 不善한 것은 아니고, 그 마음이 不善하면 내뱉는 말투가 반드시 不善하기 때문이다. 告子가 완전한 道를 터득한 것이 아니었으므로 그의 말이 한편으로는 행할 만하고 한편으로는 행할 수 없었던 것이다.

'夫志 氣之帥也 氣 體之充也'者, 孟子言人之志. 心之所之之謂志, 所以帥(솔)氣而行之者也, 氣但能充滿形體者也, 故曰"志, 氣之帥(수)也, 氣, 體之充也". 以其人之辭氣有不善者, 皆心志所帥(솔)而行之矣, 氣者但惟志是從也, 所以又言"志至焉, 氣次焉". 蓋以氣由志之所發, 志得氣而運之也, 然則氣爲所適善惡之路, 豈非志至焉・氣次焉之意乎. 至, 言無以過之, 以其足以制於氣, 不爲氣之所制, 次, 言有以先之, 以其從於志, 而又有以持於志也. 故曰"持其志, 無暴其氣"者, 孟子言氣惟志之是從, 但持揭其志, 則無暴亂其氣矣.

〔夫志 氣之帥也 氣 體之充也〕 맹자가 사람의 志를 말한 것이다. 마음이 가는 곳을 志라고 하니, 氣를 통솔하여 움직이게 하는 것이고, 氣는 단지 形體에 충만할 수 있는 것이다. 그러므로 "志는 氣를 거느리는 將帥이고, 氣는 몸에 충만한 것이다."라고 한 것이다. 사람의 말투에 不善함이 있는 것은 모두 心志가 통솔하여 그것을 움직이게 하는 것이고, 氣라는 것은 단지 志를 따르기 때문이다. 그러므로 다시 "志가 가장 중요하고, 氣가 그 다음이다."라고 한 것이다. 대개 氣는 志로 말미암아 발현되고, 志는 氣를 얻어 움직이게 한다. 그렇다면 氣는 善이나 惡으로 가는 길이 되니, 이것이 어찌 "志가 가장 중요하고 氣가 그 다음이다."라는 의미가 아니겠는가. '가장 중요하다〔至〕'는 것은 그것을 능가할 수 없음을 말하는 것이니, 志가 氣를 능히 제어할 수 있고 氣의 제어를 받지 않기 때문이다. '그 다음이다〔次〕'는 것은 그것을 앞설 수 있음을 말하는 것이니, 氣는 志를 따르고 또 志에 제어되기 때문이다. 그러므로 "그 志를 견지하면서도 그 氣도 어지럽히지 말라."라고 하는 것이니, 이는 맹자가 "氣는 오직 志를 따르니, 志를 견지한다면 氣도 난폭하게 대해 어지럽히지 말아야 한다."라고 말한 것이다.

'旣曰志至焉氣次焉 又曰持其志 無暴其氣者 何也'者, 孫丑未曉孟子之言志・氣, 故問之曰"夫子旣以言志至焉, 氣次焉, 而又再言持其志, 無暴其氣, 是如之何也".

〔旣曰 志至焉氣次焉 又曰 持其志 無暴其氣者 何也〕 공손추가 맹자가 말한 志와 氣의 의미를 아직 깨닫지 못하였으므로 "夫子께서 이미 志가 가장 중요하고 氣가 그 다음이라고 말씀하시고, 다시 志를 견지하면서도 氣도 난폭하게 대하지 말라고 하신 것은 어째서 입니까?"라고 물은 것이다.

'曰 志壹則動氣 氣壹則動志也 今夫蹶者趨者 是氣也而反動其心'者, 孟子答孫丑, 言志鬱壹而不通矣, 是謂志壹則動氣, 氣鬱壹而不通矣, 是謂氣壹則動志也. 今夫志氣皆鬱壹而不通, 以之顚倒趨蹶者, 是乃反動其心焉, 故曰"今夫蹶者趨者, 是氣也而反動其心". 蓋志則將帥譬也, 氣則衆卒譬也, 心則君譬也. 君任將帥, 將帥禦衆. 然則志壹則動氣, 如將帥悖則動衆卒矣, 氣壹則動志, 如衆卒悖則動將帥, 其上又有以動其君矣. 由此論之, 則旣持其志, 又不可不知無暴其氣矣.

〔曰 志壹則動氣 氣壹則動志也 今夫蹶者趨者 是氣也 而反動其心〕 맹자가 公孫丑에게 "志가 막혀 통하지 않게 되면 이런 경우를 '志가 막히면 氣를 동요시킨다.'라고 일컫고, 氣가 막혀 통하지 않게 되면 이런 경우를 '氣가 막히면 志를 동요시킨다.'라고 일컫는다. 지금 志와 氣가 모두 막혀 통하지 않고 그로 인해 달려가던 사람을 넘어뜨린다면, 이것이 바로 도리어 그 마음을 동요하게 하는 경우이다."라고 답한 것이다. 그러므로 "지금 넘어지는 자와 달려가는 자는 氣 때문이지만 도리어 그 마음의 동요를 일으킨다."라고 말한 것이다. 이것은 志를 장수로 비유하고, 氣를 병졸로 비유하고, 마음을 임금으로 비유한 것이다. 임금은 장수를 임명하고 장수는 병졸을 통솔한다. 그렇다면 志가 막히면 氣를 동요하게 되는 것은 마치 장수가 잘못되면 병졸을 동요시키는 것과 같으며, 氣가 막히면 志를 동요하게 되는 것은 마치 병졸이 잘못되면 장수를 동요시키고 위로 다시 그 임금을 동요시키는 것과 같은 것이다. 이를 바탕으로 논한다면, 이미 志를 견지하면서도 氣도 난폭하게 대하지 말아야 함을 알지 않을 수 없다.

'敢問夫子惡乎長'者, 公孫丑問孟子曰, 夫子之才志所長以何等, 敢請問之.

〔敢問夫子惡乎長〕 공손추가 맹자에게 "夫子의 才能과 志가 뛰어남이 어느 정도인지 감히 여쭙니다."라고 물은 것이다.

'曰 我知言 我善養吾浩然之氣'者, 孟子答孫丑之問, 以謂我之所長, 是我能知人之言而識其人情之所向, 我又善養我所有浩然之氣也.

〔曰 我知言 我善養吾浩然之氣〕 맹자가 공손추의 질문에 "나의 뛰어난 점으로 말하자면, 나는 남의 말을 잘 알아듣고 그 사람의 마음이 지향하는 바를 알며, 나는 또한 내가 지닌 浩然之氣를 잘 기른다."라고 대답한 것이다.

'敢問何謂浩然之大氣'者, 公孫丑之言, 敢問如何謂之浩然大氣.

〔敢問何謂浩然之大氣〕 공손추의 말이니, "어떤 것을 '浩然한 大氣'라고 하는지 감히 여쭙니다."라고 말한 것이다.

'曰 難言也 其爲氣也 至大至剛 以直養而無害 則塞於天地之間'者, 孟子答公孫丑, 以爲浩然之大氣, 難以言形也. 蓋其爲氣至大而無所不在, 至剛而無所不勝. 養之在以直道, 不以邪道干害之, 則充塞於天地之間, 無有窮極也.

〔曰 難言也 其爲氣也 至大至剛 以直養而無害 則塞於天地之間〕 맹자가 公孫丑에게 "浩然한 大氣는 形言하기 어렵다. 그 氣는 지극히 커서 없는 곳이 없으며 지극히 강하여 이기지 못할 것이 없다. 그것을 기르는 것은 正直한 道를 쓰는데 달려 있으니, 不正한 道로써 해치지 않으면 천지 사이에 가득 차서 다함이 없게 된다."라고 대답한 것이다.

'其爲氣也 配義與道 無是 餒也'者, 孟子又重言爲氣也與道義相配偶, 常以充滿於人之五臟, 若無此氣與道義配偶, 則餒矣, 若人之饑餓也. 能合道義以養其氣, 卽至大至剛之氣也. 蓋裁制度宜之謂義, 故義之用則剛, 萬物莫不由之謂道, 故道之用則大. 氣至充塞盈滿乎天地之間, 是其剛足以配義, 大足以配道矣. 此浩然大氣之意也.

〔其爲氣也 配義與道 無是 餒也〕 맹자가 다시 "浩然之氣는 道·義와 서로 짝하여 항상 사람의 五臟에 충만하니, 만약 이 浩然之氣가 道·義와 짝함이 없다면 허기져서 마치 사람이 굶주리는 것처럼 된다."라고 거듭 말한 것이다. 능히 道·義와 배합하여 氣를 기르면, 이것이 바로 지극히 크고 지극히 강한 기이다. 제어하면서 마땅함을 헤아려 행동하는 것을 義라고 한다. 그러므로 義의 쓰임은 강하다. 만물이 모두 경유하는 길을 道라고 한다. 그러므로 道의 쓰임은 크다. 氣가 天地 사이에 가득한 지경에 이르면, 그 강함은 義와 짝할 수 있고 그 큼은 道와 짝할 수 있다. 이것이 浩然한 大氣의

의미이다.

'是集義所生者 非義襲而取之也'者, 孟子又言是氣也, 是與義雜生所自有者也, 從內而出矣, 非義之所密取, 而在外入者也.

〔是集義所生者 非義襲而取之也〕 맹자가 다시 "이 浩然之氣는 義와 뒤섞여 저절로 있게 되는 것으로서 안으로부터 나오는 것이지, 義를 통해 몰래 취하여 밖으로부터 들어오는 것이 아니다."라고 말한 것이다.

'行有不慊於心 則餒矣'者, 孟子又言人之所行, 如有道義不足於心者, 則饑餓者矣, 以其有邪干害其浩然之氣者爲. 孟子所以云"我故曰告子未嘗知義, 以其外之也", 蓋以告子以仁內義外爲言. 此孟子乃曰"告子未嘗知義", 是又不知是集義所生者, 非義襲而取之之意也.

〔行有不慊於心則餒矣〕 맹자가 다시 "사람의 행동에 만약 道와 義가 마음속으로 부족한 점이 있다면 굶주리는 사람처럼 된다."라고 말한 것이니, 不正함이 그 浩然之氣를 해치기 때문이다. 맹자가 "그래서 내가 '告子는 義를 안 적이 없다.'고 한 것이니, 그가 義를 밖에 있다고 여겼기 때문이다."라고 말한 까닭은, 告子가 仁은 안에 있는 것이고 義는 밖에 있는 것이라고 말했기 때문이다. 그래서 맹자가 "告子는 義를 안 적이 없다."라고 말한 것이니, 이것은 또 浩然之氣가 義와 뒤섞여 생겨나는 것이지, 義를 통해 몰래 취할 수 있는 것이 아니라는 의미를 모르는 것이다.

'必有事焉而勿正 心勿忘 勿助長也'者, 孟子又言人之所行仁義之事, 必有福在其中矣, 而不可但正心於爲福, 然後乃行仁義也, 止在其不忘於爲福, 不汲汲於助長其福矣. 以其人生之初, 蓋性固有, 不但爲之然後有也, 惟在常存行之耳, 斯亦集義所生, 非義襲而取之之意也. 故曰"必有事焉而勿正, 心勿忘, 勿助長也." 又一說云, 言人之所行, 不可必待有事而後乃正其心而應之也, 惟在其常存而不忘, 又不在汲汲求助益之而已. 斯則先事而慮謂之豫, 豫則事優成, 後事而慮謂之猶, 猶則不立之意也. 以其在常存正心於事未然之前耳矣, 故曰必有事焉而勿正心, 其言勿忘·勿助長則同意.

〔必有事焉而勿正 心勿忘 勿助長也〕 맹자가 다시 "사람이 행하는 仁義의 일은 반드시 福이 그 안에 있으나, 단지 福을 얻는 데만 마음을 둔 뒤에야 仁義를 행해서는 안 된

다. 다만 福을 얻는다는 사실을 잊지 말며, 그 福을 助長하는 데에 급급해서는 안 된다."라고 말한 것이다. 사람이 태어난 처음부터 性은 固有한 것으로, 作爲한 뒤에야 지니게 되는 것이 아니니, 오직 항상 보존하고 실천해야 하는 것이다. 이것이 또한 "義와 뒤섞여 생겨나는 것이지, 義를 통해 몰래 취하여 얻는 것이 아니다."라는 의미이다. 그러므로 "반드시 그 안에 福이 있지만, 단지 福을 얻는다는 이유 때문에 의로운 일을 하지는 말아야 하고, 마음속으로 福을 얻는다는 사실은 잊지 말며, 그 福을 얻으려고 조장하지도 말아야 한다."라고 말한 것이다. 또 다른 說은 "사람이 행동함에 있어 반드시 일이 있기를 기다린 뒤에야 비로소 그 마음을 두어 응해서는 안 된다. 오직 항상 마음에 두고 잊지 말아야 하며, 또한 급급하게 도와주기를 추구해서도 안 된다."라는 것이다. 이것은 일에 앞서 염려하는 것을 '豫'라고 하니, 일에 앞서 염려하면 일이 넉넉하게 이루어지고, 일이 발생한 뒤에 근심하는 것을 '猶'라고 하니, 일이 발생한 뒤에 근심하면 성공하지 못한다는 뜻이다. 항상 일이 발생하기 전에 마음을 두어야 하므로 "반드시 일이 발생하고 나서야 마음을 두어서는 안 된다."라고 한 것이고, "잊지 말며, 助長해서는 안 된다."라고 한 것은 앞의 說과 의미가 같다.

'無若宋人然 宋人有閔其苗之不長而揠之者'至'而又害之'者, 此孟子引宋人揠苗而比喻之, 以解其助長之意也. 言人苟欲速得其福而助長之者, 則宋人揠苗者也, 故言"無若宋人然". 宋人, 宋國之人也. 宋國之人, 有憐閔苗之不長茂而以揠拔欲亟其長者, 芒芒然罷倦而回歸, 謂其家中之人曰, 今日我罷倦成病矣, 我其爲助長其苗矣. 其宋人之子見父云助苗長而罷倦成病, 乃趨走而往視其苗還助得其長否. 及往至田, 所視之, 其苗則皆枯槁而死矣. 孟子又言今天下之人, 不若助苗長者少矣, 言當時人皆欲速其福而助長之者也. 以其爲善無所益, 而舍去之者, 是忘其善也, 是若不耘其苗者也, 助長者, 是若揠苗者也, 非特無益其善, 而又適所以殘害其善也. 善者卽仁義是也, 仁義卽善也. 苗是種之(義)〔美〕[3]者, 以譬則人之美質也, 固非可以增減之耳. 孟子之意, 蓋欲人之所行當內治, 不當急欲求其福也. 此亦修其天爵而人爵從之[4]之意也. 孟子所以云"我善養吾浩然之氣".

3) (義)〔美〕: 저본에는 '義'로 되어 있으나, 閩本, 監本, 毛本, 四庫全書本에 의거하여 '美'로 바로잡았다.(阮元의 〈校勘記〉 참조)

4) 修其天爵而人爵從之 : ≪孟子≫ 〈告子 上〉에 나오는 말이다. '天爵'은 사람이 타고난

德性으로, 맹자는 仁義忠信을 天爵이라고 하였다. '人爵'은 사람이 부여한 爵位로, 맹자는 公卿大夫를 人爵이라고 하였다.

〔無若宋人然 宋人有閔其苗之不長而揠之者〕에서 〔而又害之〕까지

이것은 맹자가 宋나라 사람이 벼 싹을 뽑는 것을 인용하고 비유하여 助長의 의미를 해석한 것이다. 누군가 만약 福을 빨리 얻고자 하여 그것을 助長한다면, 宋나라 사람이 벼 싹을 뽑는 것과 같음을 말한 것이다. 그러므로 "宋나라 사람처럼 되지 말아야 한다."라고 말한 것이다. 宋人은 宋나라의 사람이다. 宋나라 사람 중에 벼 싹이 무성하게 자라지 않는 것을 안타깝게 여겨 싹을 뽑아 성장을 촉진시키고자 하는 자가 있었다. 그가 힘없이 피곤한 모습으로 집에 돌아와 집안사람에게 말하기를 "오늘 내가 피곤하여 병이 났다. 내가 벼 싹이 자라는 것을 도와주었기 때문이다." 하였다. 그 宋나라 사람의 아들이 자기 아버지가 벼 싹이 자라는 것을 도와주다가 피곤하여 병이 났다고 말하는 것을 듣고는 달려가서 그 싹이 자라나는 데 도움을 받았는지 여부를 살펴보았다. 밭에 도착하여 보니, 그 싹은 모두 말라 죽어 있었다. 맹자가 또 "지금 天下의 사람 중에 벼 싹이 자라는 것을 돕는 것처럼 하지 않는 자가 드물다."라고 하였으니, 당시 사람들이 모두 福을 빨리 얻고자 하여 그것을 助長함을 말한 것이다. 善을 행하는 것이 이익이 없다고 여겨 善을 버린 자는 善을 잊은 것이니, 이것은 벼 싹을 김매지 않는 자와 같다. 助長하는 자는 벼 싹을 뽑는 자와 같으니, 善에 도움이 없을 뿐만 아니라 더욱이 善을 해치게 된다. 善이라는 것은 바로 仁義이고, 仁義가 바로 善이다. 벼 싹은 種子 중에 아름다운 것이니, 비유하자면 사람의 아름다운 資質이어서 본디 늘리거나 줄일 수 있는 것이 아니다. 맹자의 뜻은, 대개 사람들이 실천하는 것이 內面을 다스리는 일이기를 바란 것이고, 福을 얻고자 서둘러서는 안 된다는 것이다. 이것은 또한 天爵을 닦아 人爵이 그것을 따르게 한다는 의미이다. 그래서 맹자가 "나는 나의 浩然之氣를 잘 기른다."라고 말한 것이다.

'何謂知言'者, 公孫丑旣得孟子言浩然之氣, 又問孟子知言之意謂何.

〔何謂知言〕 공손추가 맹자에게 浩然之氣에 대해 이미 듣고서, 다시 맹자에게 말을 잘 알아듣는 것의 의미가 무엇인지 물은 것이다.

'曰 詖辭知其所蔽 淫辭知其所陷 邪辭知其所離 遁辭知其所窮'者, 此孟子又答孫丑問知言之意也. 詖辭, 其言有偏詖不平也. 孟子言人有偏詖不平之言, 我則知其蔽於一曲而已, 若告子言仁內義外是也. 趙云若賓孟言雄鷄自斷其尾之事也. 淫辭, 言過而不中也. 孟子言人有過而不中之言, 我則知其所陷而陷又無所不蔽而已, 如人墜於陷阱之陷, 以其無所不蔽也, 若楊墨無父無君之言是也. 趙云若驪姬勸晉獻公與申生之事也. 邪辭, 悖正道者也. 孟子言人有悖正道之言, 我則知其言易以離畔矣, 若陳賈謂周公未盡仁智, 而況於齊王之言是也. 趙云若豎牛觀仲壬賜環之事也. 遁辭, 屈其理也. 孟子言人有屈理之言, 我則知其言易以窮也, 若夷子與孟子相勝以辯,[5] 卒以受敎是也. 趙云若秦客之廋辭也.

5) 夷子與孟子相勝以辯 : 兼愛說을 주창한 墨翟의 道를 배운 夷之란 사람이 맹자와 논쟁을 벌인 것을 가리킨다. 〈滕文公 上〉 5章에 나온다.

〔曰 詖辭知其所蔽 淫辭知其所陷 邪辭知其所離 遁辭知其所窮〕 이것은 맹자가 다시 公孫丑가 물은, 말을 잘 알아듣는 것의 의미를 답한 것이다. 詖辭는 치우치고 공평하지 않은 말이다. 맹자가 "사람이 치우치고 공평하지 않은 말을 하면 나는 그것이 어느 한 곳에 가려져 있음을 안다."라고 말한 것이니, 告子가 仁은 안에 있는 것이고 義는 밖에 있는 것이라고 말한 경우가 바로 이것이다. 趙岐는 賓孟이 수탉이 스스로 자기 꼬리를 자른 일에 대해 말하는 것을 듣는 경우라고 하였다. 淫辭는 지나쳐서 맞지 않는 말이다. 맹자가 "사람이 지나쳐서 맞지 않는 말을 하면 나는 그가 빠져 있는 곳과 빠져서 가려지지 않음이 없다는 사실을 안다."라고 말한 것이다. 사람이 함정의 구덩이에 빠져 가려지지 않음이 없는 경우와 같으니, 楊朱와 墨翟이 아비도 없고 임금도 없는 주장을 하는 것이 이것이다. 조기는 驪姬가 晉 獻公에게 申生을 도와주라고 권하는 말을 듣는 경우라고 하였다. 邪辭는 正道에 어긋나는 말이다. 맹자는 "사람이 正道에 어긋나는 말을 하면 나는 그 말이 쉽게 正道와 離叛됨을 안다."라고 하였으니, 陳賈가 "周公도 모든 일에 仁하고 智하지는 못하였는데, 더구나 齊나라 왕이겠습니까."라고 말한 경우가 이것이다. 조기는 豎牛가 仲壬이 玉環을 하사받은 것을 보고서 저지른 일을 듣는 경우라고 하였다. 遁辭는 이치에 어긋난 말이다. 맹자는 "사람이 이치에 어긋난 말을 하면, 나는 그 말이 쉽게 궁해진다는 것을 안다."라고 하였으니, 夷子가 맹자와 서로 論辨으로 다투다가 결국 맹자의 가르침을 받아들인 것이 이것이다. 조기는 秦客의 숨기는 말을 듣는 경우라고 하였다.

'生於其心 害於其政 發於其政 害於其事'者, 孟子又言此上四事, 皆非出於其心者, 卽皆出於異端之學者也. 人君苟生此四者於心中, 必妨害其仁政, 旣妨害其仁政, 則又妨害其事. 政則本, 上之所施而正人者也, 事則下之所行以治職者也. 故事爲政之末, 政爲事之本, 如孔子問冉子之退朝何晏也, 則謂之事, 故不謂之政,[6] 是知政・事有別矣.

6) 孔子問冉子之退朝何晏也……故不謂之政 : 季氏의 家臣으로 있던 冉有가 朝會에서 물러나오자, 孔子가 "어찌 그렇게 늦었느냐?"라고 물었다. 冉有가 "國政이 있었습니다."라고 하자, 공자가 "그것은 大夫의 家事이었을 것이다. 만일 國政이었다면 비록 나를 써 주지는 않으나, 내가 참여하여 들었을 것이다."라고 하였다.(≪論語≫ 〈子路〉)

〔生於其心 害於其政 發於其政 害於其事〕 맹자가 또 "위의 이 네 가지 일은 모두 마음에서 나온 것이 아니니, 바로 異端의 학문에서 나온 것이다. 임금이 만약 마음에서 이 네 가지를 낳는다면 반드시 仁政을 방해할 것이고, 仁政을 방해한다면 또 일을 방해할 것이다."라고 말한 것이다. 政은 근본이니, 윗사람이 베풀어 사람을 바로잡는 것이고, 事는 아랫사람이 행하여 職分을 처리하는 것이다. 그러므로 事는 政의 末端이고 政은 事의 근본이다. 이를테면, 孔子가 朝會에서 돌아온 冉子에게 "어찌 그리 늦었느냐?"라고 묻고서, 事라고 일컫고 일부러 政이라고 일컫지 않았다. 이를 통해 政과 事에 차이가 있음을 알 수 있다.

'聖人復起 必從吾言矣'者, 孟子言後之聖人有能復興起者, 必從事吾此言而行之矣.

〔聖人復起 必從吾言矣〕 맹자가 "나중에 다시 세상에 나오는 聖人이 있다면 반드시 나의 이 말을 따라 행할 것이다."라고 말한 것이다.

'宰我子貢善爲說辭 冉牛閔子顔淵善言德行 孔子兼之 曰我於辭命則不能也'者, 孟子旣言其詖・淫・邪・遁之辭爲非, 故於此言其善爲說辭・善言德行爲是者也. 蓋言宰我・子貢二者, 皆善能爲說辭. 說辭者, 以辭說人者也. 宰我・子貢皆得聖人所以言者也, 故云善爲說辭. 論語四科,[7] 二人所以列於言語之科也. 冉牛・閔子・顔淵三者皆善言德行. 善言德行者, 言之必可行, 是善言也, 行之必可言, 是德行也. 冉牛・閔子・顔淵皆得聖人所以行者也, 故云善言德行. 論語四科, 三者所以列於德行科也. 孔子兼之者, 孔子天縱之將聖, 故多能鄙事, 則於說辭德行, 兼而能焉. 而曰我於辭命, 則不能也, 孟子蓋以儒道遊於諸侯, 而諸侯賓之, 不敢臣, 又爲國人所矜式, 故於辭命又安用之哉. 此所以曰我於辭命則不能也. 然孟子於辭命, 非誠不能也, 但不爲之耳. 以辭命人者, 故謂之辭命, 以其末也, 非本也. 故不言不能德行, 以其本也, 非末也. 孟子之意, 蓋欲當時之人務本不務末耳.

7) 論語四科 : ≪論語≫ 〈先進〉에 孔子가 제자들을 장점에 따라 네 가지로 분류하여 "德行에는 顔淵, 閔子騫, 冉伯牛, 仲弓이고, 言語에는 宰我, 子貢이고, 政事에는 冉有, 季路이고, 文學에는 子游, 子夏이다." 하였는데, 후세에 이를 '孔門四科'라고 하였다.

〔宰我子貢善爲說辭 冉牛閔子顔淵善言德行 孔子兼之 曰 我於辭命則不能也〕 맹자가 이미 詖辭, 淫辭, 邪辭, 遁辭가 그릇됨을 말하였으므로, 여기서는 說辭를 잘하고 善言과 德行에 뛰어난 것이 옳음을 말한 것이다. 宰我와 子貢 두 사람이 모두 說辭를 잘하였음을 말한 것이니, 說辭라는 것은 말로 사람을 설득하는 것이다. 재아와 자공은 모두 聖人이 말하는 방법을 터득하였으므로 說辭를 잘한다고 말한 것이다. ≪論語≫의 四科에서 이 두 사람이 言語의 과목에 나열되어 있는 까닭이다. 冉伯牛, 閔子騫, 顔淵 세 사람은 모두 善言과 德行에 뛰어났다. 善言과 德行이라는 것은, 반드시 실천할 만한 말이 善言이고, 반드시 말할 만한 행실이 德行이다. 염백우, 민자건, 안연은 모두 聖人이 실천하는 방법을 터득하였으므로 善言과 德行에 뛰어났다고 말한 것이다. ≪논어≫의 四科에서 이 세 사람이 德行의 과목에 나열되어 있는 까닭이다. 孔子가 그것을 겸했다는 것은 공자는 하늘이 내린 聖人이므로 비천한 일에도 능하였으니, 說辭와 德行에 겸하여 능했다는 것이다. 그리고 "나로 말하자면, 辭命에 능하지 못하다."라는 말은 다음과 같은 의미이다. 맹자가 儒道를 가지고 제후에게 遊說하였으나, 제후들이 그를 賓客으로 삼으면서도 감히 신하를 삼지 못하였으며, 맹자가 또한 國人에게 모범이 되었으므로 辭命을 어찌 쓸 일이 있었겠는가. 이것이 "나로 말하자면, 辭命에 능하지 못하다."라고 말한 까닭이다. 하지만 맹자가 辭命에 대해 정말 능하지 못한 것이 아니라 하지 않을 것일 뿐이다. 말로 사람에게 命하는 것이므로 그것을 辭命이라고 일컫는데, 辭命은 말단이지 근본이 아니다. 그러므로 맹자가 "德行에 능하지 못하다."라고는 말하지 않았던 것이니, 德行은 근본이지 말단이 아니다. 맹자의 뜻은 당시 사람들이 근본에 힘쓰고 말단에 힘쓰지 말기를 바란 것이다.

'然則夫子旣聖矣乎'者, 公孫丑見孟子但言不能辭命之末, 不言不能德行之本, 故謂孟子如是則夫子旣已爲聖矣. 以其宰我・子貢雖善爲說辭, 然尙未得聖人所以言, 冉牛・閔子・顔淵雖善言德行, 然尙未得聖人所以行, 故數子者, 但爲孔子之高弟, 惟顔淵三子於聖, 但具體而微者, 而亦未得其爲聖矣. 公孫丑見孟子言之辭命則不能者, 以知孟子之意蓋有在於此矣, 所以於辭命則言不能也, 故問之曰, 然則夫子旣聖矣乎.

〔然則夫子旣聖矣乎〕公孫丑가 맹자가 단지 말단인 辭命에 능하지 못하다고만 말하고, 근본인 德行에 능하지 못하다고는 말하지 않는 것을 보았다. 그래서 "맹자께서 그러하시다면 夫子께서는 이미 聖人이십니다."라고 말한 것이다. 宰我와 子貢이 비록 辨說을 잘했지만 여전히 聖人이 말하는 방법을 터득하지 못하였고, 冉伯牛, 閔子騫, 顏淵이 비록 善言과 德行에 뛰어났지만 여전히 聖人이 실천하는 방법을 터득하지 못하였다. 그러므로 몇 명의 弟子는 단지 孔子의 高弟가 되었을 뿐이고, 안연 등 세 사람만은 聖人의 전체를 갖추고는 있으나 조금 모자라서 또한 聖人이 되지 못하였던 것이다. 公孫丑가 맹자가 辨說과 敎令에 능하지 못하다는 말을 듣고 맹자의 뜻이 여기에 있기 때문에 "나는 辨說과 敎令에 능하지 못하다."라고 말한 것임을 알았다. 그래서 "그렇다면 夫子께서는 이미 聖人이십니까?"라고 물은 것이다.

'曰 惡是何言也'者, 孟子答公孫丑, 爲不敢安居其聖, 故曰惡是何言也. 惡, 歎也, 以其不敢居聖, 故歎而言之也.

〔曰 惡是何言也〕맹자가 公孫丑에게 답하면서 감히 자신이 聖人임을 자처하지 않았으므로 "아니, 이것이 무슨 말인가."라고 말한 것이다. 惡는 감탄사이다. 감히 聖人으로 자처하지 않았기 때문에 탄식하여 말한 것이다.

又言'昔者子貢問於孔子曰 夫子聖矣乎'至'是何言也'者, 孟子言昔日子貢嘗問於孔子, 而謂夫子聖矣乎. 孔子答之曰, 於聖則我不能爲也, 我但學不厭飽, 教人不倦怠也. 子貢曰, 夫學道能不厭飽, 是有智也, 以其智足以有知, 故能學道不厭也, 教人能不倦怠, 是有仁也, 以其仁足以及物, 故能教人不倦也. 仁而且智, 是夫子旣以聖矣. 孟子遂言夫聖於孔子尙不敢居, 而今丑言我旣聖矣, 是何所言也, 故再言"是何言也".

〔昔者子貢問於孔子曰 夫子聖矣乎〕에서 〔是何言也〕까지

맹자가 "옛날에 子貢이 孔子에게 묻기를 '夫子께서는 聖人이십니까?' 하니, 孔子가 답하기를 '聖人은 내가 능하지 못하지만, 나는 배움을 싫증내지 않고 남을 가르치기를 게을리 하지 않는다.' 하셨다. 이에 자공이 '무릇 道를 배움에 싫증내지 않는 것은 智를 지닌 것이니, 그 智가 충분히 道를 알 수 있으므로 능히 道를 배움에 싫증내지 않을 수 있는 것입니다. 남을 가르치기를 게을리 하지 않는 것은 仁을 지니고 있는 것이니, 그 人이 충분히 事物에까지 미칠 수 있으므로 능히 남을 가르침에 게으르지 않을 수 있는 것입니다. 仁하고 또 智하시니, 夫子께서는 이미 聖人일 것입니다.'라고 하였다."라고 말한 것이다. 맹자가 마침내 "聖人은 공자께서도 오히려 감히 자처하지 않으셨는데, 지금 公孫丑가 나를 이미 聖人이라고 하니, 이것이 무슨 말인가."라고 말한 것이다. 그러므로 재차 "이것이 무슨 말인가."라고 말한 것이다.

'昔者聞之子夏子遊子張皆有聖人之一體 冉牛閔子顔淵則具體而微'者, 孟子常自謙, 故言我往日竊聞之, 有子夏・子遊・子張三人, 皆有聖人之一體, 亦未得其全才, 冉牛・閔子・顔淵則具體, 但而微小者也. 孟子言此是宜孫丑於前有夫子旣聖矣乎而問之也.

〔昔者聞之子夏子遊子張皆有聖人之一體 冉牛閔子顔淵則具體而微〕 맹자가 항상 스스로 겸손하였으므로 "내가 지난날 삼가 듣자니, 子夏, 子游, 子張 세 사람은 모두 聖人의 일부분을 갖추었으나 온전한 재주를 아직 얻지 못하였고, 冉伯牛, 閔子騫, 顔淵은 聖人의 전체를 갖추었으나 조금 모자랐다고 한다."라고 하였다. 맹자가 이렇게 말하였으니, 公孫丑가 앞서 "夫子께서는 이미 聖人이십니까?"라고 물은 것이 마땅하다.

'敢問所安'者, 丑見孟子又言此子夏・子遊・子張・冉牛・閔子・顔淵數者, 意欲知孟子於此數者之中, 何者爲比也.

〔敢問所安〕 公孫丑가 맹자가 또 子夏, 子游, 子張, 伯牛, 閔子騫, 顔淵 등 몇 사람에 대해 말한 것을 듣고 맹자가 이 몇 사람 중에 누구를 자신과 견주는지 알고자 한 것이다.

'曰 姑舍是'者, 孟子言且置去, 非我之願比者也.

〔曰姑舍是〕 맹자가 "우선 놓아두어라. 내가 견주고 싶은 것이 아니다."라고 말한 것이다.

'曰 伯夷伊尹何如'者, 丑見孟子不比數者, 又問之以伯夷・伊尹二者可比之何如.

〔曰伯夷伊尹何如〕 公孫丑가 맹자가 그 몇 사람과 견주지 않은 것을 보고서, 다시 伯夷와 伊尹 두 사람과 비견하는 것이 어떠한지 물은 것이다.

'曰 不同道'者, 孟子答之, 以爲伯夷之行, 不與伊尹・孔子同道也.

〔曰 不同道〕 맹자가 "伯夷의 행실은 伊尹, 孔子와 道가 같지 않았다."라고 대답한 것이다.

'非其君不事 非其民不使 治則進 亂則退 伯夷也'者, 孟子言非其所好之君則不奉事之, 非以正道得民者不命使之, 天下有治道之時則進而仕之, 天下無道則退藏其身, 是伯夷之所行也.

〔非其君 不事 非其民 不使 治則進 亂則退 伯夷也〕 맹자가 "자신이 좋아하는 임금이 아니면 받들어 섬기지 않았고, 正道로 백성을 얻은 경우가 아니라면 명령하여 부리지 않았다. 천하에 治道가 있는 때에는 나아가 벼슬하였고, 천하가 無道한 때에는 물러나 몸을 숨겼다. 이것이 伯夷의 행실이었다."라고 말한 것이다.

'何事非君 何使非民 治亦進 亂亦進 伊尹也'者, 孟子言伊尹曰何所事之君爲非君, 蓋所事者, 卽皆君也, 何所使之民爲非民, 蓋以所使皆是民也. 天下治亦進而行道, 天下亂亦進而行其道, 是伊尹之如是也.

〔何事非君 何使非民 治亦進 亂亦進 伊尹也〕 맹자가 "伊尹은 '어느 임금을 섬긴들 임금이 아닌가. 섬기는 바는 모두 임금이다. 어느 백성을 부린들 백성이 아닌가. 부리는 바는 모두 백성이다.'라고 하면서, 천하가 다스려져도 나아가 道를 행하고, 천하가 어지러워도 나아가 道를 행하였으니, 이런 사람이 바로 伊尹이었다."라고 말한 것이다.

'可以仕則仕 可以止則止 可以久則久 可以速則速 孔子也'者, 孟子言可以進而(進而)[8]爲仕則進而仕之, 可以止而不仕則止之而不仕, 可以久則久, 雖終身不仕, 亦不爲之久, 可以速則速, 雖接淅而行[9]亦不爲速, 是孔子所行如是也.

8) (進而) : 저본에는 '進而'가 있으나, 毛本, 四庫全書本에 의거하여 衍文으로 처리하였다.
9) 接淅而行 : 〈萬章 下〉에 "孔子가 齊나라를 떠날 적에 밥을 지으려고 물에 담가 둔 쌀을 건져 가지고 급히 떠났다.〔孔子之去齊 接淅而行〕"라는 말이 나온다.

〔可以仕則仕 可以止則止 可以久則久 可以速則速 孔子也〕 맹자가 "나아가 벼슬할 만하면 나아가 벼슬하고, 그만두고 벼슬하지 않을 만하면 그만두고 벼슬하지 않고, 오래 머무를 수 있으면 오래 머무르되 비록 평생 벼슬하지 않더라도 오래 머무른다고 여기지 않고, 빨리 떠날 수 있으면 빨리 떠나되 물에 담가 둔 쌀을 건져 떠나면서도 빨리

떠난다고 여기지 않으셨으니, 이런 것이 바로 孔子의 행실이었다."라고 말한 것이다.

'皆古聖人也 吾未能有行焉 乃所願 則學孔子也', 孟子言此數者皆是古之聖人也, 我俱未有所行若此而已, 乃言我之所願學, 則孔子是學也. 孟子之意, 蓋謂孔子所行, 於伯夷・伊尹二子皆兼而有之也. 故可仕則仕, 而不爲伯夷之必於退, 可止則止, 而不爲伊尹之必於進, 無可無不可[10)]矣. 故於終所必歸之, 但願學孔子也.

10) 無可無不可 : 孔子가 草野에 숨어살던 사람들을 평가하면서 伯夷와 叔齊에 대해서는 "자신의 뜻을 굽히지 않고 자기 몸을 욕되게 하지 않았다."라고 하고, 柳下惠와 少連에 대해서는 "뜻을 굽히고 몸을 욕되게 하였으나, 말이 의리에 맞았고 행실이 생각과 맞았다."라고 하였고, 虞仲과 夷逸에 대해서는 "숨어 살면서 말을 함부로 하였으나 몸가짐은 淸高에 맞았고, 스스로를 폐한 것은 權道에 맞았다."라고 하였다. 그리고는 자신에 대해서는 "나는 이들과 달라서 可한 것도 없고 不可한 것도 없다."라고 말하였다. 이것은 미리 可와 不可를 정하지 않고 時中을 따른다는 의미이다.(≪論語≫ 〈微子〉)

〔皆古聖人也 吾未能有行焉 乃所願則學孔子也〕 맹자가 "이 몇 분은 모두 옛 聖人이시다. 나는 이 분들처럼 행하지 못하지만, 내가 배우기를 바라는 것을 말하자면 孔子를 배우는 것이다."라고 말한 것이다. 맹자의 뜻은 "공자는 伯夷와 伊尹 두 사람의 행실을 모두 겸하여 지녔다. 그러므로 벼슬할 만하면 벼슬하여 물러나기를 기필했던 伯夷처럼 행동하지 않았고, 그만둘 만하면 그만두어 나아가기를 기필했던 伊尹처럼 행동하지 않았으니, 可한 것도 없고 不可한 것도 없었다. 그러므로 끝내 반드시 그 분에게 귀의했던 것이니, 단지 공자를 배우기를 원한다."라는 것이다.

'伯夷伊尹於孔子 若是班乎'者, 公孫丑見孟子言之伯夷・伊尹, 又言之以孔子, 乃曰皆古聖人也, 故問之, 以伯夷・伊尹・孔子如是, 則齊等之乎. 班, 齊等也.

〔伯夷伊尹於孔子 若是班乎〕 公孫丑가 맹자가 伯夷와 伊尹에 대해 말하고 다시 孔子를 가지고 언급하면서 "모두 옛 聖人이시다."라고 하는 것을 보고, "백이, 이윤, 공자가 이와 같다면 동등하다고 여기십니까?"라고 물은 것이다. 班은 동등함이다.

'曰 否 自生民以來 未有孔子也'者, 孟子答之以爲否, 不齊等也, 自其有生民以來, 至今未有與孔子齊其等者也.

〔曰 否 自生民以來 未有孔子也〕 맹자가 "아니다. 동등하지 않다. 사람이 생겨난 이래

로 지금까지 공자와 등급을 나란히 할 사람은 없었다."라고 대답한 것이다.

'然則有同與'者, 公孫丑又問孟子, 以謂如是則伯夷・伊尹・孔子三人有同者邪.

〔然則有同與〕 公孫丑가 다시 맹자에게 "이와 같다면 백이, 이윤, 공자 세 분에게 공통점이 있습니까?"라고 물은 것이다.

'曰 有 得百里之地而君之'至'是則同'者, 孟子答之, 以謂此三人有所同也, 蓋得百里之土地而爲君, 三人皆能以朝諸侯有天下也, 然行一事之不義・殺一人之無罪而得天下, 則三人亦皆不爲之, 如是則同. 若其他事則所行又有不同焉, 故曰是則同.

〔曰 有 得百里之地而君之〕에서 〔是則同〕까지

맹자가 "이 세 분에게 공통점이 있다. 100리의 작은 땅을 얻어 임금이 되면 이 세 분은 모두 제후들이 자신에게 朝會하게 만들고 천하를 소유할 수 있지만, 하나라도 의롭지 못한 일을 행하거나 한 사람이라도 무고한 사람을 죽이면서 천하를 차지하는 일은 세 분 모두 하지 않을 것이니, 이것이 공통점이다."라고 대답한 것이다. 다른 일이라면 행동이 다를 수 있으므로 "이것이 공통점이다."라고 말한 것이다.

'曰 敢問其所以異'者, 公孫丑又問孟子曰, 丑敢請問三人其所以有異者.

〔曰敢問其所以異〕 公孫丑가 다시 맹자에게 "제가 세 분의 다른 점을 감히 여쭙겠습니다."라고 물은 것이다.

'曰 宰我子貢有若 智足以知聖人 汚不至阿其所好'至'未有盛於孔子也'者, 此皆孟子爲丑言此三人其所以異者也. 言宰我與子貢・有若三者, 其有智皆足以知其聖人, 然雖有小卑汚不平處, 蓋亦不至於阿私所好而空譽之, 其言皆有可用者也. 遂引宰我知聖人之事爲公孫丑言之, 故言宰我有曰, 以予觀於孔子, 其賢過於堯舜遠矣. 予, 宰我名也. 宰我之意, 蓋謂堯舜有位之聖人, 故其行道易, 孔子無位之聖人, 故其行道難, 故以難易爲言也. 又謂堯舜治天下, 但見效於當時, 卽一時之功也, 孔子著述五經, 載道於萬世, 以其有萬世之功, 故以功爲言也. 孟子又引子貢有曰, 見其孔子制作之禮, 而知孔子有政可以致天下之太平, 聞孔子雅・頌之樂音, 而知孔子有德與文・武同也, 從孔子之後, 推而等之百世之聖王者, 無有能違逆其孔子之道者, 是其自生民而來至於今, 未有如夫子者也. 凡此是子貢之知聖人有如此也. 孟子又引有若有曰, 豈獨其民有類乎哉. 言麒麟之於走獸, 鳳凰之於飛鳥, 太山之於丘垤, 河海之於行潦, 亦類也, 聖人之於民亦類也, 然而走獸之中以麒麟爲之長, 飛鳥之中以鳳凰爲之王, 丘垤之中以太山爲之尊, 行潦之間以河海爲之大, 人民之間以聖人爲人倫之至也, 聖人之於民, 類也, 物亦類也. 以其出乎民人之類, 而超拔乎衆萃之中, 自生民以來, 至於今, 未有盛美過於孔子者也. 然則孔子於此三子言之, 是所以異於伯夷・伊尹者也. 故孟子所以願學, 則學孔子也.

〔曰 宰我子貢有若 智足以知聖人 汚不至阿其所好〕에서 〔未有盛於孔子也〕까지

이것은 모두 맹자가 公孫丑에게 이 세 분의 다른 점을 말해준 것이다. "宰我와 子貢, 有若 세 사람은 그 지혜가 모두 聖人을 알아볼 만한 사람들이었다. 하지만 비록 수준이 조금 낮고 균등하지 않은 점이 있다 하더라도 좋아하는 사람에게 아첨하여 거짓으로 칭찬하는 정도에까지는 이르지 않았으므로 그들의 말은 모두 채용할 만한 것이다."라고 말하고, 마침내 재아가 聖人을 알아본 일을 인용하여 공손추에게 말해주었다. 그래서 재아의 "내가 孔子를 보건대 어짊이 堯舜보다 훨씬 뛰어나시다."라는 말을 인용해 말했던 것이다. 予는 재아의 이름이다. 재아의 뜻은, "요순은 임금의 지위를 지닌 聖人이었으므로 자신의 道를 행하는 것이 쉬웠으나, 공자는 지위가 없는 聖人이었으므로 자신의 道를 행하는 것이 어려웠다. 그러므로 어렵고 쉬움을 가지고 말한 것이다."라는 것이고, 또 "요순이 천하를 다스릴 때에 단지 당시에만 효과를 보았으니, 이것은 일시적인 功이었다. 공자는 五經을 저술하여 萬歲에 道를 標榜하여 萬歲의 功을 세웠다. 그러므로 功을 가지고 말한 것이다."라는 것이다. 맹자가 다시 자공의 "공자께서 제정하신 禮를 보면 공자의 政事가 천하의 太平을 이룰 수 있고, 공자께서 정리하신 雅, 頌의 음악을 들어보면 공자의 德이 文王, 武王과 같음을 알 수 있다. 공자의 후대로부터 미루어 百世의 聖王을 비교해보더라도 공자의 道를 벗어나거나 거스르는 경우는 없을 것이니, 이것이 사람이 생겨난 이래로 지금까지 공자와 같은 분이 없는 까닭이다."라는 말을 인용하였으니, 이것은 자공이 聖人을 알아본 것이 이러했다는 것이다. 맹자가 다시 유약의 "어찌 사람만 同類가 있겠는가. 麒麟이 달리는 짐승에 대하여, 鳳凰이 나는 새에 대하여, 太山이 언덕에 대하여, 河海가 흐르는 물에 대하여 또한 同類이며, 聖人이 사람에 대하여 또한 同類이다. 하지만 달리는 짐승 중에서는 麒麟이 으뜸이며, 나는 새 중에서는 鳳凰이 帝王이며, 언덕 중에서는 太山이 至尊이며, 흐르는 물 중에서는 河

海가 큰 것이며, 사람 중에는 聖人이 人倫의 法度이다. 聖人이 사람에게 同類이며, 각각의 事物도 역시 同類이다. 사람 중에서 가장 특출하고 무리 중에서 빼어난 것으로 말하자면, 사람이 생겨난 이래로 지금까지 공자보다 성대하고 아름다운 분은 없었다."라는 말을 인용하였다. 그렇다면 여기서 세 사람이 공자에 대해 말한 것이 伯夷, 伊尹과 다른 점이 된다. 그래서 맹자가 배우기를 바라는 것은 공자를 배우는 것이다.

【疏】 ○ 注"四十强而仕". ○ 正義曰：曲禮云"人生十年曰幼, 學, 二十曰弱, 冠, 三十曰壯, 而有室, 四十曰强, 而仕, 五十曰艾, 服官政, 六十曰耆, 指使, 七十曰老, 而傳, 八十・九十曰耄." 凡此是其禮文也.

○ 注의 〔四十强而仕〕

○ 正義曰：≪禮記≫ 〈曲禮〉에 "사람이 태어나 10세가 된 자를 '幼'라 하니, 학업을 익힌다. 20세를 '弱'이라 하니, 冠禮를 한다. 30세를 '壯'이라 하니, 아내를 둔다. 40세를 '强'이라 하니, 벼슬한다. 50세를 '艾'라 하니, 官政에 종사한다. 60세를 '耆'라 하니, 지시하여 부린다. 70세를 '老'라 하니, 집안일을 물려준다. 80세와 90세를 '耄'라 한다."라고 하였다. 이것이 해당 禮經의 글이다.

【疏】 ○ 注'孟賁 勇士也' ○ 正義曰：案帝王世紀[1]云"秦武王好多力之人, 齊孟賁之徒竝歸焉. 孟賁生拔牛角, 是爲之勇士也." ○ 注云'北宮黝 北宮姓 黝名也' 又云'褐寬博獨夫被褐者', 釋云 "褐, 編枲襪(시말)也. 一曰短衣."[2] 北宮黝, 其人未詳, 於他經傳亦未之聞焉. 孟施舍, 亦未詳. 云'縮 義也 惴 懼也', (聞)〔蓋〕[3]記云"古之冠也縮縫, 今之冠也衡縫.[4]則縮者理之直也, 是知縮訓義也." 詩云"惴惴其栗." 注云"恐也." 傳曰"小恐惴惴, 大恐縵縵"[5]是也.

1) 帝王世紀：西晉 때 皇甫謐(215~282)이 지은 역사서이다. 三皇부터 漢魏까지 역대 帝王의 世系와 事跡을 수록하였다.
2) 褐……一曰短衣：≪說文解字≫에 나온다.
3) (聞)〔蓋〕：저본에는 '聞'으로 되어 있으나, 四庫全書本에 의거하여 '蓋'로 바로잡았다.
4) 古之冠也縮縫 今之冠也衡縫：≪禮記≫ 〈檀弓 上〉에 "옛날에는 관을 세로로 꿰맸고, 지금은 가로로 꿰맨다.〔古者冠縮縫 今也衡縫〕"라는 말이 나온다.
5) 小恐惴惴 大恐縵縵：≪莊子≫ 〈齊物論〉에 나온다.

○ 注의 〔孟賁 勇士也〕

○ 正義曰：≪帝王世紀≫를 상고하니, "秦 武王이 힘센 사람을 좋아하니, 齊나라 孟賁의 무리가 모두 그에게 귀의하였다. 맹분은 나면서부터 소뿔을 뽑을 정도로 힘이 세었으므로 사람들이 그를 勇士로 삼았다."라고 하였다.

〔北宮黝 北宮姓 黝名也〕와 〔褐寬博 獨夫被褐者〕

글자 풀이에 "褐은 모시풀로 짠 버선이다. 一說에는 '短衣'라고 한다."라고 하였다. 北宮黝는 어떤 사람인지 미상인데, 다른 經傳에도 나오지 않는다. 孟施舍 역시 미상이다.

〔縮 義也 惴 懼也〕 ≪禮記≫에 "옛날의 冠은 세로로 꿰맸고, 지금의 冠은 가로로 꿰맨다."라고 하였는데, 縮이라는 것은 組織의 무늬가 세로로 곧은 것이다. 이것을 통해 縮을 義로 풀이함을 알 수 있다. ≪詩經≫에 "두려워하며 벌벌 떠네.〔惴惴其栗〕"라고 하였는데, 그 注에 "두려워함"이라고 하였다. 傳에 "작은 두려움에는 두려워 떨지만, 큰 두려움에는 기가 꺾인다."라고 한 것이 이것이다.

【疏】 ○ 注'密聲取敵曰襲' ○ 正義曰：左傳云"凡有鍾鼓曰伐, 無鍾鼓曰襲."[1] 杜預注云"密聲取敵曰襲", 是其文也.

1) 凡有鍾鼓曰伐 無鍾鼓曰襲：≪春秋左氏傳≫ 莊公 29년에 "무릇 戰爭에 鍾과 북소리가 있는 경우를 '伐'이라 하고, 종과 북을 울리지 않고 공격하는 경우를 '侵'이라 하고, 가벼운 부대로 공격하는 것을 '襲'이라 한다.〔凡師有鐘鼓曰伐 無曰侵 輕曰襲〕"라고 하였으니, 疏에서 인용한 글과 차이가 있다.

○ 注의 〔密聲取敵曰襲〕

○ 正義曰：≪春秋左氏傳≫에 "戰爭에 鍾과 북을 울리며 공격하는 경우를 '伐'이라 하고, 鍾과 북을 울리지 않고 공격하는 경우를 '襲'이라 한다."라고 하였는데, 杜預의 注에 "소리를 죽이고 적을 공격하는 것을 '襲'이라 한다."라고 한 것이 그 글이다.

【疏】 ○ 注云'賓孟言雄鷄自斷其尾'至'諸大夫也' ○ 正義曰：案魯昭公二十二年左傳云"王子朝·[1]賓起[2]有寵於景王, 王與賓孟說(열)之, 欲立. 劉獻公之庶子伯蚠(분)事單穆公, 惡(오)賓孟." "適郊, 見雄鷄自斷其尾, 問之, 侍者曰'自憚其犧也.' 遽歸告王, 且曰'鷄其憚爲人用乎, 人異於是. 犧者實用人, 人犧實難, 己犧何害.' 王弗應." 凡此是也.

1) 王子朝：周 景王의 庶長子이다.
2) 賓起：王子朝의 師傅이다. 아래에 나오는 賓孟이 바로 賓起이다.

○ 注의 〔賓孟言雄鷄自斷其尾〕에서 〔諸大夫也〕까지

○ 正義曰：≪春秋左氏傳≫ 魯 昭公 22년에 "王子朝와 賓起가 景王의 寵愛를 받았는데, 경왕과 賓孟이 王子朝를 좋아하여 太子로 세우고자 하였다. 劉獻公의 庶子인 伯盆이 單穆公을 섬기고 있었는데, 빈맹을 미워하였다. 빈맹이 郊外에 갔을 때에 수탉이 스스로 자기 꼬리를 부리로 쪼아 자른 것을 보고서 그 까닭을 물으니, 그의 侍從이 '스스로 犧牲이 되는 것을 싫어하여 〈꼬리를 쪼아 자른 것입니다.〉'라고 하였다. 빈맹이 급히 돌아와서 경왕에게 이 일을 告하고, 또 '닭은 아마도 사람의 희생으로 쓰이는 것을 싫어하는 것 같습니다만, 사람은 이와 다릅니다. 희생은 실로 사람의 쓰임이 되는 것이니, 다른 사람을 희생으로 삼는 것은 실로 어렵지만, 자신을 희생으로 삼는 것이 무슨 해가 있겠습니까?'라고 하니, 경왕이 대답하지 않았다."라고 한 것이 이것이다.

云'驪姬勸晉獻公與申生'者, 案魯莊公二十八年云"晉獻公娶於賈, 無子, 烝於齊姜, 生秦穆夫人及太子申生. 又娶二女於戎, 大戎狐姬生重耳, 小戎子生夷吾. 晉伐驪戎, 驪戎男女以驪姬, 歸生奚齊, 其娣生卓子. 驪姬欲立其子, 賂外嬖梁五與東關嬖五, 使言於公曰'曲沃, 君之宗也, 蒲與二屈, 君之疆也, 不可以無主. 宗邑無主, 則民不威, 疆埸無主, 則啓戎心. 若使太子主曲沃, 而重耳主蒲, 夷吾主屈, 則可以威民而懼戎, 且旌君伐.' 使俱曰'狄之廣莫, 於晉爲都. 晉之啓土, 不亦宜乎.' 晉侯悅之. 夏, 使太子申生主曲沃, 重耳居蒲, 夷吾居屈. 惟二姬之子在絳. 二五卒與驪姬譖群公子而立奚齊, 晉人謂之二五耦[3]." 凡此是也.

3) 二五耦：'두 사람의 五'라는 뜻으로, 梁五와 東關嬖 五를 가리킨다.

〔驪姬勸晉獻公與申生〕 ≪春秋左氏傳≫ 魯 莊公 28년에 "晉 獻公이 賈나라에서 아내를 맞았으나 아들을 낳지 못하였고, 齊姜과 姦淫하여 秦 穆公의 夫人과 太子 申生을 낳았다. 또 戎에서 두 여자를 맞이하였는데, 大戎 출신인 狐姬는 重耳를 낳고, 小戎의 딸은 夷吾를 낳았다. 晉나라가 驪戎을 토벌할 때에 驪戎男이 驪姬를 헌공에게 시집보내니, 돌아와서 여희가 奚齊를 낳고 여희의 여동생은 卓子를 낳았다. 여희가 자기 아들을 太子로 세우고자 하여, 外嬖인 梁五와 東關에 있던 外嬖인 五에게 뇌물을 주고 그들을 시켜 헌공에게 아뢰게 하기를 '曲沃은 임금님의 宗邑이고, 蒲와 두 屈은 임금님의 邊境이니, 主管하는 사람이 없어서는 안 됩니다. 宗邑에 主管하는 사람이 없으면 백성들에게 위엄이 서지 않고, 邊境에 主管하는 사람이 없으면 〈戎狄에게〉 침범할 마

음을 열어주는 것입니다. 만약 太子에게 曲沃을 主管하게 하고, 중이에게 蒲를 주관하게 하고, 이오에게 屈을 主管하게 하신다면 백성들에게 위엄을 보이고 戎狄을 두렵게 할 것이고, 게다가 임금님의 功德을 드러낼 수 있습니다.' 하였다. 여희가 다시 두 사람으로 하여금 함께 헌공에게 아뢰게 하기를 '戎狄의 광활한 땅이 晉나라에 귀속되어 都市가 될 수 있으니, 晉나라가 영토를 開拓하는 것이 마땅하지 않겠습니까.' 하였다. 晉侯가 그 말을 기뻐하여 여름에 태자 신생으로 하여금 曲沃을 주관하게 하고, 중이로 하여금 蒲城에 거처하게 하고, 이오로 하여금 屈에 거처하게 하고, 오직 두 여희의 아들들만을 絳(晉나라의 국도)에 남아 있게 하였다. 梁五와 東關嬖 五가 마침내 여희와 함께 여러 公子들을 讒訴하고 해제를 태자로 세우니, 晉나라 사람들이 그들을 '二五耦'라 하였다."라고 한 것이 이것이다.

云'豎牛觀仲壬賜環之事', 案左傳昭公四年云"初, 穆子去叔孫氏, 及庚宗, 適齊, 娶於國氏, 生孟丙・仲壬. 夢天壓己, 弗勝, 顧而見人, 黑而上僂, 深目而豭喙(가훼), 號之曰, 牛, 助余. 乃勝之耳. 旦, 召其徒, 無之. 及後, 婦人獻雉, 婦人是穆子及庚宗之地, 常遇而宿者也. 因問其有子, 曰'余子長矣, 能奉雉而從我矣.' 召而見之, 則所夢也. 問其名, 曰'牛'. 遂使爲豎臣, 有寵, 長, 使爲政, 豎牛欲亂. 後仲壬與公御萊書觀於公, 公與之環. 使牛入示之, 入, 不示, 出, 命佩之. 牛謂叔孫'見仲壬而何.' 叔孫曰'何爲.'(而)〔曰〕[4]'不見, 旣自見矣, 公與之環而佩之矣.' 遂逐之, 奔齊. 叔孫疾急, 命召仲, 牛許而不召. 有進食, 則止之而弗進, 叔孫不食, 乃卒. 立其子而相之." 昭公五年又曰"昭子卽位, 朝其家衆, 曰'豎牛禍叔孫氏, 使亂大從, 殺適立庶, 又披其邑, 將以赦罪, 罪莫大焉, 必速殺之.' 豎牛懼, 奔齊. 孟・仲之子殺諸塞外, 投其首於寧風之棘上." 凡此是也.

4) (而)〔曰〕: 저본에는 '而'로 되어 있으나, ≪春秋左氏傳≫에 의거하여 '曰'로 바로잡았다.

〔豎牛觀仲壬賜環之事〕 ≪春秋左氏傳≫ 昭公 4년에 "애초에 穆子가 叔孫氏를 떠나 齊나라로 갈 때 庚宗에 이르렀다가 齊나라로 가서 國氏에게 장가들어 孟丙과 仲壬을 낳았다. 어느 날 목자의 꿈에 하늘이 자기를 내리누르는데 버틸 수가 없었다. 고개를 돌려 보니 어떤 사람이 있는데, 얼굴은 검고 어깨는 굽었으며, 눈이 깊고 입은 돼지주둥이 같았다. 목자가 소리치기를 '牛야, 나를 도와라.' 하여 버틸 수 있었다. 그 이튿날 아침에 목자가 자신의 從者들을 불러 살펴보았으나, 꿈에서 본 사람은 없었다. 나중에 한 여인이 목자에게 꿩을 바쳤는데, 그 여인은 목자가 이전에 庚宗에 이르렀을 때 항

상 만나 同寢했던 여자였다. 그 기회에 자식이 있는지 물어보니, 그 여인이 '제 아들이 이미 자라서 꿩을 奉獻할 수 있을 나이가 되었으므로 저를 따라왔습니다.'라고 대답하였다. 목자가 그 아이를 불러 보니, 바로 꿈에서 보았던 아이였다. 이름을 물으니 '牛'라고 하였다. 마침내 그를 豎(小臣)로 삼고 寵愛하였으며, 長成한 뒤에는 집안일을 主管하게 하였는데, 豎牛는 숙손씨의 집안을 어지럽히고자 하였다. 나중에 중임이 昭公의 御者인 萊書와 公宮에서 유람하였는데, 소공이 그에게 玉環을 하사하였다. 중임이 수우로 하여금 집으로 가지고 들어가 목자에게 보여주게 하였는데, 들어가 보여주지 않은 채 나와서는 목자의 命이라 속여 玉環을 차게 하였다. 그런 뒤에 수우가 숙손(목자)에게 말하기를 '중임을 소공에게 알현시키는 것이 어떻겠습니까?' 하니, 숙손이 '무엇 때문에 그러느냐?'라고 하였다. 수우가 말하기를 '알현시키지 않았는데도 이미 스스로 가서 알현하였고, 임금께서 그에게 玉環을 하사하여 이미 그것을 차고 있습니다.'라고 하였다. 숙손이 마침내 중임을 쫓아내니, 중임이 齊나라로 달아났다. 숙손이 병이 위급해졌을 때에 중임을 불러들이라고 命하니, 수우가 그러겠다고 하고는 부르지 않았다. 숙손에게 밥을 올릴 때면 수우가 막고 올리지 못하게 하니, 숙손이 먹지 못해 결국 죽고 말았다. 수우가 숙손의 아들(昭子)을 후계자로 세우고 그를 輔佐하였다."라고 하였고, 또 소공 5년에 "昭子가 후계자의 자리에 올라 집안사람들의 朝見을 받으며 말하기를 '수우가 숙손씨에게 화란을 끼쳐 큰 질서를 어지럽혀 嫡子를 죽이고서 庶子를 세웠고, 또 우리의 封邑을 쪼개어 南遺에게 주어 罪를 용서받고자 하였으니, 이보다 큰 罪가 없다. 반드시 속히 그를 죽이라.' 하였다. 豎牛가 두려워 齊나라로 달아났다. 맹병과 중임의 아들들이 魯나라 국경 밖에서 그를 죽여 그 머리를 寧風의 가시나무 위에 버렸다."라고 한 것이 이것이다.

云'秦客廋辭'者, 案國語"晉文公時, 范文子暮退於朝, 武子曰'何暮也.' 對曰'有秦客廋辭於朝, 大夫莫之能對, 吾知一二焉.' 武子怒曰'大夫非不能也, 讓父兄也. 爾童子而三掩人於朝, 吾不在, 晉國無日矣.' 擊之以杖, 折委笄(계)." 凡此者是也. 大抵'廋辭'云者, 如今呼筆爲管城子, 紙爲楮先生, 錢爲白水眞人[5], 又爲阿堵物[6]之類是也.

5) 白水眞人 : 화폐의 별칭이다. 前漢 때 王莽이 帝位를 찬탈하고서 劉氏를 미워하였는데, 錢이라는 글자에 '劉'의 '金'과 '刀'가 있다고 하여 貨泉이라고 고쳐 새기게 한 데서 유래한 것이다. 泉을 破字하면 白水가 되고, 貨를 파자하면 眞人이 된다.(≪後漢書≫ 〈光武帝紀論〉)

6) 阿堵物 : 돈을 뜻하는 말이다. 西晉 때 王衍이라는 사람이 아내가 탐욕스러운 것을 미워하여 '돈'이라는 말을 입 밖에 내지 않고, 대신에 '阿堵物'이라고 불렀다는 고사에서 온 말이다. '阿堵'는 六朝시대의 구어로 본래 '이것'이라는 의미라고 한다.(≪世說新語≫ 〈規箴〉)

〔秦客廋辭〕 ≪國語≫에 "晉 文公 때에 范文子가 늦게 조정에서 퇴근하자 武子가 '왜 이리 늦었는가?'라고 물으니, 대답하기를 '어떤 秦나라 賓客이 조정에서 隱語를 말하였는데, 大夫들이 제대로 대답하지 못하여 제가 한두 가지를 알아맞히었습니다.'라고 하였다. 武子가 성내면서 '말하기를 大夫들이 제대로 응대하지 못한 것이 아니라 父兄에게 양보한 것이다. 너는 어린놈이면서도 세 번이나 다른 사람을 조정에서 막았으니, 내가 晉나라에 있지 않으면 晉나라는 머지않아 망하겠구나. 하고,' 지팡이로 쳐서 委貌冠의 비녀를 부러뜨려 버렸다."라고 한 것이 이것이다. 대개 '廋辭'라는 것은 이를테면 지금 붓을 '管城子'라고 부르고, 종이를 '楮先生'이라고 부르고, 돈을 '白水眞人'이나 '阿堵物'이라고 부르는 따위가 이것이다.

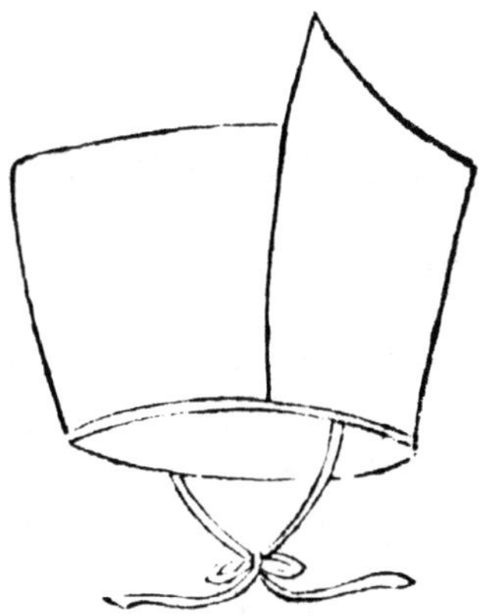
委貌冠

【疏】 ○ 注'予 宰我名也' ○ 正義曰 : 案史記弟子傳云, "宰予, 字子我." 鄭玄曰 : "魯人也."

○ 注의 〔予 宰我名也〕

○ 正義曰 : ≪史記≫ 〈仲尼弟子列傳〉에 "宰予는 자가 子我이다."라고 하였는데, 鄭玄은 "魯나라 사람이다."라고 하였다.

【疏】 ○ 注'垤 蟻封 行潦 道傍流潦也 萃 聚也' ○ 正義曰 : 釋云, "垤, 蟻塚也. 潦, 雨水盛也. 經云行潦, 是爲道傍流潦也, 萃亦云集也."

○ 注의 〔垤 蟻封 行潦 道傍流潦也 萃 聚也〕

○ 正義曰 : 풀이에 "垤은 개미 언덕이다. 潦는 빗물이 모인 것이다. 經에 '行潦'라고 한 것은 길 가에 흐르는 빗물이다. 萃도 모임을 뜻한다.

孟子注疏解經 卷第三 下

公孫丑章句 上

趙氏 注 孫奭 疏

3. **孟子曰 以力假仁者**는 **霸**니 **霸必有大國**이오 **以德行仁者**는 **王**이니 **王不待大**라 **湯**이 **以七十里**하시고 **文王**이 **以百里**하시니라

맹자가 말하였다. "힘으로 仁을 가장하는 것이 霸道이니, 霸道를 이루려면 반드시 大國을 소유해야 하고, 德으로 仁을 행하는 것이 王道이니, 王道를 펴는 데에는 대국을 소유할 필요가 없다. 湯임금은 70리 땅을 가지고도 王道를 펴셨고 文王은 100리 땅을 가지고도 〈왕도를 펴셨다.〉

【注】言 霸者는 以大國之力으로 假仁義之道然後에 能霸하니 若齊桓晉文等이 是也라 以己之德으로 行仁政於民이면 小國則可以致王이니 若湯文王이 是也라

"霸者는 大國의 힘을 바탕으로 仁義의 道를 가장한 뒤에야 능히 霸道를 이룰 수 있으니, 齊 桓公과 晉 文公 같은 사람이 그러하다. 자신의 德을 바탕으로 백성에게 仁政을 행하면 小國이 王道를 이룰 수 있으니, 湯임금과 文王 같은 분이 그러하다."라고 말한 것이다.

以力服人者는 **非心服也**라 **力不贍**(섬)**也**오 **以德服人者**는 **中心悅而誠服也**니 **如七十子之服孔子也**라

힘으로 남을 복종시킬 경우에는 상대가 마음으로 복종하는 것이 아니라 힘이 부족해서 복종하는 것이다. 德으로 남을 복종시킬 경우에는 상대가 마음으로 기뻐하며 진심으로 복종하니, 70명의 제자들이 孔子에게 복종한 것과 같은 경우이다.

【注】 贍은 足也라 以己力不足而往服(就)〔從〕[1]於人은 非心服者也오 以己德不如彼而往服從之는 誠心服者也라 如顔淵子貢等之服於仲尼가 心服者也라

1) (就)〔從〕: 저본에는 '就'로 되어 있으나, 孔本, 韓本, 足利本에 의거하여 '從'으로 바로잡았다.(阮元의 〈校勘記〉 참조)

贍은 족함이다. 자기 힘이 부족하여 남에게 가서 복종하는 것은 마음으로 복종하는 것이 아니다. 자기 德이 상대만 못하여 그에게 가서 복종하는 것은 진심으로 복종하는 것이다. 顔淵, 子貢 등이 孔子에게 복종한 것과 같은 경우가 마음으로 복종한 것이다.

詩云 自西自東하며 自南自北하여 無思不服이라하니 此之謂也니라

≪詩經≫에 '서쪽에서 동쪽에서 남쪽에서 북쪽에서 온 자들이 모두 복종하기를 생각하네.'라고 하였는데, 이를 두고 한 말이다."

【注】 詩는 大雅文王有聲之篇이라 言 從四方來者가 無思不服武王之德이니 此亦心服之謂也라

詩는 〈大雅 文王有聲〉 편이다. "四方에서 온 자들이 모두 武王의 德에 복종하기를 생각하니, 이 또한 마음으로 복종함을 일컬은 것이다."라고 말한 것이다.

【疏】 '孟子曰'至'此之謂也' ○ 正義曰 : 此章言王者任德, 霸者兼力, 力服心服, 優劣不同也.[1] '孟子曰 以力假仁者霸'至'文王百里'者, 孟子言以大國之力, 而假以仁義之道行之者, 乃能爲霸, 以把握諸侯之權也, 故必有其大國. 以德澤而行仁政者, 乃能爲之王, 使天下皆歸往者也, 故不待有大國而爲之也. 湯但以七十里起而爲商之湯王, 文王但以百里而天下歸. 是其以德澤行仁政於天下, 故不待有大國而爲之王, 此湯・文二者是也. '以力服人者'至'服孔子也'者, 孟子言但以力而服人, 人雖面從而服之, 然亦非是心服之也. 以德服人, 人則中心悅樂而誠心服也, 如七十子之服仲尼者也. 是其以誠心服之也, 非面從而服之者也. '詩云 自西自東 自南自北 無思不服 此之謂也'者, 此蓋詩大雅文王有聲之篇文也. 蓋孟子引此而證其誠服之意, 故援之, 曰自南而自北, 自西而自東, 而四方皆歸之, 無有所思而不服, 是亦此之謂與.

1) 此章言王者任德……優劣不同也 : 北京大本에는 章旨를 "이 章의 章指는 다음과 같다.

王者는 德에 의거하고 霸者는 힘에 치중하니, 힘으로 복종하는 것과 마음으로 복종하는 것은 優劣이 같지 않다. 그러므로 '먼 곳의 사람이 불복하면 文德을 닦아 懷柔한다.'라고 하는 것이다.〔此章指言王者任德 霸者兼力 力服心服 優劣不同 故曰遠人不服 修文德以懷之〕"라고 하였다.

經의 〔孟子曰〕에서 〔此之謂也〕까지

○ 正義曰 : 이 장은 다음과 같은 내용이다. "王者는 德에 의거하고 霸者는 힘에 치중하니, 힘으로 복종하는 것과 마음으로 복종하는 것은 優劣이 같지 않다."

〔孟子曰 以力假仁者霸〕에서 〔文王百里〕까지

맹자가 "大國의 힘을 바탕으로 仁義의 道를 가장하여 행하는 자라야 능히 霸者가 되어 제후의 권력을 쥘 수 있다. 그러므로 반드시 大國을 소유해야 하는 것이다. 恩德을 바탕으로 仁政을 행하는 자라야 능히 王者가 되어 천하 사람들로 하여금 歸依하게 만들 수 있다. 그러므로 대국을 소유할 필요 없이 王者가 될 수 있는 것이다. 湯임금은 단지 70리 땅을 가지고 商나라의 湯王이 되었고, 文王은 단지 100리 땅을 가지고도 천하 사람들이 歸依하였다. 恩德을 바탕으로 천하에 인정을 행하였기 때문에 대국을 소유할 필요 없이 王者가 될 수 있었던 것이니, 탕왕과 문왕 두 분이 그러한 경우이다."라고 말한 것이다.

〔以力服人者〕에서 〔服孔子也〕까지

맹자가 "힘만으로 사람을 복종시키면 사람이 비록 겉으로는 따르고 복종하지만 또한 마음으로 복종한 것이 아니다. 德으로 사람을 복종시키면 사람이 마음이 기뻐서 진심으로 심복하게 되니, 70弟子가 仲尼에게 복종한 것 같은 경우이다. 이는 진심으로 복종한 것이지, 겉으로만 따르고 복종한 것이 아니다."라고 말한 것이다.

〔詩云 自西自東 自南自北 無思不服 此之謂也〕 이것은 ≪詩經≫ 〈大雅 文王有聲〉 편의 글이다. 맹자가 이것을 인용하여 진심으로 복종하는 것의 의미를 증명하였다. 그래서 그 글을 인용하면서 "'남쪽에서 북쪽에서 서쪽에서 동쪽에서, 사방에서 모두 歸依하여 사모하고 복종하지 않음이 없다.'라는 구절이 이것을 일컬은 것이다."라고 말한 것이다.

【疏】 ○ 注'大雅文王有聲之詩' ○ 正義曰 : 此篇蓋言文王繼伐武王能廣文王之聲, 卒其伐功也. 箋云"自, 由也. 言武王於鎬京行辟雍之禮,[1] 自四方來觀者, 皆感化其德, 而心無不服者."

1) 辟雍之禮 : 周나라 天子가 辟雍에서 거행하던 국가 행사를 가리킨다. 벽옹은 西周 때 천자가 세운 太學이다. ≪白虎通≫ 〈辟雍〉에 "天子가 벽옹을 세우는 것은 무엇 때문인가? 禮樂을 행하고 德化를 펼치려는 것이다.〔天子立辟雍何 所以行禮樂宣德化也〕"라는 말이 나온다.

○ 注의 〔大雅文王有聲之詩〕

○ 正義曰 : 이 篇은 文王을 계승하여 정벌한 武王이 능히 文王의 名聲을 넓혀 정벌하는 功을 완수했음을 말한 것이다. 箋에 "自는 말미암음이다. 武王이 鎬京에서 辟雍의 禮를 행하니, 사방으로부터 와서 참관하는 자가 모두 그 德에 감화되어 마음으로 복종하지 않는 자가 없었음을 말한 것이다."라고 하였다.

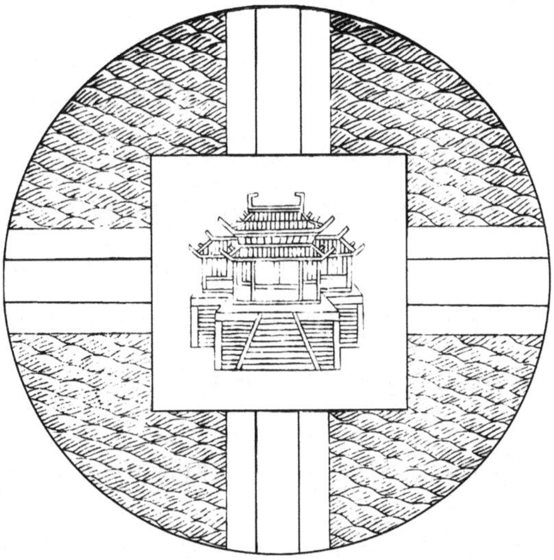

辟雍

4. 孟子曰 仁則榮하고 不仁則辱하나니 今惡(오)辱而居不仁이 是猶惡濕而居下也니라

맹자가 말하였다. "仁을 행하면 영화를 누리고 不仁을 행하면 치욕을 당하는데, 오늘날의 〈임금들은〉 치욕을 싫어하면서도 不仁한 데에 머물고 있으니, 이것은 습한 것을 싫어하면서도 낮은 곳에 머무는 것과 같다.

【注】 行仁政이면 則國昌而民安하여 得其榮樂하고 行不仁이면 則國破民殘하여 蒙其恥辱하나니 惡辱而不行仁이 譬猶惡濕而居卑下近水泉之地也니라

仁政을 행하면 나라가 번창하고 백성이 안정되어 영화를 얻을 수 있다. 不仁을 행하면 나라가 피폐해지고 백성이 피해를 입어 치욕을 당하게 된다. 치욕을 싫어하면서도 仁을 행하지 않는 것은 비유하자면 습한 것을 싫어하면서 낮고 물이 가까운 땅에 머무는 것과 같다.

如惡之인댄 莫如貴德而尊士니 賢者在位하며 能者在職하여

만약 〈치욕을 당하는 것이〉 싫다면 德이 있는 사람을 귀하게 여기고 유능한 선비를 존중하는 것이 가장 좋다. 어진 사람이 걸맞은 지위에 있고 유능한 사람이 걸맞은 직책에 있어

【注】 諸侯가 如惡辱之來면 則當貴德以治身하고 尊士以敬人하여 使賢者로 居位면 官得其人이오 能者로 居職이면 人任其事也리라

제후가 치욕이 닥치는 것을 싫어한다면, 德이 있는 사람을 귀하게 여겨 몸을 다스리고 선비를 높여 사람을 존경해야 한다. 어진 사람으로 하여금 걸맞은 지위에 있게 하면 관직이 적임자를 얻을 것이고, 유능한 사람으로 하여금 걸맞은 직책에 있게 하면 사람이 적합한 일을 맡게 될 것이다.

國家閑暇어든 **及是時**하여 **明其政刑**이면 **雖大國**이라도 **必畏之矣**리라

나라가 평안하게 되면 그때 가서 政教와 刑罰을 잘 정비한다면 비록 大國이라도 반드시 그 나라를 두려워할 것이다.

【注】 及無隣國之虞하여 以是閑暇之時로 明修其政教하고 審其刑罰이면 雖天下大國이라도 必來畏服하리라

이웃 나라가 〈침입하는〉 근심이 없게 되면, 한가한 이때를 이용하여 政教를 밝게 정비하고 刑罰을 살피면 비록 천하의 大國이라도 반드시 찾아와 두려워하고 복종할 것이다.

詩云 迨(태)**天之未陰雨**하여 **徹彼桑土**하여 **綢繆**(주무)**牖戶**면 **今此下民**이 **或敢侮予**아하여늘 **孔子曰 爲此詩者**는 **其知道乎**인저 **能治其國家**면 **誰敢侮之**리오하시니라

≪詩經≫에 '하늘에서 장맛비가 내리기 전에 저 뽕나무 뿌리의 껍질을 주어다가 〈둥지의〉 창문을 얽어매면 지금 이 아래의 백성들 중에 누가 감히 나를 업신여길 수 있겠는가.'라고 하였는데, 孔子께서는 '이 詩를 지은 자는 아마도 道를 아는 사람일 것이다. 자기 나라를 잘 다스린다면 누가 감히 깔볼 수 있겠는가.'라고 하셨다.

【注】 詩는 邠國鴟鴞(치효)之篇이라 迨는 及이오 徹은 取也라 桑土는 桑根也라 言 此鴟鴞小鳥도 猶尙知及天未陰雨而取桑根之皮하여 以纏(전)綿牖戶어늘 人君能治國家면 誰敢侮之리오 刺邠君曾不如此鳥라 孔子善之라 故로 謂此詩知道也라하니라

詩는 〈邠國 鴟鴞〉 편이다. 迨는 미침이고, 徹은 취함이다. 桑土는 뽕나무 뿌리이다. "이 올빼미처럼 작은 새도 오히려 하늘에서 장맛비가 내리기 전에 뽕나무 뿌리의 껍질을 주어다가 둥지의 창문을 얽어맬 줄 아는데, 임금이 나라를 잘 다스린다면 누가 감히 업신여길 수 있겠는가."라고 말한 것이니, 邠나라 임금이 이 새만도 못하였음을 풍자한 시이다. 孔子가 이 시를 좋다고 여겼으므로 "이 시를 지은 자는 道를 아는 사람이다."라고 말한 것이다.

鴟鴞

今國家閑暇어늘 **及是時**하여 **般樂怠敖**하나니 **是**는 **自求禍也**니라 **禍福**이 **無不自己求之者**니라

오늘날 나라가 평안한데, 이때에 이르러 크게 歡樂을 즐겨서 게으름을 부리고 노니니 이것은 禍를 자초하는 짓이다. 禍와 福은 자기가 초래하지 않는 것이 없다.

【注】 般은 大也라 孟子가 傷今時之君이라 國家適有閑暇어늘 且以大作樂하고 怠惰敖遊하여 不修政刑이라 是以로 見侵而不能距하니 皆自求禍者也니라

般은 큼이다. 맹자가 지금의 임금을 걱정한 것이다. 국가가 마침 평안한데도 크게 歡樂을 즐겨 게으름을 부리고 노닐면서 政刑을 닦지 않았다. 이로 인해 침략을 당해도 막지 못하니, 모두 禍를 자초한 것이다.

詩云 永言配命이 **自求多福**이라하며

≪詩經≫에 '길이 우리가 天命에 짝하는 것이 많은 福을 스스로 구하는 것이다.'라고 하였고,

【注】詩는 大雅文王之篇이라 永은 長이오 言은 我也라 長我周家之命하여 配當善道가 皆內自求責이라 故로 有多福也니라

詩는 〈大雅 文王〉 편이다. 永은 길이고, 言은 나이다. 우리 周나라의 天命을 길게 하여 善道에 짝하도록 하는 것이 모두 안으로 〈福을〉 스스로 구하는 것이다. 그러므로 많은 福이 있게 된다.

太甲曰 天作孽(얼)은 猶可違어니와 自作孽은 不可活이라하니 此之謂也니라

≪書經≫ 〈太甲〉 편에 '하늘이 내린 재앙은 오히려 피할 수 있지만, 스스로 만든 재앙에는 살 길이 없다.' 하였으니, 이를 두고 한 말이다."

【注】殷王太甲言天之妖孽은 尙可違避라하니 譬若高宗雊雉와 宋景守心之變을 皆可以德消去也라 自己作孽者는 若帝乙慢神震死니 是爲不可活也라

殷王 太甲이 "하늘의 재앙은 오히려 피할 수 있다."라고 하였는데, 예를 들면 殷 高宗 때 꿩이 날아들어 운 變故와 宋 景公 때 熒惑星이 心星의 자리를 침범한 變故와 같은 경우로서, 모두 德으로 제거할 수 있는 것이다. 스스로 만든 재앙이라는 것은 예를 들면 帝 武乙이 神을 업신여기다가 벼락을 맞고 죽은 것이니, 이것이 살 길이 없는 경우이다.

【疏】'孟子曰'至'此之謂也' ○ 正義曰：此章言國必修政, 君必行仁. 禍福由己, 不專在天, 當防患於未亂也.

經의 〔孟子曰〕에서 〔此之謂也〕까지

○ 正義曰：이 장은 다음과 같은 내용이다. "나라는 반드시 政教를 닦아야 하고 임금은 반드시 仁을 행해야 한다. 禍와 福은 자기로부터 말미암는 것이지 오로지 하늘에 달린 것이 아니니, 어지럽게 되기 전에 患亂을 방비해야 한다."

'孟子曰 仁則榮 不仁則辱 今惡辱而居不仁 是猶惡濕而居下也'者, 孟子言國君行仁, 則國昌民安, 享其榮樂. 行不仁, 則國破民殘, 故己蒙其恥辱. 今之國君, 旣能疾惡其有恥辱於己, 而以居處於不仁之道, 是若疾惡其濕汚, 而以居其卑下近水泉之地也.

〔孟子曰 仁則榮 不仁則辱 今惡辱而居不仁 是猶惡濕而居下也〕 맹자가 "임금이 仁을 행

하면 나라가 번창하고 백성이 안정되어 영화를 누릴 수 있다. 不仁을 행하면 나라가 피폐해지고 백성이 피해를 입게 되므로 자신이 치욕을 당하게 된다. 지금의 임금은 자신에게 치욕이 생기는 것을 싫어하면서도 不仁의 길에 거처하니, 이것은 습하고 더러운 것을 싫어하면서도 낮고 물이 가까운 땅에 거처하는 것과 같다."라고 말한 것이다.

'如惡之 莫如貴德而尊士 賢者在位 能者在職'者, 言今之國君, 如能疾惡其恥辱, 莫若尙其有德之賢, 而尊敬其有道之士也. 旣能貴德尊士, 則賢者居其官位, 能者任其官職也. 所貴德者, 爲其有德也, 所以尊士者, 爲其事道也. 能爲人所不能爲賢, 長於德行者也, 能爲人之所能爲能, 長於道藝者也. 得賢能在位在職, 則國無不治也. 所以謂仁則榮之意也.

〔如惡之 莫如貴德而尊士 賢者在位 能者在職〕 "지금의 임금이 만약 치욕을 싫어한다면 덕이 있는 현자를 숭상하고 도를 지닌 선비를 존경하는 것이 가장 좋다. 이미 덕이 있는 사람을 귀하게 대우하고 선비를 존중한다면, 어진 사람이 걸맞은 관위에 있고 유능한 사람이 관직을 맡게 될 것이다."라고 말한 것이다. 덕이 있는 사람을 귀하게 여기는 것은 그 사람이 덕을 지녔기 때문이고, 선비를 존중하는 것은 그 사람이 도를 일삼기 때문이다. 다른 사람이 할 수 없는 것을 능히 하는 자가 어진 사람이니, 어진 사람은 德行에 뛰어난 사람이고, 다른 사람이 할 수 있는 것을 능히 하는 자가 유능한 사람이니, 유능한 사람은 道藝에 뛰어난 사람이다. 어진 사람과 유능한 사람을 얻어 그들이 걸맞은 자리와 직책에 있게 하면, 나라가 다스려지지 않음이 없을 것이다. 이것이 "仁을 행하면 영화를 누린다."라고 하는 까닭이다.

'今國家閑暇 及是時明其政刑 雖大國必畏之矣'者, 言今國家閑暇無事, 以及此時, 若能修明政教刑罰, 雖强大之國, 亦必畏服矣.

〔今國家閑暇 及是時明其政刑 雖大國必畏之矣〕 지금 나라가 평안하여 일이 없는데, 이러한 때에 이르러 만약 政教와 刑罰을 닦고 밝힌다면, 비록 강대국이라도 반드시 두려워 복종할 것이라고 말한 것이다.

'詩云 迨天之未陰雨 徹彼桑土'至'誰敢侮之'者, 自"迨天"至"或敢侮予", 蓋詩邠國鴟鴞之篇文也. 言此鴟鴞小鳥, 尙知天未陰雨之前, 取彼桑根之皮土, 以纏綿牖戶, 喻人君能於閑暇之時, 治其國家, 以明其刑政, 則今此下民, 誰敢侮慢我也. 詩人蓋以天之未陰雨, 國家閑暇之譬也. 徹彼桑土, 綢繆牖戶, 明其政刑之譬也. 今此下民, 或敢侮予, 大國必畏之譬也. 鴟鴞所以徹彼桑土於天未陰雨之前, 以纏綿牖戶, 則風雨莫得以漂搖, 人君所以明政刑於閑暇之時, 以維持國家, 則隣國莫得以侵侮. 此孔子所以曰作爲此詩者, 是能知其治道者也. 以其能治其國家, 則誰敢侮之矣. 是宜孔子善之, 以謂爲此詩者, 其知道乎.

〔詩云 迨天之未陰雨 徹彼桑土〕에서 〔誰敢侮之〕까지

"迨天"부터 "或敢侮予"까지는 ≪詩經≫ 〈邠國 鴟鴞〉 편의 글이다. "이 올빼미처럼 작은 새도 오히려 하늘에서 장맛비가 내리기 전에 뽕나무 뿌리의 껍질을 주어다가 둥지의 창문을 얽어맬 줄 안다."라고 말하여 "임금이 나라가 평안한 때에 나라를 잘 다스려 刑政을 밝히면 지금 이 아래의 백성들 중에 누가 감히 나를 업신여길 수 있겠는가."라는 것을 비유하였다. 詩人은 "하늘이 아직 장맛비를 내리기 전"이라는 말로 나라가 평안한 때를 비유하였고, "뽕나무 뿌리의 껍질을 주어다가 둥지의 창문을 얽어맨다."라는 말로 刑政을 밝히는 것을 비유하였고, "지금 이 아래의 백성들 중에 누가 감히 나를 업신여길 수 있겠는가."라는 말로 大國이 반드시 두려워할 것임을 비유하였다. 올빼미가 하늘에서 장맛비가 내리기 전에 뽕나무 뿌리의 껍질을 주어다 둥지의 창문을 얽어매면 비바람이 뒤흔들지 못하고, 임금이 평안한 때에 형정을 밝혀 국가를 유지하면 이웃 나라가 침범하지 못한다. 이것이 공자가 "이 詩를 지은 자는 治道를 잘 아는 사람일 것이다. 자기 나라를 잘 다스린다면 누가 감히 그를 깔볼 수 있겠는가."라고 말한 까닭이다. 공자가 좋게 여겨서 "이 詩를 지은 자는 아마도 道를 아는 사람일 것이다."라고 말한 것이 당연하다.

'今國家閑暇 及是時 般樂怠敖 是自求禍也 禍福無不自已求'者, 孟子傷今之人君. 於國家閑暇以及於此時乃大作樂, 怠惰敖遊, 而不修明刑政, 是自求其禍也, 以其禍福無有不自於已求之矣. 如所謂夫人必自畏然後人畏之, 夫人必自侮然後人侮之, 是其禍福無不自已求之意也.

〔今國家閑暇 及是時 般樂怠敖 是自求禍也 禍福無不自已求〕 맹자가 지금의 임금을 걱정한 것이다. 나라가 평안한데 이러한 때에 크게 歡樂을 즐겨 게으름을 부리고 노닐면서 刑政을 닦고 밝히지 않으면 이는 화를 자초하는 것이니, 禍와 福은 모두 자신으로

부터 구하는 것이기 때문이다. 이른바 "사람은 반드시 스스로 두려워한 뒤에야 남이 그를 두려워하고, 사람은 반드시 스스로 업신여긴 뒤에야 남이 그를 업신여긴다."라는 말이 바로 禍와 福은 모두 자신으로부터 구하는 것이라는 의미이다.

'詩云 永言配命 自求多福'者, 蓋詩大雅文王之篇文也. 永, 長也. 言, 我也. 蓋謂我長配天命而行, 以自求多福也.

〔詩云 永言配命 自求多福〕≪詩經≫〈大雅 文王〉편의 글이다. 永은 '길'이다. 言은 '나'이다. 우리가 길이 天命에 짝하여 행동하여 많은 福을 스스로 찾는다는 말이다.

'太甲曰 天作孼 猶可違 自作孼 不可活 此之謂也'者, 太甲, 殷王之名也. 言大甲嘗謂上天作其災孼, 尙可違避, 如己自作其災孼, 不可得而生活也. 如高宗・宋景二者, 修德以消去者, 是天作孼猶可違也. 帝乙慢神震死, 是自作孼不可活也. 凡此孟子所以引之者, 是亦證其禍福無不自己求之之意也.

〔太甲曰 天作孼 猶可違 自作孼 不可活 此之謂也〕太甲은 殷王의 이름이다. "태갑이 언젠가 말하기를 '上天이 재앙을 만들면 오히려 피할 수 있지만, 스스로 재앙을 만들면 살 수가 없다.' 하였다."라고 말한 것이다. 殷 高宗과 宋 景公 두 임금의 경우는 德을 닦아 재앙을 제거한 것이니, 이것이 바로 "하늘이 내린 재앙은 오히려 피할 수 있다."라는 경우이다. 帝乙의 경우는 神을 업신여기다가 벼락을 맞고 죽은 것이니, 이것이 바로 "스스로 만든 재앙에는 살 길이 없다."라는 경우이다. 이것을 맹자가 인용한 까닭은, 禍와 福은 모두 자신이 구하는 것이라는 의미를 증명하기 위한 것이다.

【疏】 ○ 注'詩邠國之篇' ○ 正義曰：鴟鴞之詩, 蓋言周公救亂也. 成王未知周公之志, 公乃爲詩以遺王, 名之曰鴟鴞焉.[1] 毛云"鴟鴞, 鸋鴂(영결)也. 迨, 及也. 徹, 剝也. 桑土, 桑根也. 綢繆猶纏綿也." 箋云"鴟鴞自說作巢至苦矣如是, 以喩諸臣之先臣, 亦及文武未定天下, 積日累功, 以固定此官位與土地." "今女我巢下之民, 寧有敢侮慢欲毁之者乎." 意欲恚(에)怒之, 以喩諸臣之先臣固定此官位土地, 亦不欲見其絶奪矣.

1) 周公救亂也……名之曰鴟鴞焉：周 武王이 殷나라를 정벌한 뒤에 아우인 管叔과 蔡叔을 파견하여 紂王의 아들인 武庚을 감시하게 하였다. 武王이 죽고 成王이 즉위하여 周公이 成王을 도왔는데, 管叔과 蔡叔은 武庚과 함께 반란을 일으키고 周公이 成王의 자리를 빼앗을 것이라는 소문을 퍼뜨렸다. 周公이 마침내 管叔과 武庚을 잡아 반란을

평정하였나, 成王이 여전히 周公의 衷心을 알지 못하였으므로 周公이 〈鴟鴞〉를 지어 成王에게 바쳤다.(≪詩傳≫)

○ 注의 〔詩 邠國之篇〕

○ 正義曰 : 〈鴟鴞〉 시는 周公이 亂을 구한 일을 말한 것이다. 成王이 주공의 뜻을 모르자, 주공이 시를 지어 성왕에게 바치며 〈鴟鴞〉라고 이름을 붙였다. 毛氏는 "鴟鴞는 올빼미이다. 迨는 미침이다. 徹은 벗겨냄이다. 桑土는 뽕나무 뿌리이다. 綢繆는 纏綿과 같은 뜻이다."라고 하였다. 箋에 "올빼미가 둥지를 매우 수고롭게 지었음을 이와 같이 스스로 말한 것이니, 이로써 諸臣의 先臣들도 文王과 武王이 아직 천하를 평정하지 못했을 때에 오래도록 功을 쌓아 지금의 官位와 土地를 공고히 하였음을 비유한 것이다."라고 하였고, 또 "'지금 너희 내 둥지 아래 백성들 중에 어찌 감히 나를 업신여겨 둥지를 훼손하려는 자가 있을 수 있겠느냐.'라고 말한 것은 꾸짖고자 한 것이니, 이로써 諸臣의 先臣들이 지금의 官位와 土地를 공고히 하였으므로 또한 官位가 끊기고 土地가 빼앗기는 것을 보고자 하지 않음을 비유한 것이다."라고 하였다.

【疏】 ○ 注'詩大雅文王之篇' ○ 正義曰 : 此詩蓋言文王受命作周之詩也. 箋云"長猶常也. 王旣述修祖德, 常言當配天命而行, 則福祿自求也."

○ 注의 〔詩 大雅文王之篇〕

○ 正義曰 : 이 시는 文王이 天命을 받아 周나라를 일으킨 내용의 시이다. 箋에 "長은 常과 같다. 文王이 先祖의 德을 계승하여 닦고서, '天命에 짝하여 행동하는 것이 福祿을 스스로 구하는 것이다.'라고 항상 말하였다."라고 하였다.

【疏】 ○ 注'殷王太甲'至'不可活也' ○ 正義曰 : 案本紀云"太甲, 成湯適長孫也, 太丁之子也. 太甲旣立三年, 不明, 暴虐, 不遵湯法, 亂德. 於是伊尹放之於桐宮. 三年悔過自責, 反善, 伊尹乃迎太甲而授之政. 太甲修德, 諸侯咸歸, 百姓以寧. 伊尹嘉之, 作太甲訓, 以褒太甲, 號稱太宗." 云'高宗雊雉'者, 案史記云武丁也, "武丁祭成湯, 明日有飛雉登鼎耳而雊. 武丁懼, 祖乙曰, 王勿憂, 先修政事. 武丁乃修政行德, 天下咸歡. 武丁崩, 祖乙嘉武丁之以祥雉爲德, 立其廟, 爲高宗, 遂作高宗肜(융)日及訓"是也. 云'宋景守心之變'者, 案史記云"頭曼立(二)〔三〕[1]十七年, 熒惑守心. 心, 宋之分野也. 景公憂之, 司星子韋曰 '可移於相.' 景公曰'相, 吾之股肱.' 曰'可移於民.' 景公曰'君者待民.'

曰'可移於歲.' 景公曰'歲饑民困, 吾誰爲君.' 子韋曰'天高聽卑, 君有君人之言三, 熒惑宜有動.' 於是候之, 果徙三度. 六十四年, 景公卒"是也. 云'帝乙慢神震死'者, 案史記云"庚丁之子也. 武乙立爲帝, 無道. 爲偶人, 謂之天神, 與之(摶)〔博〕[2]. 令人爲行, 天神不勝, 乃僇辱之. 爲革囊盛血, 仰而射之, 命曰'射天'. 武乙獵於河渭之間, 暴雷, 武乙震死"是也.

1) (二)〔三〕 : 저본에는 '二'로 되어 있으나, ≪史記≫ 〈宋微子世家〉에 의거하여 '三'으로 바로잡았다.

2) (摶)〔博〕 : 저본에는 '摶'으로 되어 있으나, ≪史記≫ 〈殷本紀〉에 의거하여 '博'으로 바로잡았다.

○ 注의 〔殷王太甲〕에서 〔不可活也〕까지

○ 正義曰 : ≪史記≫ 〈殷本紀〉에 "太甲은 成湯의 嫡長孫이고, 太丁의 아들이다. 태갑이 즉위한 지 3년이 되도록 행실이 똑똑하지 못하고 포악하였으며, 成湯의 법도를 따르지 않고 德을 어지럽혔다. 이에 伊尹이 그를 桐宮으로 유배시켰다. 太甲이 3년 만에 잘못을 뉘우치고 自責하여 善을 회복하니, 이윤이 태갑을 맞이하여 그에게 政權을 돌려주었다. 태갑이 德을 닦으니, 제후들이 모두 귀의하고 백성들이 안정되었다. 이윤이 훌륭하게 여기고 〈태갑〉 편을 지어 태갑을 칭송하고 太宗이라 칭하였다."라고 하였다.

雉雊于鼎圖

〔高宗雊雉〕 ≪사기≫에 武丁에 대해 "무정이 成湯에게 제사를 지내고 이튿날 꿩이 날아와 제사 솥의 귀에 앉아 울었다. 무정이 두려워하니, 祖乙이 '왕께서는 근심하지 마시고 먼저 政事를 닦으소서.'라고 하였다. 무정이 이에 정사를 닦고 德을 행하니 천하 사람들이 다 기뻐하였다. 무정이 崩한 뒤에 조을이 무정이 상서로운 꿩으로 인해 德을 닦은 일을 훌륭하게 여겨 그의 사당을 짓고 高宗이라 칭하고, 마침내 〈高宗肜日〉과 〈高宗之訓〉을 지었다."라고 한 것이 바로 이것이다.

〔宋景守心之變〕≪사기≫에 "頭曼(宋 景公) 在位 37년에 熒惑星이 心星의 자리를 침범하였는데, 心星은 宋나라의 分野였다. 景公이 그것을 근심하자, 司星 子韋가 '재앙을 宰相에게 옮길 수 있습니다.'라고 하니, 경공이 '재상은 나의 다리와 팔이다.'라고 하였다. 자위가 '백성에게 옮길 수 있습니다.'라고 하니, 경공이 '임금은 백성을 의지한다.'라고 하였다. 자위가 '재앙을 農事로 옮길 수 있습니다.'라고 하니, 경공이 '흉년이 들어 백성이 빈곤하면 나를 누가 임금으로 삼겠는가.'라고 하였다. 그러자 자위가 '하늘이 높더라도 낮은 인간 세상의 말을 듣습니다. 임금님께서는 임금으로서 해야 할 말을 세 번 하셨습니다. 형혹성이 마땅히 이동했을 것입니다.' 이에 하늘을 살펴보니 형혹성이 과연 3度 이동하였다. 在位 64년에 경공이 卒하였다."라고 한 것이 이것이다.

〔帝乙慢神震死〕≪사기≫에 "〈武乙은〉 庚丁의 아들이다. 무을이 帝로 즉위하여 無道하였다. 人形을 만들어 天神이라 일컫고 함께 賭博을 하였다. 사람을 시켜 천신의 역할을 대신하게 했는데, 천신이 이기지 못하자 모욕을 주었다. 또 가죽 주머니를 만들어 피를 담고 활을 위로 향해 쏘아 맞추고는, 그것을 '射天'이라 불렀다. 무을이 河水와 渭水 사이로 사냥을 갔을 때에 심한 번개가 치니, 무을이 벼락을 맞고 죽었다."라고 한 것이 이것이다.

5. 孟子曰 尊賢使能하여 俊傑이 在位則天下之士가 皆悅而願立於其朝矣리라

맹자가 말하였다. "어진 사람을 존중하고 유능한 사람을 등용하는 정책을 써서 俊傑들이 걸맞은 자리에 있게 되면 천하의 선비들이 모두 기뻐하며 그 조정에서 벼슬하기를 원할 것이다.

【注】 俊은 美才出衆者也라 萬人者는 稱傑이라

俊은 훌륭한 재주가 출중한 사람이다. 萬人 중에 뛰어난 사람을 傑이라 한다.

市에 廛而不征하며 法而不廛則天下之商이 皆悅而願藏於其市矣리라

시장에는 店鋪에만 세금을 징수하고 商品에는 세금을 징수하지 않거나 法대로 土地에만 징수하고 店鋪에 세금을 징수하지 않는다면, 천하의 商人들이 모두 기뻐하며 그 시장에 물건을 보관하고자 할 것이다.

【注】廛은 市宅也라 古者에 無征이러니 衰世에 征之라 王制에 曰 市에 廛而不稅라하고 周禮載師에 曰 國宅[1]無征이라하다 法而不廛者는 當以什一之法征其地耳오 不當征其廛宅也라

1) 國宅 : 도성 안에 있는 店鋪이다.

廛은 시장의 店鋪이다. 옛날에는 세금을 징수하지 않았으나, 衰世에는 세금을 징수하였다. ≪禮記≫ 〈王制〉에 "시장에는 店鋪에만 세금을 징수하고 商品에는 세금을 징수하지 않는다."라고 하였고, ≪周禮≫ 〈載師〉에는 "國宅에는 세금을 징수하지 않았다."라고 하였다. '法而不廛'이라는 것은 10분의 1의 稅法으로써 土地에만 세금을 징수하고, 店鋪에는 세금을 징수하지 않는 것이다.

關에 譏而不征則天下之旅가 皆悅而願出於其路矣리라

關門에서는 譏察만 하고 出入함에 세금을 징수하지 않으면 천하의 여행자들이 모두 기뻐하며 그 길로 다니기를 원할 것이다.

【注】言古之設關에 但譏禁異言하고 識(지)異服耳이오 不征稅出入者也라 故로 王制에 曰 古者에 關에 譏而不征이라하다 周禮太宰에 曰 九賦에 七曰關市之賦라하고 司關에 曰 國凶札(찰)이면 則無關門之征하고 猶譏라하다 王制는 謂文王以前也니 文治岐엔 關에 譏而不征하니라 周禮有征者는 謂周公以來니 孟子欲令復古之征하여 使天下行旅로 悅之也라

옛날에 關門을 설치하여 다른 언어를 쓰는 자를 살펴 제지하고 다른 복장을 입은 자를 살펴 기록할 뿐, 출입하는 자에게 세금을 징수하지 않았다. 그러므로 ≪禮記≫ 〈王制〉에 "옛날 關門에서는 譏察만 하고 세금을 징수하지 않았다."라고 하였다. ≪周禮≫ 〈太宰〉에 "아홉 가지 세금이 있는데, 일곱 번째가 '關市에 징수하는 세금'이다."라고 하였고, ≪주례≫ 〈司關〉에는 "나라에 흉년이 들거나 疫病이 유행하면, 관문의 세금을 면제하고 譏察만 한다."라고 하였다. 〈왕제〉는 文王 이전 시기를 일컬은 것이니, 문왕이 岐山을 다스릴 때에는 관문을 기찰만 하고 세금을 징수하지 않았던 것이다. ≪주례≫에서 말한 세금을 징수하는 경우는 周公 이후를 일컫는다. 맹자는 옛날의 조세 제도를 회복하게 하여 천하의 여행자들이 기뻐하도록 하고자 했다.

耕者를 助而不稅則天下之農이 皆悅而願耕於其野矣리라

농사짓는 자들에게는 公田의 경작만 돕게 하고 私田에는 세금을 징수하지 않으면 천하의 농부들이 모두 기뻐하며 그 들에서 농사짓기를 원할 것이다.

【注】 助者는 井田什一이라 助佐公家治公田하고 不橫稅賦이니 若履畝[1]之類라

1) 履畝 : 私田의 作況을 踏査하여 세금을 징수하는 것이다. ≪春秋公羊傳≫ 宣公 15년에 "밭에 세금을 징수하는 것은 어떻게 하는가? 밭을 답사하여 세금을 징수한다.〔稅畝者何 履畝而稅也〕"라고 하였는데, 그 注에 "당시 선공이 백성에게 은혜와 신망이 없어 백성들이 公田에 盡力하지 않으려고 하였다. 그러므로 私田을 답사하여 작황이 좋은 밭의 가장 좋은 곡식을 택하여 세금을 거두었다."라고 하였다.

助라는 것은 井田에서의 10분의 1세로, 公家를 도와 公田을 경작하게 하고 세금을 함부로 징수하지 않는 것이니, 履畝와 같은 따위이다.

廛無夫里之布則天下之民이 皆悅而願爲之氓矣리라

택지에 夫布와 里布를 없애면 천하의 백성들이 모두 기뻐하며 그 백성이 되기를 원할 것이다.

【注】 里는 居也라 布는 錢也라 夫는 一夫也라 周禮載師에 曰 宅不毛者는 有里布하고 田不耕者는 屋粟하고 凡民無職事者는 出夫家之征이라하다 孟子欲使寬獨夫하여 去里布하니 則人皆樂爲之氓矣라 氓者는 謂其民也라

里는 거처함이다. 布는 돈이다. 夫는 한 남자이다. ≪周禮≫ 〈載師〉에 "宅地에 뽕나무를 심지 않은 자에게는 里布를 징수하고, 밭을 경작하지 않은 자에게는 屋粟을 징수한다. 백성 중에 職務가 없는 자는 夫稅(夫布)와 家稅를 내게 한다."라고 하였다. 맹자가 외로운 사람을 너그럽게 대하여 里布를 없애고자 하였으니, 그렇게 하면 사람들이 모두 기꺼이 백성이 되고자 할 것이다. 氓이라는 것은 그 백성을 일컫는다.

信能行此五者則隣國之民이 仰之若父母矣리니 率其子弟하여 攻其父母는 自生民以來로 未有能濟者也니

진실로 이 다섯 가지를 잘 시행한다면 이웃 나라 백성들이 그를 부모처럼 우

러러 볼 것이다. 그런 그의 子弟들을 거느리고 부모 같은 그를 공격하게 하는 일은 인류가 존재한 이래로 성공한 경우가 없다.

【注】今諸侯誠能行此五事면 四隣之民이 仰望而愛之如父母矣리니 隣國之君이 欲將其民來伐之는 譬若率勉人子弟하여 使自攻其父母니 自生民以來로 何能以此濟成其欲也리오

지금 제후가 진실로 이 다섯 가지를 잘 시행한다면, 사방 이웃 나라의 백성들이 그를 부모처럼 우러러보며 사랑할 것이다. 이웃 나라의 임금이 그 백성들을 거느리고 와서 치려고 한다면, 이것은 마치 남의 子弟를 이끌고 독려해서 그들로 하여금 자기 부모를 공격하게 하는 것과 같은 것이다. 인류가 존재한 이래로 어찌 이 방법을 써서 자신의 욕심을 이룬 경우가 있었겠는가.

如此則無敵於天下하리니 無敵於天下者는 天吏也니 然而不王者는 未之有也니라

이렇게 하면 천하에 대적할 자가 없을 것이니, 천하에 대적할 자가 없는 사람이 天吏이니, 이렇게 하고서도 王者가 되지 못한 사람은 없었다."

【注】言諸侯所行이 能如此者면 何敵之有리오 是爲天吏니 天吏者는 天使也라 爲政은 當爲天所使하여 誅伐無道라 故로 謂之天吏也니라

제후가 하는 행위가 능히 이와 같다면, 어떠한 적이 있을 수 있겠는가. 이런 사람이 天吏이니, 天吏라는 것은 하늘의 심부름꾼이다. 政事를 행하는 것이 마땅히 하늘이 시키는 바가 되어 無道한 자를 誅伐하므로 天吏라고 부르는 것이다.

【疏】'孟子曰'至'未之有也' ○正義曰：此章言修古之道, 隣國之民以爲父母. 行今之政, 自己之民不得而子, 是故衆夫擾擾, 非所常有. 命曰天吏, 明天所使者也.

1) (言) : 저본에는 '言'이 있으나, 문맥이 통하지 않아 衍文으로 처리하였다.

經의 〔孟子曰〕에서 〔未之有也〕까지

○ 正義曰 : 이 장은 다음과 같은 내용이다. "古人의 道를 닦으면 이웃 나라의 백성들이 〈그러한 나라의 임금을〉 부모처럼 여기지만, 지금과 같은 政事를 행하면 자기 백성들조차 자식으로 삼을 수 없게 된다. 그런 까닭에 뭇 백성들이 혼란하게 되니, 항상

있는 일은 아니다. '天吏'라고 命名한 것은 하늘이 부리는 자임을 밝힌 것이다."

'孟子曰 尊賢使能 俊傑在位 則天下之士 皆悅而願立於其朝矣'者, 孟子言今之國君, 能尊敬賢者, 任使能者, 俊傑大才在官位, 則天下爲之士者皆悅樂, 願立其朝廷矣.

〔孟子曰 尊賢使能 俊傑在位 則天下之士 皆悅而願立於其朝矣〕 맹자가 "오늘날의 임금이 능히 어진 사람을 존경하고 유능한 사람을 임용하여 俊傑과 훌륭한 인재가 적합한 관직에 있게 한다면 천하의 선비들이 모두 기뻐하면서 그 조정에서 벼슬하기를 원할 것이다."라고 말한 것이다.

'市廛而不征 法而不廛 則天下之商皆悅而願藏於其市矣'者, 言市廛宅而不征, 取其稅以什一之法, 征其地而不征其廛宅, 則天下爲商賈者, 皆喜悅而願藏貯於其市矣.

〔市廛而不征 法而不廛 則天下之商皆悅而願藏於其市矣〕 "시장의 店鋪에만 세금을 징수하고 商品에는 세금을 징수하지 않거나, 10분의 1의 稅法을 써서 土地에만 세금을 징수하고 그 점포에는 세금을 징수하지 않는다면, 천하의 商人들이 모두 기뻐하며 그 시장에 물건을 보관하고자 할 것이다."라고 말한 것이다.

'關譏而不征 則天下之旅皆悅而願出其路矣'者, 言關門之所, 但譏察其異言・異服之人, 而不稅出入者, 則天下行旅之衆, 皆悅樂而願出於其道路矣.

〔關譏而不征 則天下之旅皆悅而願出其路矣〕 "관문이 있는 곳에서 다른 언어를 쓰는 자와 다른 복장을 입은 자를 譏察만 할 뿐 출입하는 자에게 세금을 징수하지 않으면, 천하의 여행자들이 모두 기뻐하며 그 길로 다니기를 원할 것이다."라고 말한 것이다.

'耕者助而不稅 則天下之農皆悅而願耕於其野矣'者, 言耕田者但以井田制之, 使助佐公田而治, 不以橫稅取之, 則天下爲之農者, 皆悅而願耕作其郊野矣.

〔耕者助而不稅 則天下之農皆悅而願耕於其野矣〕 "밭가는 농부에게 井田만 制定해주고 公田을 도와 경작하게 하되 함부로 세금을 징수하지 않는다면, 천하의 농부들이 모두 기뻐하며 그 들에서 농사짓기를 원할 것이다."라고 말한 것이다.

'廛無夫里之布 則天下之民皆悅而願爲之氓矣'者, 言一夫所受之宅, 而不出夫家之征,一廛所居之地, 而不取其里布, 則天下之民, 皆悅樂而願爲之氓矣.

〔廛無夫里之布 則天下之民皆悅而願爲之氓矣〕 한 남자가 받는 宅地에 대해 夫稅와 家稅를 내지 않게 하고, 한 집이 점유하는 땅에 대해 里布를 징수하지 않는다면, 천하의 백성들이 모두 기뻐하며 그 백성이 되기를 원할 것이다."라고 말한 것이다.

'信能行此五者於天下 則隣國之民仰之若父母矣 率其子弟 攻其父母 自有生民以來 未有能濟者也'者, 言今之國君, 誠能信行此上五者之事, 則四隣之國民, 仰望之如父母而親之矣. 隣國雖欲勉率其民, 如子弟攻其父母, (言)[1] 自有生民以來而至於今, 未有能濟成其欲者也. 言其民皆仰望之, 而親敬之, 不肯爲其所惡, 而賊其所好也.

〔信能行此五者於天下 則隣國之民仰之若父母矣 率其子弟 攻其父母 自有生民以來 未有能濟者也〕 "오늘날 임금이 정말 위의 이 다섯 가지를 잘 행한다면, 사방 이웃 나라 백성들이 그를 부모처럼 우러러보며 친애할 것이다. 이웃 나라가 비록 자기 백성들을 독려하여 거느리고 〈공격해 오더라도,〉 마치 자식이 자기 부모를 공격하는 꼴이 될 것이니, 인류가 존재한 이래로 지금에 이르기까지 능히 그런 욕심을 이룬 경우는 없었다."라고 말한 것이다. 그 백성들이 모두 그를 우러러보며 친애하고 공경할 것이니, 미워하는 사람을 위하거나 좋아하는 사람을 해치려고 하지 않을 것이라는 말이다.

'如此則無敵於天下 無敵於天下者 天吏也 然而不王者 未之有也'者, 言國君行此五者之事, 而民仰望之, 如此則是無敵於天下也. 言天下之人, 無與敢爲敵者也. 旣無敵於天下者, 是名爲天吏者也. 天所使者, 是謂天吏也, 然而爲天吏而不王者, 必無也. 故曰未之有也. 廛者一夫所受之宅也, 里者一廛所居之地也. 野者氓者, 案周官制地之法, 六鄕[2] 以敎爲主, (其主)〔而其〕[3] 民有郊於內, 故其地爲郊而民則謂之民, 以其近主而有知者也, 六遂[4] 以耕爲主, 而其民有遂於外, 故其地爲野而民(故)〔則〕[5] 謂之氓, 以其遠主而無知者也, 此孟子云野云氓之意也. 蓋孟子或云貴德而尊士, 賢者在位, 能者在職, 或曰尊賢使能, 俊傑在位者, 以其貴士之有德, 尊士之有道者, 爲其賢也, 爲其能也. 卽其賢而授之位, 所以尊其賢. 卽其能而授之職, 所以使其能. 若夫俊傑則行而敏速, 立而絶衆, 賢之豪者, 非可使以職也, 故曰在位而已.

2) 六鄕 : 王城 밖 100리 이내의 지역으로, 모두 여섯 개의 鄕으로 나누고 鄕마다 鄕大夫를 두어 그곳의 政務를 관장하도록 하였다.(≪周禮≫ 〈地官 小司徒〉)

3) (其主)〔而其〕: 저본에는 '其主'로 되어 있으나, ≪春明夢餘錄≫에 의거하여 '而其'로 바로잡았다.
4) 六遂 : 王城 밖 100리에서 200리 사이의 지역으로, 모두 여섯 개의 遂로 나누고 遂마다 遂人을 두어 그곳의 政務를 관장하도록 하였다.(≪周禮≫ 〈地官 遂人〉)
5) (故)〔則〕: 저본에는 '故'로 되어 있으나, ≪春明夢餘錄≫에 의거하여 '則'으로 바로잡았다.

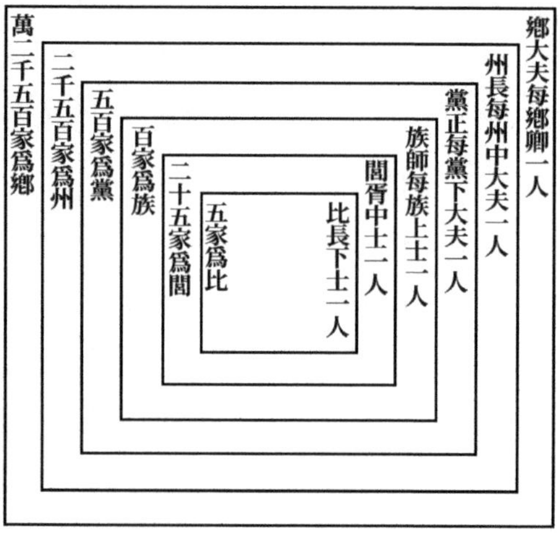

六鄕圖

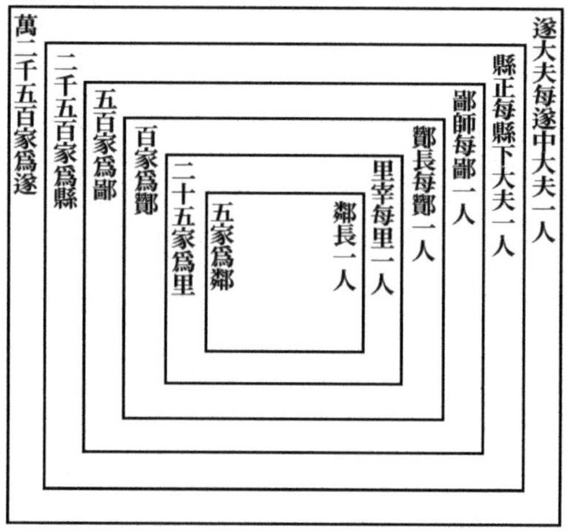

六遂圖

〔如此則無敵於天下 無敵於天下者 天吏也 然而不王者 未之有也〕"임금이 이 다섯 가지 일을 행하면 백성들이 그를 우러러볼 것이니, 이와 같다면 이것은 천하에 대적할 자가 없는 것이다."라고 말한 것이니, 천하의 사람들 중에 그와 감히 대적할 자가 없다는 의미이다. 이미 천하에 대적할 자가 없는 경우에 이 사람을 命名하여 '天吏'라고 부른다. 하늘이 부리는 자가 이른바 天吏이니, 그렇게 하여 天吏가 되고서도 王者가 되지 못한 사람은 전혀 없었다. 그러므로 '아직 없었다.'라고 말한 것이다. '廛'이라는 것은 한 남자가 받는 宅地이고, '里'라는 것은 하나의 廛이 점유하고 있는 땅이다. '野'와 '氓'이라는 것에 대해 〈周官〉에서 땅을 制定한 법을 상고하면 다음과 같다. 六鄕은 敎化를 위주로 하는데, 그 백성들이 안에 郊를 가지고 있다. 그래서 그 땅이 郊가 되고 백성은 '民'이라고 일컫는 것이니, 君主에게서 가까이 있고 知識이 있는 자들이기 때문이다. 六遂는 農事를 위주로 하는데, 그 백성들이 바깥에 遂를 가지고 있다. 그래서 그 땅이 野가 되고 그 백성을 '氓'이라고 일컫는 것이니, 君主에게서 멀고 無知하기 때문이다. 이것이 맹자가 '野'라고 하고, '氓'이라고 말한 의미이다. 맹자가 "德이 있는

사람을 귀하게 여기고 선비를 존중하여 어진 사람이 걸맞은 자리에 있고 유능한 사람이 직책에 있다."라고 말하고, 혹은 "어진 사람을 존중하고 유능한 사람을 등용하여 俊傑들이 걸맞은 자리에 있다."라고 말한 것은, 德이 있는 선비를 귀하게 여기고 道가 있는 선비를 존중한다는 것으로, 그 선비가 어질기 때문이고 유능하기 때문이다. 어진 사람에게 자리를 주는 것은 그가 어짊을 존중하는 것이고, 유능한 사람에게 직책을 주는 것은 그가 유능함을 이용하는 것이다. 俊傑의 경우는 행동이 민첩하고 세운 뜻이 出衆하며 어진 사람 중에 뛰어난 자여서 직책으로 부릴 수 없으므로 "자리에 있다."라고만 말하였다.

【疏】 ○ 注'廛市宅'至'廛宅也' ○ 正義曰：王制云"市廛而不稅"者, 案鄭注云"廛, 市物邸舍, 稅其舍, 不稅其物也." 注云'周禮載師云 宅無征'者, 載師者, 掌任土之法, 以物地事, 授地職, 而待其政令者也. 宅無征, 所以言宅無稅也.

○ 注의 〔廛市宅〕에서 〔廛宅也〕까지

○ 正義曰：≪禮記≫ 〈王制〉에 "시장에는 店鋪에만 세금을 징수하고 商品에는 세금을 징수하지 않는다."라고 하였는데, 鄭玄의 注에 "廛은 상품을 보관하는 점포이니, 그 점포에는 세금을 징수하고, 상품에는 세금을 징수하지 않는다."라고 하였다.

〔周禮載師云 宅無征〕 載師는 토지를 사용하는 법을 관장하는데, 토지에 적합한 일을 분별하여 토지에 적합한 職務를 나누어 주고 賦稅의 政令이 완수되기를 기다리는 자이다. 宅에 세금을 징수하지 않았으므로 宅에 세금이 없었다고 말한 것이다.

【疏】 ○ 注'言古之設關'至'旅稅之也' ○ 正義曰：云'王制曰古者關譏而不征', 禮記有王制之篇, 中有云此. 案鄭注云"譏異服, 識(지)異言也." 云'周禮太宰曰 九賦 七曰關市之賦'. "一曰邦中[1]之賦, 二曰四郊[2]之賦, 三曰郊甸[3]之賦, 四曰家削[4]之賦, 五曰邦縣[5]之賦, 六曰邦都[6]之賦, 七曰關市之賦, 八曰山澤[7]之賦, 九曰幣餘[8]之賦." 鄭司農云"幣餘, 百工之餘." '司關曰 國凶扎 則無關門之征 猶譏', 鄭司農云"凶謂凶年饑荒也, 札謂疾疫死亡也. 越人謂死爲札." 春秋傳曰"札瘥(차)夭昏."[9] 無關門之征者, 出入關門, 無租稅, 猶苛察不得令奸人出入也. 注'周禮載師曰 宅不毛者有里布 田不耕者有屋粟 凡民無職事者 出夫家之征', 鄭司農云"宅不毛者, 謂不樹桑麻也. 里布者, 布參印書, 廣二寸, 長二尺, 以爲幣貿易物. 詩云'抱布貿絲',[10] 此布也. 或曰'布, 泉也.' 春秋傳曰

'貿之, 百兩一布'[11] 又廛人職'掌斂市之次布·儳布·質布·罰布·廛布.'[12] 不知言'布參印書'者何, 見舊時說也." 鄭玄謂宅不毛者罰以一里二十五家之泉, 空田者罰以三家之稅粟, 以共吉凶二服及喪器也. 民雖有閑無職事者, 猶出夫稅·家稅也. 夫稅者, 百畝之稅. 家稅者, 出士徒車輦給徭役.

1) 邦中 : 王城 안을 가리킨다.
2) 四郊 : 王城에서 100里까지이다.
3) 郊甸 : 王城에서 100~200里 사이이다.
4) 家削 : 王城에서 200~300里 사이이다.
5) 邦縣 : 王城에서 300~400里 사이이다.
6) 邦都 : 王城에서 400~500里 사이이다.
7) 山澤 : 山林과 川澤이다.
8) 幣餘 : 公共의 工事에 사용하고 남은 財物이다.
9) 札瘥(차)夭昏 : 鄭나라 大夫 子產이 晉나라 使臣들에게 "鄭나라가 하늘의 도움을 받지 못하여 우리 임금님의 몇몇 신하가 疫病으로 夭折하였는데, 지금 또 우리 先大夫 偃을 잃었습니다.〔鄭國不天 寡君之二三臣札瘥夭昏 今又喪我先大夫偃〕"라고 한데서 온 말이다.(≪春秋左氏傳≫ 昭公 19년)
10) 抱布貿絲 : ≪詩經≫ 〈衛風 氓〉에 "어수룩한 저 남자, 포를 안고서 실을 사러 찾아왔네.〔氓之蚩蚩 抱布貿絲〕"라는 말이 나온다.
11) 貿之 百兩一布 : ≪春秋左氏傳≫ 昭公 26년에 "魯나라 사람이 비단을 샀는데, 100匹 1布였다.〔魯人買之 百兩一布〕"라는 말이 나온다.
12) 次布 儳布 質布 罰布 廛布 : 次布는 絘布라고도 하며 店鋪에 징수하는 세금이다. 儳布는 總布라고도 하며 商品에 거두는 세금이다. 質布는 牛馬나 兵器 등을 賣買할 때 官廳에서 계약서를 발급하면서 징수하는 세금이다. 罰布는 시장의 禁令을 어겼을 때 징수하는 세금이다. 廛布는 倉庫와 住宅에 징수하는 세금이다.

○ 注의 〔言古之設關〕에서 〔旅稅之也〕까지

○ 正義曰 : 〔王制曰 古者 關譏而不征〕 ≪禮記≫에 〈王制〉 篇이 있는데, 그 내용 중에 이 말이 있다. 鄭玄의 注에는 이에 대해 "다른 服裝을 입은 자를 譏察하고, 다른 言語를 쓰는 자를 기록한다."라고 하였다.

〔周禮太宰 曰九賦 七曰關市之賦〕 첫째가 '邦中에 징수하는 세금', 둘째가 '四郊에 징수하는 세금', 셋째가 '郊甸에 징수하는 세금', 넷째가 '家削에 징수하는 세금', 다섯째가 '邦縣에 징수하는 세금', 여섯째가 '邦都에 징수하는 세금', 일곱째가 '關市에 징수하

는 세금', 여덟째가 '山澤에 징수하는 세금', 아홉째가 '幣餘에 징수하는 세금'이다. 鄭司農은 "幣餘는 각종 工事에 쓰고 남은 것이다."라고 하였다.

〔司關 曰國凶札 則無關門之征 猶譏〕 鄭司農은 "凶은 凶年으로 饑饉이 든 것을 말한다. 札은 疫病에 걸려 죽는 것을 말한다. 越人은 죽음을 札이라고 하였다."라고 하였다. ≪春秋左氏傳≫에 "疫病으로 夭折하였다.〔札瘥夭昏〕"라는 말이 나온다. 關門의 세금을 면제했다는 것은 관문을 출입하는 자에게 세금을 징수하지는 않지만, 오히려 엄하게 살펴서 奸人이 출입하지 못하도록 한다는 것이다.

〔周禮載師 曰宅不毛者有里布 田不耕者有屋粟 凡民無職事者 出夫家之征〕 鄭司農은 "'宅不毛'라는 것은 뽕나무와 삼〔桑麻〕을 심지 않은 것을 일컫는다. 里布라는 것은 布의 세 군데에 印章을 찍은 것〔布參印書〕으로, 너비가 2촌, 길이 2척인데, 화폐로 삼아서 물건과 바꾸었다. ≪詩經≫에서 '布를 안고서 실을 사러왔네.'라고 했는데, 바로 이 布이다. 或者는 '布는 泉이다.'라고 하였다. ≪春秋左氏傳≫ 에는 '비단을 샀는데, 100匹 1布였다.'라고 하였다. 또 ≪周禮≫ 〈地官 廛人〉에는 '廛人은 시장의 次布, 儳布, 質布, 罰布, 廛布를 거두는 일을 관장한다.'라고 하였다. '布參印書'라고 말할 줄 몰랐던 것은 무슨 까닭인가? 옛 說에 나오기 때문이다."라고 하였다. 鄭玄은 "宅地에 桑麻를 심지 않은 자에게는 벌로 1里에 25家의 泉을 징수하고, 밭을 경작하지 않은 자에게는 벌로 3家의 稅粟을 징수하여 吉服, 凶服 두 가지 의복과 喪器를 갖추었다. 백성 중에 비록 한가하게 職事가 없는 자라도 오히려 夫稅와 家稅는 낸다. 夫稅는 100畝에 대한 세금이고, 家稅는 軍卒과 수레의 비용을 내게 하여 徭役에 지급하는 것이다."라고 하였다.

6. 孟子曰 人皆有不忍人之心하니라

맹자가 말하였다. "사람에게는 모두 남에게 차마 나쁜 짓을 못하는 마음이 있다.

【注】 言 人人皆有不忍加惡於人之心也라

사람마다 모두 남에게 차마 나쁜 짓을 못하는 마음이 있음을 말한 것이다.

先王이 有不忍人之心하사 斯有不忍人之政矣시니 以不忍人之心으로 行不忍人之政이면 治天下는 可運之掌上이니라

옛날 先王들은 남을 차마 해치지 못하는 마음이 있어 남을 차마 해치지 못하

는 政事를 행하셨다. 남을 차마 해치지 못하는 마음으로 남을 차마 해치지 못하는 政事를 행한다면 천하를 다스리는 것은 손바닥 위에서 구슬을 굴리는 것처럼 쉬울 것이다.

【注】先聖王이 推不忍害人之心하여 以行不忍傷民之政이라 以是로 治天下가 易於轉丸於掌上也니라

이전 聖王들은 남을 차마 해치지 못하는 마음을 미루어 백성을 차마 상해하지 못하는 政事를 행하였다. 그러므로 천하를 다스리는 것이 손바닥 위에서 구슬을 굴리는 것보다 쉬웠다.

所以謂人皆有不忍人之心者는 **今人**이 **乍**(사)**見孺子將入於井**하고 **皆有怵惕**(출척)**惻隱之心**하나니 **非所以內交於孺子之父母也**며 **非所以要譽於鄕黨朋友也**며 **非惡**(오)**其聲而然也**니라

사람에게 모두 남을 차마 남을 해치지 못하는 마음이 있다고 말하는 까닭은, 지금 누군가 갑자기 어린아이가 우물에 빠지려는 것을 보게 되면 모두가 두렵고 측은한 마음을 가지기 때문이다. 이것은 어린아이의 부모와 交分을 맺었기 때문도 아니고, 마을 사람이나 친구들에게 칭찬을 듣고자 해서도 아니며, 〈구하지 않았을 때 듣게 될 不仁하다는 비난의〉 소리를 싫어해서 그런 것도 아니다.

【注】乍는 暫也라 孺子는 未有知之小子라 所以言人皆有是心은 凡人이 暫見小孺子將入井하면 賢愚皆有驚駭之情하나니 情發於中은 非爲人也며 非惡有不仁之聲名하여 故爲之怵惕者而然也니라

乍는 '갑자기'이다. 孺子는 아무것도 모르는 어린아이이다. 사람에게 모두 이 마음이 있다고 하는 까닭은, 누군가 갑자기 작은 어린아이가 우물에 빠지려는 것을 보게 되면 현명한 사람이든 어리석은 사람이든 모두 놀라는 마음을 가지기 때문이다. 이런 감정이 마음에서 생기는 것은 사람 때문도 아니고, 不仁하다는 비난을 싫어한 까닭에 두려워서 그런 것도 아니다.

由是觀之컨댄 **無惻隱之心**이면 **非人也**며 **無羞惡之心**이면 **非人也**며 **無辭讓之心**이면 **非人也**며 **無是非之心**이면 **非人也**니라

이를 통해 보면 측은해하는 마음이 없으면 사람이 아니며, 부끄러워하는 마음이 없으면 사람이 아니며, 사양하는 마음이 없으면 사람이 아니며, 시비를 가리는 마음이 없으면 사람이 아니다.

【注】言 無此四者면 當若禽獸이오 非人心耳라 爲人則有之矣나 凡人이 但不能演用爲行耳라

"이 네 가지가 없으면 짐승과 같아서 사람의 마음이 아니다. 사람이라면 이 마음을 가지고 있지만, 사람들이 제대로 미루어 써서 실천하지 못할 뿐이다."라고 말한 것이다.

惻隱之心은 **仁之端也**오 **羞惡之心**은 **義之端也**오 **辭讓之心**은 **禮之端也**오 **是非之心**은 **智之端也**니라

측은해하는 마음은 仁의 端緖이고, 부끄러워하는 마음은 義의 단서이고, 사양하는 마음은 禮의 단서이고, 시비를 가리는 마음은 智의 단서이다.

【注】端者는 首也라 人皆有仁義禮智之首니 可引用之니라

端이라는 것은 첫머리이다. 사람은 모두 仁, 義, 禮, 智의 첫머리를 가지고 있으니, 끌어다 쓸 수 있다.

人之有是四端也는 **猶其有四體也**라 **有是四端而自謂不能者**는 **自賊者也**오

사람이 이 네 가지 端緖를 가지고 있음은 四肢를 가지고 있는 것과 같다. 이 네 가지 단서를 가지고 있으면서도 善을 행할 수 없다고 스스로 말하는 자는 스스로 해치는 자이고,

【注】自謂不能爲善은 自賊害其性하여 使不爲善也니라

善을 행할 수 없다고 스스로 말하는 자는 자기의 本性을 스스로 해쳐서 善을 행하지

못하게 하는 자이다.

謂其君不能者는 **賊其君者也**니라

자기 임금이 善을 행할 수 없는 사람이라고 말하는 자는 임금을 해치는 자이다.

【注】謂君不能爲善而不匡正者는 賊其君하여 使陷惡也니라

임금이 善을 행할 수 없다고 말하면서 잘못을 바로잡아 주지 않는 자는 임금을 해쳐 惡에 빠지게 하는 자이다.

凡有四端於我者를 **知皆擴而充之矣**면 **若火之始然**하며 **泉之始達**이니 **苟能充之**면 **足以保四海**오 **苟不充之**면 **不足以事父母**니라

무릇 나에게 있는 네 가지 端緖를 모두 확충해 나갈 줄 안다면, 마치 처음에는 미약하게 타오르던 불과 처음에는 미약하게 솟아나던 샘물이 〈나중에는 성대해지는〉 것처럼 될 것이다. 만약 네 가지 단서를 제대로 확충해 나간다면 四海도 보호할 수 있겠지만, 만약 확충해 나가지 못한다면 부모도 섬길 수 없을 것이다.”

【注】擴은 廓也라 凡有四端在於我者를 知皆廓而充大之면 若火泉之始微小를 廣大之면 則無所不至라 以喩人之四端也를 人誠能充大之면 可保安四海之民이어니와 誠不充大之면 內不足以事父母라 言 無仁義禮智면 何以事父母也리오

擴은 넓힘이다. 나에게 있는 네 가지 端緖를 모두 넓혀서 채울 줄 안다면, 마치 처음에는 미약했던 불과 샘물을 확대시키면 이르지 않는 곳이 없는 것처럼 될 것이다. 이것으로 사람의 네 가지 단서를 사람이 능히 확충할 수 있다면 四海의 백성을 보호하여 안정시킬 수 있지만, 진실로 확충하지 않는다면 가정 안에서 부모를 섬기기에도 부족하다는 것을 비유하였다. “仁, 義, 禮, 智가 없으면 무엇으로 부모를 섬길 것인가.”라고 말한 것이다.

【疏】‘孟子曰’至‘不足以事父母’ ○ 正義曰：此章言人之行當內求諸已也.[1]

1) 此章言人之行當內求諸已也：北京大本에는 章旨를 “이 章의 章指는 사람의 행동은 마

땅히 안으로 자기에게서 구함으로써 네 가지 端緖를 확대하고 그 道를 확충하여 위로는 임금의 잘못을 바로잡고 아래로는 자신을 영예롭게 해야 한다는 것이다.〔此章指言人之行當內求諸己 以演大四端 充廣其道 上以匡君 下以榮身也〕"라고 하였다.

經의 〔孟子曰〕에서 〔不足以事父母〕까지

○ 正義曰 : 이 장은 사람의 행동은 마땅히 안으로 자기에게서 구해야 함을 말한 것이다.

'孟子曰 人皆有不忍人之心'者, 孟子言人之爲人, 皆有不忍加惡於人之心也.

〔孟子曰人皆有不忍人之心〕 맹자가 "사람을 사람답게 하는 本性에는 모두 남에게 차마 나쁜 짓을 못하는 마음이 있다."라고 말한 것이다.

'先王有不忍人之心 斯有不忍人之政'至'掌上'者, 又言古先聖王有不忍加惡於人之心, 斯有不忍傷民之政. 旣以不忍加惡於人之心, 以行其不忍傷民之政, 其治天下之易, 但若轉運走丸於掌上之易者也.

〔先王有不忍人之心, 斯有不忍人之政〕에서 〔掌上〕까지

다시 "옛날 聖王들은 남에게 차마 악한 짓을 못하는 마음이 있어 백성을 차마 해치지 못하는 政事를 행하였다. 이미 남에게 차마 나쁜 짓을 못하는 마음을 가지고 차마 백성을 해치지 못하는 政事를 행한다면, 천하를 다스리는 것의 쉬움은 마치 손바닥 위에서 구르는 구슬을 굴리는 정도로 쉬운 것이다."라고 말한 것이다.

'所以謂人皆有不忍人之心者 今人乍見孺子將入井'至'然也'者, 孟子又言所以謂人之爲人皆有不忍加惡於人之心者, 且以今人乍見孺子言之. 孺子, 無知之小子也. 今人乍見無知之小子, 相將匍匐, 欲墜於井, 但見之者皆有怵惕恐懼惻隱痛忍之心. 所以然者, 非是內嘗結交於孺子之父母然後如此也, 又非是所以欲要求美譽於鄕黨朋友也, 又非所以惡有不仁之聲而然也.

〔所以謂人皆有不忍人之心者 今人乍見孺子將入井〕에서 〔然也〕까지

맹자가 다시 사람을 사람답게 하는 本性에는 모두 남에게 차마 나쁜 짓을 못하는 마음이 있다고 말하는 까닭을 언급하면서, 우선 지금 어떤 사람이 어린아이가 〈우물에 빠지려는 것을〉 문득 발견한 것을 가지고 말하였다. 孺子는 아무것도 모르는 어린

아이이다. 지금 누군가 갑자기 아무것도 모르는 어린아이가 우물에 기어가서 빠지려는 것을 보았는데, 단지 그것을 본 것만으로도 모두 두렵고 측은한 마음이 생긴다. 그런 까닭을 살펴보면, 개인적으로 일찍이 어린아이의 부모와 交分을 맺었기 때문에 그런 것도 아니고, 마을 사람들과 친구들에게 잘했다는 칭찬을 얻으려는 것도 아니고, 不仁하다는 비난의 소리를 싫어해서 그런 것도 아니다.

'由是觀之 無惻隱之心 非人也'至'無是非之心 非人也'者, 孟子言由此見孺子將入於井, 人皆有怵惕惻隱之心觀察之, 是無惻隱·羞惡·辭讓·是非四者之心, 皆非是人也, 乃若禽獸之類也. 禽獸所以無惻隱不忍之心, 又無羞惡慚恥之心, 又無辭讓揖遜之心, 又無是非好惡之心者也. 言苟無此四者, 所以皆謂之非人也, 乃禽獸之類也.

〔由是觀之 無惻隱之心 非人也〕에서 〔無是非之心 非人也〕까지

맹자가 "어린아이가 우물에 기어들어 가려는 것을 보았을 때 사람들이 모두 두렵고 측은한 마음이 생기는 것을 통해 관찰해 보자면, 측은해하고, 부끄러워하고, 사양하고, 시비를 가리는 네 가지의 마음이 없으면 모두 사람이 아니라 짐승과 같은 부류이다."라고 말한 것이다. 짐승은 측은하게 여기며 남을 차마 해치지 못하는 마음이 없으며, 부끄러워하는 마음도 없으며, 사양하는 마음도 없으며, 시비를 가려 좋아하고 미워하는 마음도 없기 때문이다. 만약 이 네 가지가 없다면, 모두 사람이 아니라 짐승과 같은 부류라고 할 수 있음을 말한 것이다.

'惻隱之心'至'智之端也'者, 孟子言人有惻隱之心, 是仁之端本起於此也. 有羞惡之心者, 是義之端本起於此也. 有辭讓是非之心者, 是禮智之端本起於此者也. 以其仁者不過有不忍惻隱也, 此孟子所以言惻隱羞惡辭讓是非四者, 是爲仁義禮智四者之端本也.

〔惻隱之心〕에서 〔智之端也〕까지

맹자가 "사람에게 측은해하는 마음이 있으니, 仁의 端緖가 본래 여기서 생겨난다. 사람에게 부끄러워하는 마음이 있으니, 義의 단서가 여기서 본래 여기서 생겨난다. 사람에게 사양하는 마음과 시비를 가리는 마음이 있으니, 禮와 智의 단서가 본래 여기서 생겨난다. 인이라는 것이 남에게 차마 나쁜 짓을 못하고 측은하게 여기는 마음을 갖는 것이기 때문에, 이것이 맹자가 측은해하는 마음, 부끄러워하는 마음, 사양하는 마음, 시비를 가리는 마음의 네 가지가 仁, 義, 禮, 智의 단서이자 근본이 된다고 말한

까닭이다.

'人之有是四端也 猶其有四體也'至'賊其君者也'者, 孟子又言人有是惻隱・羞惡・辭讓・是非爲仁義禮智之四端, 若其人之有四肢也. 旣有此四端, 而自謂己之不能爲善者, 是自賊害其善而不爲善也. 以之事君, 如謂其君不能爲善, 不匡正之者, 是亦賊害其君, 使陷於惡也. 無他, 以其人之爲人, 皆有此四端也, 但不推用而行之耳. 如能推此四端行之, 是爲仁義禮智者矣, 所謂仁義禮智者卽善也. 然則人人皆有善矣, 故孟子所以言之以此.

〔人之有是四端也, 猶其有四體也〕에서 〔賊其君者也〕까지

맹자가 다시 "사람이 가진 측은해하는 마음, 부끄러워하는 마음, 사양하는 마음, 시비를 가리는 마음이 仁, 義, 禮, 智의 네 가지 단서이니, 이는 사람에게 四肢가 있는 것과 같다. 이미 이 네 가지 단서를 지니고 있으면서도 자신은 善을 행할 수 없다고 스스로 말하는 자는 스스로 자기의 善함을 해치면서 善을 행하지 않는 자이다. 仁, 義, 禮, 智의 네 가지 단서를 가지고 임금을 섬기다가 만약 그 임금은 善을 행할 수 없다고 하면서 그를 바로잡아주지 않는다면, 이 또한 그 임금을 해쳐서 惡에 빠지게 하는 것이다."라고 말한 것이다. 이것은 다른 이유가 아니다. 사람을 사람답게 하는 本性에 모두 이 네 가지 단서를 지니고 있지만, 미루어 써서 행하지 않기 때문이다. 만약 능히 이 네 가지 단서를 미루어 행한다면, 이것이 仁, 義, 禮, 智를 행하는 것이니, 이른바 仁, 義, 禮, 智라는 것이 바로 善이다.

'凡有四端於我者 知皆擴而充之'至'不足以事父母'者, 孟子又言凡人所以有四端在於我己者, 能皆廓而充大之, 是若火之初燃, 泉之始達, 而終極乎燎原之熾, 襄陵之蕩也. 苟能充大之, 雖四海之大, 亦足保安之也. 苟不能充大之, 雖己之父母, 亦不足以奉事之. 故曰, 苟能充之, 足以保四海, 苟不充之, 不足以事父母. 是亦推恩足以保四海, 不推恩無以保妻子之意也.

〔凡有四端於我者 知皆擴而充之〕에서 〔不足以事父母〕까지

맹자가 다시 "무릇 사람이 자신에게 있는 네 가지 단서를 모두 능히 확충해 나간다면, 이것은 처음에는 미약하게 타오르던 불과 처음에는 미약하게 솟아나던 샘물이 결국에는 들판을 불태우는 불길이 되고 언덕까지 차오르는 洪水가 되는 것과 같다. 만약 능히 확충한다면 비록 광대한 四海라도 충분히 보호할 수 있지만, 만약 확충하지 못한다면 비록 자기 부모라도 섬길 수 없을 것이다."라고 말한 것이다. 그러므로 "만약 능히 네 가지 단서를 확충해 나간다면 四海도 보호할 수 있겠지만, 만약 확충해 나가지 못한다면 부모도 섬길 수 없을 것이다."라고 말하였다. 이는 은혜를 미루어 나가면 四海를 보호할 수 있지만, 은혜를 미루어 나가지 않으면 처자식도 보호할 수 없다는 의미이기도 하다.

7. 孟子曰 矢人이 豈不仁於函人哉리오마는 矢人은 惟恐不傷人하고 函人은 惟恐傷人하나니 巫匠도 亦然하니 故로 術不可不愼也니라

맹자가 말하였다. "화살 만드는 사람이 어찌 갑옷 만드는 사람보다 本性이 不仁하겠는가마는, 화살 만드는 사람은 〈자기가 만든 화살이〉 사람을 상하게 하지 못할까봐 걱정하고, 갑옷 만드는 사람은 〈자기가 만든 갑옷이 약해〉 사람이 상할까봐 걱정한다. 무당과 〈棺 만드는〉 木手도 역시 그러하다. 그러므로 기술을 택할 때는 삼가지 않으면 안 되는 것이다.

【注】 矢는 箭也라 函은 甲也라 周禮에 曰 函人爲甲이라 作箭之人은 其性이 非獨不仁於作甲之人也언마는 術이 使之然이라 巫欲祝活人이라 匠은 梓匠이라 作棺하여 欲其蚤售(수)니 利在於人死也라 故로 治術에 當愼하여 修其善者也니라

矢는 화살이다. 函은 갑옷이다. ≪周禮≫에 "函人은 갑옷을 만든다."라고 하였다. 화살을 만드는 사람은 그 本性이 유독 갑옷을 만드는 사람보다 不仁한 것이 아니지만, 기술이 그렇게 만든 것이다. 무당은 神에게 빌어서 사람을 살리고자 한다. 匠은 木手로, 棺을 만들어 빨리 팔고자 하니, 사람이 죽는 것에 이익이 달려 있다. 그러므로 기술을 익히는 데 신중히 하여 善한 것을 수련해야 한다.

孔子曰 里仁이 爲美하니 擇不處仁이면 焉得智리오하시니

孔子께서도 '仁한 곳에 거처하는 것이 좋으니, 잘 가려서 仁한 곳에 거처하지 않으면 어찌 지혜롭다 할 수 있겠는가.'라고 하셨다.

【注】 里는 居也라 仁은 最其美者也라 夫簡擇不處仁이면 爲不智니라

里는 거처함이다. 仁은 아름다운 것을 모은 것이다. 잘 가려서 仁한 곳에 거처하지 않으면 지혜롭지 않은 것이다.

夫仁은 **天之尊爵也**며 **人之安宅也**어늘 **莫之禦而不仁**하니 **是**는 **不智也**니라

仁은 하늘이 내려준 존귀한 벼슬이고, 사람의 편안한 집이다. 아무도 막지 않는데도 사람들은 仁을 행하지 않으니, 이는 지혜롭지 못한 것이다.

【注】 爲仁則可以長天下라 故로 曰 天所以假人尊爵也라하니라 居之則安이언마는 無止之者而人不能知入是仁道者니 又安得爲之智乎아

仁을 행하면 천하를 다스릴 수 있다. 그러므로 하늘이 사람에게 내려준 존귀한 벼슬이라고 하는 것이다. 仁에 거처하면 편안하거늘, 막는 사람이 없는데도 사람들은 이 仁道에 들어갈 줄을 모르니, 어찌 지혜롭다고 할 수 있겠는가.

不仁不智라 **無禮無義**면 **人役也**니

仁하지 못하고 지혜롭지 못하여 禮도 없고 義도 없으면 남에게 부림을 받게 되니

【注】 若此면 爲人所役者也니라

이와 같다면 남에게 부림을 받게 된다.

人役而恥爲役은 **由弓人而恥爲弓**하며 **矢人而恥爲矢也**니라

남에게 부림을 받으면서 부림 받는 것을 부끄러워하는 것은, 마치 활 만드는 사람이 활 만드는 것을 부끄러워하고 화살 만드는 사람이 화살 만드는 것을 부끄러워하는 것과 같다.

【注】 治其事而恥其業者는 惑也라

그 일을 하면서 자기 직업을 부끄러워하는 것은 미혹한 것이다.

如恥之인댄 **莫如爲仁**이니라

만약 그것이 부끄럽다면 仁을 행하는 것이 가장 좋다.

【注】 如其恥爲人役인댄 而爲仁이니라 仁則不爲役也니라

만약 남에게 부림 받는 것을 부끄럽게 여긴다면 仁을 행하라. 仁하면 부림을 받지 않을 것이다.

仁者는 **如射**하니 **射者**는 **正己而後**에 **發**하여 **發而不中**이라도 **不怨勝己者**오 **反求諸己而已矣**니라

仁을 행하는 사람은 활쏘기와 같다. 활을 쏘는 사람은 자신을 바르게 한 뒤에 쏘며, 쏘아서 맞지 않더라도 자신을 이긴 자를 원망하지 않고 〈맞추지 못한 원인을〉 돌이켜 자신에게서 찾는다.”

【注】 以射喩人爲仁이라 不得其報어든 當反責己之仁恩有所未至也오 不怨勝己者니라

활쏘기로 사람이 仁을 행하는 것을 비유한 것이다. 보답을 얻지 못하면 자신의 仁愛와 恩德에 지극하지 못한 점이 있는가를 돌이켜 책해야 할 것이고, 자신을 이긴 사람을 원망하지 말아야 한다.

【疏】 '孟子曰'至'反求諸已而已矣' ○ 正義曰 : 此章言各治其術, 術有善惡, 禍福之來, 隨行而作. 恥爲人役, 不若居仁, 治術之忌, 勿爲矢人也.

經의 〔孟子曰〕에서 〔反求諸已而已矣〕까지

○ 正義曰 : 이 장은 다음과 같은 내용이다. 각자 技術을 익힘에 기술에는 善과 惡이 있고, 禍와 福이 찾아오는 것은 행동에 따라 달라진다. 남에게 부림 받는 것을 부끄러워한다면 仁에 거처하는 하는 것이 가장 좋으며, 기술을 익힘에 신중해야 할 점은 화살 만드는 사람이 되지 않는 것이다.

'孟子曰 矢人豈不仁於函人哉'至'故術不可不愼也'者, 孟子言作矢之人, 其性豈不仁過於函人哉. 其所以不仁於函人者, 以其術使之然也. 作矢之人, 其心於所作箭之時, 惟

恐不利不能傷害人也. 作函之人, 其心於作函之時, 惟恐不堅厚而有傷害於人也. 不特此二者如此, 雖作巫祝・梓匠之人亦如是也. 以其巫人祝, 在於活人. 梓匠作棺, 欲其速售, 利在於人死也. 此孟子所以故云其治術人亦不可不愼擇也. 矢, 箭也. 函, 鎧(개)也, 甲是也.

〔孟子曰矢人豈不仁於函人哉〕에서 〔故術不可不愼也〕까지

맹자가 "화살을 만드는 사람의 本性이 갑옷 만드는 사람보다 어찌 不仁이 지나치겠는가. 화살 만드는 사람이 갑옷 만드는 사람보다 不仁한 까닭은 그 기술이 그렇게 만든 것이다. 화살 만드는 사람은 마음속으로 화살을 만들 때에 화살이 날카롭지 않아 사람을 상하게 하지 못할까 걱정한다. 갑옷 만드는 사람은 마음속으로 갑옷을 만들 때에 갑옷이 견고하지 않아 사람이 상할까 걱정한다. 이 두 사람의 경우만 그런 것이 아니고, 무당이 된 자나 棺을 만드는 木手가 된 자도 그러하다."라고 말한 것이다. 무당이 비는 것은 사람을 살리는 데 있고, 木手는 棺을 만들어 빨리 팔려고 하니 사람이 죽는 것에 이익이 달려 있다. 이것이 맹자가 "기술을 익힐 때에 사람이 신중하게 선택하지 않으면 안 된다."라고 말한 까닭이다. 矢는 화살이다. 函은 갑옷이니, 甲이 바로 이것이다.

'孔子曰 里仁爲美 擇不處仁 焉得智'者, 孟子言孔子有曰所居以仁, 最爲美也. 然而人所揀擇, 不處於仁里, 又安得謂之智也. 以其智足以有知故也, 不知擇處於仁, 豈謂之智哉.

〔孔子曰 里仁爲美 擇不處仁 焉得智〕 맹자가 "孔子께서 '仁한 곳에 거처하는 것이 가장 좋다. 그런데도 사람들이 선택함에 仁한 마을에 거처하지 않으니, 또한 어찌 지혜롭다고 할 수 있겠는가.'라고 하셨다."라고 말한 것이다. 지혜가 충분히 이유를 알 수 있는데도 仁한 곳을 가려서 거처할 줄 모른다면 어찌 지혜롭다고 하겠는가.

'夫仁 天之尊爵也 人之安宅也 莫之禦而不仁 是不智也'者, 言夫仁之爲道, 是天之尊爵也, 人之安宅也. 謂之尊爵者, 蓋受之於人而彼得以賤之者, 非尊爵也. 仁則得之於天, 而萬物莫能使之賤, 是尊爵也. 安宅者, 蓋營於外而彼得以危之者, 非安宅也. 仁則立之自內, 而萬物莫能使之危, 是安宅也. 今夫天下之事有形格勢禁而不得有爲者, 爲其有以禦之也. 仁之爲道, 乃天之尊爵而得之自天者. 人之安宅而立之自我者, 但欲仁則仁矣, 誰其禦之而不爲哉. 今仁之爲道, 人莫禦之使不爲, 而自不爲仁者, 是亦不智者也.

〔夫仁 天之尊爵也 人之安宅也 莫之禦而不仁 是不智也〕 仁이라는 道는 하늘이 내려준

존귀한 벼슬이고, 사람의 편안한 집이다. '존귀한 벼슬'이라는 것을 말하자면, 사람에게서 받아서 사람이 그것을 賤하게 만들 수 있는 것은 '존귀한 벼슬'이 아니다. 仁은 하늘로부터 얻어서 萬物 중에 그 무엇도 그것을 賤하게 만들 수 없으니, 이것이 바로 '존귀한 벼슬'이다. '편안한 집'이라는 것을 말하자면, 밖에다 지어놓아 사람이 그것을 위태롭게 만들 수 있는 것은 '편안한 집'이 아니다. 仁은 내 안에다 세워서 萬物 중에 그 무엇도 그것을 위태롭게 만들 수 없으니, 이것이 바로 '편안한 집'이다. 지금 천하의 일 중에 형편상 제한이 있어 할 수 없는 것은, 무언가 그것을 막고 있기 때문이다. 仁이라는 道는 하늘의 존귀한 벼슬이면서 하늘에서 얻은 것이고, 사람의 편안한 집이면서 나 자신에다 세운 것이다. 단지 仁하고자 하면 仁하게 되니, 누가 막아서 못하겠는가. 지금 仁이라는 道를 막고 하지 못하게 하는 사람이 없지만 스스로 인을 행하지 않고 있으니, 매우 지혜롭지 못한 것이다.

'不仁不智 無禮無義 人役也'至'莫如爲仁'者, 言人之不仁不智者, 是無禮無義, 爲人所役者也. 旣爲人所役, 而恥辱爲人所役, 是若作弓矢之人, 不知擇術而恥爲弓矢也. 如恥爲人所役, 莫若擇術而爲仁也. 以其爲仁, 則禮義隨而有之矣, 雖欲役之, 不可得已. 然則仁則榮, 不仁則辱, 亦此之謂也.

〔不仁不智 無禮無義 人役也〕에서 〔莫如爲仁〕까지

仁하지 못하고 지혜롭지 못한 사람은 禮도 없고 義도 없어서 남에게 부림을 받게 된다. 이미 남의 부림을 받으면서 남에게 부림 받는 것을 부끄러워하는 것은, 활과 화살을 만드는 사람이 기술을 선택할 줄은 모르고 활과 화살 만드는 것을 부끄러워하는 것과 같다. 만약 남의 부림 받는 것을 부끄러워한다면, 기술을 잘 가려서 仁을 행하는 것이 가장 좋다. 仁을 행하면 禮와 義가 따라서 생기기 때문이니, 비록 그를 부리고자 해도 부릴 수 없는 것이다. 그렇다면 "仁을 행하면 영화를 누리고 不仁을 행하면 치욕을 당한다."라는 말도 이것을 일컬은 것이다.

'仁者如射'至'反求諸已而已矣'者, 孟子比之於仁者如射也, 以其射者, 必待先正其身, 已然後而發矢射之也. 旣發矢而射之, 不中其的, 則又不怨恨其射勝於已者, 但反責求諸已而已矣. 蓋君子以仁存心, 其愛人則人常愛之, 猶之正已而後發也. 有人於此待我以橫逆, 猶之發而不中也, 自反而不以責諸人, 猶之不怨勝已者, 反求諸已而已矣. 此孟子所以比仁者如射, 發而不中, 不怨勝己者, 反求諸己而已矣.

〔仁者如射〕에서 〔反求諸己而已矣〕까지

맹자가 仁을 행하는 사람은 활쏘기와 같다고 비유한 것이니, 활을 쏘는 사람은 반드시 자신을 먼저 바로잡은 뒤에야 화살을 쏘기 때문이다. 화살을 쏘아서 과녁을 명중하지 않더라도, 활쏘기에서 자신을 이긴 자를 원망하지 않고 단지 돌이켜 자신에게서 그 원인을 찾을 뿐이다. 君子가 仁을 마음에 두고 사람을 사랑하면 사람들이 항상 그를 친애하니, 이것은 비유하면 자기를 바로잡은 뒤에 화살을 쏘는 것과 같다. 어떤 사람이 여기에 있는데 그가 나를 난폭하고 부당한 행동으로 대하는 것은, 비유하자면 화살을 쏘았으나 과녁을 명중하지 않은 것이며, 스스로 반성하되 상대방에게서 원인을 찾지 않는 것은, 비유하자면 활쏘기에서 자기를 이긴 사람을 원망하지 않고 돌이켜 원인을 자기에게서 찾는 것이다. 이것이 맹자가 仁을 행하는 사람은 활쏘기와 같다고 비유하면서 "화살을 쏘아서 맞지 않더라도 자신을 이긴 자를 원망하지 않고 〈맞추지 못한 원인을〉 돌이켜 자신에게서 찾는다."라고 말한 까닭이다.

8. 孟子曰 子路는 人이 告之以有過則喜하더라 禹는 聞善言則拜러시다

맹자가 말하였다. "子路는 남들이 잘못이 있다고 말해주면 기뻐하였다. 禹임금은 善한 말을 들으면 절하셨다.

【注】 子路는 樂聞其過하고 過而能改也라 尙書에 曰 禹拜讜言[1)]이라하다

1) 禹拜讜言 : ≪書經≫ 〈大禹謨〉에 "禹임금은 선한 말을 들으면 절하였다.〔禹拜昌言〕"라는 말이 나온다.

子路는 자신의 잘못을 듣기를 좋아하고, 잘못을 저지르면 능히 고쳤다. ≪尙書≫에 "禹는 선한 말을 들으면 절하였다."라고 하였다.

禹拜昌言圖

大舜은 **有大焉**하시니 **善與人同**하사 **舍己從人**하시며 **樂取於人**하여 **以爲善**이러시다

위대한 舜임금은 이들보다 더 위대한 점이 있었으니, 善을 남과 공유하여 자신의 不善을 버리고 남의 善을 따르셨으며, 남의 善을 취하여 나의 善으로 만들기를 즐기셨다.

【注】 大舜은 虞舜也니 孔子稱曰巍巍라하시다 故로 言大舜有大焉이라하다 能舍己從人이라 故로 爲大也니 於子路與禹同者也라

大舜은 虞舜이니, 孔子는 "위대하다."라고 칭송하였다. 그러므로 맹자가 "舜은 이들보다 위대한 점이 있었다."라고 말한 것이다. 자기를 버리고 남을 따랐으므로 위대한 것이니, 이는 子路, 禹임금과 같은 점이다.

自耕稼陶漁[1)]로 **以至爲帝**히 **無非取於人者**러시다 **取諸人以爲善**이 **是與人爲善**[2)]**者也**니 **故**로 **君子**는 **莫大乎與人爲善**이니라

1) 耕稼陶漁 : ≪史記≫ 〈五帝本紀〉에 "舜임금이 歷山에서 밭을 가니, 歷山 사람들이 모두 밭두둑을 양보하였고, 雷澤에서 물고기를 잡으니, 雷澤 사람들이 모두 물고기 잡는 자리를 양보하였고, 河濱에서 질그릇을 구우니 河濱의 질그릇이 모두 粗惡하지 않았다.〔舜耕歷山 歷山之人皆讓畔 漁雷澤 雷澤上人皆讓居 陶河濱 河濱器皆不苦窳〕"라는 말이 나온다.

2) 與人爲善 : 앞의 '善與人同'과 같은 의미로 풀이하는 것이 일반적이나, 朱熹는 ≪孟子集註≫에서 與를 助의 의미로 풀이하면서 "남의 善을 취하여 그 善을 내가 행하면 남이 善을 행하는 일에 더욱 힘쓰게 되니, 이것은 남이 善을 행하는 것을 돕는 것이다."라고 하였다.

歷山往田圖

농사짓고 질그릇 굽고 물고기 잡을 때부터 天子가 되기까지 남에게서 善을 취

하지 않은 적이 없으셨다. 남에게서 善을 취하여 나의 善으로 만드는 것은 남과 함께 善을 행하는 것이다. 그러므로 君子에게는 남과 함께 善을 행하는 것보다 위대한 일은 없는 것이다."

【注】舜이 從耕於歷山及其陶漁로 皆取人之善謀而從之하시다 故로 曰莫大乎與人爲善이라하니라

舜임금이 歷山에서 밭 갈고 질그릇 굽고 물고기 잡을 때부터 남의 善한 계책을 취하여 따르셨다. 그러므로 "남과 함께 善을 행하는 것보다 위대한 일은 없다."라고 말한 것이다.

【疏】'孟子曰'至'與人爲善' ○ 正義曰：此章言大聖之君, 猶采善於人也.[1] '孟子曰 子路人告之以有過則喜 禹聞善言則拜'者, 孟子言子路之爲人, 人有告之以過事則喜, 樂從人之言而改其過. 大禹之爲人, 聞有善言則拜而受之也. '大舜有大焉 善與人同 舍己從人 樂取於人以爲善'者, 孟子又言大舜之爲帝, 有大巍巍之功焉, 無它, 以其善能與人同之也. 己之善, 亦猶人之善, 人之善, 亦猶己之善, 是與人同善也. 所以能如此者, 亦以能舍己之所見, 而從人之見, 又樂取諸人以爲善也. 自'耕稼'至'與人爲善'者, 此孟子自引舜之事跡, 而自解舜取人以爲善之言也. 言舜自耕稼於歷山・陶於河濱・漁於雷澤之時以至爲帝, 無非取人之善謀而從之也, 取諸人以爲善, 是亦與人爲其善者也. 所謂"舜耕歷山, 歷山之人皆讓畔. 漁雷澤, 雷澤之人皆讓居. 陶河濱, 河濱器皆不苦窳(유)", 是亦與人爲善之事也. '故君子莫大乎與人爲善'者, 此孟子所以復言凡爲善之君子, 莫大乎與人爲善也.

1) 此章言人之行當內求諸己也：北京大本에는 章旨를 "이 章의 章指는 大聖人인 임금도 오히려 남에게서 善을 취했다. 그러므로 '計策이 아래 백성에까지 미치는 경우에는 잘못되는 計策이 없고, 행동이 뭇사람에게 미치는 경우에는 폐기되는 功績이 없다.' 라고 하는 것이다.〔此章指言 大聖之君 猶采善於人 故曰計及下者無遺策 擧及衆者無廢功也〕" 라고 하였다.

經의 〔孟子曰〕에서 〔反求諸已而已矣〕까지

○ 正義曰：이 장은 "大聖人인 임금도 오히려 남에게서 善을 취했다."라는 내용이다.

〔孟子曰 子路 人告之以有過則喜 禹聞善言則拜〕 맹자가 "子路의 사람됨은 남들이 잘못을 말해주면 기뻐하였고, 남의 말을 기꺼이 좇아 자기 잘못을 고쳤다. 위대한 禹임금의 사람됨은 善한 말을 들으면 절하고 받아들이셨다."라고 말한 것이다.

〔大舜有大焉 善與人同 舍己從人 樂取於人以爲善〕 맹자가 다시 "위대한 舜임금께서 天子 노릇하실 때에 크게 위대한 功이 있었으니, 다른 것이 아니라 善을 능히 남과 공유하셨기 때문이다. 자기의 善을 남의 善과 같게 여기고, 남의 善도 자기의 善과 같게 여기는 것이 남과 善을 공유하는 것이다. 능히 이러할 수 있는 것은 또한 능히 자기의 견해를 버리고 남의 견해를 따랐기 때문이며, 또한 남에게서 善을 기꺼이 취하여 자기의 善으로 만드셨기 때문이다."라고 말한 것이다.

〔耕稼〕에서 〔與人爲善〕까지

이것은 맹자가 스스로 舜임금의 事跡을 인용하여 순임금이 남의 善을 취하여 자신의 善으로 만들었다는 말을 해명한 것이니, "舜임금이 歷山에서 밭을 갈고, 河濱에서 질그릇을 굽고, 雷澤에서 물고기를 잡을 때부터 天子가 되기까지 남의 善한 計策을 취하여 따르고 남에게서 善을 취하여 자신의 善으로 만들지 않음이 없었으니, 이 또한 남과 함께 善을 행한 것이다."라는 말이다. 이른바 "舜임금이 歷山에서 밭을 가니, 歷山 사람들이 모두 밭두둑을 양보하였고, 雷澤에서 물고기를 잡으니, 雷澤 사람들이 모두 물고기 잡는 자리를 양보하였고, 河濱에서 질그릇을 구우니 河濱의 질그릇이 모두 粗惡하지 않았다."라는 것이, 또한 남과 함께 善을 행한 일이다.

〔故君子莫大乎與人爲善〕 이것은 맹자가 다시 "善을 행하는 君子에게 남과 함께 善을 행하는 것보다 위대한 일은 없다."라고 말한 것이다.

【疏】 ○ 注'大舜虞帝'至'同者也' ○ 正義曰：虞, 舜之國號也. 云'孔子稱曰巍巍'者, 案論語有云"巍巍乎其有成功."[1] 孔注云"功成化隆, 高大巍也."

1) 巍巍乎其有成功：≪論語≫ 〈泰伯〉에 나온다.

○ 注의 〔大舜虞帝〕에서 〔同者〕까지

○ 正義曰：虞는 舜임금의 나라 이름이다.

〔孔子稱曰 巍巍〕 ≪論語≫에 "위대하도다! 그가 이룬 공적이여."라고 하였는데, 孔安國의 注에 "功이 이루어짐과 敎化가 성대함이 위대하고 우뚝하다는 것이다."라고 하였다.

【疏】 ○ 注'舜從歷山及其陶漁'者. ○ 正義曰：此皆案史紀帝記有云然也.

○ 注의 〔舜從歷山及其陶漁〕

○ 正義曰：이것은 모두 ≪史記≫ 〈五帝本紀〉에 나오는 말이다.

9. 孟子曰 伯夷는 非其君不事하며 非其友不友하며 不立於惡人之朝하며 不與惡人言하다 立於惡人之朝하며 與惡人言하되 如以朝衣朝冠으로 坐於塗炭하며 推惡惡(오악)之心하여 思與鄕人立에 其冠不正이어든 望望然去之하여 若將浼(매)焉하다

맹자가 말하였다. "伯夷는 섬길 만한 임금이 아니면 섬기지 않고, 벗할 만한 사람이 아니면 벗하지 않으며, 악한 사람이 다스리는 朝廷에는 벼슬하지 않으며, 악한 사람과는 말을 하지 않았다. 악한 사람이 다스리는 조정에서 벼슬하거나 악한 사람과 말하는 것을 마치 朝服을 입고 朝冠을 쓴 채 진흙탕이나 검댕 속에 앉은 듯이 여겼으며, 악을 싫어하는 마음을 미루어 마을 사람과 서 있을 때 그가 쓰고 있는 冠이 바르지 않으면 마치 그가 자신을 더럽히기라도 할 것처럼 생각하고는 부끄러워하며 휑하니 떠나가 버렸다.

【注】伯夷는 孤竹君之長子니 讓國而隱居者也라 塗는 泥오 炭은 墨也라 浼는 汚也라 思는 念也라 與鄕人立할새 見其冠不正이어든 望望然 -慙愧之貌也라- 去之하니 恐其汚己也라

伯夷는 孤竹國 임금의 長子로, 나라를 양보하고 은거한 사람이다. 塗는 진흙이고, 炭은 검댕이다. 浼는 더럽힘이다. 思는 생각함이다. 마을 사람과 함께 섰을 때 그가 쓴 冠이 바르지 않은 것을 보면, 부끄러워하며 - 望望然은 부끄러워하는 모양이다.- 떠났으니, 그가 자신을 더럽힐까 두려워한 것이었다.

是故로 諸侯雖有善其辭命而至者라도 不受也하니 不受也者는 是亦不屑就已니라

이 때문에 제후들이 비록 초청하는 말을 잘 꾸며서 찾아오는 경우가 있어도 받아들이지 않았으니, 이것을 받아들이지 않았던 것은 벼슬에 나가는 것을 깨끗하게 여기지 않았기 때문이다.

【注】屑은 潔也니 詩에 云 不我屑已[1]라하다 伯夷는 不潔諸侯之行이라 故로 不忍就見也라 殷之末世에 諸侯多不義라 故로 不就之러니 後에 乃歸於西伯也라

1) 不我屑已 : ≪詩經≫ 〈邶風 谷風〉 편에 나오는데, 已가 以로 되어 있다.

屑은 깨끗함이니, ≪詩經≫에 "나를 깨끗하게 여겨 함께하지 않도다."라고 하였다. 伯夷는 제후의 행동을 깨끗하게 여기지 않았으므로 차마 나아가 만나지 않았던 것이다. 殷나라 말기에 제후들이 不義한 짓을 많이 저질렀으므로 그들에게 나아가지 않다가, 나중에 비로소 西伯(周 文王)에게 귀의하였다.

柳下惠는 **不羞汚君**하며 **不卑小官**하여 **進不隱賢**하여 **必以其道**하며 **遺佚而不怨**하며 阨**窮而不憫**하다 **故**로 **曰爾爲爾**오 **我爲我**니 **雖袒**裼**裸**裎(단석나정)**於我側**이나 **爾焉能**浼**我哉**리오하다

柳下惠는 더러운 임금 섬기는 것을 부끄러워하지 않고 작은 벼슬을 하찮게 여기지 않아서, 벼슬에 나아가서는 자신의 賢才를 숨기지 않고 반드시 자신의 道를 행하였으며, 버림을 받아도 원망하지 않았고 곤란을 당해도 근심하지 않았다. 그러므로 그는 '너는 너고 나는 나다. 네가 비록 내 옆에서 웃통을 벗거나 알몸을 내보인들 네가 어찌 나를 더럽힐 수 있겠느냐.'라고 하였다.

【注】 柳下惠는 魯公族大夫也니 姓은 展이고 名은 禽이고 字는 季이고 柳下는 是其號也라 進不隱己之賢才하여 必欲行其道也라 憫은 懣也라 云 善己而已니 惡人이 何能汚於我邪(야)리오

柳下惠는 魯나라의 公族 大夫이다. 姓은 展, 이름은 禽, 字는 季이고, 柳下는 그의 號이다. 벼슬에 나아가서는 자신의 賢才를 숨기지 않고 반드시 자신의 道를 행하고자 하였다. 憫은 근심함이다. "자신을 善하게 만들면 될 뿐이니, 惡人이 어찌 나를 더럽힐 수 있겠는가."라고 말한 것이다.

故로 **由由然與之偕而不自失焉**하여 **援而止之而止**하니 **援而止之而止者**는 **是亦不屑去已**니라

그는 〈惡人과〉 함께 朝廷에 있어도 항상 여유로워하며 스스로 바른 마음을 잃지 않았다. 〈떠나려다가도〉 만류하여 머물게 하면 머물렀으니, 만류하여 머물게 하면 머물렀던 것은 떠나는 것만을 깨끗한 일이라고 여기지 않았기 때문이다."

【注】 由由는 浩浩之貌라 不憚與惡人同朝竝立이라 偕는 俱也라 與之儷行於朝라도 何傷이리오 但不失己之正心而已耳라 援而止之는 謂三黜不慙去也라 是는 柳下惠가 不以去爲潔也라

由由는 여유로운 모양이다. 惡人과 같은 朝廷에서 함께 서는 것을 꺼리지 않았다. 偕는 함께이다. 惡人과 朝廷에 나란히 있어도 나에게 무슨 해로울 것이 있겠는가. 자신의 바른 마음을 잃지 않으면 될 뿐이다. 만류하여 머물게 하였다는 것은 세 번 쫓겨났으나 떠나는 것을 부끄럽게 여기지 않았던 일을 일컫는다. 이것은 柳下惠가 떠나는 것만을 깨끗한 일이라고 여기지 않았기 때문이다.

孟子曰 伯夷는 隘(애)하고 柳下惠는 不恭하니 隘與不恭은 君子不由也니라

맹자가 말하였다. "백이는 도량이 좁고 유하혜는 공손하지 못했는데, 도량이 좁은 것과 공손하지 못한 것은 군자가 따르지 않는다."

【注】 伯夷는 隘하니 懼人之汚來及己라 故로 無所含容하니 言其大隘狹也라 柳下惠는 輕忽時人하여 禽獸畜之오 無欲彈正之心하니 言其大不恭敬也라 聖人之道는 不取於此라 故로 曰君子不由也라하니라 先言二人之行하고 孟子乃評之耳라

伯夷가 도량이 좁았던 것은 남의 더러움이 자신에게 미치는 것이 두려웠기 때문이다. 그러므로 포용하지 못했던 것이니, 이를 두고 그가 너무 도량이 좁았다고 표현한 것이다. 柳下惠는 당시 사람들을 경시하여 짐승을 기르듯 하였고 〈사람으로서〉 바로잡아 주려는 마음이 없었으므로 그가 너무 공손하지 않았다고 표현한 것이다. 聖人의 道는 이러한 점을 취하지 않는다. 그러므로 "君子가 따르지 않는다."라고 말한 것이다. 먼저 두 사람의 행실을 말하고, 맹자가 평가한 것이다.

【疏】 '孟子曰伯夷'至'君子不由也' ○ 正義曰：此章言伯夷, 古之大賢, 猶有所闕也.[1]

1) 此章言伯夷……猶有所闕也：北京大本에는 章旨를 "이 章의 章指는 伯夷와 柳下惠는 옛 大賢이었지만 모자란 점이 있었다. 剛介한 사람은 반드시 치우치니, 中庸과 調和가 중요하데, 온전한 聖人만이 능히 그러할 수 있다. 君子는 그러한 聖人을 따르므로 堯舜을 존숭하는 것이다.〔此章指言伯夷柳下惠 古之大賢 猶有所闕 介者必偏 中和爲貴 純聖能然 君子所由 堯舜是尊也〕"라고 하였다.

經의 〔孟子曰伯夷〕에서 〔君子不由也〕까지

○ 正義曰 : 이 장은 "伯夷는 옛 大賢이었지만 모자란 점이 있었다."라는 내용이다.

'孟子曰 伯夷非其君不事'至'是亦不屑就已'者, 孟子言伯夷非己所好之君則不奉事之, 非與己同志之友則不與爲交友. 不立於惡人之朝, 是不事非其君也, 不與惡人言, 是不友非其友也. 謂立於惡人之朝, 與惡人言語, 如以服其朝衣朝冠而坐於塗泥炭墨之中矣, 以其有汚於己也. 推己惡惡之心, 乃至於與鄕人立, 其冠有不正, 且望望然慚恥而遠去之, 若相將有汚於己也. 如此, 故諸侯雖有善辭命而至者, 亦不受也. 以其不受之者, 是亦不潔而不忍就見也. 故以不就爲潔也. 屑, 潔也.

〔孟子曰 伯夷非其君不事〕에서 〔是亦不屑就已〕까지

맹자가 "伯夷는 자기가 좋아하는 임금이 아니면 받들어 섬기지 않았으며, 자기와 뜻을 같이하는 벗이 아니면 벗으로 사귀지 않았다. 惡人의 조정에서 벼슬하지 않는 것이 섬길 만한 임금이 아니면 섬기지 않는 것이며, 惡人과 말하지 않는 것이 벗할 만한 벗이 아니면 벗하지 않는 것이다. 惡人의 조정에서 벼슬하는 것과 惡人과 말하는 것을 마치 朝服을 입고 朝冠을 쓴 채 진흙탕이나 검댕 속에 앉은 듯이 여겼으니, 자기를 더럽힐 수 있기 때문이었다. 惡을 싫어하는 자기 마음을 미루어 마을 사람과 서 있을 때에도 그가 쓰고 있는 冠이 바르지 않으면 부끄러워하며 멀리 떠나가 버렸으니, 마치 장차 자기를 더럽힐 것처럼 여겼던 것이다. 이와 같았던 까닭에 제후가 비록 초청하는 말을 잘 꾸면서 찾아오는 경우가 있어도 받아들이지 않았다. 그것을 받아들이지 않은 것은 역시 깨끗하지 않아 차마 나아가 만나보지 않았던 것이다."라고 말한 것이다. 그러므로 나아가지 않는 것을 깨끗하게 여겼던 것이다. 屑은 깨끗함이다.

'柳下惠不羞汚君 不卑小官'至'是亦不屑去已'者, 孟子又言柳下惠不羞恥事其汚君. - 汚君, 濫惡之君也. - 雖居小官之位, 而不卑辱, 進而仕, 則不隱己之賢才, 必以欲行其道. 雖遺佚於野, 而不怨恨, 雖厄之使窮困, 而不哀憫, 故曰爾爲之爾, 我爲之我, 雖袒裼裸裎, 褻其身體於我身側, 爾又安能浼瀆於我哉. 以其不殊於俗, 一於和而已. 如此, 故由由然浩浩與人偕儷而行, 但不失己之正心焉. 牽援而止之而則止之, 以其援而止之而止, 是亦不潔而去已, 故以不去爲潔也.

〔柳下惠不羞汚君 不卑小官〕에서 〔是亦不屑去已〕까지

맹자가 다시 "柳下惠는 더러운 임금 섬기는 것을 부끄러워하지 않았다. - 汚君은 低

劣한 임금이다. - 비록 微官末職의 자리라도 하찮게 여기지 않고 나아가 벼슬하였으니, 자기의 賢才를 숨기지 않고 반드시 자기의 道를 행하고자 하였던 것이다. 비록 草野에서 버림을 받아도 원망하지 않았고, 비록 해를 끼쳐서 곤궁하게 만들더라도 슬퍼하거나 근심하지 않았다. 그러므로 말하기를 '너는 너고 나는 나다. 네가 비록 내 옆에서 웃통을 벗거나 알몸을 한 채 네 몸을 내 몸에다 밀착해 붙이더라도 네가 어찌 나를 더럽힐 수 있겠느냐.' 하였다."라고 말한 것이다. 그는 세속과 다르게 하지 않고, 調和하는 것에 한결같았을 뿐이었다. 이와 같은 까닭에 여유롭고 호탕하게 사람들과 나란히 함께 가면서도 자기의 바른 마음을 잃지 않았을 뿐이다. 만류하여 머물게 하면 머물렀는데, 만류하여 머물게 하면 머물렀던 것은 또한 깨끗하지 않아서 떠났던 것이므로 떠나지 않는 것을 깨끗하게 여긴 것이었다.

'孟子曰 伯夷隘 柳下惠不恭 隘與不恭 君子不由也'者, 此孟子所以復言伯夷之行失之太淸而不能含容, 故爲狹隘, 柳下惠失之太和而輕忽時人, 故爲不恭敬. 然狹隘與不恭敬, 是非先王所行之道, 故君子不由用而行之也.

〔孟子曰 伯夷隘 柳下惠不恭 隘與不恭 君子不由也〕 이것은 맹자가 다시 "伯夷의 행동은 너무 청렴한 것에 치중하다가 잘못되어 남을 포용하지 못하였으므로 도량이 좁았고, 柳下惠는 너무 조화에 치중하다가 잘못되어 당시 사람을 경시하였으므로 공손하지 못하였다. 하지만 도량이 좁은 것과 공손하지 못한 것은 先王이 행한 道가 아니다. 그러므로 君子가 그것을 따라서 행하지 않는다."라고 말한 것이다.

【疏】 ○ 注'伯夷 孤竹君之長子 讓國而隱居者也' ○ 正義曰：案春秋少陽篇云"伯夷姓墨, 名允, 字公信, 諡爲夷."[1] 太史公云"伯夷·叔齊, 孤竹君之二子, 父欲立叔齊. 及父卒, 叔齊讓伯夷, 伯夷曰'父命也', 遂逃去. 叔齊不肯立, 亦逃之. 國人立其中子. 於是伯夷叔齊聞西伯昌善養老, 盍(합)往歸焉. 及西伯卒, 武王東伐紂. 伯夷·叔齊叩馬而諫曰'父死不葬, 爰及干戈, 可謂孝乎. 以臣弑君, 可謂仁乎.' 左右欲兵之. 太公曰'此義人也', 扶而去之. 武王平殷, 天下宗周. 伯夷·叔齊恥之, 義不食周粟, 隱於首陽山, 采薇而食之. 及餓死"者是矣. 孤竹, 北方之遠國也, 號爲孤竹. 案地理志云 "遼西有孤竹城." 應劭曰"故伯夷國"是也.

1) 春秋少陽篇云……諡爲夷：이 구절은 ≪論語注疏≫에 나오는 邢昺의 疏에서 ≪春秋少陽

篇≫의 내용을 인용한 것이다. ≪春秋少陽篇≫은 逸書로 지금은 전하지 않는데, ≪四庫全書總目≫에는 ≪隋書≫ 〈經籍志〉에 이미 著錄되지 않았다는 말이 나온다.

○ 注의 〔伯夷 孤竹君之長子 讓國而隱居者也〕

○ 正義曰：≪春秋少陽篇≫에 "伯夷는 姓이 墨, 이름은 允, 字는 公信, 諡號는 夷이다."라고 하였다. 太史公의 ≪史記≫에 "백이와 叔齊는 孤竹國 임금의 두 아들이다. 아버지가 숙제를 후계로 세우고자 하였는데, 아버지가 죽자 숙제가 백이에게 임금자리를 양보하였다. 백이는 '아버지의 명령이다.'라고 하고는 마침내 달아났다. 숙제도 즉위하려고 하지 않고 역시 달아나니, 國人들이 仲子를 임금으로 세웠다. 당시에 백이와 숙제가 西伯 昌(周 文王)이 노인을 잘 봉양한다는 소문을 듣고는 '어찌 그에게 가서 귀의하지 않으리오.'라고 하고 〈가서 서백을 섬겼다.〉 서백이 졸하자 武王이 동쪽으로 紂를 정벌하였다. 백이와 숙제가 무왕의 말고삐를 붙잡고 간하기를 '아버지가 죽어 장사도 지내지도 않았는데, 전쟁을 하는 것을 孝라고 할 수 있겠습니까. 신하로서 임금을 시해하는 것을 仁이라고 할 수 있겠습니까.' 하였다. 무왕의 측근들이 그들을 해치고자 하니, 太公이 '이들은 義人이다.'라고 하면서 그들을 부축하여 떠나게 하였다. 무왕이 殷나라를 평정하니 천하가 周나라를 宗主로 삼았다. 백이와 숙제는 그것을 부끄러워하여 殷나라에 대한 의리로 周나라 곡식을 먹지 않고 首陽山에 숨어 고사리를 캐 먹다가 굶어죽었다."라고 한 것이 이것이다. 孤竹은 北方에 있던 먼 나라로, 國號가 孤竹이다. ≪漢書≫ 〈地理志〉에 "遼西에 孤竹城이 있다."라고 하였는데, 應劭가 "옛날 백이의 나라이다."라고 한 것이 이것이다.

【疏】 ○ 注'柳下惠 魯公族大夫 姓展 名禽 字季 柳下是其號'者. ○ 正義曰：案史記傳云"柳下惠姓展, 名禽, 魯人也."[1] 爲魯典獄之官, 任以直道, 故孔子云"柳下惠爲士師, 三黜, 人曰'子未可去乎', 曰'直道而事人, 焉往而不三黜, 枉道而事人, 何必去父母之邦'."[2] 孔注云"士師, 典獄之官." 鄭玄亦云然.

1) 史記傳云……魯人也：≪史記≫에 나오지 않는데, 出典을 알 수 없다.
2) 柳下惠爲士師……何必去父母之邦：≪論語≫ 〈微子〉에 나온다.

○ 注의 〔柳下惠 魯公族大夫 姓展 名禽 字季 柳下是其號〕

○ 正義曰：≪史記≫의 傳에 "柳下惠는 姓이 展, 이름이 禽으로, 魯나라 사람이다."라고 하였다. 魯나라에서 刑獄을 담당하는 관리가 되어 바른 道로 일을 수행하였다.

그러므로 孔子가 "유하혜는 士師가 되어 세 번 쫓겨나자, 누군가 '그대는 떠나 버릴 수 없는가.'라고 하니, 유하혜가 대답하기를 '道를 바르게 하여 사람을 섬긴다면 어디를 간들 세 번 쫓겨나지 않겠으며, 道를 굽혀서 사람을 섬긴다면 굳이 부모의 나라를 떠날 필요가 있겠는가.' 하였다."라고 하였는데, 孔安國의 注에 "士師는 刑獄을 담당하는 관리이다."라고 하였고, 鄭玄도 그렇게 말하였다.

孟子注疏解經 卷第四 上

公孫丑章句 下

凡十四章

모두 14章이다.

趙氏 注 孫奭 疏

【疏】○ 正義曰：此卷趙氏分上篇爲此卷也. 此卷凡十四章. 一章言民和爲貴. 二章言人君以尊德樂義爲賢, 君子以守道不回爲志. 三章言取與之道, 必得其禮, 於其可, 雖少不辭, 義之無處, 兼金不顧. 四章言人臣以道事君, 否則奉身以退. 五章言執職者劣, 藉道者優. 六章言道不合者, 不相與言. 七章言孝必盡心, 匪禮之踰. 八章言誅不義者, 必須聖賢. 九章言聖人親親, 不文其過, 小人順非, 以諂其上. 十章言君子立身行道, 道之不行, 命也, 不爲利回. 十一章言惟賢能安賢, 智能知微. 十二章言大德洋洋, 介士察察, 賢者志其大者, 不賢者志其小者. 十三章言聖賢興作, 與天消息, 天非人不因, 人非天不成. 十四章言祿以食功, 志以率事, 無事而食其祿, 君子不由也. 此十四章合上篇卷, 是公孫丑有二十三章矣.

○ 正義曰：이 권은 趙氏가 윗 편(公孫丑篇)을 나누어 卷을 만든 것이다. 이 권은 모두 14章으로 구성되어 있다. 제1장에서는 백성들의 화합이 가장 귀함을 말했다. 제2장에서는 임금은 德을 존숭하고 義를 즐기는 것으로 어짊을 삼고 군자는 道를 지켜서 굽히지 않는 것으로 지조를 삼음을 말했다. 제3장에서는 주고받음에 있어 반드시 그 예법에 맞게 해야 하므로 그것이 옳다면 아무리 작은 것이라도 사양하지 않으며 이치상 해당하는 사유가 없으면 兼金을 주더라도 돌아보지 않음을 말했다. 제4장에서는 신하가 道로써 임금을 섬기되 뜻한 대로 되지 않으면 자신의 소신을 지켜 물러나는 것을 말했다. 제5장에서는 관직을 맡은 사람은 수준이 낮고 道를 지닌 사람은 수준이 높음

을 말했다. 제6장에서는 道가 일치하지 않는 자와는 서로 말을 나눌 수 없음을 말했다. 제7장에서는 孝는 반드시 마음을 다하되 禮를 넘지 않음을 말했다. 제8장에서는 不義를 저지른 사람을 주벌하는 것은 반드시 聖賢의 평가를 기다려야 함을 말했다. 제9장에서는 聖人은 至親을 사랑하되 그들의 잘못을 꾸며주지 않으며, 소인은 그 잘못을 계속 밀고 나가는 것으로 윗사람에게 아첨함을 말했다. 제10장에서는 君子는 몸을 바르게 하여 道를 행하지만 그래도 道가 행해지지 않는 것은 命이니, 이익 때문에 자신의 道를 굽히지 않음을 말했다. 제11장에서는 오직 어진 사람만이 어진 사람을 편안하게 하고 지혜로운 사람만이 은미한 것을 알 수 있음을 말했다. 제12장에서는 大德을 지닌 사람은 생각이 광대하고 介潔한 사람은 생각이 좁으며, 賢者는 큰 것에 뜻을 두고 현자가 아닌 사람은 작은 것에 뜻을 둠을 말했다. 제13장에서는 聖賢이 일어나는 것은 하늘과 盛衰를 함께 하니, 하늘은 사람이 아니면 의탁할 데가 없고 사람은 하늘이 아니면 이룰 수가 없음을 말했다. 제14장에서는 祿으로 功이 있는 사람을 먹이고 자신의 뜻에 따라 일을 하니, 아무 일도 하지 않으면서 녹을 먹는 것을 君子는 하지 않는다는 것을 말했다. 이 14장이 윗 권과 합하여 〈公孫丑〉篇 23章을 이룬다.

1. 孟子曰 天時不如地利요 **地利不如人和**니라 **三里之城**과 **七里之郭**을 **環而攻之而不勝**하나니 **夫環而攻之**에 **必有得天時者矣**언마는 **然而不勝者**는 **是天時不如地利也**니라

맹자가 말했다. "天時는 地利만 같지 못하고 地利는 人和만 같지 못하다. 3里의 內城과 7里의 外郭을 포위하여 공격해도 이기지 못하는 경우가 있으니, 포위하여 공격함에 있어 天時를 얻는 때가 반드시 있으련만 그런데도 이기지 못하는 것은 천시가 지리만 못하기 때문이다.

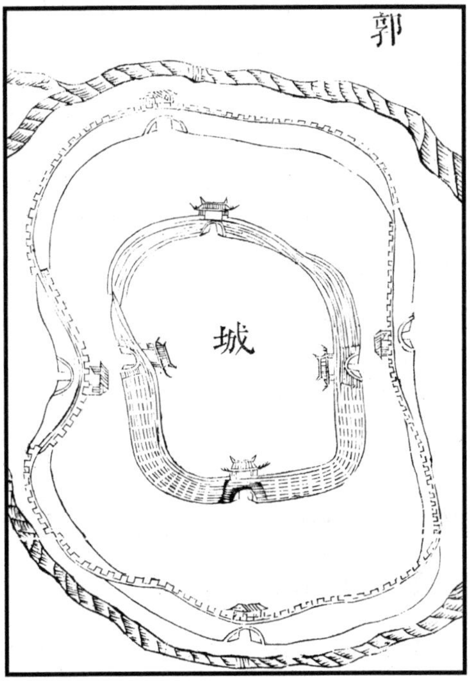

內城, 外郭

【注】天時는 謂時日[1]支干과 五行旺相[2]孤虛[3]之屬也요 地利는 險阻城池[4]之固也요 人和는 得民心之所和樂也라 環城圍之에 必有得天時之善處者로되 然而城有不下는 是不如地利니라

1) 時日 : 時는 四時를 가리키고 日은 日辰, 즉 日子를 가리킨다.
2) 旺相 : 陰陽家의 술어로 五行 기운의 왕성함을 이른다.
3) 孤虛 : 陰陽家의 술어로 五行 기운의 쇠퇴함을 이른다.
4) 池 : 적의 침입을 막기 위해 성곽 주위를 둘러 파서 물을 채워 놓은 방어시설로 垓字라고 부른다.

'天時'는 時日의 支干과 五行의 旺相이나 孤虛 따위이며, '地利'는 험한 城郭과 垓字의 견고함이며, 人和는 民心의 和樂함을 얻는 것이다. 성을 둘러싸고 포위함에 반드시 대처하기 좋은 天時를 얻는 경우가 있겠지만 그런데도 성을 함락시키지 못하는 경우가 있는 것은 天時가 地利만 같지 못하기 때문이다.

城非不高也며 池非不深也며 兵革이 非不堅利也며 米粟이 非不多也로되 委而去之하나니 是地利不如人和也니라

城郭이 높지 않은 것도 아니며 垓字가 깊지 않은 것도 아니며 병기와 갑옷이 예리하고 견고하지 않은 것도 아니며 군량미가 많지 않은 것도 아니건마는 성을 버리고 도망치는 경우가 있으니, 이는 地利가 人和만 못하기 때문이다.

【注】有堅强如此하되 而破之走者는 不得民心하여 民不爲守라 衛懿公之民이 曰 君其使鶴戰하라 余焉能戰이리오하니 是也라

견고하고 강함이 이와 같은데도 성이 함락되어 달아나는 것은 民心을 얻지 못하여 백성들이 지켜주지 않았기 때문이다. 衛 懿公의 백성들이 "임금은 鶴으로 하여금 싸우게 하라. 우리가 어찌 싸울 수 있겠는가."라고 한 것이 그 예이다.

故로 曰 域民[1]은 不以封疆之界하며 固國은 不以山谿之險하며 威天下는 不以兵革之利라하니

1) 域民 : 朱熹는 ≪孟子集註≫에서 '域'자를 '限界也'로 주해하여 백성을 일정 범위내로

제한하는 뜻으로 보았다. 한편 趙岐는 '居民也'로 주해하였는데, 孫奭이 이를 다시 '所居之民' 즉, '거주하는 백성'으로 풀이하였고 焦循은 ≪孟子正義≫에서 '止民' 즉, 백성을 머물게 한다는 뜻으로 '居民'을 해석하여 양자 간에 견해 차이를 보이고 있다. 여기에서는 孫奭의 견해에 따라 번역하였다.

그러므로 "거주하는 백성은 영토를 경계로 이동을 막지 않으며, 나라를 견고히 지키는 것은 산과 계곡의 험준함으로써 하지 않으며, 천하에 위엄을 떨치는 것은 병기와 갑옷의 예리함으로써 하지 않는다."하였으니,

【注】 域民은 居民也라 不以封疆之界禁之하니 使〔民〕[1]懷德也요 不依險阻之固하니 恃仁惠也요 不爲兵革之威하니 仗道德(而已矣)〔也〕[2]라

1) 〔民〕: 저본에는 '民'이 없으나, 廖本・孔本・韓本・考文古本에 의거하여 보충하였다.(阮元의 〈校勘記〉 참조)

2) 仗道德(而已矣)〔也〕: 저본에는 '仗其道德而已矣'로 되어 있으나, 廖本・孔本・韓本・考文古本에 의거하여 '仗道德也'로 바로잡았다.(阮元의 〈校勘記〉 참조)

域民은 거주하는 백성이다. 영토의 경계를 가지고 이동을 막지 않았으니 백성으로 하여금 그 德을 그리워하게 한 것이요, 험준한 지형에 의지하지 않았으니 그 仁惠함을 믿고 따르게 한 것이요, 병기와 갑옷으로 위엄을 보이지 않았으니 道德에 의지한 것이다.

得道者는 **多助**하고 **失道者**는 **寡助**니라 **寡助之至**에는 **親戚畔之**하고 **多助之至**에는 **天下順之**니라 **以天下之所順**으로 **攻親戚之所畔**이라 **故**로 **君子有不戰**이언정 **戰必勝矣**니라

正道를 터득한 자에게는 도와주는 사람이 많고 正道를 잃은 자에게는 도와주는 사람이 적다. 도와주는 사람이 아주 적은 경우에는 친척도 배반을 하고 도와주는 사람이 아주 많은 경우에는 천하 사람들이 순종할 것이다. 천하 사람들이 순종하는 것으로써 친척도 배반하는 사람을 공격하는 것이므로 군자는 싸우지 않음이 있을지언정 만약 싸우게 되면 반드시 이기게 된다.

【注】得道之君은 何嚮不平이리오 君子之道는 貴不戰耳언정 如其當戰인댄 戰則勝矣니라

正道를 터득한 임금은 어디를 가든 평온하지 않겠는가. 다만 君子의 道는 싸우지 않음을 귀하게 여길 뿐, 만약 싸워야 할 상황을 맞아 싸운다면 이기게 될 것이다.

【疏】'孟子曰天時'至'戰必勝矣'○ 正義曰：此章言民和爲貴也.[1] '孟子曰, 天時不如地利, 地利不如人和'至'是地利不如人和也'者, 孟子言其用兵之要也, 謂古之用兵者, 莫不布策挾龜, 迎日計月, 望雲占風, 觀星候氣, 以察吉凶, 以明利害, 必有得天時者矣, 然而內有三里之城, 外有七里之郭, 以爲之禦, 雖環轉而攻之, 則莫能勝焉, 是天時不如地利也. 鑿池深之使其不可踰, 築城高之使其不可攻, 又以甲兵之堅利・米粟之多積, 是地利亦有得矣, 然而上下異政, 君民異心, 不能效死以守, 至皆委卻而去之, 是地利又不如人和也. 孟子於前言天時不如地利, 地利不如人和, 乃設此文於後, 而解其言也. 故曰'三里之城, 七里之郭, 環而攻之而不勝. 夫環而攻之, 必有得天時者矣, 然而不勝者, 是天時不如地利也'至'是地利不如人和'而已矣. '故曰域民不以封疆之界'至'戰必勝矣'者, 此又孟子復言而詳說之也, 故曰所居之民, 不在以封疆之爲界, 欲牢固其國, 又不在以山谿之爲險, 威震天下, 又不在以兵甲之爲堅利. 以其得道之君, 則人多助之, 失道之君, 則人寡助之而已. 孟子所以言此者, 蓋謂但在得其道, 不在於封疆山谿兵甲之爲矣. 故復言人有寡助之至極者, 則親戚離畔之, 親戚離畔者, 戰必不勝而敗績, 有多助之至者, 則天下皆順從之, 以天下之所順從而攻伐其親戚所離畔者, 故君子在有不戰而已, 如戰則必勝.

1) 此章言民和爲貴也：北京大本에는 章指를 "이 장의 章指는 다음과 같다. 백성의 화합이 가장 귀하여 天地보다도 귀하다. 때문에 '백성들의 마음을 얻으면 天子가 된다.'라고 한 것이다.〔此章指言民和爲貴 貴於天地 故曰得乎丘民爲天子也〕"라고 하였다.

經의 〔孟子曰天時〕에서 〔戰必勝矣〕까지

正義曰：이 장은 백성들의 화합이 가장 귀함을 말한 것이다.

〔孟子曰 天時不如地利 地利不如人和〕에서 〔是地利不如人和也〕까지

맹자가 用兵의 요체를 말한 것이다. 즉, 옛날에 用兵을 하는 사람은 누구나 할 것 없이 산가지와 거북껍질을 가지고 전쟁의 일시를 정하고 구름과 바람을 예측하였으며 별자리와 기상의 변화를 관찰하여 吉凶을 살피고 利害를 분명히 따졌으니, 틀림없이 天時를 얻은 경우가 있을 것이다. 그런데도 안으로 3里의 內城과 밖으로 7里의 外郭

을 가지고 방어를 하는 작은 성을 겹겹이 포위하여 공격을 해도 이기지 못하는 경우가 있으니, 이는 天時가 地利만 같지 못하기 때문이다. 垓字를 깊게 파서 넘어오지 못하게 하고 성곽을 높이 쌓아서 공격하지 못하게 하고 또 갑옷과 병기가 견고하고 예리하며 군량미가 풍부하게 쌓여 있다면 이는 地利 또한 얻은 것이다. 그런데도 上下가 서로 다른 정책을 펴고 君民이 서로 다른 마음을 가져서 죽을 각오로 싸우지 않아 결국에는 모두가 성을 버리고 도망가는 경우가 있으니, 이는 地利가 人和만 같지 못하기 때문이다. 孟子가 앞에서는 "天時는 地利만 같지 못하고 地利는 人和만 같지 못하다"고 말을 한 다음 그 뒤에 이 글을 실어 앞의 말을 풀이한 것이다. 그렇기 때문에 "3里의 內城과 7里의 外郭을 포위하여 공격해도 이기지 못하는 경우가 있다. 포위하여 공격함에 있어 天時를 얻을 기회가 반드시 있으련만, 그런데도 이기지 못하는 것은 天時가 地利만 같지 못하기 때문이다.……이는 地利가 人和만 같지 못하기 때문이다.〔三里之城 七里之郭 環而攻之而不勝 夫環而攻之 必有得天時者矣 然而不勝者 是天時不如地利也 至 是地利不如人和〕"라고 말한 것이다.

〔故曰域民不以封疆之界〕에서 〔戰必勝矣〕까지

이 또한 맹자가 다시 언급하여 상세히 설명한 것이다. 즉, "그러므로 '거주하는 백성은 영토의 경계에 달려있지 않으며, 나라를 견고히 지키는 것은 또 산과 계곡의 험준함에 달려있지 않으며, 천하에 위엄을 떨치는 것은 병기와 갑옷의 날카롭고 견고함에 달려있지 않다.' 하였으니, 道를 얻은 임금은 도와주는 사람이 많고, 道를 잃은 임금은 도와주는 사람이 적기 때문이다."라고 한 것이다. 맹자가 이렇게 말한 것은 단지 그 道를 얻는 데에 달려있는 것이지 영토, 산과 계곡, 병기와 갑옷에 달려있는 것이 아님을 말한 것이다. 그러므로 다시 "도와주는 사람이 아주 적은 경우에는 친척도 배반을 하니 친척도 배반을 하면 싸움에서 반드시 이기지 못하고 패배할 것이며, 도와주는 사람이 아주 많은 경우에는 천하 사람들이 모두 순종할 것이니, 천하 사람들이 순종하는 것으로써 친척도 배반하는 사람을 공격하는 것이므로 군자는 싸우지 않음이 있을 뿐 만약 싸운다면 반드시 이긴다."라고 말한 것이다.

【疏】 ○ 注'天時謂時日支干 五行旺相孤虛之屬'. ○ 正義曰：時日支干者, 子・丑・寅・卯・辰・巳・午・未・申・酉・戌・亥是爲支. 甲・乙・丙・丁・戊・己・庚・辛・壬・癸是爲干. 干支所以配時日而用之也. 云"五行旺相孤虛之屬"者, 五行, 金・木・水・火・土是也. 金旺在巳午未申酉, 木旺在亥子丑寅卯, 水旺在申酉戌亥子, 火

旺在寅卯辰巳午, 土旺在申酉戌亥. 孤虛者, 蓋孤虛之法, 以一畫(획)爲孤, 無畫爲虛, 二畫爲實, 以六十甲子日定東西南北四方, 然後占其孤虛實, 而向背之, 卽知吉凶矣. 又如周武王犯歲星以伐商,[1] 魏太祖以甲子日破慕容,[2] 凡用師之道, 有太史以抱天時太師之執同律[3]之類是也.

1) 周武王犯歲星以伐商 : 武王이 商나라 紂王을 정벌하려고 하자 魚辛이 歲星(木星)이 北方에 있으므로 북쪽으로 정벌가지 말 것을 건의하였으나 武王이 받아들이지 않고 紂王을 정벌하여 商나라를 멸망시킨 사건을 말한다.(≪廣博物志≫ 권2 〈天道〉)

2) 魏太祖以甲子日破慕容 : 魏 太祖는 北魏의 武帝를 가리키며, 慕容은 後燕의 慕容賀驎을 가리킨다. 위 태조가 모용하린을 정벌하려고 하자 太史令 姚崇이 甲子日은 兵家에서 불길한 날이라고 반대를 하자 위 태조가 "紂王은 갑자일에 패망했지만 周 武王은 갑자일에 승리하지 않았느냐?"고 반문한 다음 진군하여 모용하린을 大破한 사건을 말한다.(≪北史≫ 권1 〈魏本紀〉)

3) 太史以抱天時太師之執同律 : 군사를 출동하기 전에 점을 치는 의식으로, 天文을 관장하는 太史가 天時와 吉凶을 점치면 음악을 관장하는 太師가 수레에 함께 타고서 출동하는 군사의 환호소리를 宮·商·角·徵·羽의 音律에 맞추어 보고서 전쟁의 승리여부를 점치는 것을 말한다.(≪周禮注疏≫ 권23 〈太師〉, 권26 〈太史〉)

○ 注의 〔天時謂時日支干 五行旺相孤虛之屬〕

○ 正義曰 : 時日의 支干은 子·丑·寅·卯·辰·巳·午·未·申·酉·戌·亥가 支에 해당되고, 甲·乙·丙·丁·戊·己·庚·辛·壬·癸가 干에 해당된다. 干支는 時日과 짝을 이루어 사용된다. '五行의 旺相과 孤虛 따위'라고 말했는데, 오행은 金·木·水·火·土가 이에 해당된다. 金은 巳·午·未·申·酉에서 旺盛하고, 木은 亥·子·丑·寅·卯에서 왕성하고, 水는 申·酉·戌·亥·子에서 왕성하고, 火는 寅·卯·辰·巳·午에서 왕성하고, 土는 申·酉·戌·亥에서 왕성하다. 孤虛는 孤虛法을 가리키는 것으로, 畫이 하나인 것을 孤라 하고 畫이 없는 것을 虛라 하고 畫이 두 개인 것을 實이라

六甲孤虛旺相圖

하여 60甲子의 日子를 東西南北의 四方에 배정한 다음에 그 孤·虛·實을 점쳐 向背를 결정하는 것이니, 곧 吉凶을 알려주는 것이다. 예를 들어 周 武王이 歲星의 징조를 무시하고 商나라를 정벌하고 魏 太祖가 甲子日에 慕容氏를 격파한 사실, 그리고 군대를 출동하는 법도에 있어서 太史가 天時를 점치고 太師가 군사의 환호소리를 律呂에 맞추어 승리여부를 점치는 따위가 여기에 해당한다.

【疏】 ○ 注'衛懿公之民曰, 君其使鶴戰'. ○ 正義曰：案左傳魯閔公二年云, "狄人伐衛, 衛懿公好鶴, 鶴有乘軒者. 將戰, 國人受甲者皆曰, '使鶴, 鶴實有祿位, 余焉能戰?'"是其文也.

注의 〔衛懿公之民曰 君其使鶴戰〕

正義曰：≪春秋左氏傳≫ 閔公 2년 條에, "狄人이 衛나라를 정벌하였다. 衛 懿公이 鶴을 좋아하여 大夫의 수레를 타고 다니는 학도 있었다. 싸움을 앞두고 갑옷을 받은 國人들이 모두 말하기를, '鶴을 시켜라. 鶴이 실로 祿位를 받았으니 우리가 어찌 싸울 수 있겠는가'라고 하였다."라고 하였으니 이것이 해당 문장이다.

【疏】 ○ 注'得乎丘民而爲天子'[1]. ○ 正義曰：此蓋經之文.

1) 得乎丘民而爲天子：阮元의 校勘記에 의하면 이 구절은 이 章의 章指에 있는 문장이라고 하였다.

注의 〔得乎丘民而爲天子〕

正義曰：이것은 아마도 經文인 듯하다.

2. 孟子將朝王이러시니 王使人來曰 寡人이 如[1]就見者也러니 有寒疾이라 不可以風일새 朝將視朝하리니 不識케이다 可使寡人得見乎잇가

1) 如：'如'자의 의미는 주석서에 따라 견해가 분분하다. 孫奭은 '가다〔往〕'로, 焦循의 ≪孟子正義≫에서는 '도모하다〔圖〕'는 뜻으로, 王引之의 ≪經傳釋詞≫에서는 '장차〔將〕'로 해석하였다.

맹자가 왕에게 조회를 가려고 하였는데 왕이 사람을 보내 말을 전해왔다. "과인이 찾아가서 뵈려고 하였는데 마침 惡寒의 증상이 있어 바람을 쐴 수가 없습니다. 아침에 조회를 열려고 하니, 모르겠습니다만 과인으로 하여금 만나 뵙게 해 주실 수 있겠습니까?"

【注】 孟子雖仕〔於〕[1]齊나 處師賓之位하니 以道見敬이요 或稱以病하여 未嘗趨朝而拜也라 王欲見之하여 先朝에 使人往謂孟子云 寡人이 如就見者러니 -若言就孟子之館相見也라- 有惡寒之疾하여 不可見風이니 儻可來朝면 欲力疾臨視朝하여 因得見孟子也하노니 不知可使寡人得相見否아

1) 〔於〕: 저본에는 '於'가 없으나, 岳本·廖本·孔本·韓本에 의거하여 보충하였다.(阮元의 〈校勘記〉 참조)

맹자가 비록 제나라에서 벼슬을 하고 있었지만 賓師의 지위에 있었으므로 법도에 맞게 왕에 대한 공경함을 표시하였고, 더러는 병을 핑계대고 조정에 배알하러 가지 않는 때도 있었다. 이때 왕이 맹자를 만나보고자 하여 조회에 앞서 사람을 보내와 맹자에게 말하기를, "과인이 찾아가서 뵈려고 하였는데 -맹자가 거처하는 집으로 가서 서로 만나려 했다는 것과 같은 말이다.- 마침 惡寒의 증상이 있어 바람을 쐴 수 없으니, 만약 조회에 나올 수 있다면 병을 무릅쓰고 조회를 열어 이 기회에 맹자를 뵙고자 합니다. 모르겠습니다만 과인으로 하여금 뵙게 해 주실 수 있겠습니까?"라고 하였다.

對曰 不幸而有疾이라 不能造朝로소이다

맹자가 대답했다. "불행히도 병이 있어 조회에 나가지 못하겠습니다."

【注】 孟子不悅王之欲使朝라 故로 稱其有疾而拒之也하니라

맹자가 왕이 조회에 나오게 하려는 것에 대해 불쾌하게 생각하였기 때문에 병이 있다고 핑계대어 거절한 것이다.

明日에 出吊於東郭氏러시니 公孫丑曰 昔者에 辭以病하시고 今日吊하시니 或者不可乎인저

다음날 東郭氏에게 조문을 나가려 하자 公孫丑가 물었다. "어제는 병으로 거절해 놓고 오늘은 조문을 나가신다 하니 아마도 이렇게 해서는 안 될 듯합니다."

【注】東郭氏는 齊大夫家也라 昔者는 昨日也라 丑以爲不可라

東郭氏는 齊나라 大夫의 집안이다. '昔者'는 '어제'이다. 公孫丑가 이렇게 해서는 안 된다고 생각한 것이다.

曰 昔者疾이라가 **今日愈**하니 **如之何不吊**리오

맹자가 대답했다. "어제는 병이 있었다가 오늘은 나았으니 어찌 조문을 가지 않을 수 있겠는가."

【注】孟子言 我昨日病이라가 今日愈하니 我何爲不可以吊리오

맹자가 "내가 어제는 병이 있었다가 오늘은 나았으니 내가 어찌 조문을 가지 않을 수 있겠는가."라고 말한 것이다.

王이 **使人問疾**하시고 **醫來**어늘

왕이 사람을 시켜 문병을 하고 醫員을 보내오자

【注】王以孟子實病이라하여 遣人將醫來하고 且問疾也라

왕이 맹자가 실제 병이 있는 줄 생각하여 使者를 보내 醫員과 함께 가서 문병을 하게 한 것이다.

孟仲子對曰 昔者에 **有王命**이어시늘 **有采薪之憂**라 **不能造朝**러시니 **今病小愈**어시늘 **趨造於朝**하더시니 **我**는 **不識**케라 **能至否乎**아하고

孟仲子가 대답했다. "어제 왕명을 받았으나 采薪의 병이 있어 조회에 나가지 못하였는데, 오늘은 병이 조금 나아서 조정으로 달려갔습니다. 제가 잘 모르겠습니다만 도착하지 않았겠습니까?"라고 하고는

【注】孟仲子는 孟子之從昆弟로 從學於孟子者也라 權辭以對如此라 憂는 病也라 曲禮云 有負薪之憂[1]라하니라

1) 曲禮云 有負薪之憂 : ≪禮記≫ 〈曲禮 下〉에, "임금이 士에게 활을 쏘라고 시킬 때에 활

을 쏠 줄 모르면 병이 있다고 사양하면서 '아무개는 땔감을 짊어질 수 없는 근심이 있습니다.'라고 말해야 한다.〔君使士射 不能則辭以疾 言曰 某有負薪之憂〕"라고 한 것을 두고 한 말이다. 采薪之憂는 이 負薪之憂와 같은 뜻으로 자신의 병을 낮추어 말할 때 사용하는 謙辭이다.

孟仲子는 맹자의 從兄弟로 맹자에게 배운 사람이다. 임기응변으로 대답하기를 이와 같이 하였다. '憂'는 病이다. ≪曲禮≫에 이르기를, "負薪之憂가 있다" 하였다.

使數人으로 **要於路曰 請必無歸而造於朝**하소서

몇 사람을 보내 길목을 지키고 있다가 〈맹자를 만나면〉 "반드시 집으로 돌아오지 말고 조정으로 가소서."라고 고하게 하였다.

【注】 仲子가 使數人으로 要告孟子하되 君命宜敬하니 當必造朝也라

孟仲子가 몇 사람을 보내 길목을 지키고 있다가 맹자에게 임금의 명은 공경히 받들어야 하니 반드시 조정으로 나가야 한다고 고하게 하였다.

不得已而之景丑(추)氏하여 **宿焉**이러시니

맹자가 어쩔 수 없이 景丑氏의 집으로 가서 유숙했다.

【注】 孟子迫於仲子之言하여 不得已而心不欲至朝라 因之其所知齊大夫景丑之家而宿焉하여 具以語景丑氏耳라

맹자가 孟仲子의 말에 떠밀려 어쩔 수 없이 따르기는 했으나 마음속으로는 왕에게 조회를 가고 싶지 않았다. 그래서 자신이 알고 지내는 齊나라 대부 景丑氏의 집으로 가서 유숙하면서 景丑氏에게 그 경위를 자세히 이야기해 주었다.

景子曰 內則父子요 **外則君臣**이 **人之大倫也**니 **父子**는 **主恩**하고 **君臣**은 **主敬**하니 **丑見王之敬子也**요 **未見所以敬王也**니이다

景子가 말했다. "안으로는 父子요 밖으로는 君臣의 사이가 인간에게 가장 중요한 관계입니다. 父子 사이에는 은혜를 위주로 하고 君臣 사이에는 공경을 위주

로 하는 법인데, 저는 왕이 선생을 공경하는 것은 보았어도 선생이 왕을 공경하는 것은 보지 못했습니다."

【注】景丑責孟子不敬何義也라

경추씨가 맹자에게 왕을 공경하지 않는 것이 무슨 도리이냐고 나무란 것이다.

曰 惡(오)라 **是何言也**오 **齊人**이 **無以仁義**로 **與王言者**는 **豈以仁義爲不美也**리오 **其心曰 是何足與言仁義也云爾**니 **則不敬**이 **莫大乎是**하니

맹자가 말했다. "아! 이게 무슨 말이오? 齊나라 사람 중에 仁義를 가지고 왕과 더불어 말을 하는 이가 없는 것이 어찌 인의를 아름답지 않다고 여겨서이겠소. 그 마음속에 '이 사람이 어찌 인의를 함께 말할 만한 인물이겠는가.'라고 생각한 것이니, 그렇다면 不敬한 마음이 이보다 더 큰 것이 없을 것이오.

【注】曰惡者는 深嗟歎이니 云景子之責我何言乎아 今人이 皆謂王無知하여 不足與言仁義라 云爾는 絶語之辭也니 人之不敬이 無大於是者也라

'惡'라고 한 것은 깊이 탄식하는 말이니, 景子가 나를 나무란 것이 도대체 무슨 말이냐고 탄식한 것이다. 지금 사람들이 모두들 왕이 無知하여 족히 그와 더불어 仁義를 말할 수 없다고 생각한다는 말이다. '云爾'는 단정적으로 말할 때 사용하는 語辭이니, 사람들의 不敬함이 이보다 더 큰 것이 없다는 것이다.

我는 **非堯舜之道**어든 **不敢以陳於王前**하니 **故**로 **齊人**이 **莫如我敬王也**니라

나는 堯舜의 道가 아니면 감히 왕의 앞에서 말씀을 드리지 않았소. 따라서 齊나라 사람 중에 나만큼 왕을 공경하는 사람은 없을 것이오.

【注】孟子言 我每見王에 常陳堯舜之道以勸勉王하니 齊人無有如我敬王者也니라

맹자가 "나는 왕을 볼 때마다 항상 堯舜의 도를 말하여 왕을 勸勉하였으니, 齊나라 사람 중에 나처럼 왕을 공경하는 사람은 없소."라고 말한 것이다.

景子曰 否라 非此之謂也라 禮曰 父召어시든 無諾하며 君命召어시든 不俟駕[1]라하여늘 固將朝也라가 聞王命而遂不果하시니 宜[2]與夫禮로 若不相似然하이다

1) 禮曰……不俟駕 : '父召 無諾'은 ≪禮記≫ 〈曲禮 上〉에, "아버지가 부르면 無諾하고 선생이 부르면 無諾하여 '예'하고 일어난다〔父召無諾 先生召無諾 唯而起〕"라고 한 말에서 온 것이다. 여기에서 '無諾'은 일반적으로 '느리게 대답하지 않는다'는 뜻으로 풀이하고 있으나 趙岐는 '대답만 하고 오지 않음이 없는 것〔無諾而不至〕', 즉 대답과 동시에 달려가는 것'으로 풀이하였다. '君命召 不俟駕'와 관련된 禮文은 ≪禮記≫ 〈玉藻〉에 "대체로 임금이 부를 때에는 3개의 符節을 가지고 부른다. 2개의 부절로 부르면 달려가고 1개의 부절로 부르면 종종걸음으로 간다. 관청에 있을 때는 신발 신기가 바쁘게 가고 밖에 있을 때는 수레가 준비되기를 기다리지 않는다.〔凡君召以三節 二節以走 一節以趨 在官不俟屨 在外不俟車〕"라고 한 구절이 있으며, ≪論語≫ 〈鄕黨〉에서 孔子는 "임금이 명하여 부르면 수레에 멍에 메기를 기다리지 않고 달려갔다.〔君命召 不俟駕行矣〕"고 하였다.
2) 宜 : 王引之는 ≪經傳釋詞≫에서 부친 王念孫의 말을 인용하여 '殆(아마도)'와 같다고 하였다.

景子가 말했다. "아닙니다. 그런 것을 가지고 말하고 있는 것이 아닙니다. ≪禮≫에 이르기를, '아버지가 부르면 대답과 동시에 달려가며 임금이 명하여 부르면 말에 멍에 메기를 기다리지 않는다.'라고 하였습니다. 그런데 선생님께서는 본래 조회에 나가려 하셨다가 왕명을 듣고는 마침내 가지 않으셨으니, 아마도 이 ≪禮≫의 말과는 서로 맞지 않은 듯합니다.

【注】 景子曰 非謂不陳堯舜之道라 謂爲臣固自當[1]朝也라가 今有王命而不果行이라 -果는 能也라- 禮에 父召어시든 無諾하며-無諾而不至也라- 君命召어시든 輦車就牧[2]하여 不坐待駕라하여늘 而夫子若是하니 事宜與夫禮若不相似然乎인저 愚竊惑焉하노이다

1) 自當 : 焦循의 ≪孟子正義≫에서 '將'과 같은 뜻으로 보았다. '將'을 천천히 소리내면 '自當'과 같기 때문이다.
2) 輦車就牧 : ≪荀子≫ 〈大略篇〉에 "제후가 신하를 부르면 신하는 말에 멍에 메기를 기다리지 않고 옷을 거꾸로 입고 달려가는 것이 예이니, ≪詩經≫에 이르기를, '옷을 거꾸로 입은 것은 公所에서 부르기 때문이네〔顚之倒之 自公召之〕'라고 하였다. 천자가 제후를 부르면 제후는 수레를 끌고 말에게 달려가는 것이 예이니, ≪시경≫에 이르기를, '내 수레를 꺼내어 牧地로 달려간 것은 천자 계신 곳에서 날 오라 불렀기 때문

이네. 마부를 불러다가 짐 실으라 당부하고 나랏일이 다난하니 서둘러서 달려가네.' 라고 하였다.〔天子召諸侯 諸侯輦輿就馬 禮也 詩曰 我出我車 于彼牧矣 自天子所 謂我來矣 召彼僕夫 謂之載矣 王事多難 維其棘矣.〕"라고 한 것에서 온 말이다.

景子가 말하기를, "堯舜의 道를 말씀드리지 않는 것을 말한 것이 아닙니다. 신하로서 본래 조회에 나가려 하셨다가 이번에 왕명이 내려오자 도리어 가지 않으신 것을 두고 한 말입니다. -'果'는 '能'의 의미이다.- ≪禮≫에 이르기를, '아버지가 부르면 無諾하며 -대답과 동시에 달려가는 것을 의미한다.- 임금이 명령하여 부르면 수레를 끌고 목장으로 달려가 말에 멍에 메기를 기다리지 않는다.' 하였거늘 선생께서는 이와 같이 하셨으니 그 처신함이 아마도 이 ≪예≫의 말과는 서로 맞지 않은 듯합니다. 그래서 제가 의혹을 가진 것입니다."라고 하였다.

曰 豈謂是與리오 **曾子曰 晉楚之富**는 **不可及也**나 **彼以其富**어든 **我以吾仁**이요 **彼以其爵**이어든 **我以吾義**니 **吾何慊乎哉**리오하시니 **夫豈不義**를 **而曾子言之**시리오 **是或一道**[1]**也**니라

1) 一道 : 孫奭은 一道를 '仁義之道'로 주해한 반면, 朱熹는 '별도의 한 가지 방법〔別有一種道理〕'으로 주해하였다.

맹자가 말했다. "어찌 그런 것을 가지고 말한 것이겠소. 曾子께서 말씀하시기를, '晉나라와 楚나라 군주의 富는 어느 누구도 미칠 수 없겠지만, 저들이 자신의 富를 내세우면 나는 나의 仁을 내세울 것이요 저들이 자신의 爵位를 내세우면 나는 나의 義를 내세울 것이니, 내가 어찌 저들보다 부족할 게 있겠는가.'라고 하셨으니, 어찌 義에 맞지 않은 일을 曾子께서 말씀하셨겠소? 아마도 道 하나만을 기준으로 말씀하신 것일 것이오.

【注】 孟子答景丑云 我豈謂是君臣召呼之間乎리오 謂王不禮賢下士라 故로 道曾子之言自以不慊晉楚之君이니 -慊은 少也라- 曾子豈嘗言不義之事邪아 是或者自得道之一義라 欲以喩王猶晉楚하고 我猶曾子하니 我(臣)〔豈〕[1]輕於王乎아

1) (臣)〔豈〕 : 저본에는 '臣'으로 되어 있으나, 閩本, 監本, 毛本, 孔本, 韓本, 足利本에 의거하여 '豈'로 바로잡았다.(阮元의 〈校勘記〉 참조)

맹자가 景丑氏에게 대답하기를, "내가 어찌 君臣간에 부르는 일을 가지고 말했겠소? 왕이 才德을 갖춘 인물을 禮로써 대우하지 않은 것을 말한 것이오. 그래서 曾子가 자신이 晉나라와 楚나라 군주보다 부족할 것이 없다고 말한 것을 언급한 것이니, -'慊'은 부족하게 여긴다는 뜻이다.- 曾子께서 어찌 義에 맞지 않는 일을 말씀하셨겠소? 이는 아마도 '道'라는 한 가지 이치를 自得한 것을 가지고 말씀하신 것일 것이오. 이를 가지고 齊王을 晉나라와 楚나라의 군주에 비유하고 나를 曾子에 비유하고자 한 것이니, 내가 어찌 齊王보다 가볍겠는가?"라고 한 것이다.

天下에 **有達尊**이 **三**이니 **爵一齒一德一**이니 **朝廷**엔 **莫如爵**이요 **鄕黨**엔 **莫如齒**요 **輔世長民**엔 **莫如德**이니 **惡得有其一**하여 **以慢其二哉**리오

천하에는 누구나 존경하는 것이 세 가지가 있으니, 爵位가 하나요 年齒가 하나요 德이 하나입니다. 朝廷에서는 작위만한 것이 없고 鄕黨에서는 연치만한 것이 없고 세상을 돕고 백성을 돌보는 데에는 德만한 것이 없소. 어찌 그 중에 하나만 가지고서 그 둘을 가진 사람을 업신여길 수 있단 말이오.

【注】三者는 天下之所通尊也라 孟子謂賢者長者는 有德有齒요 人君은 無德但有爵耳이라 故로 云何得以一慢二乎라하니라

이 세 가지는 천하 사람들이 공통적으로 높이는 것이다. 맹자가 賢者와 長者는 德을 지니고 있고 年齒도 있지만 임금은 덕은 없고 작위만 높을 뿐이라 여겼으므로 "어찌 하나만 가지고 둘을 가진 사람을 업신여길 수 있겠는가."라고 말한 것이다.

故로 **將大有爲之君**은 **必有所不召之臣**이라 **欲有謀焉**이면 **則就之**하나니 **其尊德樂道**가 **不如是**면 **不足以有爲也**니라

그렇기 때문에 장차 큰일을 하려는 임금에게는 반드시 부르지 못하는 신하가 있으니, 만약에 일을 상의하고자 한다면 그에게 직접 찾아가야 하는 것이오. 德을 존숭하고 道를 즐기는 것이 이와 같지 않다면 큰일을 이룩할 수가 없소.

【注】言古之大聖大賢有所興爲之君은 必就大賢臣而謀事요 不敢召也니 王者師臣하고 霸

者友臣也일새니라

옛날에 위대한 聖人과 위대한 賢人으로 큰일을 이룬 임금은 반드시 위대한 賢臣에게 직접 찾아가 일을 상의하고 그를 감히 부르지 못했음을 말한 것이니, 王者는 신하를 스승으로 삼았고 覇者는 신하를 벗으로 삼았기 때문이다.

故로 湯之於伊尹에 學焉而後臣之라 故로 不勞而王하시고 桓公之於管仲에 學焉而後臣之라 故로 不勞而霸하니라

그러므로 湯王이 伊尹에게 먼저 배운 뒤에 신하로 삼았기 때문에 힘들이지 않고 王者가 되었고, 桓公이 管仲에게 먼저 배운 뒤에 신하로 삼았기 때문에 힘들이지 않고 覇者가 된 것이오.

伊尹

【注】言師臣者王이라 桓公能師臣이로되 而管仲不勉之於王이라 故로 孟子於上章[1]에 陳其義하고 譏其〔功〕[2]烈之卑也라

1) 上章 : 〈公孫丑 上〉 제1장을 가리키다.

2) 〔功〕: 저본에는 '功'이 없으나, 廖本, 孔本, 韓本, 考文古本에 의거하여 보충하였다. (阮元의 〈校勘記〉 참조)

신하를 스승으로 삼은 자가 王者가 됨을 말한 것이다. 환공이 능히 신하를 스승으로 삼기는 했으나 관중이 王道를 가지고 권면하지 않았기 때문에 맹자가 윗 章에서 그 이치를 설명하고 그 功烈이 비루함을 기롱하였다.

今天下地醜德齊하여 莫能相尙은 無他라 好臣其所敎하고 而不好臣其所受敎니라

지금 천하의 임금들이 영토도 비슷하고 德도 대등하여 상대방보다 뛰어나지 못한 것은 다른 이유가 있는 것이 아니라 자신이 가르칠 수 있는 인물만 신하로 삼기를 좋아하고 자신이 가르침을 받을 만한 인물을 신하로 삼기 싫어하기 때문이오.

【注】醜는 類也라 言今天下之人君이 土地相類하고 德敎齊等하여 不能相絶者는 無它라 但好臣其所敎勑役使之才可驕者耳요 不能好臣大賢可從而受敎者也일새니라

'醜'는 '비슷하다'는 의미이다. 지금 천하의 임금들이 영토도 비슷하고 德敎도 대등하여 상대방보다 뛰어나지 못한 것은 다른 이유가 있는 것이 아니다. 단지 자신이 잘난 체하며 만만하게 가르치고 부리기 쉬운 인재를 신하로 삼기를 좋아할 뿐 찾아가 가르침을 받을 만한 大賢을 신하로 삼기를 좋아하지 못하기 때문임을 말한 것이다.

湯之於伊尹과 桓公之於管仲에 則不敢召하니 管仲도 且猶不可召온 而況不爲管仲者乎아

湯王이 伊尹에게, 그리고 桓公이 管仲에게 감히 부르지 않았으니, 관중도 오히려 부를 수 없었거늘 하물며 관중처럼 되기를 바라지 않는 이 사람에게야 말할 나위가 있겠소."

【注】孟子自謂不爲管仲이라 故로 非齊王之召己也라 是以로 不往而朝見於齊王也라

맹자가 스스로 관중처럼 되기를 바라지 않는다고 생각했기 때문에 제왕이 자신을 부르는 것을 옳지 않게 여겼다. 그래서 제왕에게 가서 조회하지 않은 것이다.

【疏】'孟子將朝王'至'而況不爲管仲者乎'. ○ 正義曰：此章言人君以尊德樂義爲賢, 君子以守道不回爲志者也.

經의 〔孟子將朝王〕에서 〔而況不爲管仲者乎〕까지

○ 正義曰：이 장은 임금은 德을 존숭하고 義를 즐기는 것으로 어짊을 삼고 군자는 道를 지켜서 굽히지 않는 것으로 지조를 삼음을 말한 것이다.

'孟子將朝王, 王使人來曰, 寡人如就見者也'至'得見乎'者, 言孟子自將欲朝見王, 未及行而齊王欲見之, 乃先使人來曰, "寡人如往而就孟子所館處相見, 以其有惡寒之疾, 不可見風, 儻可以來朝見, 而我將視其來朝, 不知可使寡人因此而得見孟子否乎?" 此皆齊王使人而言也.

〔孟子將朝王 王使人來曰 寡人如就見者也〕에서 〔得見乎〕까지

맹자가 스스로 齊王을 조회하려고 하였는데 맹자가 미처 떠나기 전에 齊王이 맹자

를 보고자 하여 먼저 사람을 보내와서 말하기를, "과인이 맹자가 거처하는 집으로 찾아 가서 뵙고자 하였는데 마침 惡寒의 증상이 있어 바람을 쐴 수 없으니, 만약 조회에 나와서 뵐 수 있다면 내 장차 조회를 열겠습니다. 모르겠습니다만 과인으로 하여금 이 기회에 맹자를 뵙게 해 주실 수 있겠습니까?"라고 한 것이다. 이는 모두 齊王이 사람을 시켜 말을 전한 것이다.

'對曰, 不幸而有疾, 不能造朝'者, 王之使人旣已見孟子而導王之言, 孟子乃答王之使人, 亦曰, "我之不幸而有其疾, 不能趨造而朝見王." 以其孟子不喜王欲使來朝, 故云有疾以拒之也.

〔對曰 不幸而有疾 不能造朝〕 왕의 使者가 맹자를 만나서 왕의 말을 전하자 맹자 또한 왕의 사자에게 대답하기를, "내가 불행히도 병이 있어 조정에 나가 왕을 조회할 수 없습니다."라고 하였다. 맹자가 왕이 조회에 나오게 하려는 한 것에 대해 불쾌하게 생각하였기 때문에 병이 있다는 말로 거절한 것이다.

'明日出吊於東郭氏, 公孫丑曰, 昔者辭以病, 今日吊, 或者不可乎'者, 言孟子自辭王以爲疾不能造朝之, 明日乃出吊問於齊大夫東郭氏之家, 其弟子公孫丑問孟子曰, "昨日辭王之使以爲疾不能造朝, 而今日以出吊問於東郭氏, 或者以爲不可出吊."

〔明日出吊於東郭氏 公孫丑曰 昔者辭以病 今日吊 或者不可乎〕 맹자가 왕에게 병 때문에 조회에 나갈 수 없다고 거절을 하고 다음날 齊나라 대부 東郭氏의 집에 弔文을 나가자 제자인 公孫丑가 맹자에게 묻기를, "어제 왕의 使者에게 병 때문에 조회에 나갈 수 없다고 거절해 놓고서 오늘은 동곽씨에게 조문을 나가신다 하니 아마도 조문을 나가서는 안 될 듯합니다."라고 하였다.

'曰昔者疾, 今日愈, 如之何不吊'者, 孟子答公孫丑, 以爲昨日有疾, 今日已差愈, 如之何爲不可吊. 孟子於是往吊之.

〔曰昔者疾 今日愈 如之何不吊〕 맹자가 공손추에게 대답하기를, "어제는 병이 있었다가 오늘은 조금 나았으니 어찌 조문을 가지 않을 수 있겠는가."라고 하였다. 맹자가 그렇게 말하고는 조문을 갔다.

'王使人問疾, 醫來'者, 王見使人回報, 以謂孟子有疾, 乃謂實有疾, 遂遣人問疾, 醫者來問其疾.

〔王使人問疾 醫來〕 왕이 맹자가 병이 있다고 使者가 돌아가 보고한 말을 듣고는 실제 병이 있는 줄 생각하여 使者를 보내 문병을 하고 醫員이 와서 그 증상을 물었다.

'孟仲子對曰, 昔者有王命, 有采薪之憂, 不能造朝. 今疾小愈, 趨造於朝, 我不識能至否乎'者, 孟仲子, 孟子從昆弟, 學於孟子者也. 孟仲子時見王使人問疾, 醫來至, 而孟子已往吊於東郭氏, 乃權其言而答問疾醫者曰, "昨日有王命來使孟子朝, 孟子辭之, 以其有采薪之憂-小疾-, 不能趨造而朝王. 今日病以小愈, 已趨造於王朝, 我不知于今能至於王朝否乎-以爲未曾至乎-."

〔孟仲子對曰 昔者有王命 有采薪之憂 不能造朝 今疾小愈 趨造於朝 我不識能至否乎〕 孟仲子는 맹자의 從兄弟로 맹자에게 배운 사람이다. 孟仲子가 마침 왕이 사람을 시켜 문병을 하고 의원이 도착한 것을 보고는 그때 이미 맹자가 東郭氏에게 조문을 떠난 뒤였으므로 임기응변으로 말을 하여 증상을 묻는 의원에게 대답하기를, "어제 왕명이 내려와 맹자로 하여금 조회에 나오게 하였는데, 맹자가 采薪의 병 -작은 병을 이른다- 이 있어 조정으로 달려가 왕을 조회하지 못했습니다. 그런데 오늘 병이 조금 나아져 조정으로 달려갔는데, 제가 모르겠습니다만 지금쯤 조정에 도착하지 않았겠습니까? -이미 도착하지 않았겠느냐고 말한 것이다- "라고 하였다.

'使數人要於路曰, 請必無歸而造於朝'者, 孟仲子恐孟子歸, 以爲失言, 乃使數人而來告孟子於路曰, "請必無歸, 而趨造於王朝."

〔使數人要於路曰 請必無歸而造於朝〕 孟仲子가, 맹자가 집으로 돌아와 자신의 말이 失言이 될까 두려운 나머지 몇 사람을 보내 길에서 맹자를 만나 "반드시 집으로 돌아오지 마시고 조정으로 달려가소서."라고 고하게 하였다.

'不得已而之景丑氏宿焉'者, 孟子見孟仲子使數人要於路, 乃見迫於仲子之言, 遂不得已而往齊大夫景丑氏之家宿焉. 以其心不欲朝王, 故往景丑氏家宿而已.

〔不得已而之景丑氏宿焉〕 맹자가 孟仲子가 몇 사람을 보내 길에서 고한 말을 듣고서 맹중자의 말에 떠밀려 마침내 어쩔 수 없이 齊나라 대부 景丑氏의 집으로 가서 유숙했다. 마음속으로 왕에게 조회를 가고 싶지 않았으므로 景丑氏의 집으로 가서 유숙한 것이다.

'景子曰, 內則父子, 外則君臣, 人之大倫也. 父子主恩, 君臣主敬, 丑見王之敬子也, 未見所以敬王也'者, 景丑見孟子不造朝, 而乃止其家宿焉, 於是曰, "在閨門之內, 則有父子之親, 出而邦國之外, 則有君臣之義, 此人之大倫, 而不可汩(골)也. 父子則存乎慈孝之恩, 君臣則存乎恭敬之義. 今丑每見王之敬重其子也, 而未嘗見子之所以能尊敬於王也."

〔景子曰 內則父子 外則君臣 人之大倫也 父子主恩 君臣主敬 丑見王之敬子也 未見所以敬王也〕 景丑氏가 맹자가 조정으로 가지 않고 자신의 집에 와서 유숙하는 것을 보고서 이에 맹자에게 말하기를, "閨門의 안에서는 父子之親이 있고 밖으로 나가 邦國에서는 君臣之義가 있으니, 이 둘은 인간에게 가장 중요한 관계로 없어질 수 없는 것입니다. 부자 사이에는 慈孝의 은혜가 존재하고 군신 사이에는 恭敬의 도리가 존재합니다. 그런데 지금 저는 왕이 선생을 공경하는 것은 매번 보아왔지만 선생이 왕을 존경하는 모습은 일찍이 본 적이 없습니다."라고 하였다.

'曰, 惡, 是何言也'至'莫大乎是'者, 孟子答景丑言, 乃歎惜言是何言, 而責我也. 齊人皆無以仁義之道與王言者, 豈以仁義之道爲不嘉美也, 其齊人心已謂是王何足與言仁義之道也. 言爾之不尊敬於王, 莫大乎此者也.

〔曰 惡 是何言也〕에서 〔莫大乎是〕까지

맹자가 景丑氏의 말에 대답하면서 탄식한 말이다. 즉 "도대체 무슨 말로 나를 나무라는 것인가? 齊나라 사람들이 모두 仁義의 道로 왕과 더불어 말하는 이가 없는 것이 어찌 仁義의 道가 아름답지 않다고 여겨서이겠는가. 그것은 齊나라 사람들의 마음속에 이 王이 어찌 仁義의 道를 함께 말할 만한 인물이겠냐고 예전부터 생각한 것이다. 이는 그대들이 왕을 존경하지 않는 것이 이보다 더 큰 것이 없다는 말이다."라고 한 것이다.

'我非堯舜之道, 不敢以陳於王前, 故齊人莫如我敬王也'者, 孟子言"我非是堯舜二帝之道, 則不敢鋪陳於王之前, 故齊人未有如我如此之敬王也." 所謂堯舜之道, 卽仁義之道也.

〔我非堯舜之道 不敢以陳於王前 故齊人莫如我敬王也〕 맹자가 "나는 堯임금과 舜임금의 道가 아니면 감히 왕의 앞에서 말씀을 드리지 않았소. 따라서 齊나라 사람 중에 내가 이렇게 하는 것처럼 왕을 공경하는 사람은 없소."라고 한 것이다. 이른바 堯舜의

道는 仁義의 道를 가리킨다.

'景子曰, 否, 非此之謂也, 禮曰, 父召無諾'至'若不相似然'者, 景丑言否, 我不謂不陳堯舜之道也, 以其禮云父召而子無諾而不至, 君有命召, 不坐待駕. 今子固將欲自朝於王, 而聞王命以遂不果行, 是宜與夫禮若不相似然. 以其有逆此禮也.

〔景子曰 否 非此之謂也 禮曰 父召無諾〕에서 〔若不相似然〕까지

景丑氏가 말하기를, "아닙니다. 저는 堯舜의 道를 말씀드리지 않는 것을 〈不敬이라〉 말한 것이 아닙니다. ≪禮≫에 이르기를, '아버지가 부르면 아들은 대답과 동시에 달려가며 임금이 명령하여 부르면 가만히 앉아 말에 멍에 매기를 기다리지 않는다.'라고 한 것을 가지고 말한 것입니다. 지금 선생님께서는 본래 스스로 왕에게 조회를 가려 하시다가 왕명을 듣고는 마침내 가시지 않으셨으니, 이는 아마도 이 ≪禮≫의 말과는 서로 맞지 않은 듯합니다."라고 한 것이니, 이 ≪禮≫의 말과 상반됨이 있기 때문이다.

'曰, 豈謂是歟, 曾子曰, 晉楚之富'至'是或一道也'者, 孟子又言於景丑曰, 我豈謂是君臣呼召之間乎. 以其曾子言, 晉・楚二君[1]之富, 人不可及也, 然彼既以其富, 我但有吾之仁, 彼既有其爵, 而我但存吾之義, 我何慊-不足-於彼乎哉. 夫晉・楚之富, 豈爲不義. 然於曾子言, 是止於一道而言之也. 一於道而言之, 則曾子所以但言吾仁吾義, 而不慊於晉・楚之富與其爵也. 蓋謂晉・楚於富者, 以其不過有所施而已, 然我之仁固足以有施矣, 晉楚貴於爵者, 以其足以有制而已, 然我之義固足以有制矣, 然則富之與爵, 而仁義得以竝而有焉耳. 此曾子所以一於仁義之道, 而晉・楚富貴不足爲富貴也. 孟子所以執此而語景子者, 意欲以比齊王之有富貴, 亦晉楚之富貴不足爲富貴也, 而我猶曾子, 但以仁義敵之, 何有不足於齊王哉. 此所以不欲朝王之意也.

1) 君 : 閩本, 監本, 毛本에는 '國'으로 되어 있다.(阮元의 〈校勘記〉 참조)

〔曰 豈謂是歟 曾子曰 晉楚之富〕에서 〔是或一道也〕까지

맹자가 또 景丑氏에게 말하기를, "내가 어찌 君臣간에 부르는 일을 가지고 말하겠소. 曾子께서 말씀하시기를, '晉나라와 楚나라 군주의 富는 어느 누구도 미칠 수 없지만, 저들이 자신의 富를 내세우면 나는 단지 나의 仁을 내세울 것이요 저들이 자신의 爵位를 내세우면 나는 단지 나의 義를 내세울 것이니, 내가 어찌 저들보다 부족함〔慊〕이 있겠는가? -「慊」은 부족하게 여기는 것이다- '라고 하셨으니, 진나라와 초나라의 富가 어찌 義

에 맞지 않다고 본 것이겠소? 하지만 증자의 말에는 단지 道 한 가지를 기준으로 말한 것이오."라고 하였다. 道 한 가지를 기준으로 말했으므로 이는 증자는 자신의 仁과 자신의 義가 晉나라와 楚나라 군주의 富와 爵位에 부족함이 없다고 말한 것이다. 대체로 晉나라와 楚나라 군주의 富는 단순히 남에게 베풀 수 있는 여건을 가지고 있는 것에 불과할 뿐이지만 증자의 仁은 본래부터 남에게 베푸는 속성을 그 속에 지니고 있으며, 晉나라와 楚나라 군주의 높은 爵位는 단지 남을 제어하는 힘을 가지고 있을 뿐이지만 증자의 義는 본래부터 남을 제어하는 힘을 그 속에 지니고 있다. 그렇다면 富와 爵位를 仁과 義는 그 속에 함께 지니고 있는 것이 된다. 이것이 바로 증자가 仁義의 道를 하나의 기준으로 삼아 晉나라와 楚나라 군주의 富貴가 진정한 부귀가 되기에 부족하다고 여긴 까닭이다. 맹자가 이 말을 가지고 景子에게 말한 것은, 마음속으로 齊王의 부귀를 진정한 부귀가 되기에 부족한 晉나라와 楚나라 군주의 부귀에 비유하고, 자신은 증자에 비유하여 단지 仁義를 가지고 齊王을 대적하려고 한 것이니, 어찌 齊王에 비해 부족함이 있겠는가? 이 때문에 齊王에게 조회하러 가려고 하지 않은 것이다.

'天下有達尊三'至'惡得有其一而慢其二哉'者, 達, 通也. 孟子又言天下有達尊者有三, 爵一・齒一・德一是也. 自朝廷之間莫如以爵爲之尊, 自鄕黨之間莫如以齒爲之尊, 自輔治其世・長養其民莫如以德爲之尊. 以其朝廷貴貴在爵, 故以爵爲朝廷之所尊, 鄕黨長長在齒, 故以齒爲鄕黨之所尊. 賢者有德, 故以之輔世而佐佑之, 則天下待之而後治, 以之長民, 則天下之民待之而後安, 故以德爲輔世長民之所尊. 今齊王但有其爵, 而安可止以一而慢去其齒・德二者哉. 此孟子所以言齊王不能尊有德之士, 故於景子而云然也.

〔天下有達尊三〕에서 〔惡得有其一而慢其二哉〕까지

'達'은 '두루 통한다'는 의미이다. 맹자가 또 말하기를, "천하에 공통적으로 높이는 것이 세 가지가 있으니, 爵位와 年齒와 德이 그것이오. 조정에서는 작위를 가장 높이 받들고, 향당에서는 연치를 가장 높이 받들고, 세상을 돕고 백성을 돌보는 데는 덕을 가장 높이 받듭니다."라고 하였다. 조정에서 귀하게 여기는 기준이 작위인 까닭에 조정에서는 작위를 가장 높이 받들고, 향당에서 공경하는 기준이 연치인 까닭에 향당에서는 연치를 가장 높이 받든다. 賢者는 덕을 지니고 있으므로 그 덕으로 세상을 도우면 천하가 그로 인해 잘 다스려지고, 그 덕으로 백성을 돌보면 천하의 백성이 그로 인해 편안하게 된다. 그러므로 세상을 돕고 백성을 돌봄에 있어 덕을 가장 높이 받든 것이다. 그런데 지금 齊王은 단지 작위 하나만 가지고 있거늘 어찌 겨우 그 하나를 가지고 연치와 덕의 두 가지를 가지고 있는 사람을 업신여길 수 있겠는가. 이것이 바로 맹자가 齊王이 덕이 있는 사람을 존경하지 못한다고 말한 까닭이다. 그래서 景子에게 그렇게 말한 것이다.

'故將大有爲之君'至'而況不爲管仲者乎'者, 孟子又言故將有大興爲之君, 必有所不可命召之臣, 凡欲有所謀計, 則就而謀, 以其不敢召也. 其尊德樂道, 不如此 -有謀則就而不召- 是不足有大興爲也. 故湯王之於伊尹, 乃就而師之, 然後方敢得而爲臣, 故湯王自七十里而爲天下, 但不待勞而爲之王者. 齊桓公之於管仲, 乃就而師之, 然後方敢得而爲臣, 故桓公亦不勞而爲諸侯之霸者. 今天下於齊國, 其地亦有類於湯・桓, 其德又與湯・桓齊等, 其未能有相加尙者, 無他事焉, 但(湯・桓)[2]好受臣其所教, 而(齊王)[3]不好臣其所受教也. 夫以湯王之於伊尹, 齊桓之於管仲, 則不敢召而見之. 管仲, 霸者之佐, 且猶尙不可召見之, 而況我不爲管仲者乎. 此孟子所以見齊王之召已, 是以不往而見也.

2) (湯・桓) : 문맥상 연결이 되지 않아 衍文으로 처리하였다.
3) (齊王) : 문맥상 연결이 되지 않아 衍文으로 처리하였다.

〔故將大有爲之君〕에서 〔而況不爲管仲者乎〕까지

맹자가 또 말하기를, "그렇기 때문에 장차 큰일을 하려는 임금에게는 반드시 부르지 못하는 신하가 있으니, 만약에 일을 상의하고자 한다면 직접 그에게 찾아가 상의하였소. 감히 그를 부르지 못했기 때문이오. 德을 존숭하고 道를 즐기는 것이 이와 같지 않다면 -상의할 일이 있으면 부르지 않고 직접 찾아가는 것을 말한다.- 큰일을 이룩할 수 없소. 그러므로 湯王이 伊尹에게 직접 찾아가 스승으로 삼은 뒤에야 감히 신하로 삼았기 때문에 탕왕이 70리의 땅에서 일어나 천하를 다스렸으되 힘들이지 않고 王者가 되었으며, 齊 桓公이 管仲에 대해 직접 찾아가 스승으로 삼은 뒤에 감히 신하로 삼았기 때문에 환공 또한 힘들이지 않고 諸侯의 패자가 되었소. 지금 천하에서 齊나라의 상황은 그 영토도 탕왕・환공과 비슷하고 그 덕도 탕왕・환공과 대등한데 그들만큼 뛰어나지 못한 것은 다른 이유가 있는 것이 아니라, 단지 자신이 가르칠 수 있는 인물을 신하로 삼기를 좋아하고 자신이 가르침을 받을 만한 인물을 신하로 삼기를 좋아하지 않기 때문이오. 탕왕의 입장에서는 이윤을, 제 환공의 입장에서는 관중을 감히 불러서 만나지 못하였소. 관중은 霸者를 보좌한 인물인데도 오히려 불러서 만나지 못하였거늘 하물며 나같이 관중처럼 되기를 바라지 않는 사람이겠소."라고 하였다. 이는 맹자가 제왕으로부터 자신을 부르는 대우를 받았기 때문에 왕에게 가서 만나보지 않은 것이다.

【疏】 ○ 注云'東郭氏 齊大夫家也' ○ 正義曰：東郭者, 齊國之東地, 號爲東郭也. 經云'卒之東郭墦間之祭者',[1] 則東郭是齊國之東地也. 氏者, 未詳其人. 注云'齊大夫家也', 以理測之, 孟子之所以吊問者, 必齊之賢大夫也. 如非大夫之等, 孟子亦何由而吊之.

1) 卒之東郭墦間之祭者：≪孟子≫〈離婁 下〉齊人有一妻一妾章에 나오는 말이다.

○ 注의〔東郭氏 齊大夫家也〕

○ 正義曰：東郭은 齊나라의 동쪽 땅이므로 동곽이라 부른 것이다. 經文에 "마침내 東郭의 무덤에서 제사를 지내는 사람에게 찾아갔다"고 한 것으로 보아 동곽은 제나라의 동쪽 땅이다. '氏'로 지칭한 인물이 누구인지는 미상이다. 注에 "제나라 大夫의 집안이다"라고 하였으니, 이치로 추측해 보건대 맹자가 조문을 한 사람이라면 필시 제나라의 어진 대부일 것이다. 대부와 동등한 지위가 아니라면 맹자가 무슨 이유로 조문을 갔겠는가.

【疏】 ○ 注'孟仲子 孟子之從昆弟而學於孟子者也' ○ 正義曰：未詳, 以理推之, 則與孟子同姓, 必孟子從昆弟而學於孟子者也.

注의〔孟仲子 孟子之從昆弟而學於孟子者也〕

○ 正義曰：미상이다. 이치로 추측해 보건대 맹자와 같은 姓이니, 필시 맹자의 종형제로 맹자에게 배운 사람일 것이다.

【疏】 ○ 注'景丑氏 齊大夫' 亦未詳其人也.

注의〔景丑氏 齊大夫〕

이 또한 누구를 가리키는지 미상이다.

3. 陳臻이 問曰 前日於齊에 王이 餽(궤)兼金一百而不受하더시니 於宋에 餽七十鎰(일)而受하시고 於薛에 餽五十鎰而受하시니 前日之不受是면 則今日之受非也오 今日之受是면 則前日之不受非也니 夫子必居一於此矣시리이다

陳臻이 물었다. "지난번에 齊나라에서 왕이 兼金 100鎰을 보내주었는데 받지 않으시더니, 宋나라에서는 70鎰을 보내주자 이를 받으셨고, 薛나라에서는 50鎰을 보내주자 받으셨습니다. 지난번에 받지 않은 것이 옳았다면 이번에 받은 것은 잘못한 것이고 이번에 받은 것이 옳다면 지난번에 받지 않은 것은 잘못한 것입니다. 선생님께서는 반드시 이 가운데 어느 한 가지에 해당될 것입니다."

【注】陳臻은 孟子弟子라 兼金은 好金也니 其價兼倍於常者라 故로 謂之兼金이라하니라 一百은 百鎰也라 古者에 以一鎰로 爲一金하니 一鎰은 是爲二十四兩也[1]라 故로 云兼金一百은 百鎰也라

1) 一鎰 是爲二十四兩也：廖本, 考文古本과 〈梁惠王 下〉 爲巨室章의 注에는 1鎰이 20兩으로 되어 있어 서로 일치하지 않는다.

陳臻은 맹자의 제자이다. 兼金은 좋은 金이니, 그 가치가 일반 金보다 兼倍, 즉 갑절이 되므로 兼金이라 한 것이다. 一百은 100鎰이다. 옛날에 1鎰로 1金을 삼았으니 1鎰은 24兩이다. 그러므로 '兼金一百'이라 한 것은 100鎰을 말한다.

孟子曰 皆是也니라 當在宋也하여는 予將有遠行이러니 行者는 必以贐(신)이라 辭曰餽贐이어니 予何爲不受리오

맹자가 대답했다. "모두 옳은 일이다. 宋나라에 있을 때에는 내가 장차 먼 길을 여행할 예정이었다. 여행을 떠나는 사람에게는 반드시 전별금을 주는 예가 있는데, 전별금으로 보내는 것이라고 말을 하였으니 내가 무슨 이유로 받지 않겠는가.

【注】贐은 送行者贈賄之禮也니 時人謂之贐이라

'贐'은 여행을 떠나는 사람에게 선물을 주는 예이다. 당시 사람들이 이를 '贐(전별금)'이라 하였다.

當在薛也하여는 予有戒心이러니 辭曰 聞戒故로 爲兵餽之라하니 予何爲不受리오

薛나라에 있을 때에는 내가 경계하는 마음을 품고 있었는데, 경계하는 마음을

품고 있다는 말을 들었기 때문에 兵備를 갖출 수 있도록 보내는 것이라고 말을 하였으니, 내가 무슨 이유로 받지 않겠는가.

【注】 戒는 有戒備不虞之心也라 時有惡人欲害孟子하니 孟子戒備라 薛君이 曰 聞有戒하니 此金可鬻(육)以作兵備라 故로 餽之라하니 我何爲不受也리오

'戒'는 뜻밖의 사태를 경계하여 대비하는 마음을 품고 있는 것이다. 당시 惡人이 맹자를 해치려고 하여 맹자가 이를 경계하여 대비하고 있었다. 薛나라 임금이 말하기를, "경계하는 마음을 품고 있다는 말을 들었으니, 이 金이면 팔아서 兵備를 갖출 수 있겠기에 보내드립니다."라고 하였으니, 내가 무슨 이유로 받지 않겠는가.

若於齊則未有處也하니 無處而餽之면 是貨之也니 焉有君子而可以貨取乎리오

제나라에 있을 때에는 해당하는 사유가 없었다. 해당되는 사유가 없는데 보내주면 이는 재물로 매수하는 것이다. 어찌 군자가 되어 재물에 매수당할 수 있겠는가."

【注】 我在齊時엔 無事하니 於義에 未有所處也라 義無所處而餽之하니 是는 以貨財取我하여 欲使我懷惠也니 安有君子而可以貨財見取之乎아 是其禮當其可也[1]라

1) 是其禮當其可也 : 廖本, 孔本, 韓本, 考文古本에는 이 7자가 없다.(阮元의 〈校勘記〉 참조)

내가 제나라에 있을 때에는 아무 일이 없었으므로 명분상으로 해당하는 사유가 없었다. 명분상 해당하는 사유가 없는데 보내 주었으니, 이는 재물로 나를 매수하여 나의 환심을 사려고 하는 것이다. 어찌 군자가 되어 재물에 매수당할 수 있겠는가. 이는 올바른 예에 해당한다.

【疏】 '陳臻問曰'至'可以貨取乎' ○ 正義曰 : 此章言取與之道, 必得其禮, 於其可也, 雖少不辭, 義之無處, 兼金不顧也. '陳臻問曰, 前日於齊王餽兼金一百而不受'至'必居一於此矣'者, 陳臻, 孟子弟子也. 問孟子, 前日於齊王之所而齊王餽賜兼金百鎰而不受, 於宋國但餽以七十鎰而受之, 於薛國餽以五十鎰而受之, 如爲前日在齊不受百鎰是, 則今日之受宋七十鎰爲非也. 如今日之受宋七十鎰爲是, 則前日在齊不受一百鎰爲非也. 夫子於此三者之間, 必居一於此矣.

經의 〔陳臻問曰〕에서 〔可以貨取乎〕까지

○ 正義曰 : 이 장은 주고받음에 있어 반드시 그 예법에 맞게 해야 하므로 그것이 옳다면 아무리 작은 것이라도 사양하지 않았으며 명분상 해당하는 사유가 없으면 兼金을 주더라도 돌아보지 않았음을 말한 것이다.

〔臻問曰 前日於齊王餽兼金一百而不受〕에서 〔必居一於此矣〕까지

陳臻은 맹자의 제자이다. 맹자에게 묻기를, "지난번에 齊王의 처소에 있을 때는 齊王이 兼金 100鎰을 보내주었는데 받지 않으시더니 宋나라에서는 단지 70鎰만 보냈는데도 이를 받으셨고 薛나라에서는 50鎰만 보냈는데도 받으셨습니다. 만약 지난번 齊나라에 있을 때 100鎰을 받지 않은 것이 옳았다면 이번에 宋나라에서 70鎰을 받은 것은 잘못한 것이고, 이번에 宋나라에서 70鎰을 받은 것이 옳다면 지난번에 齊나라에서 100鎰을 받지 않은 것은 잘못한 것입니다. 선생님께서는 이 세 가지 중에 반드시 어느 한 가지에 해당될 것입니다."라고 한 것이다.

'孟子曰皆是也'至'而可以貨取乎'者, 孟子答弟子陳臻, 以爲此三者之間, 受與不受之所皆是也, 無有非也. 言我在宋之時, 以其我將有遠行, 行者必以有贐, 故餽之者乃爲之辭曰餽贐, 我何爲不受? 是所以受之也, 而不爲非也. -贐, 送行者之賄也.- 我當在薛之時, 我有戒不虞之心, 以其時人欲害孟子也, 餽之者乃爲之辭曰, 聞孟子有戒, 欲以此金餽之, 可爲兵備之用也. 如此, 我何爲不受. 是所以受之也. 若於齊之時, 其以無事於我, 未有所處於我, 未有所處而餽我以金, 是以貨財見取於我也, 安有君子而可以貨取之乎. 是所以於齊不受百鎰亦爲是也. 云有處·未有處者, 如宋以遠行乃以贐爲餽, 於薛有戒乃以兵爲餽, 是皆若有處以餽之也. 於齊亦無遠行, 亦無戒備, 餽之者亦無以辭處之而餽, 於我亦無有辭處而受之故也.

〔孟子曰皆是也〕에서 〔而可以貨取乎〕까지

맹자가 제자인 陳臻에게 답하기를, "이 세 가지 상황에서 받거나 받지 않은 것이 모두 옳았으며 잘못한 것이 없다. 내가 宋나라에 있을 때에는 내가 먼 길을 여행할 예정이었고 여행을 떠나는 사람에게는 반드시 전별금을 주는 예가 있다. 그래서 보내는 이가 전별금으로 보내는 것이라고 말을 하였으니, 내가 무슨 이유로 받지 않겠는가. 이 때문에 받은 것이며 잘못한 것이 아니다. -'贐'은 여행을 떠나는 사람에게 주는 선물이

다.- 내가 薛나라에 있을 때에는 뜻밖의 사태를 경계하는 마음을 품고 있었으니, 당시 사람이 맹자를 해치려고 하였기 때문이다. 그래서 보내는 사람이 이에 '맹자께서 경계하는 마음을 품고 있다는 말을 듣고서 이 金을 보내어 兵備의 비용으로 쓰게 하고 싶다.'고 하였다. 이러한 상황이었으니, 내가 무슨 이유로 받지 않겠는가. 이 때문에 받은 것이다. 齊나라에 있을 때에는 나에게 아무 일도 없었으므로 나에게 해당하는 사유가 없었다. 해당하는 사유가 없는데 나에게 金을 보내주었으니, 이는 재물로 나를 매수하는 것이다. 어찌 군자가 되어 재물에 매수당할 수 있겠는가. 이 때문에 제나라에서 100鎰을 받지 않은 것이니 그 역시 옳은 일이다."라고 한 것이다. 해당하는 사유가 있다거나 없다고 한 것은, 이를테면 宋나라에서는 먼 길을 떠나기 때문에 전별금으로 보내주었고, 薛나라에서는 경계하는 마음을 품고 있었으므로 兵備를 갖추도록 보내준 것이 모두 해당하는 사유가 있어서 보내준 것과 같다. 하지만 齊나라에서는 먼 길을 떠나는 일도 없었고 경계하여 대비할 일도 없었으므로, 보내 주는 사람 또한 해당하는 사유를 말하지 않고 보냈고 맹자의 입장에서도 해당 사유를 말하고 받을 수 없었기 때문이다.

【疏】 ○ 注云'陳臻孟子弟子'至'二十四兩'. ○ 正義曰：云弟子者, 蓋時有所問於孟子者, 卽知爲弟子也. 如非弟子, 又安得有問於孟子. 云二十四兩爲鎰, 案國語有云, "二十四兩爲鎰, 又鄭注之文亦然.

○ 注의 〔陳臻孟子弟子〕에서 〔二十四兩〕까지

○ 正義曰：弟子라고 한 것은 당시 맹자에게 질문한 것이 있기 때문에 그가 제자임을 알 수 있다. 제자가 아니라면 어찌 맹자에게 질문을 할 수 있었겠는가. 24兩을 1鎰이라고 하였는데, ≪國語≫에, "24兩이 1鎰이다." 하였고 鄭玄의 注에서도 그렇게 되어 있다.

4. 孟子之平陸하사 謂其大夫曰 子之持戟之士가 一日而三失伍[1])면 則去之아 否乎아

1) 持戟之士 一日而三失伍：'伍'에 대해 趙岐는 '行伍'로, 朱熹는 '行列'로 주해하여 군대의 일반적인 隊伍로 이해하였으나 孫奭은 持戟之士가 통솔하는 병사 다섯 명으로 구성된

군대의 최소 조직〔五人爲伍〕으로 주해하였다. 조기와 주희의 견해를 따르면 이 구절은 지극지사가 하루에 세 번 대오를 이탈하는 것이 되고, 손석의 견해를 따르면 持戟之士가 통솔하는 부하 병사 중에 누군가가 세 번 대오를 이탈하여 다섯 명의 伍가 갖추어지지 않는 것이 된다.

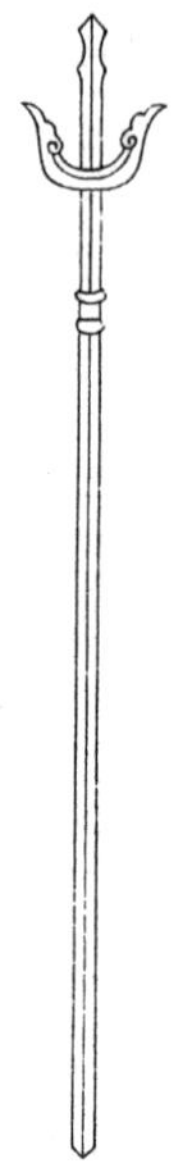

戟

맹자가 平陸에 가서 그곳을 다스리는 대부에게 물었다. "그대의 戰士가 하루에 세 차례 隊伍를 이탈한다면 그를 죽이겠소? 그대로 두겠소?"

【注】平陸은 齊(之)〔下〕[1]邑也라 大夫는 居邑大夫也라 持戟은 戰士也라 一日三失其行伍 則去之아 否乎아라한대 去之는 殺之也니 (以)〔戎〕[2]昭果毅라

1) (之)〔下〕: 저본에는 '之'로 되어 있으나, 廖本, 孔本, 韓本, 考文古本에 의거하여 '下'로 바로잡았다.(阮元의 〈校勘記〉 참조)
2) (以)〔戎〕: 저본에는 '以'로 되어 있으나, 廖本, 孔本, 韓本에 의거하여 '戎'으로 바로잡았다.

'平陸'은 齊나라 下邑이다. 大夫는 고을을 다스리는 대부이다. '持戟'은 戰士이다. "하루에 세 차례 대오를 이탈한다면 그를 죽이겠소? 그대로 두겠소?"라고 하였는데, 여기서 '去之'는 죽인다는 뜻이니, 전쟁에서 과단성을 분명하게 보인 것이다.

曰 不待三이니이다

대부가 대답했다. "세 차례까지 기다리지 않겠습니다."

【注】大夫曰 一失之則行罰이요 不及待三失伍也라

대부가 대답하기를, "한 차례라도 이탈하면 처벌할 것이니, 세 차례나 대오를 이탈할 때까지 기다리지 않겠습니다."라고 한 것이다.

然則子之失伍也亦多矣로다 凶年饑歲에 子之民이 老羸(리)는 轉於溝壑하고 壯者는 散而之四方者 幾千人矣[1]라

1) 幾千人矣 : ≪孟子諺解≫에서는 '幾'를 의문사로 보아 '몇 천 명인가?'로 해석하였으나, 孫奭은 '거의 1천 명에 가깝다'는 의미로 해석하였다.

맹자가 말했다. "그렇다면 그대가 대오를 이탈한 것이 또한 여러 번 있었소.

흉년으로 기근이 심했던 해에 그대의 백성 가운데 노약자들은 그 시체가 구렁텅이에 나뒹굴었으며, 건장한 자들은 뿔뿔이 흩어져서 사방으로 도망간 사람이 거의 1천 명에 가깝소."

【注】轉은 轉尸於溝壑也니 此則子之失伍也라

'轉'은 구렁텅이에 시체가 나뒹구는 것이니, 이것이 바로 '그대가 대오를 잃은 것'이다.

曰 此非距心之所得爲也니이다

대부가 대답했다. "이는 距心이 할 수 있는 일이 아닙니다."

【注】距心은 大夫名이라 曰 此乃齊王之大[1]政이라 不肯賑窮하니 非我所得專爲也라

1) 大 : 이 注를 인용한 朱熹의 ≪孟子集註≫에는 '失'로 되어 있다.

距心은 대부의 이름이다. 그가 말하기를, "이는 齊王이 행하는 國政으로 곤궁한 백성을 진휼하려 들지 않은 것이니, 내가 마음대로 할 수 있는 일이 아닙니다."라고 한 것이다.

曰 今有受人之牛羊而爲之牧之者면 則必爲之求牧與芻矣리니 求牧與芻而不得이면 則反諸其人乎아 抑亦立而視其死與아

맹자가 말했다. "지금 남의 소와 양을 맡아서 기르는 사람이 있다면 그는 반드시 소와 양을 위해 목장과 목초를 찾기 마련이오. 만약 목장과 목초를 찾다가 찾지 못하면 그 주인에게 돌려주어야 하겠소? 아니면 소와 양이 죽어가는 것을 가만히 지켜보고만 있어야 하겠소?"

【注】牧은 牧地라 以此로 喩距心不得自專이면 何不致爲臣而去乎며 何爲立視民之死也아

'牧'은 牧地이다. 이 말을 가지고 '距心이 자기 마음대로 할 수 없었다면 어찌 신하의 직책을 돌려주고 떠나지 않았으며 어찌 백성들이 죽어가는 모습을 가만히 지켜보고만 있었는가.'라는 뜻을 비유적으로 표현한 것이다.

曰 此則距心之罪也로소이다

대부가 대답했다. "이는 距心의 잘못입니다."

【注】距心自知以不去位爲罪者[1]也.

1) 者 : 廖本, 孔本, 韓本, 考文古本에는 없다.(阮元의 〈校勘記〉 참조)

거심이 자신의 직위를 버리지 못한 것이 잘못한 일임을 스스로 안 것이다.

他日에 **見於王曰 王之爲都者**를 **臣知五人焉**이로니 **知其罪者**는 **惟孔距心**이러이다하시고 **爲王誦之**하신대 **王曰 此則寡人之罪也**로소이다

맹자가 훗날에 왕을 만나 말하기를, "왕의 都를 다스리는 사람 가운데 신이 다섯 사람을 알고 있는데, 자신의 잘못을 알고 있는 사람은 孔距心 뿐이었습니다."라고 하고는 왕에게 그 말을 해주니, 왕이 말하기를, "이는 과인의 잘못입니다."라고 하였다.

【注】孔은 姓也라 爲都는 治都也니 邑有先君之宗廟曰都라 誦은 言也니 爲王言〔所與〕[1]孔距心語者也라 王知本之在己라 故受其罪也라

1) 〔所與〕 : 저본에는 '所與'가 없으나, 廖本, 孔本, 韓本, 考文古本에 의거하여 보충하였다.(阮元의 〈校勘記〉 참조)

'孔'은 姓이다. '爲都'는 都를 다스리는 것이다. 邑 가운데 先君의 宗廟가 있는 邑을 '都'라고 한다. '誦'은 말해주는 것이다. 왕을 위해 孔距心과 나눈 대화 내용을 말해준 것이다. 왕이 근본적인 책임이 자신에게 있음을 알았으므로 그 잘못을 받아들인 것이다.

【疏】'孟子之平陸'至'寡人之罪也'. ○ 正義曰 : 此章言人臣以道事君, 否則奉身以退也[1] '孟子之平陸, 謂其大夫曰, 子之持戟之士, 一日而三失伍, 則去之否乎'者, 孟子往齊平陸之邑, 謂其邑之大夫曰, 子之持戟之戰士, 一日三次失其行伍, 則殺之否乎.

1) 此章言人臣以道事君 否則奉身以退也 : 北京大本에는 章指를 "이 장의 章指는 다음과 같다. 신하가 道로써 임금을 섬기되 뜻한 대로 되지 않으면 자신의 소신을 지켜 물러난다. ≪詩經≫에서 '저 君子여 공밥 먹지 않는도다.'라고 하였는데, 이는 하는 일없

이 봉록을 받아먹지 않는 것을 말한다.〔此章指言人臣以道事君 否則奉身以退 詩云彼君子兮 不素餐兮 言不尸其祿也〕"라고 하였다.

經의 〔孟子之平陸〕에서 〔寡人之罪也〕까지

○ 正義曰：이 章은 신하가 道로써 임금을 섬기되 뜻한 대로 되지 않으면 자신의 소신을 지켜 물러나는 것을 말한 것이다.

〔孟子之平陸 謂其大夫曰 子之持戟之士 一日而三失伍 則去之否乎〕 맹자가 齊나라 平陸 고을에 가서 그 고을을 다스리는 大夫에게 말하기를, "창을 든 그대의 戰士가 하루에 세 차례 그 伍를 잃는다면 그를 죽이겠소? 그대로 두겠소?"라고 하였다.

'曰不待三'者, 邑大夫答孟子, 以爲不待三次失行伍也. 言一次失行伍則殺之也.

〔曰不待三〕 고을을 다스리는 大夫가 맹자에게 세 차례 伍를 잃을 때까지 기다리지 않겠다고 대답하였으니, 이는 한 차례라도 伍를 잃으면 죽이겠다는 말이다.

'然則子之失伍也亦多矣, 凶年飢歲, 子之民老羸轉於溝壑, 壯者散而之四方者幾千人矣'者, 凶年飢歲, 子之邑民老羸弱者皆轉乎溝壑, 壯健者皆散而奔往於四方者, 幾近於一千人矣. 此孟子首以持戟之士失伍比之, 欲終以此諷之故也. 蓋軍法以五人爲伍, 而以下士一人爲之長, 則持戟之士, 伍長之士也, 所以保衛其伍者也, 不能保衛其伍, 故一日三失伍, 此不稱其職也. 如齊之平陸大夫, 所以保衛其邑之民, 不能保衛其邑之民, 故老弱轉溝壑, 壯者散四方, 其亦不稱職也. 孟子故以此喩而終歸諷之.

〔然則子之失伍也亦多矣 凶年飢歲 子之民老羸轉於溝壑 壯者散而之四方者幾千人矣〕 흉년으로 기근이 심했던 해에 그대 고을의 백성 가운데 노약자들은 모두 구렁텅이에 나뒹굴었고 건장한 자들은 모두 뿔뿔이 흩어져서 사방으로 도망을 간 자가 거의 1천 명에 가까웠다. 여기에서 맹자가 첫머리에 창을 든 전사가 伍를 잃은 것을 비유로 든 것은 끝머리에 이 말로 풍자하기 위함이었다. 대체로 軍法에서 다섯 사람을 묶어 '伍'라 하고 下士 한 사람을 그 長으로 삼았으니, 창을 든 전사〔持戟之士〕는 1개 伍의 長을 맡은 전사로 그 伍를 保衛하는 책임을 지고 있다. 그런데 그 伍를 제대로 보위하지 못하여 하루에 세 차례나 伍를 잃었으니, 이는 그 직책에 걸맞지 않는 것이다. 마찬가지로 齊나라 平陸의 大夫는 그 고을 백성들을 保衛할 책임이 있는데도 그 고을 백성들을 제대로 보위하지 못하여 노약자들은 구렁텅이에 나뒹굴고 건장한 자들은 사방으로 뿔

뿔이 흩어졌으니, 그 또한 직책에 걸맞지 않는 것이다. 맹자가 일부러 이것으로 비유하여 끝에 가서 풍자한 것이다.

'曰, 此非距心之所得爲也'者, 距心, 齊大夫之名也. 距心言是其齊王行政, 故不肯發倉廩而賑救其民, 非我所得而專爲者也.

〔曰此非距心之所得爲也〕 距心은 齊나라 大夫의 이름이다. 距心이 말하기를, "이는 齊王이 행하는 정사이기 때문에 창고를 열어 백성들을 진휼하려 들지 않은 것으로, 내가 마음대로 할 수 있는 일이 아니다."라고 하였다.

"曰, 今有受人之牛羊而爲之牧之者, 則必爲之求牧與芻矣, 求牧與芻而不得, 則反諸其人乎, 抑亦立而視其死與"者, 孟子又以此比喩而歸諷之也, 言今有受人之牛羊而爲牧養者, 則必於牛羊之主求其牧養之芻草矣. 求牧養與芻草而不得[2], 則歸反還於其主乎? 抑亦但立視牛羊之死, 而不爲求牧與芻草歟? 故以比喩而諷問之.

2) 必於牛羊之主求其牧養之芻草矣 求牧養與芻草而不得 : 내용의 전후 맥락으로 볼 때 문장이 불완전한 것으로 보인다.

〔曰今有受人之牛羊而爲之牧之者 則必爲之求牧與芻矣 求牧與芻而不得 則反諸其人乎 抑亦立而視其死與〕 맹자가 다시 이것으로 비유하여 끝에 가서 풍자한 것이다. 지금 남의 소와 양을 맡아서 牧養하는 사람이 있다면 반드시 소와 말의 주인에게 牧地와 芻草를 구한다. 목지와 추초를 구하다 얻지 못하면 끝내 그 주인에게 되돌려 주어야 하겠는가? 아니면 소와 말이 죽어가는 것을 가만히 지켜보기만 하고 목지와 추초를 구하지 않아야 하겠는가? 그러므로 비유를 들어 풍자해 물은 것이다.

'曰此則距心之罪也'者, 距心因孟子以此比喩, 乃自知以不去位爲罪也.

〔曰此則距心之罪也〕 距心이 맹자가 이 말로 비유한 것으로 인해 직위를 떠나지 않은 것이 잘못인 줄을 스스로 깨달았다.

'他日, 見於王曰, 王之爲都臣者, 臣知五人焉'至'此則寡人之罪也'者, 言他日(距心自)[3]見於王曰, 王之治都之臣者, 臣知五人焉, 然於此五人之中, 能知其有罪者, 惟孔距心. 故爲王言誦之. 孔, 距心之姓也. 王亦自知治都之臣有其罪者, 以其本皆自於己,故云此則寡人之罪也.

3) (距心自) : 저본에는 '距心自'가 있으나, 阮元의 校勘記에 의거하여 衍文으로 처리하였다.

〔他日 見於王曰 王之爲都臣者 臣知五人焉〕에서 〔此則寡人之罪也〕까지

훗날 왕을 만나 말하기를, "都를 다스리는 왕의 신하 가운데 臣이 다섯 사람을 알고 있습니다만 이 다섯 사람 가운데 자신의 잘못을 아는 사람은 孔距心 뿐입니다."라고 하였다. 그런 까닭에 왕에게 그 말을 해 준 것이다. 孔은 距心의 姓이다. 왕 또한 都를 다스리는 신하에게 그 잘못이 있다는 것을 스스로 알고 있었지만, 근본적인 책임이 모두 자신에게 있었으므로 "이는 과인의 잘못이다"라고 말한 것이다.

【疏】 ○ 注'邑有先君之宗廟曰都' 至'不素餐兮'[1] ○ 正義曰 : 周禮云, "都鄙"[2] 鄭注云, "都之所居曰鄙. 都鄙, 公卿大夫之采邑, 王子弟[3]所食邑, 周・召・毛・聃・畢・原之屬, 在畿內者, 祭祀其先君社稷者也." 云"彼君子兮, 不素餐兮"者, 詩・國風・伐檀之篇文也. 箋[4]云, "彼君子者, 斥伐檀之人, 仕有功者, 乃肯受祿." 毛氏[5]云, "孰食曰餐." 箋云, "如魚餐之餐."[6]

1) 至不素餐兮 : 監本과 毛本에는 이 5字가 刪去되어 있다. 阮元은 이 5자는 章指(北京大本 수록)의 글이 잘못 들어간 것으로 보았다.(阮元의 〈校勘記〉 참조)
2) 周禮云 都鄙 : ≪周禮≫ 〈天官 大宰〉에, "八則으로 都鄙를 다스린다〔以八則治都鄙〕"라고 한 것을 가리킨다.
3) 子弟 : 저본에는 '弟子'로 되어 있으나, ≪周禮注疏≫에 의거하여 '子弟'로 바로잡았다.
4) 箋 : 鄭玄의 주석을 가리킨다.
5) 毛氏 : ≪詩經≫의 주석서인 ≪毛傳≫, 즉 ≪毛詩≫의 저자 毛亨과 毛萇을 가리킨다.
6) 云彼君子兮……如魚餐之餐 : 監本과 毛本에는 이 52字가 刪去되어 있다.(阮元의 〈校勘記〉 참조)

注의 〔邑有先君之宗廟曰都〕에서 〔不素餐兮〕까지

○ 正義曰 : ≪周禮≫에서 '都鄙'를 언급하였는데, 이에 대한 鄭玄의 注에 "都에서 사람이 거주하는 곳을 鄙라 한다. 都鄙는 公卿大夫의 采邑이고 王의 子弟에게 내린 食邑이다. 周・召・毛・聃・畢・原 등과 같이 畿內에 소재하면서 先君과 社稷에 제사를 지내는 고을이다."라고 하였다. "저 君子여 공밥 먹지 않는도다."라고 한 것은 ≪詩經≫ 國風의 〈伐檀〉편에 나오는 말이다. 그 箋에 이르기를, "저 君子는 박달나무를 베는 사람을 가리킨다. 功이 있는 사람을 벼슬시키면 봉록을 기꺼이 받을 것이다."라고 하였

다. 毛氏가 이르기를, "익혀 먹는 것을 '餐'이라 한다."라고 하였는데, 그 箋에 "魚餐의 '餐'과 같은 것이다."라고 하였다.

5. 孟子謂蚳鼃(지와)曰 子之辭靈丘而請士師 似也는 爲其可以言也니 今旣數月矣로되 未可以言與아

맹자가 蚳蛙에게 말했다. "그대가 靈丘를 사양하고 士師를 청한 것이 이치에 맞는 듯하니, 그 자리가 〈왕에게〉 말을 할 수 있기 때문이오. 그런데 지금 벌써 몇 달이 지났는데 아직도 아무 말도 하지 못했소?"

【注】 蚳鼃는 齊大夫라 靈丘는 齊下邑이라 士師는 治獄官也라 周禮士師에 曰 以五戒로 先後刑罰[1)]하여 (無)〔毋〕[2)]使罪麗於民이라하니라 孟子見蚳鼃辭外邑大夫하고 請爲士師하여 知其欲近王以諫正刑罰之不中者러니 數月而不言이라 故로 曰 未可以言歟아하여 以感責之也라

1) 以五戒 先後刑罰 : '五戒'는 다섯 가지의 경계하는 말로 誓, 誥, 禁, 糾, 憲을 가리키며, '先後'는 서로 돕는다〔相助〕는 뜻으로 앞뒤에서 인도하여 예방한다는 의미를 담고 있다. ≪書經≫에 수록된 誓의 예로는 甘誓, 湯誓, 泰誓, 牧誓, 費誓, 秦誓 등이 있고, 誥의 예는 仲虺之誥, 湯誥, 酒誥, 召誥, 洛誥, 大誥, 康誥 등이 있다.
2) (無)〔毋〕 : 저본에는 '無'로 되어 있으나 ≪周禮≫의 원문 및 岳本, 廖本, 孔本, 韓本에 의거하여 '毋'로 바로잡았다.

蚳蛙는 齊나라 大夫이다. 靈丘는 제나라 下邑이다. 士師는 獄事를 다스리는 관리이다. ≪周禮≫ 〈士師〉에 이르기를, "五戒로 刑罰을 보조함으로써 백성이 罪에 걸려들지 않게 한다"라고 하였다. 맹자가, 蚳蛙가 外邑의 大夫 자리를 사양하고 士師가 되기를 청한 것을 보고서 그가 왕을 가까이 모심으로써 형벌이 법도에 맞지 않게 시행되는 것을 간언하여 바로잡으려고 한 것인 줄 알았는데, 몇 달이 지나도록 아무런 말도 하지 않았다. 그래서 "아직도 아무 말도 하지 못했소?"라는 말로 자극을 주어 질책한 것이다.

蚳鼃諫於王而不用이어늘 致爲臣而去한대

지와가 왕에게 간언을 하였으나 받아들여지지 않자 신하 자리를 내놓고 떠났다.

【注】 三諫不用이면 致仕而去[1)]라

1) 三諫不用 致仕而去 : 劉向의 ≪說苑≫ 〈正諫〉편에 "세 번 간언을 하여 받아들여지지 않으면 떠난다. 떠나지 않으면 목숨을 잃게 되니, 목숨을 잃게 될 행동을 仁人은 하지 않는다.〔三諫而不用則去, 不去則身亡, 身亡者仁人所不爲也〕"라고 하였다.

세 번 간언을 해서 받아들이지 않으면 벼슬을 그만두고 떠난다.

齊人曰 所以爲蚳鼃則善矣어니와 所以自爲則吾不知也로라

齊나라 사람이 말했다. "蚳蛙를 위해 말을 한 것은 좋았으나 자신을 위한 처신에 대해서는 내가 이해하지 못하겠다."

【注】 齊人論者譏孟子爲蚳鼃謀하여 使之諫不用[1)]而去則善矣나 不知自諫不用而不去라 故로 曰 我不見其自爲謀者라하니라

1) 不用 : 廖本, 孔本, 韓本, 考文古本에는 이 2자가 없다.(阮元의 〈校勘記〉 참조)

제나라의 論者가 기롱하기를, "맹자가 蚳蛙를 위해 도모하여 그로 하여금 간언이 받아들여지지 않자 떠나게 한 것은 잘한 일이다. 하지만 자신의 간언이 받아들여지지 않았음에도 떠나지 않은 것은 이해하지 못하겠다."라고 하였다. 그래서 "그가 자신을 위해 도모하는 것을 내가 보지 못했다."라고 한 것이다.

公都子以告한대

公都子가 이 말을 맹자에게 고하자,

【注】 公都子는 孟子弟子也니 以齊人語告孟子也라

公都子는 맹자의 제자이다. 齊나라 사람의 말을 맹자에게 고한 것이다.

曰 吾聞之也하니 有官守者는 不得其職則去하고 有言責者는 不得其言則去라하니 我無官守하며 我無言責也하니 則吾進退가 豈不綽綽(작작)然有餘裕哉리오

맹자가 말했다. "내가 듣기로, '관직을 맡은 사람은 그 직책을 제대로 수행하지 못하면 떠나고 언론을 책임진 사람은 그 말이 받아들여지지 않으면 떠난다' 하였

다. 나는 관직을 맡은 것도 없고 언론을 책임진 것도 없으니, 나의 進退가 어찌 여유작작하지 않겠는가."

【注】官守는 居官守職者라 言責은 獻言之責이니 諫諍之官也라 孟子言 人臣居官하여 不得守其職하고 諫正君不見納者는 皆當致仕而去라 今我居師賓之位하여 進退自由하니 豈不綽綽然舒緩有餘裕乎리오 綽裕는 皆寬也라

'官守'는 관직을 맡아 직책을 수행하는 사람이다. '言責'은 말씀을 올리는 직책이니, 諫諍을 하는 관리이다. 맹자가 "신하가 관직을 맡아 그 직책을 수행하지 못하거나 임금에게 바른 말로 간쟁을 하여 받아들여지지 않는 경우에는 모두 벼슬을 버리고 떠나야 한다. 하지만 지금 나는 賓師의 지위에 있어 진퇴를 내 마음대로 할 수 있으니 어찌 느긋하게 여유가 있지 않겠는가."라고 한 것이다. '綽'과 '裕'는 모두 느긋하다는 뜻이다.

【疏】'孟子謂蚳鼃曰'至'綽綽然有餘裕哉' ○ 正義曰：此章言執職者劣, 藉道者優也.[1] '孟子謂蚳鼃曰, 子之辭靈丘而請士師, 似也'至'未可以言歟'者, 孟子謂齊大夫蚳鼃曰, 子之辭去其靈丘之邑, 而請爲王治獄之官, 似近王, 得諫其刑罰不中者. 今旣以數月矣而不言, 是其未可以言歟否? 故以此責而感之也. '蚳鼃諫於王而不用, 致爲臣而去'者, 於是蚳鼃諫於王, 而王不用其諫, 乃致其臣而去之. '齊人曰, 所以爲蚳鼃則善矣, 所以自爲則吾不知也'者, 齊國之人見孟子謂蚳鼃, 乃言曰, 孟子所以爲蚳鼃, 使之諫不納用而去之, 則善矣美矣, 其所以自爲, 其己之諫不見納用而不去, 則我不知也. 以言其爲蚳鼃謀, 使之去, 而不知自去之故也. '公都子以告'者, 公都子, 孟子弟子也. 公都子見齊國之人有此言, 乃以此言告於孟子. '曰, 吾聞之也, 有官守者, 不得其職則去, 有言責者, 不得其言則去. 我無官守, 我無言責, 則吾進退豈不綽綽然有餘裕哉'者, 孟子答公都子, 以爲我嘗聞之, 有居官守職者, 不得其職而守之, 則去之而致仕, 有言責諫諍之任, 不得其言而諫正其君, 則亦去而致仕. 今我無官職之所守, 又無言責而諫諍, 則我進退自由, 豈不綽綽然舒緩有餘裕哉. 綽・裕, 皆寬裕也.

1) 此章言執職者劣 藉道者優也：北京大本에는 章指를 "이 章의 章旨는 다음과 같다. 관직을 맡은 사람은 수준이 낮고 道를 지닌 사람은 수준이 높다. 때문에 臧武仲은 빗속을 쉬지 않고 돌아다녔고, 段干木은 방안에 드러누워 있으면서도 式閭의 예를 받았다.

〔此章指言執職者劣 藉道者優也 是以臧武仲雨行而不息 段干木偃寢而式閭〕"라고 하였다.

經의 〔孟子謂蚳䵷曰〕에서 〔綽綽然有餘裕哉〕까지

○ 正義曰 : 이 章은 관직을 맡은 사람은 수준이 낮고 道를 지닌 사람은 수준이 높음을 말한 것이다.

〔孟子謂蚳䵷曰 子之辭靈丘而請士師 似也〕에서 〔未可以言歟〕까지

맹자가 齊나라 大夫 蚳蛙에게 말하기를, "그대가 靈丘 고을의 대부 자리를 그만두고 왕을 위해 獄事를 다스리는 관리가 되기를 청한 것은 왕을 가까이 모시면서 형벌이 법도에 맞지 않게 시행되는 것을 간언할 수 있기 때문인 듯하오. 그런데 지금 이미 몇 달이 지났는데도 아무 말도 하지 않고 있으니, 이것은 아마도 말을 하지 못하여서가 아니겠소."라고 하였다. 그래서 이 말로 질책하여 자극을 주었다.

〔蚳䵷諫於王而不用 致爲臣而去〕 이에 蚳蛙가 왕에게 간언을 했으나 왕이 그 간언을 받아들이지 않자 신하 자리를 그만두고 떠났다.

〔齊人曰 所以爲蚳䵷則善矣 所以自爲則吾不知也〕 齊나라 사람이 맹자가 蚳蛙에게 말하는 것을 보고서 이에 말하기를, "맹자가 蚳蛙를 위해 그의 간언이 받아들여지지 않자 떠나게 만든 것은 훌륭하고 멋있는 일이었으나 자신에 대해서는 자기의 간언이 받아들여지지 않았는데도 떠나지 않았으니, 그 점은 내가 이해하지 못하겠다."라고 하였다. 이는 맹자가 蚳蛙를 위해 도모하여 그로 하여금 떠나게 해놓고서 정작 자신이 떠날 줄은 알지 못함을 말한 것이다.

〔公都子以告〕 公都子는 맹자의 제자이다. 공도자가 齊나라 사람이 이 말을 하는 것을 보고서 이에 이 말을 맹자에게 고한 것이다.

〔曰 吾聞之也 有官守者 不得其職則去 有言責者 不得其言則去 我無官守 我無言責 則吾進退豈不綽綽然有餘裕哉〕 맹자가 公都子에게 대답하기를, "내가 일찍이 듣건대, '관직을 맡아 직책을 수행하는 사람은 그 직책을 제대로 수행하지 못하면 벼슬을 그만두고 떠나며, 언론의 책임을 맡아 諫諍을 하는 사람은 임금에게 바른 말로 간언한 것이 받아들여지지 않으면 그 또한 벼슬을 그만두고 떠난다.' 하였다. 하지만 지금 나는 맡고 있는 관직도 없고 또 간쟁을 올리는 언론의 책임도 없으므로 진퇴를 내 마음대로 할 수 있으니, 어찌 느긋하게 여유가 있지 않겠는가."라고 하였다. '綽'과 '裕'는 모두 느긋하다는 뜻이다.

【疏】 ○ 注'蚳鼃, 齊大夫, 靈丘, 齊下邑'至'罪麗於民'. ○ 正義曰：蚳鼃, 於他經傳未詳其人. 靈丘者, 案地理志曰"代郡, 有靈丘縣"是也. 云"周禮士師曰, 以五戒先後刑罰, 毋使罪麗於民"者, 今案其文, 云 "一曰誓, 用之于軍旅, 二曰誥, 用之于會同, 三曰禁, 用諸田役, 四曰糾, 用諸國中, 五曰憲, 用諸都鄙." 鄭注云, "先後猶左右也, 誓誥於書, 則甘誓・大誥之屬, 禁則軍禮曰'無干車'・'無自後射'此其類也. 糾・憲, 未有聞焉."

注의 〔蚳鼃 齊大夫 靈丘 齊下邑〕에서 〔罪麗於民〕까지

○ 正義曰：蚳䵷는 다른 경전에 그 사람이 누구인지 기록되어 있지 않다. 靈丘는 地理志에서 "代郡에 靈丘縣이 있다"고 한 그 고을을 지칭한다. " ≪周禮≫ 〈士師〉에 이르기를, '五戒로 刑罰을 보조함으로써 백성이 罪에 걸려들지 않게 한다.〔周禮士師曰 以五戒先後刑罰 毋使罪麗於民〕' 하였다."라고 한 것은, 지금 그 經文을 고찰해 보건대 〈해당 구절 바로 다음에〉 "첫 번째는 誓이니 軍旅에서 쓰는 것이고, 두 번째는 誥이니 會同에서 쓰는 것이고, 세 번째는 禁이니 田役에서 쓰는 것이고, 네 번째는 糾이니 國中에서 쓰는 것이고, 다섯 번째는 憲이니 都鄙에서 쓰는 것이다."라고 하였고, 정현의 注에는 "先後는 左右와 같다. 誓와 誥는 ≪書經≫에서 보면 甘誓와 大誥 따위이며, 禁은 軍禮에서 '다른 수레를 범하지 말라'거나 '뒤에서 활을 쏘지 말라'라고 하는 따위가 이에 해당한다. 糾와 憲에 대해서는 들은 바가 없다."라고 하였다.

【疏】 ○ 注'臧武仲・段干木' ○ 正義曰：案魯襄公二十二年左傳云, "臧武仲[1]如晉, 雨, 過禦叔. 禦叔在其邑, 將飮酒曰, '焉用聖人, 我將飮酒, 而已雨行, 何以聖爲?' 穆叔聞之曰, '不可使也.'" 杜預云, "禦叔, 魯禦邑大夫." 又"武仲多知, 時人謂之聖." 云 "段干木[2]偃寢而軾閭". 案史記魏世家云, "魏文侯受子貢經藝, 客段干木, 過其閭, 未嘗不軾[3]也."是矣.[4]

1) 臧武仲：춘추시대 魯나라의 大夫로 지혜가 뛰어나 당시 사람들이 그를 聖人으로 불렀으나 孔子는 ≪論語≫에서 그를 간사한 인물로 묘사하였다.

2) 段干木：전국시대 魏나라 사람으로 子夏의 제자이다. 魏 文侯가 스승으로 예우하여 집에까지 찾아왔으나 피하여 담을 넘어 도망쳤고, 재상 벼슬도 받지 않았다.(≪史記≫〈魏世家〉, ≪孟子≫〈滕文公 下〉)

3) 軾：수레의 앞쪽에 가로놓인 나무로, 여기서는 상대방에게 예를 표하기 위해 이 나무를 잡고 몸을 숙이는 것을 말한다.

4) 注臧武仲段干木……是矣：이 글은 趙岐의 注가 아닌 북경대본의 章指를 설명한 것이

다. 監本과 毛本에는 이 疏의 全文이 刪去되어 있다.(阮元의 〈校勘記〉 참조)

注의 〔臧武仲〕과 〔段干木〕

○ 正義曰 : ≪春秋左氏傳≫ 襄公 22년 條에 이르기를, "臧武仲이 晉나라에 사신으로 갈 적에 비를 만나 禦叔의 집에 들어간 적이 있었다. 어숙이 마침 그 고을에 있으면서 술을 마시려 하다가 〈장무중을 보고는,〉 '聖人이 무슨 소용이란 말인가. 나는 술을 마시려 하는데 자신은 빗속을 걷고 있으니, 성인이 되었다 한들 어디에 쓰겠는가.'라고 하니, 穆叔이 이 말을 듣고 '〈장무중은〉 사신으로 보내서는 안 될 사람이다.'라고 하였다." 하였는데, 杜預의 注에 이르기를, "禦叔은 魯나라 禦邑의 대부이다."라고 하였고, 또 "臧武仲은 지식이 많아 당시 사람들이 그를 聖人이라 불렀다."라고 하였다. "段干木은 방안에 드러누워 있으면서도 式閭의 예를 받았다.〔段干木偃寢而軾閭〕"라고 한 것은 ≪史記≫ 〈魏世家〉에, "魏 文侯가 子貢에게 經術을 수학하고 段干木을 客禮로 대우하여 그 마을을 지날 때마다 수레 위에서 禮를 표하지 않은 적이 없었다."라고 한 것이 이에 해당한다.

6. 孟子爲卿於齊하사 出吊於滕하실새 王이 使蓋(합)大夫王驩으로 爲輔行이러시니 王驩이 朝暮見이어늘 反齊滕之路토록 未嘗與之言行事也하시다

맹자가 齊나라에서 卿相의 자격으로 滕나라에 조문을 나갈 때에 왕이 蓋邑의 大夫 王驩으로 하여금 輔行을 하게 하였다. 그래서 왕환이 아침저녁으로 맹자를 알현하였으나 맹자는 齊나라에서 滕나라까지 오가는 길을 되돌아 올 때까지 한 번도 그와 함께 행사에 대해 말을 나누지 않았다.

【注】 孟子嘗爲齊卿하여 出吊於滕君하실새 -蓋은 齊下邑也라-[1] 王이 以治蓋之大夫王驩으로 爲輔行하다 輔는 副使也라 王驩은 齊之諂人이니 有寵於(齊)〔王〕[2]하여 後爲右師하다 孟子不悅其爲人하여 雖與同使而行이나 未嘗與之言行事하니 不願與之相比也일새니라

1) 蓋 齊下邑也 : 이는 注의 내용에 대한 부연 설명이므로 "蓋之大夫" 뒤에 위치해야 할 듯하다.

2) (齊)〔王〕 : 저본에는 '齊'로 되어 있으나, 廖本, 孔本, 韓本, 考文古本에 의거하여 '王'으로 바로잡았다.(阮元의 〈校勘記〉 참조)

맹자가 일찍이 齊나라 卿相이 되어 滕나라 임금에게 조문을 갔는데 -蓋은 제나라 下邑이다.- 왕이 蓋邑을 다스리는 대부 王驩을 輔行으로 삼았다. 輔는 副使이다. 왕환은 제나라의 아첨 잘하는 사람으로 왕의 총애를 받아 나중에 右師가 되었다. 맹자가 그의 사람됨을 좋아하지 않아 비록 사행을 함께 다녀왔으나 한 번도 그와 함께 행사에 대하여 말을 나누지 않았으니, 그와 가까이하고 싶지 않았기 때문이다.

公孫丑曰 齊卿之位가 **不爲小矣**며 **齊滕之路**가 **不爲近矣**로되 **反之而未嘗與言行事**는 **何也**잇고

公孫丑가 물었다. "齊나라 卿相의 지위가 낮은 것도 아니고 齊나라에서 滕나라까지 오가는 길이 가까운 것도 아닌데 돌아올 때까지 그와 함께 행사에 대해 이야기를 나누지 않으신 것은 무엇 때문입니까?"

【注】 丑怪孟子不與驩議行事也라

公孫丑가, 맹자가 王驩과 행사에 대해 의논하지 않는 것을 괴이하게 여긴 것이다.

曰 旣或治之어니 **予何言哉**리오

맹자가 대답했다. "저 사람이 이미 잘 처리하고 있는데 내가 무슨 말을 하겠는가."

【注】 旣는 已也라 或은 有也라 孟子曰 夫人旣自謂有治行事어니 我將復何言哉리오하니 言其專知自善하고 不知諮於人也라 蓋言道不合者故로 不相與言이니 所以有是而言之也[1]라

1) 蓋言道不合者……所以有是而言之也已 : 監本, 毛本, 孔本, 韓本, 考文古本에는 이 20字가 删去되어 있다.(阮元의 〈校勘記〉 참조)

'旣'는 '이미'라는 뜻이다. '或'은 '있다'는 뜻이다. 맹자가 이르기를, "저 사람이 이미 행사를 잘 치르고 있다고 스스로 말하고 있는데, 내가 다시 무슨 말을 하겠는가."라고 한 것이니, 그가 오로지 자신이 잘 하는 줄만 알고 남에게 상의할 줄은 모르고 있음을 말한 것이다. 대체로 道가 일치하지 않는 자이기에 서로 말을 나눌 수 없음을 말한 것이다. 때문에 이런 말을 한 것이다.

【疏】 '孟子爲卿於齊'至'予何言哉'. ○ 正義曰 : 此章言道不合者不相與言也.[1] '孟子爲

卿於齊, 出弔於滕'至'未嘗與言行事也'者, 言孟子嘗爲卿相於齊, 時自齊國出弔於滕國之君, 齊王使齊之下邑大夫名曰王驩者爲之輔行. -輔行, 言其爲副使也.- 王驩旦夕見孟子, 及反歸, 自齊・滕之道路, 而孟子未嘗與之言行事也. '公孫丑問曰, 齊卿之位不爲小矣, 齊・滕之路不爲近矣, 反之而未嘗與言行事, 何也'者, 公孫丑問孟子, 言齊王卿相之位不爲卑小矣, 自齊至滕, 其相去之路又不爲近矣, 然而自滕反歸齊, 其於道路之中, 未嘗與王驩言行治之事, 是如之何也. 以其公孫丑有怪孟子不與王驩言, 故問之以此耳. '曰, 夫旣或治之, 予何言哉'者, 孟子答公孫丑, 以謂夫王驩旣以嘗自謂有治行事, 我將復何言哉. 以其王驩自專爲善, 不諮訪人, 故孟子所以未嘗與之言也.

1) 此章言道不合者不相與言也 : 北京大本에는 章指를 "이 장의 章指는 다음과 같다. 道가 일치하지 않는 자와는 서로 말을 나눌 수 없다. 王驩의 행동방식이 맹자와 사뭇 달랐으나 군자가 처신을 할 때 말은 과격해도 행동은 공손했기 때문에 그를 나무라지 않고 단지 말만 함께 나누지 않았던 것이다. 公行子의 초상 때에는 禮法을 가지고 해명하였다.〔此章指言道不合者不相與言也. 王驩之操與孟子殊, 君子處時, 危言遜行, 故不尤之, 但不與言. 至於公行之喪, 以禮爲解也.〕"라고 하였다.

經의 〔孟子爲卿於齊〕에서 〔予何言哉〕까지

○ 正義曰 : 이 章은 道가 일치하지 않는 자와는 서로 말을 나눌 수 없음을 말한 것이다.

〔孟子爲卿於齊 出弔於滕〕에서 〔未嘗與言行事也〕까지

맹자가 齊나라에서 卿相이 되었을 때 제나라에서 滕나라 임금에게 조문을 나가게 되었는데, 齊王이 제나라 下邑의 대부인 王驩이란 자를 輔行으로 삼았다. -'輔行'은 副使가 되는 것을 말한다.- 왕환이 아침저녁으로 맹자를 알현하였으나 齊나라에서 滕나라까지 오가는 길을 되돌아올 때까지 맹자는 한 번도 그와 함께 행사에 대하여 말을 나누지 않았다.

〔公孫丑問曰 齊卿之位不爲小矣 齊滕之路不爲近矣 反之而未嘗與言行事 何也〕 公孫丑가 맹자에게 질문한 것이다. 齊王의 卿相이란 지위가 낮은 것이 아니고 齊나라에서 滕나라까지 오가는 길이 또 가까운 거리가 아닌데, 그럼에도 滕나라에서 齊나라로 돌아오는 동안 도로에서 왕환과 한 번도 행사에 대한 말을 나누지 않은 것은 무엇 때문이냐고 한 것이다. 공손추가, 맹자가 왕환과 말을 나누지 않는 것을 괴이하게 여겼기 때문에 이 말로 질문을 한 것이다.

〔曰 夫旣或治之 予何言哉〕 맹자가 공손추에게 답하기를, "저 왕환이 이미 행사를 잘 치르고 있다고 스스로 말하고 있는데 내가 다시 무슨 말을 하겠는가."라고 한 것이다. 왕환이 오로지 자신이 잘한다고 여겨서 남에게 찾아가 상의를 하지 않았으므로 맹자가 그와 함께 말을 나누지 않은 것이다.

【疏】 ○ 注"王驩後爲右師". ○ 正義曰, 此蓋推經於離婁篇有云孟子不與右師言, 右師不悅, 是知王驩後爲右師也. 王驩姓王名驩, 字子敖. 又云"至於公行之喪, 以其禮解之"[1]者, 蓋亦經之文也.

1) 又云至於公行之喪……蓋亦經之文也 : 이 글은 趙岐의 注가 아닌 북경대본의 章指를 설명한 것이다. 인용된 말의 구체적인 내용은 〈離婁 下〉 公行子有子之喪章에 나온다.

注의 〔王驩後爲右師〕

○ 正義曰 : 이 말은 〈離婁〉편의 "맹자가 右師와 함께 말을 나누지 않자 우사가 불쾌하게 여겼다."라고 한 經文으로 유추한 것이니, 이를 통해 王驩이 나중에 우사가 되었음을 알 수 있다. 왕환의 姓은 王이요 이름은 驩이며, 자는 子敖이다. 또 "公行子의 초상 때에는 禮法을 가지고 해명하였다."라고 하였는데, 이 또한 經文에 나오는 말이다.

孟子注疏解經 卷第四 下

公孫丑章句 下

趙氏 注 孫奭 疏

7. 孟子自齊葬於魯[1)]하시고 反於齊하실새 止於嬴(영)이러시니 充虞請曰 前日에 不知虞之不肖하사 使虞敦匠이어시늘 事嚴[2)]하여 虞不敢請하니 今願竊有請也하오니 木若以美然하더이다

1) 自齊葬於魯 : 맹자가 제나라에서 벼슬할 때 모친과 함께 지내다가 모친이 돌아가시자 靈柩를 모시고 고향인 노나라로 가서 장례를 치른 것을 말한다. ≪烈女傳≫에 "맹자가 제나라에 거처할 때 근심스런 낯빛을 보이자 맹자의 모친이 맹자에게 '너에게 근심스런 낯빛이 있는 듯한데 무슨 까닭이냐?'라고 물었다.〔孟子處齊而有憂色 孟母見之曰 子若有憂色何也〕"라고 하였고, 맹자의 모친이 과부인 점을 고려할 때 맹자가 제나라에 있을 때도 함께 지낸 것으로 보아야 한다. 이 때 맹자의 先塋이 노나라에 있었으므로 부친과 합장을 하기 위해 노나라로 모시고 간 것이다.(焦循, ≪孟子正義≫)

2) 使虞敦匠 事嚴 : 朱熹는 ≪孟子集註≫에서 이 문장을 '使虞敦匠事 嚴'으로 斷句하여 '敦匠事'를 '관을 만드는 일을 감독하다〔董治作棺之事〕'로 주해하였다.

맹자가 齊나라에서 魯나라로 가서 〈어머니의〉 장례를 치르고 제나라로 돌아오다 嬴邑에 잠시 머물렀는데, 充虞가 맹자에게 물었다. "지난번에 저의 불초함을 모르시고 저로 하여금 棺을 두껍게 만들라고 하셨습니다. 그 때는 일이 다급하여 제가 감히 여쭤보지 못하고 이제야 여쭤보고자 합니다. 棺木이 지나치게 아름다운 듯하였습니다."

【注】 孟子仕於齊에 喪母而歸葬於魯也라 嬴은 齊南邑이라 充虞는 孟子弟子라 敦匠은 厚作棺也라 事嚴은 喪事急이라 木若以泰美然也라

맹자가 齊나라에 벼슬할 때 모친상을 당하여 魯나라로 돌아가 장례를 치른 것이다. 嬴은 齊나라 남쪽 고을이다. 充虞는 맹자의 제자이다. '敦匠'은 두껍게 관을 만드는 것이다. '事嚴'은 초상을 치르는 일이 다급하다는 뜻이다. 棺槨에 사용된 나무가 지나치게 아름다운 듯하다고 말한 것이다.

曰 古者에 棺槨이 無度러니 中古에 棺이 七寸이오 槨을 稱之하여 自天子達於庶人하니 非直爲觀美也라 然後盡於人心이니라

맹자가 대답했다. "옛날에는 棺槨의 〈두께에〉 정해진 法度가 없었다. 中古 때는 棺은 두께가 7寸이고 槨을 여기에 걸맞게 만들어 天子로부터 庶人에 이르기까지 그렇게 하였으니, 단지 아름답게 보이기 위한 것만은 아니었다. 그렇게 한 다음에야 사람의 마음에 흡족하였기 때문이다.

【注】孟子言 古者에 棺槨厚薄이 無尺寸之度라가 中古에 -謂周公制禮以來라- 棺(槨)〔厚〕[1] 七寸이오 槨薄於棺하여 厚薄이 相稱相得也라 從天子至於庶人히 厚薄皆然하니 -但重累之數와 牆翣(삽)之飾이 有異라- 非直爲人觀視之美好也라 -厚者難腐朽라- 然後〔能〕[2]盡於人心所不忍也라 謂一世之後에 孝子[3]更去辟(피)世니 是爲人盡心也라 過是以往은 變化自其理也라

1) (槨)〔厚〕: 저본에는 '槨'으로 되어 있으나, 廖本, 孔本, 韓本, 考文古本, 足利本에 의거하여 '厚'로 바로잡았다.(阮元의 〈校勘記〉 참조)
2) 〔能〕: 저본에는 '能'이 없으나, 廖本・孔本・韓本・考文古本, 足利本에 의거하여 보충하였다.(阮元의 〈校勘記〉 참조)
3) 孝子 : 부모상을 치르는 자식을 가리킨다.

맹자가 한 말이다. 上古 때는 棺槨의 두께에 법도로 정해진 치수가 없었다가 中古 때 -周公이 禮法을 제정한 이후를 말한다.- 에 이르러 棺은 두께가 7寸이고 槨은 棺 보다 얇게 만들어 두께가 서로 걸맞게 하였다. 天子로부터 庶人에 이르기까지 두께를 모두 그와 같이 하였으니, (-다만 몇 겹으로 만드느냐와 牆과 翣과 같은 장식의 차이만 있을 뿐이다.-) 단지 사람들에게 아름답게 보이기 위한 것만은 아니었다. (-두껍게 만든 것은 잘 썩지 않게 만들기 위함이다.-) 그렇게 한 다음에야 사람의 차마 하지 못하는 마음에 흡족할 수 있었기 때문이다. 이는 한 세대가 지나면 孝子도 다시 세상을 뜨게 되므로 이

정도가 사람으로서 마음을 다하는 것이며, 그 때가 지나면 변하는 것(관곽이 썩는 것)이 자연의 이치임을 말한 것이다.

不得이면 **不可以爲悅**이며 **無財**면 **不可以爲悅**이니 **得之爲**[1]**有財**하여는 **古之人**이 **皆用之**하니 **吾何爲獨不然**이리오

1) 爲 : 朱熹의 ≪孟子集註≫에는 或者의 말을 인용해 '而'자가 되어야 한다고 하였다.

〈身分上으로〉 그렇게 할 수 없어도 만족하지 못하며, 그렇게 할 財物이 없어도 만족하지 못한다. 〈신분상으로도〉 할 수 있고 그럴 재물도 있다면 옛 사람이 모두 이를 사용했으니, 내가 무엇 때문에 홀로 그와 같이 하지 않겠는가.

【注】 悅者는 孝子之欲厚送親하여 得之則悅也라 王制[1]所禁이라 不得用之면 不可以悅心也라 無財以供則度而用之하되 禮에 喪事不外求라하니 不可稱貸而爲悅也라 禮得用之하고 財足備之면 古人皆用之하니 我何爲獨不然이리오 不然者는 言其不如是也라

1) 王制 : 국가에서 제정한 제도로 신분에 따라 지켜야 할 예법을 이른다.

'悅'이란 것은 효자가 부모를 후하게 보내고 싶어 하는 마음을 가지고 있다가 그것을 이루게 되었을 때 만족스러워 하는 마음을 이른다. 王制에서 금지하고 있어 그것을 사용할 자격이 없다면 마음에 만족하지 못한다. 관곽을 댈 재물이 없다면 재력에 맞게 사용하되 ≪禮≫에 "喪事에 드는 비용은 밖에서 구하지 않는다."하였으니 남에게 빌려서 장사를 치르고서 만족해서는 안 된다. 하지만 禮法으로도 그것을 사용할 수가 있고 財物도 충분히 갖추어져 있다면 옛사람이 모두 이를 사용하였으니, 내가 무엇 때문에 홀로 그와 같이 하지 않겠는가. '不然'은 그와 같이 하지 않음을 말한 것이다.

且比化者[1]하여 **無使土親膚**라야 **於人心**에 **獨無恔乎**아

1) 比化者 : '化者'에 대해 趙岐는 '부모님 시신이 완전히 썩는 것〔親體之變化〕'으로 주해하고, 이를 부연 설명한 焦循은 ≪孟子正義≫에서 '比'를 '이르다〔至〕'로 주해하였다. 이들의 주해에 따르면, '부모님 시신이 완전히 썩을 때까지'란 의미로 풀이된다. 반면, 朱熹는 ≪孟子集註≫에서는 '比'를 '위하다〔爲〕'로, '化者'를 '死者'로 주해하여 '죽은 자를 위하여'란 의미로 이해하였다.

그리고 부모님 시신이 완전히 썩을 때까지 흙이 살에 닿지 않도록 하여야 사람의 마음에 흡족하지 않겠는가.

【注】 恔는 快也라 棺槨敦厚하여 比親體之變化히 且無令土親膚면 於人子之心에 獨不快然無所恨也아

'恔'는 흡족하다는 뜻이다. 棺槨을 두껍게 만들어 부모님 시신이 완전히 썩을 때까지 흙이 살에 닿지 않도록 하여야 자식 된 마음에 흡족하여 여한이 없지 않겠는가.

吾聞之하니 君子는 不以天下儉其親이라하니라

내가 들으니, '군자는 천하 사람들 때문에 그 부모의 장례를 검소하게 치르지 않는다.' 하였다."

【注】 我聞 君子之道는 不以天下人所得用之物로 儉約於其親이라하니 言事親竭其力者也라 論語에 曰 生事之以禮하고 死(喪)〔葬〕之以禮면 可謂孝矣已[1)]라

1) 論語曰……可謂孝矣已 : 저본에는 '葬'이 '喪'으로 되어 있으나, ≪論語≫의 해당 구절과 이 구절에 대한 孫奭의 疏에 의거하여 바로잡았다. 阮元의 校勘記에는 이 구절을 章指의 일부가 錯簡된 것으로 보았다.

내가 듣건대, "군자의 道는 천하 사람들이 일반적으로 사용하는 물건이라는 이유로 자기 부모의 장례를 검소하게 치르지 않는다" 하였다. 이는 부모를 섬김에 자신의 힘을 다해야 한다는 말이다. ≪論語≫에 이르기를, "살아 계실 때 禮로써 섬기고 돌아가셨을 때 禮로써 장사지내면 孝라고 이를 수 있다."라고 하였다.

【疏】 '孟子自齊葬於魯'至'不以天下儉其親'. ○ 正義曰 : 此章言孝必盡心, 匪禮之踰也. '孟子自齊葬於魯, 反於齊, 止於嬴'者, 言孟子仕於齊國, 喪其母, 乃歸葬於魯國. 旣葬, 又反於齊下嬴邑而止焉. '充虞請曰, 前日不知虞之不肖, 使虞敦匠事嚴, 虞不敢請. 今願竊有請也, 木若以美然'者, 充虞, 孟子弟子也, 言孟子止於嬴邑, 弟子充虞請見於孟子曰, 前日孟子喪母之時, 孟子不知虞之不肖, 乃使虞敦匠 -厚作其棺-, 以其是時喪事嚴急, 故虞不敢請問孟子, 今孟子旣葬而反, 願竊得而請問也. 木若以美然, 此充虞請問以此也, 其問孟子爲棺槨之木若以泰美然也. '曰, 古者棺槨無度, 中古棺七寸, 槨稱之. 自天子達於庶人, 非直爲觀美也, 然後盡於人心'至'吾聞之君子, 不以天下儉其親'者, 此皆孟子答充虞而言也. 言上古之人, 棺槨薄厚無尺寸之度. 自中古以來, 棺厚七寸, 以槨相稱之, 自天子通於庶人皆然, 非謂直爲人觀美好也, 然後乃爲盡於人心也. 以其不得其厚用之, 則不可以爲悅於心也. 旣得以此厚用之, 而財物無以供贍其度, 亦不可以爲悅於心. 如得之以此厚用, 又有財物以供其度, 古之人皆用之以厚葬其親也, 我何爲而獨不如是也. 且棺槨敦厚, 比親體之變化, 無使其土壤親其肌膚, 於人子之心獨無快乎. 恔, 快也. 以其人子之心如此得厚葬其親, 乃快然而弗恨也. 我聞之, 君子者, 不以天下所得用者而儉薄其親也.

經의 〔孟子自齊葬於魯〕에서 〔不以天下儉其親〕까지

○ 正義曰 : 이 장은 孝는 반드시 마음을 다하되 禮를 넘지 않음을 말한 것이다.

〔孟子自齊葬於魯 反於齊 止於嬴〕 맹자가 齊나라에 벼슬할 때 모친상을 당하여 魯나라로 돌아가 장례를 치렀다. 장례를 마친 후 다시 齊나라로 돌아오다 嬴邑에서 잠시 머물렀다.

〔充虞請曰 前日不知虞之不肖 使虞敦匠 事嚴 虞不敢請 今願竊有請也 木若以美然〕

充虞는 맹자의 제자이다. 맹자가 嬴邑에 잠시 머물렀을 때 제자인 충우가 맹자를 뵙기를 청하여 물은 것이다. 지난번에 맹자가 모친상을 당했을 때 맹자가 충우의 불초함을 모르고서 그에게 敦匠 -관을 두껍게 만드는 것이다.- 을 하게 하였는데, 그 당시에 초상을 치르는 일이 다급했던 탓에 충우가 맹자에게 감히 묻지를 못하다가 지금 맹자가 장례를 마치고 돌아오는 길에 맹자에게 여쭙고자 청하였다. '木若以美然'은 충우가 이 말로 여쭤본 것으로, 맹자에게 棺槨에 사용된 나무가 지나치게 아름다운 듯하다고 질문한 것이다.

〔曰 古者棺槨無度 中古棺七寸 槨稱之 自天子達於庶人 非直爲觀美也 然後盡於人心〕에서 〔吾聞之 君子不以天下儉其親〕

이는 모두 맹자가 充虞에게 대답한 말이다. 上古 때 사람들은 관곽의 두께에 법도로 정해진 치수가 없었다. 中古 이후로 棺은 두께가 7촌이고 槨을 여기에 맞추어 天子로부터 庶人에 이르기까지 모두 그와 같이 하였으니, 이는 단지 사람들에게 아름답게 보이기 위한 것만은 아니었다. 그렇게 한 다음에야 사람의 마음에 흡족하였기 때문이니, 관곽을 두꺼운 것으로 사용할 수 없다면 마음에 만족하지 못하는 것이다. 〈신분상으로〉 두꺼운 관곽을 사용할 수 있는 자격이 있다 해도 법도에 맞게 댈 수 있는 재물이 없다면 그 또한 마음에 만족하지 못한다. 만약 관곽을 두꺼운 것으로 사용할 자격이 되고 거기에다 법도에 맞게 댈 수 있는 재물이 있다면 옛사람들이 모두 그것을 사용하여 부모를 후하게 장례 치렀으니, 내가 무엇 때문에 홀로 그와 같이 하지 않겠는가. 또 관곽을 두껍게 만들어 부모님 시신이 완전히 썩을 때까지 흙이 살에 닿지 않도록 하여야 자식 된 마음에 흡족하지 않겠는가. '恔'는 흡족하다는 뜻이다. 자식된 마음에 이처럼 부모님을 후하게 장례를 치를 수 있어야 마음이 흡족하여 여한이 없게 될 것이다. 내가 듣건대, "군자는 천하 사람들이 일반적으로 사용하는 것이라는 이유로 자기 부모의 장례를 검소하게 치르지 않는다." 하였다.

【疏】 ○ 注'嬴, 齊南邑'. ○ 正義曰, 案魯桓公三年左傳杜預注云'嬴, 齊邑, 今泰山嬴縣'是也.

注의〔嬴 齊南邑〕

○ 正義曰 : ≪春秋左氏傳≫ 魯 桓公 3년 條 杜預의 注에 이르기를, "嬴은 齊나라 고을로 지금의 泰山 嬴縣이 여기에 해당한다."하였다.

【疏】 ○ 注'重累之數牆翣之飾'. ○ 正義曰 : 案禮記・檀弓云, '周人牆置翣.' 鄭注云, '牆, 柳衣也.[1] 凡此皆後王之制.' 又案阮氏圖云, '柳, 柳車[2]也. 四輪一轅, 車長丈二尺, 高五尺.' 案喪大記云, '君飾棺, 黼翣二, 黻翣二, 畫翣二, 龍翣二.' 禮器云, '天子八翣, 大夫四翣.' 又鄭注喪大記引漢禮[3], '翣以木爲筐, 廣三尺, 高二尺四寸, 方兩角高, 以白布畫著紫雲氣, 其餘各如其象. 柄長五尺, 車行, 使人持之而從以障, 旣窆(폄), 樹於壙中障板也.'

1) 牆 柳衣也 : '柳衣'는 관을 덮는 보자기로 그 모양이 마치 담장으로 집을 두른 것과 같다 하여 '牆'이라고 한다.
2) 柳車 : 장례 때 사용하는 喪輿를 말한다.
3) 漢禮 : ≪漢禮器制度≫로, 前漢 초기의 유학자인 叔孫通이 지었다는 禮書이다. 역대 古籍을 두루 참작하여 漢나라의 儀禮를 제정하였다고 알려져 있다. 현재 전하지 않으나 ≪禮記≫, ≪儀禮≫, ≪周禮≫ 등의 注疏에서 광범위하게 인용되고 있다.

注의〔重累之數牆翣之飾〕

○ 正義曰 : ≪禮記≫ 〈檀弓〉에 이르기를, "周나라 사람은 牆에 翣을 두었다."라고 하였는데, 鄭玄의 注에, "'牆'은 柳衣이니, 이것은 모두 後王의 제도이다."라고 하였고,

또 ≪阮氏圖≫에 이르기를, "'柳'는 柳車이다. 한 대에 바퀴 넷이 달렸으며 수레의 길이는 1丈 2尺이고 높이는 5尺이다." 하였다. ≪禮記≫ 〈喪大記〉에 이르기를, "君은 棺을 수식할 때 黼翣 2개, 黻翣 2개, 畫翣 2개, 龍翣 2개를 사용한다."라고 하였고, ≪禮記≫ 〈禮器〉에 이르기를, "天子는 8翣, 大夫는 4翣"이라고 하였다. 또 鄭玄이 ≪禮記≫ 〈喪大記〉에 注를 달면서 ≪漢禮≫를 인용하여, "翣은 나무로 틀을 만드는데 너비가 3척, 높이가 2척 4촌이다. 형태는 네모나면서 양쪽 모서리에 뿔을 높게 만든다. 白布를 씌워서 자줏빛 雲氣를 그려넣고, 그 나머지는 각각 이름의 형상대로 그린다. 자루의 길이는 5척이며, 상여가 갈 때 사람들에게 들고 따라가며 상여를 가리게 하고, 시신을 묻은 다음에는 壙中의 가림판에 세운다." 하였다.

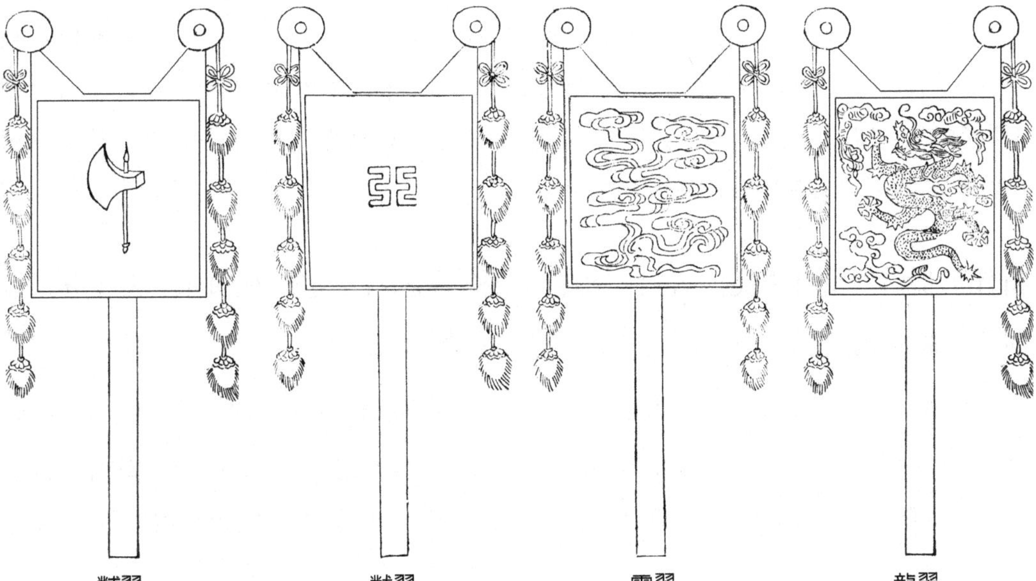

黼翣　　黻翣　　雲翣　　龍翣

【疏】 ○ 注'論語曰, 生事之以禮, 死葬之以禮'. ○ 正義曰：經於滕文之篇亦引爲曾子言也. 已說在前.

注의 〔論語曰 生事之以禮 死葬之以禮〕

○ 正義曰：經文은 〈滕文公〉篇에서 曾子가 한 말로 인용하고 있다. 이미 앞에서 설명하였다.

8. 沈同이 以其私問曰 燕可伐與잇가 孟子曰 可하니라 子噲(쾌)도 不得與人

燕이며 子之도 不得受燕於子噲니

沈同이 私的인 생각으로 물었다. "燕나라를 정벌해도 괜찮겠습니까?" 맹자가 대답했다. "괜찮습니다. 子噲도 燕나라를 다른 사람에게 주어서는 안 되며, 子之도 燕나라를 子噲에게 받아서는 안 됩니다.

【注】沈同은 齊大臣이라 自以私情問이요 非王命也라 故로 曰私라 子噲는 燕王也요 子之는 燕相也라 孟子曰可者는 以子噲不以天子之命而擅以國與子之요 子之亦不受天子之命而私受國於子噲라 故曰其罪可伐이라하니라

沈同은 齊나라 大臣이다. 자신의 私的인 생각으로 물은 것이고 王命에 따른 것이 아니었기 때문에 '私'라고 한 것이다. 子噲는 燕나라 왕이고 子之는 燕나라 宰相이다. 맹자가 괜찮다고 말한 것은 子噲가 天子의 명을 받지 않고 자기 마음대로 나라를 子之에게 주었고 子之 또한 天子의 명을 받지 않고 子噲에게 私的으로 나라를 받았기 때문에 그 죄를 징벌해도 된다고 말한 것이다.

有仕於此어든 而子悅之하여 不告於王而私與之吾子之祿爵이어든 夫士也도 亦無王命而私受之於子면 則可乎아 何以異於是리오

여기에 벼슬을 하는 사람이 있다고 할 때, 그대가 그 사람을 좋아하여 왕에게 고하지도 않고 사적으로 그대의 爵祿을 주고 그 사람 또한 왕명도 없이 사적으로 그대에게서 작록을 받는다면 괜찮겠습니까? 이 일과 무엇이 다르겠습니까."

【注】子는 謂沈同也라 孟子設此하여 以譬燕王之罪라

子는 沈同을 일컫는다. 맹자가 이 일을 가정하여 燕王의 죄를 비유한 것이다.

齊人이 伐燕이어늘

齊나라 사람이 然나라를 정벌하니,

【注】沈同이 以孟子言可라하여 因歸勸其王伐燕하니라

沈同이 맹자가 괜찮다고 말한 것을 가지고 齊나라 왕에게 돌아가 권유하여 燕나라

를 정벌하게 한 것이다.

或問曰 勸齊伐燕이라하니 **有諸**잇가

어떤 이가 물었다. "齊나라에게 권유해서 燕나라를 정벌하게 하셨다 하니, 그런 일이 있습니까?"

【注】有人問 孟子勸齊王伐燕이라하니 有之잇가

어떤 이가 묻기를, 맹자가 齊나라 왕에게 권유해서 燕나라를 정벌하게 했다고 하니 그런 일이 있느냐고 한 것이다.

曰 未也라 **沈同**이 **問燕可伐與**아하여늘 **吾應之曰 可**라하니 **彼然而伐之也**로다

맹자가 대답했다. "아니오. 沈同이 燕나라를 정벌해도 괜찮겠느냐고 묻기에 내가 괜찮다고 대답하였더니 그가 내 말을 옳게 여겨 정벌을 한 것이오.

【注】孟子曰 我未勸王也라 同이 問可伐乎아하여늘 吾曰 可라하니 彼然而伐之也로다

맹자가 이르기를, "내가 왕에게 권유한 것이 아니오. 沈同이 정벌해도 괜찮겠느냐고 묻기에 내가 괜찮다고 하였더니 그가 내 말을 옳게 여겨 정벌을 한 것이오."라고 한 것이다.

彼如曰 孰可以伐之오하면 **則將應之曰 爲天吏則可以伐之**라하리라

그가 만약 '누가 정벌할 수 있습니까?'라고 물었다면 '天吏가 된 사람이면 정벌할 수 있소.'라고 대답해 주었을 것이오.

【注】彼如將問我曰 誰可以伐之오하면 我將曰 爲天吏則可以伐之라하리라 天吏는 天所使니 謂王者得天意者也라 彼不復問孰可하고 便自往伐之矣라

그가 만약 나에게 "누가 정벌할 수 있습니까?"라고 물었다면 내가 "天吏가 된 사람이면 정벌할 수 있소."라고 말해주었을 것이라고 한 것이다. 天吏는 하늘이 부리는 사람이니, 하늘의 뜻을 얻은 王者를 일컫는다. 누가 정벌할 수 있는지에 대해 그가 더

이상 묻지 않고 곧바로 가서 정벌을 한 것이다.

今有殺人者어든 **或問之曰 人可殺與**아하면 **則將應之曰 可**라하리라 **彼如曰 孰可以殺之**오하면 **則將應之曰 爲士師則可以殺之**라하리라 **今**에 **以燕伐燕**이어니 **何爲勸之哉**리오

지금 살인자가 있다고 할 때, 누군가가 '이 사람을 죽여도 괜찮겠습니까?'라고 묻는다면 나는 '괜찮다.'고 대답할 것입니다. 그가 만약 '누가 죽일 수 있습니까?' 하고 묻는다면 나는 '士師가 된다면 죽일 수 있다.'라고 대답할 것입니다. 지금 燕나라로써 燕나라를 정벌한 꼴이니, 내가 무슨 까닭으로 권유하였겠습니까."

【注】 今有殺人者어든 問此人可殺否아하면 將應之曰 可하니 爲士官[1]主獄則可以殺之矣라하리니 言燕雖有罪나 猶當王者誅之耳라 譬如殺人者雖當死나 士師乃得殺之耳라 今齊國之政이 猶燕政也하여 不能相踰하며 又非天吏也니 我何爲勸齊國伐燕國乎리오

1) 士官 : 士師와 같은 말이다.

지금 살인자가 있다고 할 때 누군가가 "이 사람을 죽여도 괜찮겠는가?"라고 묻는다면 "괜찮다. 刑獄을 주관하는 士官이라면 죽일 수 있다."라고 대답할 것이니, 燕나라가 비록 죄가 있다 하나 王者가 되어야만 주벌할 수 있음을 말한 것이다. 비유컨대, 살인자는 마땅히 죽어야 하겠지만 士師가 되어야만 그를 죽일 수 있는 것과 같은 이치이다. 지금 齊나라의 정국은 燕나라의 정국과 똑같은 상황이어서 상대방보다 더 나은 점이 없고 또 天吏가 된 것도 아니니 내가 무슨 까닭으로 齊나라를 권유하여 燕나라를 정벌하게 하겠느냐고 한 것이다.

【疏】 '沈同以其私問曰'至'何爲勸之哉'. ○ 正義曰：此章言誅不義者必須聖賢, 禮樂征伐自天子出, 王道之正者也. 沈同, 齊之大臣.[1] '沈同以其私問曰, 燕可伐歟. 孟子曰, 可, 子噲不得與人燕, 子之不得受燕於子噲'者, 子噲, 燕王名也, 子之, 燕相之名也. 言沈同非王命, 以其私情自問孟子曰, 燕王可伐之歟. 孟子答之, 以爲可伐之也, 蓋以燕王不得天子之命而擅與其國於子之, 子之亦不得天子之命而私受燕國於子噲, 故其專擅如此, 可以伐之也.

1) 沈同 齊之大臣 : 注文이 잘못 들어간 것으로 보인다.

經의 〔沈同以其私問曰〕에서 〔何爲勸之哉〕까지

○ 正義曰 : 이 장은 不義를 저지른 사람을 주벌하는 것은 반드시 聖賢의 평가를 기다려야 하고 禮樂과 征伐이 天子에게서 나와야 王道의 올바른 정치가 됨을 말한 것이다. 沈同은 齊나라의 大臣이다.

〔沈同以其私問曰 燕可伐歟 孟子曰 可 子噲不得與人燕 子之不得受燕於子噲〕 子噲는 燕나라 王의 이름이요 子之는 燕나라 宰相의 이름이다. 沈同이 王命이 아닌 私的인 생각으로 맹자에게 燕나라 왕을 정벌해도 되느냐고 묻자, 맹자가 대답하기를, "정벌해도 된다. 燕나라 왕이 天子의 명을 받지도 않고 자기 마음대로 그 나라를 子之에게 주었고 子之 또한 天子의 명을 받지 않고 子噲에게 私的으로 燕나라를 받았기 때문에 이처럼 독단적인 행위에 대해서는 징벌해도 된다."라고 한 것이다.

'有仕於此, 而子悅之, 不告於王而私與之吾子之祿爵, 夫士也亦無王命有私受之於子, 則可乎. 何以異於是'者, 此皆孟子設此譬喩王之罪而可伐者也. 吾子謂沈同也. 言今有爲之仕於此齊國, 而子喜悅之爲人, 乃不告於王而私自與之吾子之祿爵, 夫爲之士者又無王之所命, 而私自受祿爵於子, 則可矣否乎. 今燕王所以爲可伐之罪, 何以有異於此.

〔有仕於此 而子悅之 不告於王而私與之吾子之祿爵 夫士也亦無王命有私受之於子 則可乎 何以異於是〕 이 말은 모두 맹자가 이러한 상황을 설정하여 燕나라 왕의 죄를 징벌해도 좋다는 것을 비유한 것이다. 吾子는 沈同을 일컫는다. "지금 이 齊나라에 벼슬을 하고 있는 사람이 있는데 그대가 그 사람됨을 좋아한 나머지 왕에게 고하지도 않고 私的으로 그대의 爵祿을 주고, 그 벼슬하는 사람 또한 왕의 명도 받지 않고 사적으로 그대에게서 작록을 받는다면 괜찮겠습니까? 지금 燕나라 王이 징벌을 받을 죄를 지은 것이 이 일과 무엇이 다르겠습니까."라고 말한 것이다.

'齊人伐燕'者, 以其沈同問於孟子之言爲燕可伐, 於是歸勸齊王而伐之. '或問, 勸齊伐燕, 有諸'者, 言有人或問於孟子, 以爲孟子勸齊伐燕, 是有勸之之言否.

〔齊人伐燕〕 沈同이 맹자에게 질문한 대화내용을 가지고 燕나라를 정벌해도 된다고 받아들여 이에 齊나라 왕에게 돌아가 권유하여 燕나라를 정벌하게 한 것이다.

'或問, 勸齊伐燕, 有諸'者, 言有人或問於孟子, 以爲孟子勸齊伐燕, 是有勸之之言否.

〔或問 勸齊伐燕 有諸〕 어떤 이가 혹 맹자에게 묻기를, 맹자가 齊나라를 권유해서 燕나라를 정벌하게 했다고 하는데 정벌을 권유한 말이 있지 않았느냐고 한 것이다.

'曰, 未也, 沈同問燕可伐與. 吾應之曰可, 彼然而伐之也'者, 孟子答或人, 以爲我未嘗勸王也, 以其沈同問我, 謂燕可伐之歟. 我應之曰可, 彼以爲是而伐之也.

〔曰 未也 沈同問燕可伐與 吾應之曰可 彼然而伐之也〕 맹자가 어떤 이에게 답하기를, "내가 왕에게 권유한 적이 없다. 沈同이 나에게 燕나라를 정벌해도 괜찮겠느냐고 물어보기에 내가 괜찮다고 대답하였더니, 그가 내 말을 옳게 여겨 정벌한 것이다."라고 한 것이다.

'彼如曰, 孰可以伐之, 則將應之曰, 爲天吏則可以伐之'者, 孟子又答之或人, 言彼如問我曰誰可以伐之, 我將應之曰, 爲天吏, -天所使者- 則可以伐之矣.

〔彼如曰 孰可以伐之 則將應之曰 爲天吏則可以伐之〕 맹자가 어떤 이에게 다시 답하기를, "그가 만약 나에게 누가 정벌할 수 있느냐고 물었다면 天吏 -하늘이 부리는 사람이다- 가 된 사람이면 정벌할 수 있다고 대답해 주었을 것이다."라고 말한 것이다.

'今有殺人者, 或問之曰, 人可殺歟'至'何爲勸之哉'者, 孟子又以此言而比喩齊之伐燕也, 言今有殺人者, 或問我曰, 人可以殺之歟, 我將應之曰, 可以殺之. 彼如復問誰可以殺之, 我則將應之曰, 爲士師主獄之官則可以殺之矣. 今以齊國之政亦若燕之政, 是皆有燕之罪, 以燕伐燕, 我何爲勸齊王以伐燕乎. 以其燕之雖有其罪, 亦當王者則可以誅之耳.

〔今有殺人者 或問之曰 人可殺歟〕에서 〔何爲勸之哉〕까지

맹자가 또 이 말로써 齊나라가 燕나라를 정벌한 것을 비유한 것이다. 지금 살인자가 있다고 할 때 어떤 이가 나에게 "이 사람을 죽여도 괜찮겠는가?"라고 묻는다면 나는 "죽여도 괜찮다."라고 대답할 것이다. 그가 만약 "누가 죽일 수 있는가?"라고 다시 묻는다면 나는 "刑獄을 주관하는 士師가 되어야만 죽일 수 있다."라고 대답할 것이다. 지금 齊나라의 정국 또한 燕나라의 정국과 똑같은 상황이니, 燕나라의 죄를 모두 함께 지니고 있는 셈이다. 따라서 燕나라로써 燕나라를 정벌하는 셈이니, 내가 무슨 까닭으로 齊나라 왕을 권유하여 燕나라를 정벌하게 하겠는가. 燕나라가 비록 죄가 있다 하나 이 또한 王者가 되어야만 주벌할 수 있음을 말한 것이다.

【疏】 ○ 注'子噲, 燕王也, 子之, 燕相也'. ○ 正義曰, 案史記世家[1]云, "易王立十二年, 子燕噲立. 噲立, 齊人殺蘇秦. 蘇秦之在燕, 與其相子之爲婚. 燕噲三年, 與楚·三晉[2]攻秦, 不勝而還. 子之相燕, 貴重主斷, 蘇代[3]爲齊使於燕, 燕王問曰, '齊王奚如.' 對曰, '必不霸.' 燕王曰, '何也.' 對曰, '不信其臣.' 於是燕王大信子之. 子之遺蘇代百金, 乃謂[4]燕王'不如以國讓子之. (子)〔人〕[5]之以謂堯賢者, 讓天下於許由, 由不受, 有讓天下之名而實不失天下. 今王以燕國讓子之, 子之亦必不敢受, 是王與堯同行也.' 燕王因屬國於子之, 子之大重, 於是南面行王事, 而噲老不聽政, 國事皆決於子之. 三年, 國大亂, 百姓惆恐. 孟軻謂齊王曰, '今伐燕, 此文·武之時, 不可失也.' 齊王因令章子將五都之兵以伐燕, 燕噲死, 齊大勝. 燕子之亡." 凡此是其事也.

1) 史記世家 : ≪史記≫ 권34 〈燕召公世家〉이다.
2) 三晉 : 晉나라가 분열하여 세운 趙, 魏, 韓을 일컫는다.
3) 蘇代 : 蘇秦의 아우이다.
4) 謂 : ≪史記≫에는 鹿毛壽가 말한 것으로 되어 있다.
5) (子)〔人〕: 저본에는 '子'로 되어 있으나, ≪史記≫ 해당 기사에 의거하여 '人'으로 바로잡았다.

注의 〔子噲 燕王也 子之 燕相也〕

○ 正義曰 : ≪史記≫ 〈燕召公世家〉에 이르기를, "易王 즉위 12년에 아들 燕噲가 즉위하였다. 연쾌가 즉위하자 齊나라 사람이 蘇秦을 죽였는데, 소진이 燕나라에 있을 때 재상 子之와 婚事를 맺었기 때문이다. 연쾌 3년에 楚나라·三晉과 함께 秦나라를 공격하였으나 승리하지 못하고 돌아왔다. 子之가 연나라의 재상이 되어 신분이 귀해지고 국사를 주관하게 되자 蘇代가 齊나라를 위하여 연나라에 사신으로 갔다. 연나라 왕이 '제나라 왕은 어떤 사람인가?'라고 물으니, 소대가 '반드시 패자가 되지 못할 것입니다.'라고 대답하였다. 연나라 왕이 '어째서인가?'라고 묻자 '신하를 믿지 않기 때문입니다.'라고 대답하니, 이 말 덕분에 연왕이 子之를 크게 믿게 되었다. 子之가 그 보답으로 소대에게 100金을 보내주자 소대가 연나라 왕에게 말하기를, '나라를 子之에게 양보하는 것만 못합니다. 사람들이 堯임금의 어짊을 칭송하는 것은 천하를 許由에게 양보했기 때문인데, 허유가 이를 받지 않았으니 천하를 양보했다는 명성만 얻고

실제로는 천하를 잃지 않았습니다. 이번에 왕께서 연나라를 子之에게 양보한다면 子之 또한 반드시 감히 받지 않을 것이니, 이는 왕이 요임금과 같은 길을 걷는 것이 됩니다.'라고 하였다. 연왕이 그 말을 듣고 子之에게 나라를 맡기니, 子之의 위상이 크게 높아졌다. 이에 子之가 南面을 하여 왕의 일을 처리하고 연쾌는 연로하여 정사에 관여하지 않으니, 나랏일이 모두 子之에 의해 결정되었다. 그런지 3년만에 나라가 크게 혼란해져 백성들이 공포에 떨게 되었다. 孟軻가 제나라 왕에게 이르기를, '지금 연나라를 정벌하면 이는 文王과 武王의 시대와 같은 경우이니 지금 기회를 놓쳐서는 안 됩니다.'라고 하니, 제나라 왕이 章子로 하여금 五都의 군사를 이끌고 연나라를 정벌하게 하여 연쾌가 죽고 제나라가 크게 승리하였으며, 연나라 子之도 죽었다."라고 하였으니, 바로 이 사건을 기록한 것이다.

【疏】 ○ 注云'禮樂征伐自天子出'. ○ 正義曰：此蓋論語季氏孔子之言也. 言王者功成制禮, 治定作樂[1], 立司馬之官, 掌九伐之法[2], 諸侯不得制禮作樂, 賜弓矢, 然後專征伐[3]. 是禮樂征伐自天子出也.

1) 王者功成制禮 治定作樂：≪禮記≫ 〈樂記〉에 나오는 말이다.
2) 九伐之法：천자가 왕명을 어기는 제후를 토벌하는 아홉 가지 법이다. ≪周禮≫ 〈夏官 大司馬〉에 "九伐의 법으로 邦國을 바로잡는다. 약한 나라를 능멸하거나 작은 나라를 침범하면 영토를 줄이고, 어진 이를 죽이거나 백성들을 해치면 정벌하고, 나라 안에서 폭정을 자행하거나 다른 나라를 능멸하면 내쫓고, 田野가 황폐하거나 백성들이 흩어지면 영토를 삭감하고, 지형의 험준함을 믿고 복종하지 않으면 정벌하고, 친척을 해치거나 죽이면 잡아다가 그 죄를 다스리고, 임금을 내쫓거나 시해하면 죽이고, 명령을 어기거나 정법(政法)을 능멸하면 나라를 고립시키고, 내외가 혼란하여 금수 같은 짓을 하면 주멸한다.〔以九伐之法正邦國, 馮弱犯寡則眚之, 賊賢害民則伐之, 暴內陵外則壇之, 野荒民散則削之, 負固不服則侵之, 賊殺其親則正之, 放弑其君則殘之, 犯令陵政則杜之, 外內亂鳥獸行則滅之.〕"라고 하였다.
3) 賜弓矢 然後專征伐：≪禮記≫ 〈王制〉에 "諸侯賜弓矢, 然後征"이라 하였다.

注의 〔禮樂征伐自天子出〕

○ 正義曰：이는 ≪論語≫ 〈季氏〉에 나오는 孔子의 말이다. 王者는 功業을 이루면 禮法을 제정하고 정치가 안정되면 音樂을 제작하며 司馬의 관직을 설치하여 九伐의 법을 관장하게 하지만, 諸侯는 예법을 제정하거나 음악을 제작할 수 없으며 弓矢를 받은 다음에야 정벌을 마음대로 할 수 있다. 이것이 禮樂과 征伐이 天子에게서 나온다는 것이다.

9. 燕人이 畔이어늘 王曰 吾甚慙於孟子하노라

燕나라 사람들이 반란을 일으키자 왕이 말했다. "내가 맹자에게 매우 부끄럽게 되었노라."

【注】 燕人이 畔하여 不肯歸齊라 齊王이 聞孟子與沈同言爲未勸王이러니 今竟不能有燕이라 故로 慙之하니라

燕나라 사람들이 반란을 일으켜 齊나라에 歸附하려고 하지 않았다. 齊王이 맹자가 沈同과의 대화에서 왕에게 권유하지 않았다고 한 말을 들었는데, 이번에 결국 연나라를 소유할 수 없게 되었으므로 부끄러워 한 것이다.

陳賈曰 王無患焉하소서 王이 自以爲與周公孰仁且智니잇고 王曰 惡(오)라 是何言也오

陳賈가 말했다. "왕께서는 염려하지 마소서. 왕께서는 스스로 생각하기에 周公과 비교하여 누가 더 어질고 지혜롭다고 보십니까?" 왕이 대답했다. "아니! 이게 무슨 말인가?"

【注】 陳賈는 齊大夫也라 問王曰 自視何如周公仁智乎잇가하여 欲爲王解孟子意라 故로 曰 王無患焉이라하니라 王歎曰是何言은 言周公何可及也라

陳賈는 齊나라 대부이다. 왕에게, 周公의 어짊과 지혜로움을 왕 자신과 비교하여 어떠하냐고 물은 것이다. 왕을 위해 맹자에게 해명하고자 하는 마음이 있었으므로 "왕께서는 염려하지 마소서."라고 말한 것이다. 왕이 탄식하며 "이게 무슨 말이냐"라고 한 것은 周公에게 어찌 미칠 수 있겠느냐는 말이다.

曰 周公이 使管叔監殷이어시늘 管叔이 以殷畔하니 知而使之면 是不仁也요 不知而使之면 是不智也니 仁智는 周公도 未之盡也시니 而況於王乎잇가 賈請見而解之하리이다

陳賈가 말했다. "周公이 管叔으로 하여금 殷나라를 감독하게 하였는데, 관숙이

은나라를 이끌고 반란을 일으켰습니다. 주공이 이렇게 될 줄을 뻔히 알고서 시켰다면 이는 어질지 못한 것이며, 이렇게 될 줄 모르고 시켰다면 이는 지혜롭지 못한 것입니다. 어짊과 지혜로움은 주공도 완전하지 못하셨는데, 하물며 왕께서야 어떻겠습니까. 제가 찾아뵙고 해명하겠습니다."

【注】賈欲以此說孟子也라

陳賈가 이 말로써 맹자에게 변명을 하려고 한 것이다.

見孟子하고 **問曰 周公**은 **何人也**잇고

陳賈가 맹자를 찾아뵙고 물었다. "周公은 어떤 사람입니까?"

【注】賈問之也라

진가가 물은 것이다.

曰 古聖人也시니라

맹자가 대답했다. "옛날의 聖人입니다."

【注】孟子曰 周公은 古之聖人也라

맹자가 말하기를, "주공은 옛날의 聖人이다."라고 하였다.

曰 使管叔監殷이어시늘 **管叔**이 **以殷畔也**라하니 **有諸**잇가

陳賈가 물었다. "管叔으로 하여금 殷나라를 감독하게 하였는데 관숙이 은나라를 이끌고 반란을 일으켰다고 하니, 그런 일이 있습니까?"

【注】賈問有之否乎아

陳賈가 그런 일이 있느냐고 물은 것이다.

曰 然하다

맹자가 대답했다. "있습니다."

【注】孟子曰 如是也라

맹자가 그 말과 같다고 말했다.

曰 周公이 知其將畔而使之與잇가

진가가 물었다. "주공이 그가 장차 반란을 일으킬 줄 뻔히 알면서 시킨 것입니까?"

【注】賈問之也라

陳賈가 물은 것이다.

曰 不知也시니라

맹자가 대답했다. "알지 못했습니다."

【注】孟子曰 周公不知其將畔也니라

맹자가 말하기를, 주공이 그가 장차 반란을 일으킬 것을 알지 못했다고 하였다.

然則聖人도 且有過與잇가

진가가 물었다. "그렇다면 聖人도 잘못하는 것이 있습니까?"

【注】過는 謬也라 賈曰 聖人도 且猶有謬誤잇가

'過'는 잘못이다. 陳賈가 聖人도 잘못하는 것이 있느냐고 말했다.

曰 周公은 弟也요 管叔은 兄也니 周公之過가 不亦宜乎아

맹자가 대답했다. "周公은 아우이고 管叔은 형이었으니, 주공이 이런 잘못을 한 것이 또한 당연하지 않겠습니까.

【注】 孟子以爲 周公이 雖知管叔不賢이나 亦必不知其將畔이라 周公은 惟管叔弟也라 故로 愛之하고 管叔은 念周公兄也라 故로 望之니 親親之恩也라 周公之此過謬가 不亦宜乎아

맹자가 한 말이다. 주공이 비록 관숙의 어질지 못한 점에 대해서는 알고 있었다고 하더라도 그가 장차 반란을 일으키리라는 점은 반드시 알지 못했을 것이다. 주공은 관숙의 아우였기 때문에 주공이 그를 아꼈으며, 관숙은 주공의 형이었기 때문에 멀리서 그리워하였으니, 이는 至親을 사랑하는 은덕에서 나온 것이다. 그러니 주공이 이런 잘못을 한 것은 또한 당연하지 않느냐고 한 것이다.

且古之君子는 過則改之러니 今之君子는 過則順之로다 古之君子는 其過也 如日月之食하여 民皆見之하고 及其更也하여는 民皆仰之러니 今之君子는 豈徒順之리오 又從爲之辭로다

그리고 옛날의 君子는 잘못이 있으며 이를 고쳤는데, 지금의 군자는 잘못이 있으면 그대로 밀고 나갑니다. 옛날의 군자는 그 잘못이 日蝕, 月蝕과 같아서 백성들이 모두 다 볼 수 있었고, 잘못을 고쳤을 때는 백성들이 모두 다 우러러 보았습니다. 그런데 지금의 군자는 어찌 잘못을 밀고 나가는 것뿐이겠습니까. 더 나아가 이를 변명하려까지 합니다."

【注】 古之所謂君子는 眞聖人·賢人·君子也라 周公이 雖有此過나 乃誅三監하고 作大誥하여 明勅庶國하니 是周公改之也라 今之所謂君子는 非眞君子也니 順過飾非하고 或爲之辭라 孟子言此하여 以譏賈不能匡君하고 而欲以辭解之하니라

옛날의 이른바 君子는 진정한 聖人, 賢人, 君子를 가리킨다. 周公이 비록 이런 잘못은 있었으나 곧이어 三監을 주벌하고 〈大誥〉를 지어 각 나라에 분명하게 훈시하였으니, 이는 주공이 이전의 잘못을 고친 것이다. 지금의 이른바 군자는 진정한 군자가 아니어서 그 잘못을 그대로 밀고 나가거나 잘못을 좋게 포장하며 더러는 변명까지 하고 있다. 맹자가 이 말을 함으로써 陳賈가 군주의 잘못을 바로잡지 못하고 변명하는 말로 해명하고자 한 것을 기롱한 것이다.

【疏】 '燕人畔'至'又從爲之辭'. ○ 正義曰：此章言聖人親親, 不文其過, 小人順非, 以諂其上者也. '燕人畔, 王曰, 吾甚慙於孟子'者, 言燕人皆離畔, 不肯歸齊王, 齊王聞孟子與沈同言未嘗勸王伐燕, 今果不能得燕, 乃曰, 我甚慙恥而見於孟子.

經의 〔燕人畔〕에서 〔又從爲之辭〕까지

○ 正義曰 : 이 장은 聖人은 至親을 사랑하되 그들의 잘못을 꾸며주지 않으며, 소인은 그 잘못을 계속 밀고 나가는 것으로 윗사람에게 아첨함을 말한 것이다.

〔燕人畔 王曰 吾甚慙於孟子〕 燕나라 사람들의 민심이 모두 이반되어 齊王에게 歸附하려고 하지 않았다. 齊王이 맹자가 沈同과의 대화에서 왕에게 연나라를 정벌하도록 권유한 적이 없다고 한 말을 들었는데, 이번에 과연 연나라를 얻을 수 없게 되었으므로 이에 "내가 맹자를 보기가 매우 부끄럽게 되었다."고 말한 것이다.

'陳賈曰, 王無患焉, 王自以爲與周公孰仁且智'者, 陳賈, 齊國之大夫也, 言於齊王, 以爲無用憂患慙於孟子也. 且王自以爲與周公孰仁且智乎? 賈欲以此解王, 故問之以此.

〔陳賈曰 王無患焉 王自以爲與周公孰仁且智〕 陳賈는 齊나라 대부이다. 제왕에게 말하기를, 맹자에게 부끄러운 일을 했다고 너무 염려하지 말라고 한 것이다. 그리고 왕은 스스로 생각하기에 周公과 비교하여 누가 더 어질고 지혜롭냐고 물었는데, 이는 陳賈가 이 말로 왕의 마음을 풀어주고자 하였기 때문에 이런 질문을 한 것이다.

'王曰, 惡是何言也'者, 齊王乃歎曰此是何言也, 周公大聖人, 安可得而及之.

〔王曰 惡是何言也〕 齊王이 이에 탄식하며 이게 무슨 말이냐고 한 것은, 周公은 大聖人이니 어찌 미칠 수가 있겠느냐는 말이다.

'曰, 周公使管叔監殷, 管叔以殷畔, 知而使之, 是不仁也, 不知而使之, 是不智也. 仁・智, 周公未之盡也, 而況於王乎. 賈請見而解之'者, 言陳賈謂周公使管叔爲三監於殷, 管叔乃背畔於殷. 周公知管叔有背畔之心, 而復使爲監, 是周公不仁也, 周公不知管叔將有背畔之心, 而使之爲監, 是周公之不智也. 仁與智, 而周公大聖人也, 尙未之能盡, 而況於齊王乎. 賈今請以此見孟子, 爲王解之.

〔曰 周公使管叔監殷 管叔以殷畔 知而使之 是不仁也 不知而使之 是不智也 仁智 周公未之盡也 而況於王乎 賈請見而解之〕 陳賈가 말하기를, "周公이 管叔으로 하여금 殷나라에서 三監의 직무를 수행하게 하였는데, 관숙이 은나라 땅에서 반란을 일으켰다. 관숙

이 반란을 일으킬 마음이 있음을 주공이 뻔히 알고서도 감독을 하게 시켰다면 이는 주공이 어질지 못한 것이며, 관숙이 장차 반란을 일으킬 마음이 있다는 것을 주공이 모르고서 감독을 하게 시켰다면 이는 주공이 지혜롭지 못한 것이다. 어짊과 지혜로움은 주공같은 大聖人도 오히려 완전할 수 없었는데 하물며 齊王에게서야 어떻겠는가. 내가 지금 이 말을 가지고 맹자를 찾아뵙고 왕을 위해 해명하겠다."라고 한 것이다.

'見孟子, 問曰, 周公何人也', 賈遂見孟子, 果以此說問於孟子, 以謂周公是何等人也. '曰, 古之大[1)]聖人也', 孟子答之, 以爲周公是古之大聖人也. '曰, 使管叔監殷, 管叔以殷畔也, 有諸', 賈又問孟子, 以謂周公使管叔爲監於殷, 管叔以殷而背畔之, 有之否乎. '曰然', 孟子答之, 以是有之也. '曰, 周公知其將畔而使之與', 賈又問之, 以謂周公知管叔將欲背畔, 故使之爲監與. '曰, 不知也', 孟子答之, 以爲周公不知管叔將背畔. '然則聖人且有過與', 賈又問之, 如是則周公爲古之大聖人, 尙且有過失乎.

1) 大 : 해당 經文과 趙岐注 원문에는 '大'자가 없다.

〔見孟子 問曰 周公何人也〕 陳賈가 드디어 맹자를 찾아뵙고 이 말로 맹자에게 묻기를, "周公은 어떤 사람이냐?"라고 하였다.

〔曰 古之大聖人也〕 맹자가 대답하기를, "주공은 옛날의 大聖人이다"라고 하였다.

〔曰 使管叔監殷 管叔以殷畔也 有諸〕 陳賈가 또 맹자에게 묻기를, "周公이 管叔으로 하여금 殷나라에서 감독의 직무를 수행하게 하였는데 관숙이 은나라를 이끌고 반란을 일으켰다고 하니, 그런 일이 있느냐?"고 하였다.

〔曰然〕 맹자가 답하기를, 이런 일이 있었다고 하였다.

〔曰 周公知其將畔而使之與〕 陳賈가 또 묻기를, "管叔이 장차 반란을 일으키고자 한다는 것을 주공이 뻔히 알고서 일부러 그에게 감독을 시킨 것이냐?"고 하였다.

〔曰 不知也〕 맹자가 답하기를, "管叔이 장차 반란을 일으킬 줄을 周公이 알지 못했다"고 하였다.

〔然則聖人且有過與〕 陳賈가 또 묻기를, "그렇다면 周公 같은 옛날의 大聖人도 잘못하는 것이 있느냐?"고 하였다.

'曰, 周公弟也, 管叔兄也, 周公之過, 不亦宜乎', 孟子以爲周公雖知管叔不賢, 亦不能知其將有畔之心, 周公惟管叔弟也, 故愛之而使爲監, 管叔念是周公兄也, 故亦望之.

是則周公有是之過謬, 不亦宜之也. 以親親之故, 不得不然耳.

〔曰 周公弟也 管叔兄也 周公之過 不亦宜乎〕 맹자가 한 말이다. "周公이 비록 管叔의 어질지 못한 점에 대해서는 알고 있었다 하더라도 그가 장차 반란을 일으키려는 마음을 가지고 있다는 것은 알 수 없었을 것이다. 주공은 관숙의 아우였기 때문에 주공이 그를 아껴서 감독하는 일을 맡겼으며, 관숙은 주공의 형이었기 때문에 그 또한 멀리서 그리워하였으니, 그렇다면 주공이 이러한 잘못을 한 것은 또한 당연하지 않겠는가."라고 한 것이다. 至親을 사랑하는 은덕 때문에 그렇게 하지 않을 수 없었던 것이다.

'且古之君子, 過則改之'至'今之君子, 又從爲之辭'者, 孟子又言古之君子如周公雖有此過, 然而乃能誅三監, 作大誥, 以明勑庶國, 則周公故能改之也, 今之君子, 非眞君子, 有過則順而不改. 古之君子, 其有過也, 如日月之蝕焉, 民皆得知而見之, 及其更也, 民皆得而仰望之. 今之君子, 豈徒順其過而不改, 又且從其有過, 復作言辭以文飾其過耳. 孟子所以言此者, 以其欲譏陳賈不能匡正齊王之過, 又從爲此周公管叔之辭, 順其王之過而文之也.

〔且古之君子 過則改之〕에서 〔今之君子 又從爲之辭〕까지

맹자가 또 말하기를, "周公과 같은 옛날의 君子는 비록 이런 잘못은 있었으나 곧이어 三監을 주벌하고 〈大誥〉를 지어 각 나라에 분명하게 훈시하였으니, 이는 주공이 이전의 잘못을 고친 것이다. 지금의 군자는 진정한 군자가 아니어서 잘못이 있으면 그대로 밀고 나가 고치지 않는다. 옛날의 군자는 잘못이 있으면 日蝕, 月蝕과 같아서 백성들이 모두 다 알아서 볼 수 있었고, 잘못을 고쳤을 때는 백성들이 모두 다 우러러보았다. 지금의 군자는 어찌 그 잘못을 밀고나가 고치지 않는 것뿐이겠는가. 더 나아가 그 잘못에 대해 다시 변명하는 말을 만들어 그 잘못을 근사하게 포장한다."고 한 것이다. 맹자가 이 말을 한 이유는 陳賈가 齊王의 잘못을 바로잡지 못하고 더 나아가 周公과 管叔의 이야기를 하여 왕의 잘못을 계속하게 하고 근사하게 포장해 준 것을 기롱하고자 하였기 때문이다.

【疏】 ○ 注'燕人畔, 王聞孟子與沈同言'. ○ 正義曰 : 此蓋前段案史記世家言之詳矣.

注의 〔燕人畔 王聞孟子與沈同言〕

○ 正義曰 : 이에 대해서는 앞 단락에서 인용한 ≪史記≫ 〈燕召公世家〉에서 상세히

언급하였다.

【疏】○ 注'誅三監, 作大誥, 明勑庶國'. ○ 正義曰：案尙書大誥篇云, "武王崩, 三監及淮夷叛, 周公相成王, 將黜殷, 作大誥." 孔安國云, "三監, 管・蔡・商[1]是也. 言作大誥, 以誥天下." 又案史記[2]云, "周公奉成王命, 興師東伐, 作大誥, 遂誅管叔, 殺武庚, 放蔡叔, 收殷餘民."

1) 管・蔡・商：周 武王의 아우이자 成王의 숙부인 管叔, 蔡叔과 무왕에 의해 商나라 군주로 봉해진 武庚을 가리킨다. 朱熹의 ≪孟子集註≫에서는 三監을 管叔, 蔡叔, 霍叔 등 武庚의 商나라를 감독하는 세 인물로 보았다. 한편 ≪禮記≫ 〈王制〉의 "천자가 조정의 대부를 삼감으로 삼아 방백의 나라를 감독했다. 한 나라에 3명씩 두었다.〔天子使其大夫爲三監 監於方伯之國 國三人.〕"라는 구절을 근거로 三監을 특정인이 아닌 商나라를 감독하는 일을 맡은 관직의 하나로 보는 견해도 있다.

2) 史記：권33 〈魯周公世家〉에 나온다.

注의 〔誅三監 作大誥 明勑庶國〕

○ 正義曰：≪尙書≫ 〈大誥〉篇에 이르기를, "武王이 崩御하니, 三監과 淮夷가 반란을 일으켰다. 周公이 成王을 도와 殷나라를 축출하기에 앞서 〈大誥〉를 지었다."라고 하였는데, 孔安國의 注에 이르기를, "三監은 管叔, 蔡叔, 商이 이에 해당한다. 〈大誥〉를 지어 천하 사람들에게 훈시했다는 말이다."라고 하였고, 또 ≪史記≫에 이르기를, "周公이 成王의 命을 받들고 군사를 일으켜 동쪽으로 정벌을 할 때에 〈大誥〉를 지은 다음, 마침내 管叔을 주벌하고 武庚을 죽이고 蔡叔을 추방하고 殷나라의 남은 백성들을 거두었다."라고 하였다.

10. 孟子致爲臣而歸하니

맹자가 신하 자리를 내놓고 집으로 돌아가니,

【注】辭齊卿而歸其室也라

齊나라의 卿을 사직하고 집으로 돌아간 것이다.

王就見孟子曰 前日에 願見而不可得이라가

왕이 맹자를 찾아가 만나서 말했다. "지난날에 뵙기를 원했으나 그렇게 하지 못하다가

【注】謂未來仕齊也에 遙聞孟子之賢이나 而不能得見之라

〈맹자가〉 齊나라로 와서 벼슬하기 전에 맹자가 賢能하다는 소문을 멀리서 들었으나 만나보지 못했음을 말한 것이다.

得侍同朝하여 甚喜[1)]러니

1) 得侍同朝 甚喜 : 朱熹는 ≪孟子集註≫에서 이 문장에 대하여 별도의 주석을 내지 않고 있으나 大全注에 저록된 新安 陳氏(陳櫟)의 말에 의하면, 이 문장을 謙辭로 처리하여 "현자를 모시게 되어 조정에 함께 있는 사람들이 모두 매우 기뻐하였다.〔得侍賢者 同朝者皆甚喜〕"로 주해하였다.

모시고 함께 조정에 있게 되어 매우 기뻤었는데

【注】來就爲卿하여 君臣同朝하여 得相見이라 故로 喜之也라

〈齊나라로〉 와서 卿이 되어 君臣의 관계로 같은 조정에서 서로 보게 되었으므로 기뻤다는 것이다.

今又棄寡人而歸하시니

이번에 다시 寡人을 버리고 돌아가시니

【注】今致爲臣하여 棄寡人而歸라

이번에 벼슬을 그만두고 寡人을 버리고 돌아갔다는 말이다.

不識케이다 可以繼此而得見乎잇가

오늘 이후로도 계속해서 뵐 수 있을지 모르겠습니다."

【注】不知케라 可以續今日之後하여 遂使寡人得相見否乎아

오늘 이후로도 계속해서 과인으로 하여금 만나볼 수 있게 해 줄 수 있을지 모르겠

다는 말이다.

對曰 不敢請耳언정 **固所願也**니이다

맹자가 대답했다. "감히 청할 수는 없습니다만 진실로 제가 원하는 바입니다."

【注】孟子對王하여 言不敢自請耳언정 固心之所願也라 孟子意欲使王繼今當自來謀也라

맹자가 왕에게 대답하기를, "감히 스스로 청할 수는 없지만 진실로 마음에 원하는 바이다."라고 말한 것이다. 맹자의 속마음은 왕으로 하여금 오늘 이후로도 계속해서 스스로 찾아와 상의하게 만들고 싶어한 것이다.

他日에 **王謂時子曰 我欲中國而授孟子室**하고 **養弟子以萬鍾**하여 **使諸大夫國人**으로 **皆有所矜式**케하노니 **子盍**(합)**爲我言之**[1]오

1) 子盍爲我言之 : '盍'은 '何不'의 축약형이다. 영어의 'why not'과 같은 뜻으로 자신의 생각을 상대방에게 강하게 제안할 때 사용된다. 즉, '그대가 나를 위해 맹자에게 이 말을 전해 달라'는 뜻이다.

며칠 후 왕이 時子에게 말했다. "내가 나라 한가운데에다 맹자에게 집을 마련해 주고 萬鍾의 祿으로 제자를 양성하게 하여 大夫들과 國人들로 하여금 모두 공경하고 본을 받게 하고 싶소. 그대는 어찌 나를 위해 말을 해주지 않는가."

【注】時子는 齊臣也라 王欲於國中(而)〔央〕[1]爲孟子築室하고 使教養一國君臣之子弟하여 與之萬鍾之祿이라 中國者는 使學者遠近均也라 矜은 敬也요 式은 法也니 欲使諸大夫國人皆敬法其道라 盍은 何不也니 謂時子何不爲我言之於孟子하여 知肯就之否아

1) (而)〔央〕: 저본에는 '而'로 되어 있으나, 廖本, 孔本, 韓本, 考文古本에 의거하여 '央'으로 바로잡았다.(阮元의 〈校勘記〉 참조)

時子는 齊나라 신하이다. 왕이 나라 한가운데에다 맹자를 위해 집을 짓고 나라 안의 임금과 신하의 자제들을 교육하게 하여 萬鍾의 祿을 주고자 하였다. 나라 가운데에 두는 것은 배우는 이들이 오가는 거리가 균등하게 한 것이다. '矜'은 공경하는 것이요 '式'은 본받는 것이니, 大夫들과 國人들이 모두 그 道를 공경하고 본받게 하고자 한 것

이다. '盍'은 '何不'의 뜻이니, "그대(時子)는 어찌 나를 위해 맹자에게 말을 해서 기꺼이 나오도록 말해주지 않는가."라고 한 것이다.

時子因陳子而以告孟子어늘

時子가 陳子를 통해 이 말을 맹자에게 고하게 하니

【注】 陳子는 孟子弟子陳臻也라

陳子는 맹자의 제자 陳臻이다.

陳子以時子之言으로 **告孟子**한대 **孟子曰 然**하다 **夫時子惡**(오)**知其不可也**리오 **如使予欲富**인댄 **辭十萬而受萬**이 **是爲欲富乎**아

陳子가 時子의 말이라고 하면서 맹자에게 고하니, 맹자가 말했다. "그럴테지! 저 시자가 그것이 불가한 일이라는 것을 어찌 알겠는가. 만약 내가 부자가 되고 싶어 했더라면 十萬鍾을 사양하고 萬鍾을 받는 것이 부자가 되고자 하는 것이겠는가."

【注】 孟子曰 如是라 夫時子安能知其不可乎아 時子以我爲欲富라 故로 以祿誘我라 我往者饗十萬鍾之祿이라가 以大道不行故로 去耳어니 今更當受萬鍾이 是爲欲富乎아 距時子之言하여 所以有是云[1]也라

1) 所以有是云 : 孔本, 韓本, 考文古本에는 이 5자가 없다.(阮元의 〈校勘記〉 참조)

맹자가 말하기를, "그럴테지! 저 時子가 그것이 불가한 일이라는 것을 어찌 알 수 있겠는가. 時子는 내가 부자가 되고 싶어 한다고 여겼기 때문에 祿으로 나를 유혹하였다. 내가 지난번에 十萬鍾의 祿을 받다가 大道가 실현되지 않아 떠난 것이니, 이번에 다시 萬鍾의 祿을 받는다면 이것이 부자가 되고자 하는 것이겠는가."라고 한 것이다. 시자의 말을 거절하느라 이렇게 말을 한 것이다.

季孫曰異哉라하고 **子叔**은 **疑**[1]하니

1) 季孫曰異哉 子叔疑 : 이 문장에 대해 趙岐와 朱熹는 전혀 다른 주해를 하였다. 주희는

≪孟子集註≫에서 이 문장과 다음 문장을 季孫이 子叔疑란 인물의 행동을 비판한 것으로 보았으며 두 인물이 어느 시대 사람인지 미상이라고 하였다. ≪孟子集註≫에 따르면, 이 문장은 "季孫이 말하기를, 이상하도다 子叔疑여!"라고 번역된다.

〈맹자의 이러한 태도를 두고서〉 季孫은 이상하다고 말하고 子叔은 의심을 하니,

【注】 二子는 孟子弟子也라 季孫이 知孟子意不欲이나 而心欲使孟子就之라 故로 曰 異哉라하고 弟子之所聞也를 子叔心疑惑之하니 亦以爲可就之矣라

두 사람은 맹자의 제자이다. 季孫은 맹자가 〈벼슬에 나가고〉 싶어 하지 않는 마음을 알면서도 내심 맹자가 나가기를 바랐기 때문에 이상하다고 말했고, 제자들이 들은 것을 子叔은 마음속으로 의아해 하였으니, 그 또한 맹자가 나가야 한다고 생각한 것이다.

使已爲政이라가 **不用則亦已矣**어늘 **又使其子弟爲卿**하니 **人亦孰不欲富貴**리오마는 **而獨於富貴之中**에 **有私龍斷焉**이라

맹자가 말했다. "〈齊王이〉 나에게 정사를 맡겨놓고서 내 의견을 쓰지 않았기에 또한 그만둔 것이거늘 다시 그 子弟를 빌미로 卿을 맡기려고 하니, 사람이라면 또한 누구인들 富貴를 누리고 싶지 않겠는가마는 〈이렇게 하는 것은〉 홀로 부귀를 누리면서 壟斷에 올라가 이익을 독점하는 행위와 같게 된다.

【注】 孟子解二子之異意疑心曰 齊王使我爲政이라가 不用則亦自止矣어늘 今又欲以其子弟故로 使我爲卿하고 而與我萬鍾之祿이라 人亦誰不欲富貴乎리오마는 是猶獨於富貴之中에 有此私登龍斷之類也라 我則恥之하노라

맹자가 두 사람의 이상하다고 여기는 마음과 의심하는 마음을 풀어주려고 말하기를, "齊王이 나에게 정사를 맡겨놓고서 내 의견을 쓰지 않았기에 또한 내 스스로 그만둔 것이다. 그런데 이번에 다시 그 子弟를 빌미로 나에게 卿을 맡기고 萬鍾의 祿을 주려고 하고 있다. 사람이라면 누구인들 富貴를 누리고 싶지 않겠는가마는 이렇게 하는 것은 홀로 부귀를 누리면서 壟斷에 올라가 이익을 독점하는 무리와 같게 되는 것이니, 나는 이런 행위를 부끄럽게 여긴다."라고 한 것이다.

古之爲市也[1]는 **以其所有**로 **易**(역)**其所無者**어든 **有司者治之耳**러니 **有賤丈夫焉**하니 **必求龍斷而登之**하여 **以左右望而罔市利**어늘 **人皆以爲賤**이라 **故**로 **從而征之**하니 **征商**이 **自此賤丈夫始矣**니라

1) 也 : 孔本에는 '者'로 되어 있다.(阮元의 〈校勘記〉 참조)

옛날의 市場이란 것은 자기가 가지고 있는 물건을 가지고 자기가 없는 물건과 바꾸는 곳으로 有司는 단지 이를 다스리기만 할 뿐이었다. 그런데 어떤 賤丈夫가 나타나 반드시 龍斷을 찾아 올라가 좌우를 둘러보며 시장의 이익을 그물질하듯 쓸어가니 사람들이 모두 그를 천하게 여겼다. 그래서 그에게 쫓아가 세금을 부과하였으니 商人에게 세금을 부과한 것이 이 천장부에게서 시작되었다."

【注】 古者市置有司는 但治其爭訟이요 不征稅也라 賤丈夫 -貪人可賤者也라- 入市則求龍斷而登之하여 -龍斷은 謂堁斷[1]而高者也라- 左右占視望이라가 見市中有利면 罔羅而取之하니 人皆賤其貪者也라 故로 就征取其利하니 後世에 緣此하여 遂征商人이라 孟子言我苟貪萬鍾하여 不恥屈道면 亦與此賤丈夫로 何異也리오 古者는 謂周公以前이니 周禮에 有關市之征也라

1) 堁斷 : '堁'는 먼지가 쌓여 생긴 진흙으로, 과단은 진흙으로 만든 단을 말한다.

옛날 시장에 有司를 둔 것은 단지 분쟁을 다스리기 위함이었고 세금을 거두지는 않았다. 그런데 賤丈夫가 -탐욕스러워 천대받는 사람이다- 시장에 들어가서는 壟斷을 찾아 올라가서 -농단은 진흙으로 높게 만든 단이다- 좌우로 여기저기 관망하다 시장에서 이익이 생길 곳을 보면 이를 그물질하듯 쓸어가니 사람들이 모두 그 탐욕스러움을 천하게 여겼다. 그래서 그에게 가서 그 이익을 세금으로 거두어 들였으니, 후세에 이를 계기로 마침내 상인에게 세금을 거두게 되었다. 맹자가 "내가 구차하게 萬鍾을 탐하느라 道를 굽히는 것을 부끄러워하지 않는다면 이 또한 이 천장부와 무엇이 다르겠는가."라고 한 것이다. '古'는 周公 이전의 시대를 말하니, ≪周禮≫에 關市에 세금을 부과한 기록이 나온다.

【疏】 '孟子致爲臣而歸'至'自此賤丈夫始矣'. ○ 正義曰 : 此章言君子正身行道, 道之不行, 命也. 不爲利回也.[1] '孟子致爲臣而歸', 是孟子辭齊卿而歸處於室也.

1) 此章言君子正身行道……不爲利回也 : 北京大本에는 章指를 "이 장의 章指는 다음과 같다. 君子는 몸을 바르게 하여 道를 행하지만 그래도 道가 행해지지 않는다면 그것은 命이다. 이익 때문에 자신의 道를 굽히지 않으며 후대에 계승될 수 있는 기틀을 세워야 하기 때문에 君子는 시장에서 이익을 농단하는 사람으로 그 경계를 삼았다.〔此章指言君子正身行道 道之不行 命也 不爲利回 創業可繼 是以君子以龍斷之人爲惡戒也〕"라고 하였다.

經의 〔孟子致爲臣而歸〕에서 〔自此賤丈夫始矣〕까지

○ 正義曰 : 이 장은 君子는 몸을 바르게 하여 道를 행하지만 그래도 道가 행해지지 않는 것은 命이니, 이익 때문에 자신의 道를 굽히지 않음을 말한 것이다.

〔孟子致爲臣而歸〕 맹자가 齊나라 卿을 사양하고 집으로 돌아가 거처한 것이다.

'王就見孟子曰, 前日願見而不可得'至'不識可以繼此而得見乎', 是齊王見孟子辭齊卿而歸於室, 乃就孟子之室而見孟子曰, 前日未仕齊時, 聞孟子之賢, 願見之, 而不能得見, 後得侍於我而爲之卿, 遂得同朝相見, 故甚喜之. 今乃又棄去寡人而歸處於室, 我不知可以繼今日之後, 而使寡人得相見否. 故以此問孟子.

〔王就見孟子曰 前日願見而不可得〕에서 〔不識可以繼此而得見乎〕

齊王이 맹자가 제나라 卿을 사직하고 집으로 돌아간 것을 보고서 이에 맹자의 집으로 찾아가 맹자를 만나 말하기를, 지난날 맹자가 제나라에서 벼슬하기 전에 맹자가 賢能하다는 소문을 듣고서 만나보기를 원했으나 만나보지 못하다가 그 후에 내 곁에서 卿으로 모시어 마침내 같은 조정에서 서로 보게 되었으므로 매우 기뻤었는데, 이번에 다시 과인을 버리고 집으로 돌아갔으니 오늘 이후로도 계속해서 과인으로 하여금 만나볼 수 있게 해 줄 수 있을지 모르는 까닭에 이 질문을 맹자에게 하는 것이라고 하였다.

'孟子對曰不敢請耳, 固所願也', 孟子意欲使王繼今日之後, 當自來就見, 故云不請見, 固我心之所願也.

〔孟子對曰不敢請耳 固所願也〕 맹자의 속마음은 왕으로 하여금 오늘 이후로도 계속해서 스스로 찾아와 만나보게 만들고 싶어 했다. 그래서 "만나보기를 청하지는 못하지만 진실로 내 마음에 원하는 바이다."라고 말한 것이다.

'他日, 王謂時子曰, 我欲中國而授孟子室'至'盍爲我言之', 時子, 齊王之臣也, 言自見孟子已往, 他日齊王又謂其臣時子曰, 我今欲以中國授孟子, 爲築其室, 敎養一國之子弟,故賜予以萬鍾之祿, 使其諸大夫與一國之人皆有所敬法, 時子何不爲我以此言說之.

〔他日 王謂時子曰 我欲中國而授孟子室〕에서 〔盍爲我言之〕까지

時子는 齊王의 신하이다. 맹자를 직접 만난 이후 며칠이 지나 제왕이 다시 신하인 時子에게 말하기를, "내가 나라 한가운데에다 맹자에게 집을 지어 주어 나라 안의 자제들을 교육하고 싶다. 그래서 萬鍾의 祿을 맹자에게 주어 大夫들과 온나라 사람들이 모두 공경하고 본받게 하고 싶다. 시자는 어찌 나를 위해 이 말을 맹자에게 말해주지 않겠는가."라고 한 것이다.

'時子因陳子而以告孟子', 陳子, 陳臻也, 是孟子弟子也. 時子於是因陳臻而以齊王之言使陳臻告於孟子也.

〔時子因陳子而以告孟子〕 陳子는 陳臻이니 맹자의 제자이다. 時子가 이에 陳臻에게 연락하여 齊王의 말을 그로 하여금 맹자에게 고하게 하였다.

'陳子以時子之言告孟子'至'是爲欲富乎', 是陳子乃以時子所告齊王之言而告於孟子, 孟子乃答之曰, 然如是也, 夫時子又安知其有不可也. 如使我欲富其祿, 我以辭去十萬之祿而受其萬, 是以爲我欲其富乎. 云"乎"者, 是不爲欲富也. 孟子欲以此言距時子也.

〔陳子以時子之言告孟子〕에서 〔是爲欲富乎〕까지

陳子가 이에 時子가 들려준 齊王의 말을 가지고 맹자에게 고하니, 맹자가 답하기를 "그럴테지! 저 時子가 그것이 불가하다는 것을 어찌 알겠는가. 만약 내가 祿을 받아 부자가 되고자 했더라면 내가 十萬鍾의 祿을 사양하고 萬鍾을 받는 것이 내가 부자가 되고자 하는 것이 되겠는가."라고 한 것이다. '乎'자를 쓴 것은 부자가 되고자 하지 않은 것이다. 맹자가 이 말을 통해 시자의 말을 거절하고자 한 것이다.

'季孫曰, 異哉, 子叔疑', 季孫・子叔二子皆孟子弟子也, 季孫知孟子意不欲遂時子之言, 而心尙欲孟子就之, 故但言異哉, 弟子之所聞也, 子叔疑之, 亦以爲可就.

〔季孫曰 異哉 子叔疑〕 季孫과 子叔 두 사람은 모두 맹자의 제자이다. 季孫은 맹자가 時子의 말대로 하고 싶어 하지 않는다는 것을 알면서도 마음속으로는 오히려 맹자가 나가기를 바랐기 때문에 단지 '이상하다'고 말했고, 제자들이 들은 것을 子叔은 잘못 들었나 의심을 하였으니, 그 또한 맹자가 나가야 한다고 생각한 것이다.

‘使已爲政, 不用, 則亦已矣, 又使其子弟爲卿’至‘有私龍斷焉’者, 孟子又言齊王使已爲政之道, 旣以不得用, 則我亦以辭之而止於其室矣. 又欲以子弟之敎, 而使我爲卿, 以與我萬鍾之祿. 人亦誰不欲其富貴乎. 然以此者, 是亦猶獨於富貴之中, 私登龍斷之類也. 以其恥之, 所以言然.

〔使已爲政 不用 則亦已矣 又使其子弟爲卿〕에서 〔有私龍斷焉〕

맹자가 또 말하기를, “齊王이 나에게 정사를 맡김에 있어 이미 내 의견을 쓰지 못했으니 나 또한 벼슬을 사직하고 집에 머물러 있었던 것인데, 다시 子弟들을 교육한다는 명목으로 나에게 卿을 맡기면서 萬鍾의 녹을 나에게 주려고 하고 있다. 사람이라면 누구인들 富貴를 누리고 싶지 않겠는가마는, 이렇게 하는 것은 홀로 부귀를 누리면서 壟斷에 올라가 이익을 독점하는 무리와 같아지게 되는 것이다.”라고 하였다. 이런 행위를 부끄럽게 여겼기 때문에 그리 말한 것이다.

‘古之爲市也, 以其所有易其所無者’至‘自此賤丈夫始矣’者, 孟子又言古之所以爲市者, 以其有無相貿易耳, 有司者但治其爭訟而不征稅也, 有賤丈夫, 則必求丘龍 -堁斷- 之高者而登之, 以左右占望, 見市中有利, 罔羅而取之, 人皆以爲賤丈夫焉, 故後世亦從而征取其市中之稅. 以其所以征商之稅於後世者, 亦自此賤丈夫登龍斷而罔市利爲之始矣, 故曰“故從而征之, 征商自此賤丈夫始矣”. 周禮有司關・司市, 是有司者也.

〔古之爲市也 以其所有易其所無者〕에서 〔自此賤丈夫始矣〕까지

맹자가 또 말하기를, “옛날에 시장이라는 곳은 가지고 있는 물건과 없는 물건을 서로 사고팔기만 할 뿐이었고 有司는 단지 분쟁을 다스리기만 하고 세금은 거두지 않았다. 그런데 어떤 賤丈夫가 나타나 반드시 높은 丘壟 -진흙으로 만든 단이다- 을 찾아 올라가서 좌우로 둘러보며 시장에서 이익이 생길 곳을 보면 이를 그물질하듯 쓸어가자 사람들이 모두 그를 賤丈夫라 불렀다. 그래서 후세에서도 이를 따라 시장에서 세금을 거두게 되었다.”라고 한 것이다. 후세에 상인에게 세금을 거둔 것이 또한 이 천장부가 농단에 올라가 시장의 이익을 쓸어간 것으로부터 시작되었기 때문에 “그래서 좇아가 세금을 부과하였으니 商人에게 세금을 부과한 것이 이 천장부에게서 시작되었다.〔故從而征之 征商自此賤丈夫始矣〕”라고 한 것이다. ≪周禮≫에 司關과 司市의 관직이 나오는데 이들이 有司에 해당한다.

【疏】○ 注云'古者, 謂周公前, 周禮有關市之征'. ○ 正義曰 : 此蓋前篇說之詳矣, 此不復說.

注의 〔古者 謂周公前 周禮有關市之征〕

○ 正義曰 : 이 말에 대해서는 前篇에 상세하게 설명하였으므로 여기서는 다시 설명하지 않는다.

11. 孟子去齊하실새 宿於晝러시니 有欲爲王留行者하여

맹자가 齊나라를 떠나 晝땅에 유숙하였는데, 齊王을 위해 맹자가 가는 것을 만류하는 사람이 있어

【注】晝는 齊西南近邑也라 孟子去齊欲歸鄒하여 至晝地而宿也한대 齊人之知孟子者 追送見之하고 欲爲王留孟子行하니라

'晝'는 齊나라 서남쪽 近邑이다. 맹자가 제나라를 떠나 鄒땅으로 돌아가는 길에 晝땅에 이르러 유숙하였는데, 맹자를 잘 아는 제나라 사람이 따라와 송별을 하면서 齊王을 위해 맹자가 가는 것을 만류하고자 한 것이다.

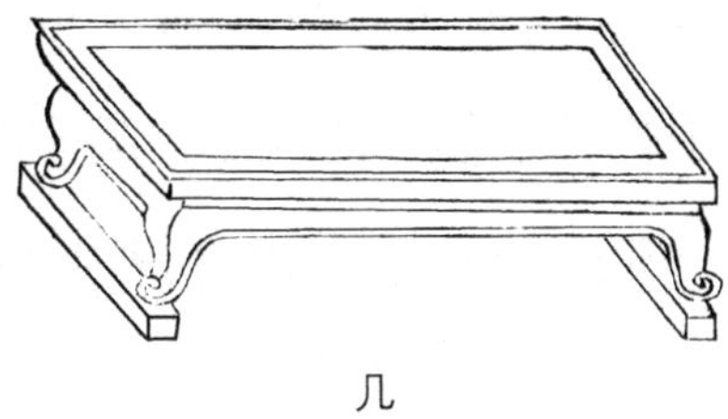
几

坐而言이어늘 不應하시고 隱几而臥하신대

무릎을 꿇고 앉아 말을 하였으나 맹자가 응답을 하지 않고 안석에 기대어 누워버렸다.

【注】客危坐而言留孟子之言也어늘 孟子不應答하고 因隱倚其几而臥也라

客이 무릎을 꿇고 앉아 맹자에게 만류하는 말을 하였으나 맹자가 응답을 하지 않고 이어 안석에 기대어 누워버린 것이다.

客이 不悅曰 弟子齊宿[1]而後敢言이어늘 夫子臥而不聽하시니 請勿復敢見矣로소이다

1) 齊宿 : 朱熹의 ≪孟子集註≫에서는 '齊宿'을 '재계하고 하룻밤을 지내는 것〔齊戒越宿〕'으로 주해하였다.

客이 불쾌하게 여기면서 말했다. "제가 평소 마음을 경건하게 한 다음 말씀을 올렸는데, 夫子께서 누워서 듣지 않으시니, 다시는 찾아뵙지 않겠습니다."

【注】齊는 敬이요 宿은 素也라 弟子素持敬心來言한대 夫子慢我하여 不受我言이라하고 言而遂起하여 退欲去하여 請絶也하니라

'齊'는 '공경하는 것'이고 '宿'은 '평소'라는 뜻이다. 弟子가 평소 경건한 마음을 품고서 찾아와 말을 한 것인데 夫子가 나를 업신여겨 내 말을 듣지 않는다 하고는 그 말과 함께 일어나 물러가려고 하면서 서로의 관계를 끊자고 한 것이다.

曰 坐하라 我明語子하리라

맹자가 말했다. "앉으시오. 내가 그대에게 분명하게 설명해주겠소."

【注】孟子止客曰 且坐하라 我明告語子하리라

맹자가 客을 만류하며 말하기를, "잠시 앉으시오. 내가 그대에게 분명하게 설명해주겠소."라고 한 것이다.

昔者에 魯繆(목)公이 無人乎子思之側이면 則不能安子思하고 泄柳申詳이 無人乎繆公之側이면 則不能安其身이러니라

옛날에 魯 繆公은 子思의 곁에 사람이 없으면 자사를 편안하게 모실 수 없었고, 泄柳와 申詳은 목공의 곁에 사람이 없으면 그 몸이 편안히 머물 수 없었소.

【注】往者에 魯繆公尊禮子思어늘 子思以道不行則欲去한대 繆公이 常使賢人往留之하여 說以方且聽子爲政하니 然則子思復留라 泄柳申詳亦賢者也나 繆公尊之不如子思하니 二子常有賢者在繆公之側勸以復之라야 其身乃安矣라

옛날에 魯 繆公이 子思를 존경하여 예우하였는데 자사는 자신의 道가 행해지지 않으면 떠나려고 했다. 그럴 때면 목공은 항상 賢人을 보내 자사를 만류하면서 "앞으로 그대의 말을 들어 정사를 하겠다."고 말했고 그러면 자사가 다시 머무르곤 했다. 泄柳와 申詳 또한 賢者이기는 하였으나 목공이 자사만큼 존경하지는 않았다. 그래서 두 사

람은 항상 목공의 곁에 자신을 두둔해 주는 賢者가 있어야 그 몸이 편안히 머물 수 있었다.

子爲長者慮而不及子思하니 子絶長者乎아 長者絶子乎아

그대가 長者를 위해 염려하는 것이 자사를 위해 염려하는 것에 미치지 못하였으니, 그대가 장자인 나를 끊은 것인가? 아니면 장자인 내가 그대를 끊은 것인가?

【注】 長者는 老者也라 孟子年老라 故自稱長者라 言子爲我慮가 不如子思時賢人也라 不勸王使我得行道하고 而但勸我留하니 留者何爲哉리오 此爲子絶我乎아 又我絶子乎아 何爲而慍恨也오

長者는 늙은 사람이다. 맹자가 나이가 많았으므로 스스로 장자라 일컬은 것이다. 그대가 나를 위해 염려하는 것이 子思 때의 賢人만 못하여 내가 道를 행할 수 있도록 왕에게 권유하지 못하고 단지 나에게 와서 머물러 있으라고 권하기만 할 뿐이니, 머무는 것이 무슨 소용이 있겠는가. 이는 그대가 나를 끊은 것인가? 아니면 내가 그대를 끊은 것인가? 무엇 때문에 나에게 불만을 품는 것이냐고 말한 것이다.

【疏】 '孟子去齊'至'絶子乎'. ○ 正義曰：此章言惟賢能安賢, 智能知微, 以愚喩智, 道之所以乖也. '孟子去齊, 宿於晝, 有欲爲王留行'者, 晝, 齊之近邑也, 言孟子去齊欲歸鄒, 至晝而宿, 齊人見之, 有欲爲王留行者也.

經의 〔孟子去齊〕에서 〔絶子乎〕까지

○ 正義曰 : 이 장은 오직 어진 사람만이 어진 사람을 편안하게 하고 지혜로운 사람만이 은미한 것을 알 수 있으니, 어리석은 사람이 지혜로운 사람을 깨우치려고 하게 되면 道가 어그러지게 됨을 말한 것이다.

〔孟子去齊 宿於晝 有欲爲王留行〕 '晝'는 齊나라의 近邑이다. 맹자가 제나라를 떠나 鄒땅으로 가는 길에 晝땅에 이르러 유숙하였는데, 이를 보고서 왕을 위해 맹자가 가는 것을 만류하고자 하는 제나라 사람이 있었음을 말한 것이다.

'坐而言, 不應, 隱几而臥', 言爲王留行者, 危坐而說留孟子之行, 言孟子乃隱倚其几, 但臥而不應答也.

〔坐而言 不應 隱几而臥〕 齊王을 위해 만류하는 사람이 무릎을 꿇고 앉아 맹자가 가는 것을 만류하는 말을 하였고, 맹자가 이에 안석에 기댄 채 누워만 있으면서 아무 응답도 하지 않았음을 말한 것이다.

‘客不悅, 曰, 弟子齊宿而後敢言, 夫子臥而不聽, 請勿復敢見矣’, 客, 爲王留行者也. 齊, 敬也. 宿, 素也. 言客見孟子不應答其言, 但隱几而臥焉, 遂欲退, 乃曰, 弟子素齊敬其心而後方敢言留夫子之行, 夫子今乃臥而不聽其言, 自今請絶, 於此後勿復更敢見夫子矣.

〔客不悅曰 弟子齊宿而後敢言 夫子臥而不聽 請勿復敢見矣〕 ‘客’은 齊王을 위해 맹자가 떠나는 것을 만류한 사람이다. ‘齊’는 ‘경건하다’는 뜻이고 ‘宿’은 ‘평소’라는 뜻이다. 客이, 맹자가 자기 말에 응답을 하지 않고 단지 안석에 기대어 누워있는 것을 보고서 마침내 물러가려고 하면서 말하기를, “弟子가 평소에 마음을 경건하게 가다듬은 다음 감히 夫子가 가시는 것을 만류하는 말을 하였는데, 부자께서 지금 누워서 그 말을 듣지 않으시니, 이제는 서로의 관계를 끊고 지금 이후로 다시는 부자를 찾아뵙지 않겠습니다.”라고 한 것이다.

‘曰, 坐, 我明語子’, 孟子遂止客且坐, 言我分明言告於子.

〔曰 坐 我明語子〕 맹자가 客을 만류하여 잠시 앉게 하고는 내가 그대에게 분명하게 설명해주겠다고 말한 것이다.

‘云自昔繆公’至‘長者絶子乎’, 是皆明告之言也. 言往日魯國繆公無人於子思之側以導達其意, 則不能安子思, 泄柳・申詳無人於魯繆公之側以稱譽其賢, 則泄柳・申詳不能安其身. 以其子思之於繆公, 師道也, 非求容者也, 故繆公無人於子思之側, 則不能安子思, 泄柳・申詳之於繆公, 臣道也, 則求容者也, 故無人於繆公之側, 則不能安其身. 今孟子所以言此者, 是謂齊之士不能爲王謀安於孟子未去之前, 逮至出晝, 然後方爲留行, 此所以隱几臥而不答也. 齊之留行之士不知以此, 但以爲孟子不應, 遂不悅, 而請勿復見. 如此, 是留行之士不以安子思而謀安孟子, 但請勿復見爲言, 以其自絶於孟子矣. 故孟子所以言, 子爲長者慮, 而不及於子思, 是子絶其長者乎, 是長者絶子矣. 以其不以安子思而謀安孟子於未去之前, 是爲孟子慮者, 不及子思, 特欲爲泄柳・申詳之所爲耳. 故孟子所以有是言之, 以曉其所以隱几而臥不應之意也. 長者, 孟子以年已之老, 自稱爲長者也.

〔云自昔繆公〕에서 〔長者絶子乎〕까지

이상은 모두 맹자가 분명하게 설명해준 말에 해당한다. 옛날에 魯 繆公이 子思의 곁에 자신의 생각을 전달해 줄 사람이 없으면 자사를 편안히 머물게 할 수 없었으며, 泄柳와 申詳은 노 목공의 곁에 자신들의 뛰어남을 칭송해 줄 사람이 없으면 그 몸이 편안히 머물 수 없었다. 왜냐하면 자사는 목공에게 스승의 위치에 있었기에 목공에게 잘 보일 필요가 없는 관계였으므로 목공의 입장에서 자사의 곁에 사람이 없으면 자사를 편안하게 머물게 할 수 없었던 것이고, 반면에 설류와 신상은 목공에게 신하의 위치에 있었기에 목공에게 잘 보여야 하는 관계였으므로 목공의 곁에 자신을 칭송해줄 사람이 없으면 그 몸이 편안히 머물 수 없었기 때문이다. 지금 맹자가 이 말을 한 것은 齊나라의 인사들이 맹자가 떠나기 전에 왕을 위해 맹자를 편안히 머물게 해 주려 노력하지 못하다가 맹자가 晝땅에까지 나오고 난 다음에야 가는 것을 만류하고 있으니, 이것이 바로 맹자가 안석에 몸을 기대고 누워서 응답을 하지 않은 까닭이다. 맹자가 떠나는 것을 만류한 제나라 인사가 이 점을 제대로 파악하지 못하고 단지 맹자가 자신의 말에 응답하지 않은 것만 가지고 불쾌하게 여겨서 다시는 찾아뵙지 않겠다고 한 것이다. 그렇다면 이는 맹자가 떠나는 것을 만류한 인사가 자사를 편히 모신 방법으로 맹자를 편히 모시려고 노력하지 않고 단지 다시는 찾아뵙지 않겠다는 말로 맹자와의 관계를 스스로 끊은 것이 된다. 그러므로 맹자가 말하기를, “그대가 長者인 나를 위해 염려하는 것이 子思를 위해 염려하는 것에 미치지 못하였으니, 이것이 그대가 장자인 나를 끊은 것인가? 이는 장자인 내가 그대를 끊은 것이다.”라고 한 것이다. 맹자가 떠나기 전에 자사를 편히 모신 방법으로 맹자를 모시려고 노력하지 않았으니, 이는 맹자를 위해 염려하는 것이 자사를 위해 염려하는 것에 미치지 못한 것이고 단지 泄柳와 申詳이 한 것처럼 하려고 한 것일 뿐이다. 그래서 맹자가 이 말을 통해 자신이 안석에 기대고 누워 응답을 하지 않은 이유를 깨우쳐 준 것이다. 長者라고 한 것은, 맹자가 자신의 나이가 많았기 때문에 스스로 장자라 일컬은 것이다.

【疏】 ○ 注‘晝, 齊西南近邑’. ○ 正義曰 : 蓋以鄒在魯, 而魯又在齊之西南上, 孟子去齊歸鄒, 至晝而宿, 是知晝之地爲齊之西南近邑者也, 故云近邑.

注의〔晝 齊西南近邑〕

○ 正義曰：鄒땅이 魯나라에 있고 노나라는 또 齊나라의 서남쪽에 위치해 있다. 맹자가 제나라를 떠나 鄒땅으로 돌아가는 길에 晝땅에 이르러 유숙을 한 것으로 보아 晝땅이 제나라 서남쪽 近邑임을 알 수 있다. 그래서 近邑이라고 한 것이다.

12. 孟子去齊하실새 尹士語人曰 不識王之不可以爲湯武면 則是不明也요 識其不可요 然且至면 則是干澤也니 千里而見王하여 不遇故로 去하되 三宿而後出晝하니 是何濡滯也오 士則兹不悅하노라

맹자가 齊나라를 떠나자 尹士가 사람들에게 말했다. "왕이 湯王과 武王같은 王者가 될 수 없다는 것을 몰랐다면 이는 총명하지 못한 것이요, 될 수 없다는 것을 알고도 왔다면 이는 녹봉을 바라고 온 것이다. 천리 먼 길을 와서 왕을 만났다가 뜻이 맞지 않아 떠나는 마당에 사흘이나 유숙한 뒤에 晝땅을 나갔으니, 어찌 이렇게 오래도록 머물러 있었단 말인가. 나는 이 점이 못마땅하다."

【注】尹士는 齊人也라 干은 求也라 澤은 祿也라 尹士與論者言之하여 云孟子不知면 則爲求祿이라하니라 濡滯는 淹久也라 旣去하여 近留於晝三日하니 怪其淹久라 故로 云士於此事則不悅也라하니라

윤사는 제나라 사람이다. '干'은 '추구하다'는 뜻이고 '澤'은 '녹봉'이다. 윤사가 論客들과 이야기를 하면서, '맹자가 사람을 보는 눈이 없거나 아니면 녹봉을 추구한 것'이라고 비판한 것이다. '濡滯'는 오랫동안 머무는 것이다. 기왕 떠나는 마당에 가까운 晝땅에서 사흘이나 머물러 있었으므로 맹자가 오랫동안 머문 것을 괴이쩍게 여긴 것이다. 그래서 "내가 이 일에 대해 못마땅하게 여긴다."고 말한 것이다.

高子以告한대

고자가 이 말을 맹자에게 고하였다.

【注】高子亦齊人이니 孟子弟子라 以尹士之言으로 告孟子也라

高子 또한 齊나라 사람으로 맹자의 제자이다. 尹士의 말을 맹자에게 고한 것이다.

曰 夫尹士惡(오)知予哉리오 **千里而見王**은 **是予所欲也**나 **不遇故**로 **去**가 **豈予所欲哉**리오 **予不得已也**니라

맹자가 말했다. "저 尹士란 자가 어찌 내 뜻을 알겠는가. 천리 먼 길을 와서 왕을 만난 것은 내가 바라고 한 것이었지만 뜻이 맞지 않아 떠나는 것이 어찌 내가 바라던 바이겠는가. 나는 어쩔 수 없이 〈떠나는〉 것이다.

【注】 孟子曰 夫尹士安能知我哉리오 我不得已而去耳니 何汲汲而驅馳乎아

맹자가 "저 尹士란 자가 어찌 내 뜻을 알 수 있겠는가. 나는 어쩔 수 없이 떠나는 것이니 어찌 급하게 달려가겠는가."라고 말한 것이다.

予三宿而出晝하되 **於予心**에 **猶以爲速**하노니 **王庶幾改之**니 **王如改諸**시면 **則必反予**시리라

나는 사흘이나 유숙한 뒤에 晝땅을 나갔지만 내 마음에는 오히려 빠른 것으로 생각했다. 왕이 마음을 고치기를 바랐기 때문이다. 왕이 만약 마음을 고친다면 반드시 나를 되돌아오게 하였을 것이다.

【注】 我自謂行速疾矣니 冀王庶幾能反覆招還我矣라

나는 스스로 생각하기에 떠나는 걸음이 빠르다고 여겼으니, 왕이 마음을 바꾸어 나를 도로 부르기를 바랐기 때문이다.

夫出晝而王不予追也하실새 **予然後浩然有歸志**하니

하지만 晝땅을 나갈 때까지 왕은 나를 쫓아오지 않았다. 그런 다음에야 내가 주저없이 돌아갈 마음을 굳히게 된 것이다.

【注】 浩然은 心浩浩有遠志也라

浩然은 주저없이 멀리 떠날 마음을 가지는 것이다.

予雖然이나 **豈舍王哉**리오 **王由足用爲善**하시리니 **王如用予**시면 **則豈徒齊民安**이리오 **天下之民**이 **擧安**하리니 **王庶幾改之**를 **予日望之**하노라

비록 그렇기는 하지만 내가 어찌 왕에 대한 미련을 버렸겠는가. 왕은 여전히 善政을 베풀 충분한 자질을 갖추고 있으니, 왕이 만약 내 말을 써 준다면 어찌 제나라 백성들만 편해질 뿐이겠는가. 천하 백성들이 모두 편해질 것이다. 왕이 부디 마음을 고쳐먹기를 나는 날마다 바라고 있다.

【注】孟子以齊大國으로 知其可以行善政이라 故로 戀戀望王之改而反之하니 是以로 安行也라 豈徒齊民安은 言君子達則兼善天下也라

맹자는 大國인 제나라가 善政을 베풀 능력을 가지고 있음을 잘 알고 있었기 때문에 미련을 버리지 못한 채 왕이 마음을 고치고 도로 부르기를 바랐던 것이다. 그래서 천천히 간 것이다. "어찌 齊나라 백성들만 편해질 뿐이겠는가."라고 한 것은 군자가 顯達하면 天下 사람들과 그 혜택을 함께 누린다는 것을 말한 것이다.

予豈若是[1]**小丈夫然哉**라 **諫於其君而不受**어든 **則怒**하여 **悻**(행)**悻然見**(현)**於其面**하여 **去則窮日之力而後宿哉**리오

1) 是 : 王引之의 ≪經傳釋詞≫에서 '夫'와 같다고 하였다.

내 어찌 저 小丈夫처럼 처신하여 자기 임금에게 간하다가 받아주지 않으면 화를 내서 속 좁게 그 얼굴에 드러내 보이고, 떠나갈 때는 해가 떨어질 때까지 급히 간 다음에야 유숙하겠는가.

【注】我豈若狷狷[1]急小丈夫하여 恚(에)怒其君而去하여 極日力而宿하여 懼其不遠者哉리오 論〔語〕曰[2] 悻悻然小人哉[3]라하니 言己志大하여 在於濟一世之民이니 不爲小節也라

1) 狷狷 : 저본에는 '狷狷'으로 되어 있으나, 岳本, 廖本, 孔本, 韓本, 考文古本에는 '狷' 1자가 刪去되어 있다.(阮元의 〈校勘記〉 참조)
2) 論〔語〕曰 : 저본에는 '論曰'로 되어 있으나, 廖本, 孔本, 韓本, 考文古本에 의거하여 '語'를 보충하였다.(阮元의 〈校勘記〉 참조)
3) 悻悻然小人哉 : ≪論語≫ 〈子路〉에 "어떠해야 '士'라 말할 수 있습니까?"라는 子貢의

질문에 孔子가 세 번째로 제시한 '士'의 유형으로 "말을 곧이곧대로 하고 행동을 단순 과감하게 하는 자는 속 좁은 小人이기는 하지만 그래도 그 다음은 될 만하다.〔言必信行必果 硜硜然小人哉 抑亦可以爲次矣〕라고 한 것을 가리킨다. '硜硜'과 '悻悻'은 서로 통용된다.

"내가 어찌 국량이 좁은 小丈夫처럼 자기 임금에게 화를 내고 떠나가면서 멀리가지 못할까 하는 조바심 속에 해가 떨어질 때까지 간 다음에야 유숙하겠는가."라는 말이다. ≪論語≫에 이르기를, "悻悻然小人哉(속이 좁은 소인)"이라 하였는데, 이는 자신의 뜻이 웅대하여 온 세상 백성을 구제하는 데 뜻을 둔 사람을 말한 것이니, 지향하는 바가 아주 작은 것은 아니다.

尹士聞之하고 曰 士는 誠小人也로다

윤사가 이 말을 듣고 말했다. "나는 진실로 小人이로다."

【注】 尹士聞義則服이라 故로 曰士誠小人也라

尹士가 맹자의 취지를 듣고는 감복하였으므로 "나는 진실로 小人이로다."라고 말한 것이다.

【疏】 '孟子去齊'至'士誠小人也'. ○ 正義曰：此章言大德洋洋, 介士察察, 賢者志其大者, 不賢者志其小者也. '孟子去齊'者, 言孟子去齊而歸鄒也.

經의 〔孟子去齊〕에서 〔士誠小人也〕까지

○ 正義曰：이 장은 大德을 지닌 사람은 생각이 광대하고 介潔한 사람은 생각이 좁으며, 賢者는 큰 것에 뜻을 두고 현자가 아닌 사람은 작은 것에 뜻을 둠을 말한 것이다.

〔孟子去齊〕 맹자가 제나라를 떠나 鄒땅으로 돌아가는 것을 말한다.

'尹士語人曰'至'士則玆不悅'. 尹士, 齊人也, 尹士見孟子去齊而宿於晝, 乃語人曰, 不知齊王不可以爲湯・武之王, 則是孟子蒙昧而不明鑒也, 知齊王不可爲湯・武之王, 然且自鄒至齊而爲仕, 則是孟子干求其祿也. 今自千里之遠而見齊王, 不遇不行其道, 故復去而歸, 然而三宿而後方出晝而行, 是何其濡滯淹久也. 我則以此不悅之也.

〔尹士語人曰〕에서 〔士則玆不悅〕까지

尹士는 齊나라 사람이다. 맹자가 제나라를 떠나 晝땅에 유숙한 것을 보고 윤사가 사람들에게 말하기를, "齊王이 湯王, 武王과 같은 王者가 될 수 없다는 것을 몰랐다면 이는 맹자가 蒙昧하여 사람을 보는 눈이 밝지 못한 것이요, 제왕이 탕왕, 무왕과 같은 왕자가 될 수 없다는 것을 알고도 鄒땅에서 제나라로 건너와 벼슬을 했다면 이는 맹자가 녹봉을 바라고 온 것이다. 지금 천리 먼 길을 와서 제왕을 만났다가 뜻이 맞지 않아 道를 행할 수 없게 되자 다시 제나라를 떠나 돌아가는 것인데도 사흘이나 유숙한 다음에야 晝땅을 나서 돌아갔으니, 어찌 이처럼 오랫동안 머물러 있었단 말인가. 나는 이 점이 못마땅하다."라고 한 것이다.

'高子以告', 高子亦齊人, 爲孟子弟子也. 高子以此尹士語人之言而告於孟子.

〔高子以告〕 高子 또한 齊나라 사람으로 맹자의 제자이다. 고자가 尹士가 사람들에게 한 이 말을 맹자에게 고한 것이다.

'曰, 夫尹士惡知予哉'至'而後宿哉', 孟子答高子, 以爲夫尹士者, 安知我之志哉. 我千里而見王, 是我欲行道也. 不遇於齊王, 不得行其道, 故去, 豈我心之所欲哉. 我不得已而去之矣, 我三宿而後出晝邑而行, 於我心尙以爲急速也. 齊王如能改之, 使我得行其道, 則必反留我回耳. 夫出晝邑, 至三宿而齊不我追而還齊國, 我然後浩浩然有歸志也, 我雖然有浩然歸之之志, 然而豈肯舍去王哉. 王猶可足用爲之善政, 王如用我, 則豈徒使齊國之民安泰, 天下之民亦皆安泰矣. 王庶幾能改而反我, 我日常望之於王矣. 我豈若狷狷急小丈夫, 恚怒其君而去, 爲其諫於君而不受, 則悻悻然心有所怒而見(현)於面容, 去則極日力而後方止宿哉. 孟子如此, 所以云然也.

〔曰 夫尹士惡知予哉〕에서 〔而後宿哉〕까지

맹자가 高子에게 답한 말이다. 즉, "저 尹士란 자가 어찌 나의 뜻을 알겠는가. 내가 천리 먼 길을 와서 왕을 만난 것은 내가 道를 행하고자 하는 마음에서 그리한 것이다. 齊王과 뜻이 맞지 않아 그 道를 행할 수 없어 떠나는 것이 어찌 내 마음에 바라던 바이겠는가. 나는 어쩔 수 없이 떠나는 것이다. 내가 사흘이나 유숙한 뒤에 晝邑을 나가 떠났지만 내 마음에는 오히려 빠른 것으로 생각했다. 제왕이 만약 내가 도를 행할 수 있게 마음을 고쳐먹는다면 반드시 나를 되돌아오게 하였을 것이기 때문이다. 晝邑을 나갈 때까지 사흘을 유숙했는데도 제왕은 나를 좇아와 제나라로 돌아오라고 하지 않았다. 그런 다음에야 내가 주저없이 돌아갈 마음을 굳히게 된 것이다. 내가 비록 주저없이 돌아갈 마음을 굳히기는 했으나 어찌 왕에 대한 미련을 버리겠는가. 왕은 여전히 善政을 베풀 충분한 자질을 갖추고 있으니, 왕이 만약 내 말을 써 준다면 어찌 齊나라 백성들만 편해질 뿐이겠는가. 天下의 백성들이 또한 모두 편해질 것이다. 왕이 부디 마음을 고쳐먹고 나를 도로 부르기를 나는 날마다 늘 왕에게 바라고 있다. 내가 어찌 국량이 좁은 小丈夫처럼 자기 임금에게 화를 내고 떠나겠는가. 자기 임금에게 간하다가 받아주지 않으면 속 좁게 화난 마음을 얼굴에 드러내 보이고 떠나갈 때는 해가 떨어질 때까지 급히 간 다음에야 유숙하겠는가."라고 한 것이다. 맹자가 위와 같이 행동했기 때문에 그렇게 말한 것이다.

'尹士聞之曰, 士誠小人也', 尹士聞孟子言之以此, 故服其義, 而言於孟子曰, 士實小人也, 以其不能知孟子之意, 有如此矣.

〔尹士聞之曰 士誠小人也〕 尹士가, 맹자가 이렇게 한 말을 듣고서 그 취지에 감복하여 맹자에게 이르기를 "나는 진실로 소인이로다."라고 하였으니, 맹자가 가진 생각을 제대로 파악하지 못했기 때문에 이런 일이 생긴 것이다.

13. 孟子去齊하실새 充虞路問曰 夫子若不豫色然하시니이다 前日에 虞聞諸夫子하니 曰 君子는 不怨天하며 不尤人[1]이라하시니이다

1) 不怨天 不尤人 : ≪論語≫ 〈憲問〉에 나오는 공자의 말을 맹자가 언급한 것이다.

맹자가 제나라를 떠날 때 充虞가 길에서 물었다. "선생님께서 우울한 안색이 있는 듯합니다. 지난번에 제가 선생님께 들은 바로는, 군자는 하늘을 원망하지 않으며 사람을 탓하지 않는다 하셨습니다."

【注】 路는 道也니 於路中問也라 充虞謂孟子去齊有恨心이라 顔色故[1]不悅也라

1) 故 : 廖本, 孔本, 韓本, 考文古本에는 '故'자가 删去되어 있다.(阮元의 〈校勘記〉 참조)

'路'는 '길'이니, 길에서 물은 것이다. 充虞가 "맹자가 제나라를 떠나면서 원망하는 마음이 있었기 때문에 안색이 우울하다."고 생각한 것이다.

曰 彼一時며 此一時也니라 五百年에 必有王者興하나니 其間에 必有名世者[1]니라 由周而來로 七百有餘歲矣니 以其數則過矣요 以其時考之則可矣니라

1) 名世者 : 焦循은 ≪孟子正義≫에서 '名'을 正名의 '名'으로 보아 '貴賤과 同異의 명분을 바로잡아〔上以明貴賤 下以別同異〕 세상을 안정시킬 사람'으로 보았다. 반면, 朱熹는 ≪孟子集註≫에서 '덕업과 명성이 한 세대에 이름날 만한 자로서 王者를 보좌할 만한 사람〔其人德業聞望 可名於一世者 爲之輔佐〕'으로 주해하였다.

맹자가 대답했다. "그 때도 한 시기이고 지금도 한 시기이다. 오백 년마다 반드시 王者가 일어나고 그 사이에 반드시 세상에 명분을 바로 세울 인물이 나온다. 周나라 이래로 칠백여 년이 지났으니 그 햇수로 따지면 지났고 그 시기로 상고해보면 나올 법한 시기이다.

【注】 彼時前聖賢之出은 是其時也요 今此時도 亦是其一時也라 五百年〔有〕[1]王者興은 有興王道者也라 名世는 次聖之才니 物來能名正於一世者로 生於聖人之間也라 七百有餘歲는 謂周家王跡始興하여 大王文王以來이니 考驗其時면 則可有也라

1)〔有〕: 저본에는 '有'가 없으나, 廖本, 孔本, 韓本, 考文古本, 足利本에 의거하여 보충하였다.(阮元의 〈校勘記〉 참조)

지난 시기에 앞선 聖賢이 출현했던 것은 지난 시기의 일이고 지금 이 시기 또한 하나의 시기이다. 오백 년마다 王者가 일어났다는 것은 王道를 일으키는 인물이 나왔다는 것이다. '名世'는 聖人 다음가는 인재로서 모든 일에 名分을 세워 세상을 바로잡을 사람으로 성인과 성인 사이의 시기에 나온다. 칠백여 년은 周나라의 王業이 처음 일어난 太王과 文王 이후의 기간으로 그 시기를 상고해 보면 聖賢이 나올 법한 시기이다.

夫天이 未欲平治天下也시니 如欲平治天下인댄 當今之世하여 舍我요 其誰也리오 吾何爲不豫哉리오

하늘이 아직 천하를 태평하게 다스리고자 하지 않는 것이니, 만약 천하를 태평하게 다스리고자 한다면 지금 세상에 나를 버리고 그 누가 하겠는가. 그러니 내가 무엇 때문에 우울해 하겠는가."

【注】 孟子自謂 能當名世之士요 時又値之하되 而不得施하니 此는 乃天自未欲平治天下耳니 非我之愆이라 我固不怨天이니 何爲不悅豫乎리오 是故로 知命者는 不憂不懼하고 與天消息而已矣라

맹자가 스스로 생각하기를, '내가 세상에 명분을 바로 세울 인물에 해당하고 시기 또한 만났으나 그 도를 시행하지 못하고 있는 것은 하늘이 아직 천하를 평화롭게 다스리고자 하지 않기 때문이니, 그것은 나의 잘못이 아니다. 내가 진실로 하늘을 원망하지 않는데 무엇 때문에 우울해 하겠는가.'라고 여긴 것이다. 이 때문에 天命을 아는 사람은 근심하지 않고 두려워하지 않으며 하늘과 함께 盛衰를 함께 할 뿐이다.

【疏】 '孟子去齊, 充虞路問曰'至'吾何爲不豫哉'. ○ 正義曰：此章言聖賢興作, 與天消息, 天非人不因, 人非天不成也.[1] '孟子去齊, 充虞路問曰'至'不尤人', 言孟子歸鄒, 弟子充虞於路中問孟子曰, 夫子若有不悅豫之顔色, 然前日虞聞夫子有言, 君子之人, 凡於事不怨恨於天, 不見過於人也. '曰, 彼一時, 此一時也'至'何爲不豫哉', 孟子答充虞, 以謂彼時聖賢之所出, 是其時也, 此時今時, 亦是其一時也. 五百年之後, 必有王者興, 爲於其間亦必〔有〕[2]名世大賢者, 今自周興, 大王・文王以來, 已有七百有餘歲矣, 以其年數推之, 則過於五百年矣, 以其時考之, 而其時亦可有也. 今天自未欲平治天下也, 如天欲使平治天下, 則當今之世, 舍我其誰哉. 此孟子所以歸於天命, 道行與不行, 皆未嘗有不悅之色也, 故曰'吾何爲不豫哉'. 蓋孟子所以言此者, 以其自謂能當名世之士, 而時又値, 不得施爾.

1) 此章言聖賢興作……人非天不成也：北京大本에는 章指를 "이 장의 章指는 다음과 같다. 聖賢이 일어나는 것은 하늘과 盛衰를 함께 하니, 하늘은 사람이 아니면 의탁할 데가 없고 사람은 하늘이 아니면 이룰 수가 없다. 그러므로 天命을 아는 사람은 근심하지 않고 두려워하지 않는다.〔此章指言聖賢興作, 與天消息, 天非人不因, 人非天不成, 是故知命者不憂不懼也.〕"라고 하였다.

2) 〔有〕: 저본에는 '有'가 없으나, 閩本, 監本, 毛本에 의거하여 보충하였다.(阮元의 〈校勘記〉 참조)

經의 〔孟子去齊 充虞路問曰〕에서 〔吾何爲不豫哉〕까지

○ 正義曰 : 이 장은 聖賢이 일어나는 것은 하늘과 盛衰를 함께 하니, 하늘은 사람이 아니면 의탁할 데가 없고 사람은 하늘이 아니면 이룰 수가 없음을 말한 것이다.

〔孟子去齊 充虞路問曰〕에서 〔不尤人〕까지

맹자가 鄒邑으로 돌아갈 때 제자인 充虞가 길에서 맹자에게 묻기를, "선생님께서 우울해 하는 안색이 있는 듯합니다. 그런데 지난번에 제가 선생님이 하신 말씀을 들은 적이 있는데, 君子는 매사에 하늘을 원망하지 않고 사람을 탓하지 않는다고 하셨습니다."라고 한 것이다.

〔曰 彼一時 此一時也〕에서 〔何爲不豫哉〕까지

맹자가 充虞에게 답하기를, "지난 시기 성현이 출현했던 것은 그 시기이고 지금 이 시기 또한 한 시기이다. 오백 년 뒤에 반드시 王者가 일어나고 그 사이에 또 반드시 세상에 名分을 바로 세울 大賢이 나온다. 지금 周나라가 흥기한 太王과 文王 이래로 이미 칠백여 년이 지났다. 햇수로 따지면 오백 년이 넘었으니 그 시기를 가지고 상고해 보건대 또한 聖賢이 나올 법한 시기가 되었다. 지금은 하늘이 아직 천하를 태평하게 다스리고자 하지 않는다. 만약 하늘이 천하를 태평하게 다스리고자 한다면 지금 세상에 날 버려두고 그 누가 하겠는가."라고 하였다. 이 때문에 맹자가 天命에다 책임을 돌리고 자신의 道가 행해지건 행해지지 않건 우울한 안색을 보이지 않았던 것이다. 그래서 "내가 무엇 때문에 우울해 하겠는가."라고 말한 것이다. 대체로 맹자가 이 말을 한 것은, 자신이 세상에 명분을 바로 세울 수 있는 인물에 해당하고 시기 또한 만났으나 그 도를 시행하지 못한 것뿐이라고 스스로 생각했기 때문이다.

14. 孟子去齊居休러시니 公孫丑問曰 仕而不受祿이 古之道乎잇가

맹자가 제나라를 떠나 休땅에 머물렀을 때 공손추가 물었다. "벼슬을 하면서 녹을 받지 않는 것이 옛날의 道입니까?"

【注】休는 地名이라 丑問古人之道 仕而不受祿邪아하니 怪孟子於齊不受其祿也라

'休'는 지명이다. 公孫丑가 옛사람의 道가 벼슬을 하고도 祿을 받지 않는 것이냐고 물은 것이니, 맹자가 제나라에서 녹을 받지 않은 것을 괴이쩍게 여긴 것이다.

曰 非也라 於崇에 吾得見王하고 退而有去志하니 不欲變이라 故로 不受也로라

맹자가 대답했다. "아니다. 崇땅에서 내가 왕을 만났는데 물러나와 제나라를

떠날 뜻을 가졌다. 그 뜻을 바꾸고 싶지 않았기 때문에 받지 않은 것이다.

【注】 崇은 地名이라 孟子言不受祿은 非古之道니라 於崇에 吾始見齊王하고 知其不能納善이라 退出하여 志欲去矣요 不欲卽去若爲變詭하여 見非太甚이라 故로 且宿留요 心欲去라 故로 不復受其祿也라

'崇'은 지명이다. 맹자가, "祿을 받지 않는 것은 옛날의 道가 아니다. 崇땅에서 내가 처음으로 齊王을 만났는데 제왕이 善言을 받아들이지 못할 것이라는 것을 알았기 때문에 물러나와 제나라를 떠날 뜻을 가졌다. 그리고 곧바로 떠나서 마치 이랬다저랬다 하는 것처럼 보여 큰 비난을 받고 싶지 않았으므로 잠시 머물러 있었던 것이고, 마음은 떠나고자 하였다. 그래서 그 녹을 다시 받지 않은 것이다."라고 말한 것이다.

繼而有師命이라 **不可以請**이언정 **久於齊**는 **非我志也**니라

이어서 군대를 출동하는 명이 있었기 때문에 떠나겠다고 청을 하지 못한 것이지, 제나라에 오랫동안 있었던 것이 나의 본뜻은 아니었다."

【注】 言我本志欲速去나 繼見之後에 有師旅之命하니 不得請去라 故로 使我久而不受祿耳니 久는 非我本志也라

내가 본래 속히 떠나고자 하는 뜻을 가지고 있었으나 齊王을 만나본 뒤에 연이어 군대를 출동하는 명이 있었기에 떠나겠다고 청을 하지 못했다. 그래서 내가 오래도록 있으면서도 녹을 받지 않은 것이다. 오래 있었던 것이 나의 본뜻은 아니었다고 말한 것이다.

【疏】 '孟子去齊'至'非我志也'. ○ 正義曰：此章言祿以食功, 志以率事, 無其事而食其祿, 君子不由也. '孟子去齊, 居休', 休乃地名也, 言孟子去齊, 乃居於休之地, 蓋齊邑下之地也. '公孫丑問曰, 仕而不受祿, 古之道乎', 公孫丑問孟子曰, 夫爲仕而不受爵祿, 古之道誠然乎. 丑以其怪孟子於齊不受祿, 故以此問之. '曰, 非也. 於崇吾得見王'至'非我志也'者, 孟子答之曰, 我非不受祿也, 亦非古之道如此也. 然我於崇之地, 我始得見於齊王, 知王不能納善, 故退而有去之心. 又其不欲遽變爲苟去, 故於祿有所不受也. 無他, 以其道不行, 不敢無功而受祿也. 已旣去, 而齊王續以賓師之命而禮貌之,故由足爲善, 遂不敢請去, 是以久留於齊, 非我之志也, 但不得已而已矣.

經의 〔孟子去齊〕에서 〔非我志也〕까지

○ 正義曰 : 이 장은 祿으로 功이 있는 사람을 먹이고 자신의 뜻에 따라 일을 하니, 아무 일도 하지 않으면서 녹을 먹는 것을 君子는 하지 않는다는 것을 말한 것이다.

〔孟子去齊 居休〕 '休'는 지명이다. 맹자가 齊나라를 떠나면서 休땅에 머물렀으니 제나라 下邑으로 보인다.

〔公孫丑問曰 仕而不受祿 古之道乎〕 공손추가 맹자에게 묻기를, "벼슬을 하면서 爵祿을 받지 않았는데, 옛날의 道가 진실로 그런 것입니까?"라고 한 것이다. 공손추가, 맹자가 齊나라에서 녹을 받지 않은 것을 괴이쩍게 여겼으므로 이 말로 물은 것이다.

〔曰 非也 於崇吾得見王〕에서 〔非我志也〕까지

맹자가 대답하기를, "내가 녹을 받지 않은 것도 아니며, 또 옛날의 도가 이와 같은 것도 아니다. 하지만 내가 崇땅에서 처음 제왕을 만났을 때 왕이 善言을 받아들지 못하리라는 것을 알았기 때문에 물러나와 제나라를 떠날 마음을 가졌다. 그리고 갑자기 마음을 바꿔 구차하게 떠나고 싶지 않았기 때문에 그 녹을 받지 않은 것이다. 그것은 다른 이유가 있어서가 아니라 나의 道가 행해지지 않는데 아무런 功도 없이 祿을 받아서는 안 되기 때문이다. 내 마음이 떠난 뒤에도 제왕이 계속해서 賓師에 임명하여 예우를 갖추었으므로 이를 통해 善政을 베풀 수 있기를 기대하여 감히 떠나겠다고 청하지 못했다. 그래서 오래도록 제나라에 머문 것이니, 이는 나의 뜻이 아니었다. 어쩔 수 없이 그런 것뿐이다."라고 한 것이다.

孟子注疏解經 卷第五 上

滕文公章句 上

凡五章

모두 5장이다.

趙氏 注 孫奭 疏

滕(등)文公者의 滕은 國名이요 文은 諡也요 公者는 國人尊君之稱也라 (旻)〔文〕[1]公이 於當時에 尊敬孟子하여 問以古道하니 猶衛靈公問陳於孔子라 論語因以題篇[2]하니라

1) (旻)〔文〕: 저본에는 '旻'으로 되어 있으나, 閩本, 監本, 毛本, 孔本, 韓本에 의거하여 '文'으로 바로잡았다.(阮元의 〈校勘記〉 참조)

2) 猶衛靈公問陳於孔子 論語因以題篇 : 宋本, 考文古本에는 "若弟子之問師 故以題篇(마치 제자가 스승에게 물은 것과 같다 하여 그 이름으로 篇의 제목을 삼았다.)"으로 되어 있다.(阮元의 〈校勘記〉 참조)

滕 文公의 滕은 國名이고 文은 諡號이며 公은 國人이 군주를 높여서 부르는 칭호이다. 文公이 당시에 맹자를 존경하여 옛날의 道에 대하여 질문을 한 것이니, 이는 衛靈公이 孔子에게 陣法에 대해 물은 것으로 인해 ≪論語≫에서 〈'衛靈公'으로〉 篇의 제목을 삼은 것과 같다.

【疏】 ○ 正義曰：前篇章首論公孫丑有政事之才, 問管晏之功, 故曰公孫丑爲篇題. 蓋謂行政莫大乎反古之道, 是以此篇滕文公尊敬孟子, 問以古道, 如論語衛靈公問陳於孔子, 遂以目爲篇題, 不亦宜乎. 故次公孫丑之篇, 所以揭滕文公爲此篇之題也. 此篇凡十五章, 趙注分之, 遂成上下卷. 據此, 上卷凡五章而已. 一章言人當上則(칙)聖人, 秉仁行義. 二章言事莫當於奉禮, 孝莫大於哀慟. 三章言尊賢師智, 采人之善, 修學校, 勸禮義, 勑民事, 正經界, 均井田, 賦什一. 四章言神農務本, 敎於世民, 許行蔽道, 君

臣同耕, 陳相背師, 降於幽谷, 孟子博陳堯舜上下之敍以正之. 五章言聖人緣情制禮, 以直正枉. 其餘十章趙注分爲下卷, 各有敍焉.

○ 正義曰 : 前篇은 首章에서 公孫丑가 政事에 대한 자질을 갖추고서 管仲과 晏子의 공적에 대해 물은 일을 논하였으므로 〈公孫丑〉로 篇의 제목을 삼았다. 대체로 政事를 행하는 데는 옛날의 道로 돌아가는 것보다 중요한 것이 없다. 이 때문에 이 편에서 滕文公이 맹자를 존경하여 옛날의 道에 대해 물은 것이다. 이는 마치 ≪論語≫에서 衛靈公이 孔子에게 陣法에 대해 물었으므로 그것으로 篇의 제목을 삼은 것과 같으니, 이 또한 마땅하지 않은가. 그래서 〈公孫丑〉篇 다음에 滕 文公을 내세워 이 篇의 제목으로 삼은 것이다. 이 편은 모두 15章으로 구성되어 있는데 趙氏의 注에서 이를 분할하여 上下卷으로 만들었다. 이에 의거하면 上卷은 모두 5장이다. 제1장에서는 사람이 마땅히 위로 聖人을 본받아 仁과 義를 실천해야 함을 말했다. 제2장에서는 喪事를 치를 때는 禮에 따라 하는 것보다 합당한 것이 없고 孝心을 표현하는 것은 애통해 하는 것보다 더 큰 것이 없음을 말했다. 제3장에서는 賢者를 높이 받들고 智者를 스승으로 삼아 사람들의 장점을 채택하며, 學校를 정비하고 禮義를 권면하며, 백성의 농사일을 신칙하고 經界를 바로잡으며, 井田을 고르게 하고 10분의 1을 조세로 거두어야 함을 말했다. 제4장에서는 神農氏는 농사에 힘쓰면서 세상 백성들을 교화하였고 許行은 道에 어두워 임금과 신하가 똑같이 농사를 지으라 하였으며 陳相은 스승을 배신하고 스승보다 못한 許子에게 나아가 배웠으므로 맹자가 堯舜이 내세운 上下의 차례를 폭넓게 진술하여 이를 바로잡았음을 말했다. 제5장에서는 聖人이 인간의 本性에 따라 禮法을 정하였고 맹자가 곧은 道로 굽은 道를 바로잡았음을 말했다. 그 나머지 10장은 趙岐의 注에서 下卷으로 나누어 놓았고 각각의 敍를 두었다.

○ 注'滕文公'至'題篇'. ○ 正義曰 : 案春秋魯隱公十一年, "滕侯·薛侯來朝, 爭長. 滕侯曰 : 我, 周之卜正[1]也. 乃長滕侯", 隱公七年, 杜預注云 : "滕國在沛國公丘縣東南." 是滕文公之國, 卽滕侯之後也. 諡法曰, "慈惠愛民曰〔文〕[2], 忠信接禮曰文." 論語第十五篇, "衛靈公問陳於孔子, 孔子對, 俎豆之事, 則常[3]聞之, 軍旅之事, 未之學也." 遂以爲之篇題故也.

1) 卜正 : 周나라 때 卜官의 우두머리로, 太卜이라고도 한다.
2) 〔文〕 : 저본에는 '文'이 없으나, ≪春秋左氏傳≫의 杜預注에 의거하여 보충하였다.

3) 常 : ≪論語≫의 해당 구절에는 '嘗'으로 되어 있다.

〔疏〕 ○ 注의 〔滕文公〕에서 〔題篇〕까지

○ 正義曰 : ≪春秋≫ 魯 隱公 11년 조에, "滕侯와 薛侯가 魯나라에 來朝하여 서로 앞자리를 차지하겠다고 다투었다. 이 때 滕侯가 '나는 周나라의 卜正이다.'라고 하였으므로 滕侯를 앞자리에 앉혔다."라고 하였고, 隱公 7년조에 나오는 杜預의 注에, "滕나라는 沛國 公丘縣 동남쪽에 있다."라고 하였다. 이는 滕 文公의 나라를 가리키니 등 문공은 바로 滕侯의 후손이다. ≪諡法≫에 이르기를, "慈惠로운 마음으로 백성을 사랑하는 것을 '文'이라 하고〔慈惠愛民曰文〕, 忠信을 행하고 사람을 禮로 접대하는 것을 '文'이라 한다〔忠信接禮曰文〕."라고 하였다. 〈'滕文公'으로 篇의 제목을 삼은 것은〉 ≪論語≫ 제15편에 "衛 靈公이 孔子에게 陣法에 대해 묻자 공자가 대답하기를 '제사에 관한 일은 일찍이 들었으나 군대에 관한 일은 배우지 못했습니다.' 하였다."라고 하였는데, 마침내 '衛靈公'으로 篇의 제목을 삼은 것에 연유하였다.

1. 滕文公이 爲世子에 將之楚할새 過宋而見孟子한대 孟子道性善하시되 言必稱堯舜이러시다

滕 文公이 世子로 있을 때 楚나라로 가는 길에 宋나라에 들러서 맹자를 만났다. 맹자가 인간의 본성은 선하다고 말을 하며 말끝마다 반드시 堯舜을 언급하였다.

【注】 文公爲世子에 使於楚而過宋하니 孟子時在宋하여 與相見也라 滕侯는 周文王之後也라 古紀世本[1]에 錄諸侯之世한대 滕國有考公(麋)〔麇〕[2]하니 與文公之父定公相直하고 其子元公弘은 與文公相直라 似後世避諱하여 改考公爲定公하고 以元公行文德이라 故로 謂之文公也라 孟子與世子言 人生에 皆有善性하니 但當充而用之耳라하고 又言堯舜之治天下에 不失仁義之道하여 (故勉世子)〔欲勸勉世子也〕[3]하니라

1) 古紀世本 : 古代의 史官이 黃帝부터 春秋時代까지 帝王, 公侯, 卿大夫의 世系를 기록해 놓은 책이다. ≪漢書≫ 〈藝文志〉에는 '世紀十五篇'이 著錄되어 있다.(≪漢藝文志考證≫)

2) (麋)〔麇〕 : 저본에는 '麋(미)'로 되어 있으나, 阮元의 〈校勘記〉에 의거하여 '麇(균)'으로 바로잡았다.

3) (故勉世子)〔欲勸勉世子也〕: 저본에는 '故勉世子'로 되어 있으나, 廖本, 孔本, 韓本, 考文古本에 의거하여 '欲勸勉世子也'로 바로잡았다.(阮元의 〈校勘記〉 참조)

文公이 世子로 있을 때 楚나라에 사신으로 가는 길에 宋나라에 들렀는데, 맹자가 마침 宋나라에 있었으므로 서로 만난 것이다. 滕侯는 周 文王의 후예이다. ≪古紀世本≫에 제후의 世系를 기록해 놓았는데, "滕나라에 考公麋이 있는데 文公의 아버지 定公에 해당하고, 그의 아들 元公弘은 文公에 해당한다. 후세에 避諱하여 考公을 定公으로 고친 듯하며, 元公이 文德을 행하였으므로 文公이라 이른 듯하다."라고 하였다. 맹자가 세자에게 인간은 태어나면서 모두 선한 본성을 지니고 있으므로 단지 이를 확충하여 쓰면 된다고 하였으며, 또 堯舜이 천하를 다스릴 때 仁義의 道를 잃지 않았음을 말하여 세자를 권면하고자 하였다.

世子自楚反하여 復見孟子하신대

세자가 楚나라에서 돌아오는 길에 다시 맹자를 만났다.

【注】 從楚還하여 復詣孟子는 欲重受法則也라

초나라에서 돌아오는 길에 다시 맹자를 찾아간 것은 재차 다스리는 법을 전수받고자 한 것이다.

孟子曰 世子는 疑吾言乎잇가 夫道는 一而已矣니이다

맹자가 말했다. "세자는 내 말을 의심합니까? 무릇 道는 하나일 뿐입니다.

【注】 世子疑吾言有不盡乎잇가 天下之道一而已矣니 惟有行善耳라 復何疑邪(야)아

세자는 내말에 미진한 점이 있다고 의심합니까? 천하에 道는 하나일 뿐이니, 오직 善을 실천하는 데에 달려있습니다. 다시 무엇을 의심하겠습니까.

成覸(간)이 謂齊景公曰 彼丈夫也며 我丈夫也니 吾何畏彼哉리오하며

成覸이 齊 景公에게 말하기를, '그도 장부이고 나도 장부이니 내가 어찌 그를 두려워하겠는가.'라고 하였으며,

【注】 成覵은 勇果者也라 與景公言曰 尊貴者與我同丈夫[1)]라 我亦能爲之하니 何爲畏彼之哉[2)]리오하니라

1) 夫 : 宋本, 孔本, 韓本, 考文古本에는 '夫' 다음에 '耳'가 있다.
2) 何爲畏彼之哉 : 監本, 毛本, 考文古本에는 '我何爲畏之哉'로 되어 있다.

成覵은 용맹하고 과감한 사람이다. 景公에게 말하기를, "존귀한 사람도 나와 똑같은 장부인지라 나 또한 그렇게 할 수 있으니 내가 어찌 그를 두려워하겠는가"라고 한 것이다.

顔淵曰 舜何人也며 予何人也오 有爲者亦若是라하며

안연이 말하기를, '순임금은 어떤 사람이고 나는 어떤 사람인가? 큰일을 할 수 있다면 또한 순임금과 같이 될 수 있다.'라고 하였으며,

【注】 言欲有爲인댄 當若顔淵庶幾成覵不畏라야 乃能有所成耳니 又以是勉世子也라

큰일을 하려면 마땅히 안연과 같이 仁에 가까이 다가가거나 成覵과 같이 두려움이 없어야 비로소 무언가를 이룰 수 있음을 말한 것이다. 이 말로 또다시 세자를 권면한 것이다.

公明儀曰 文王은 我師也[1)]요 周公은 豈欺我哉시리오하니이다

1) 文王 我師也 : 趙岐는 이 구절을 公明儀의 말로 주해하였으나, 朱熹는 ≪孟子集註≫에서 周公이 한 말을 공명의가 인용한 것으로 주해하였다.

公明儀가 말하기를, '文王은 나의 스승이요 周公은 어찌 나를 속이겠는가.'라고 하였습니다.

【注】 公明儀는 賢者也라 師文王하고 信周公하니 言其知所法則(칙)也라

公明儀는 賢者이다. 文王을 스승으로 삼고 周公을 신봉하였으니, 그가 본받을 바를 알았다는 말이다.

今滕을 絶長補短이면 將五十里也니 猶可以爲善國이라

지금 滕나라의 영토를 긴 곳을 잘라 짧은 곳을 보충하면 사방 50리는 되니, 이 정도면 그래도 善政을 행하는 나라를 만들 수 있습니다.

【注】滕雖小나 其境界長短相補면 可得大五十里子男之國也니 尙可以行善者也라

滕나라가 비록 작기는 하지만 그 영토의 긴 곳과 짧은 곳을 서로 보충하면 그 크기가 子와 男의 나라에 해당되는 사방 50리는 될 수 있으니, 이 정도면 그래도 善政을 행할 수가 있다는 말이다.

書曰 若藥不瞑眩이면 厥疾이 不瘳(추)[1]라하니이다

1) 若藥不瞑眩 厥疾不瘳(추) : 이 구절은 ≪尙書≫ 〈說命〉편에 수록된 말이다. 〈說命〉편은 趙岐보다 후대의 인물인 東晉의 梅賾가 진상하여 ≪尙書≫ 속에 편입된 僞古文尙書의 篇名이다. 따라서 이 구절의 출처에 대해 趙岐는 逸失된 篇에 수록된 것이라 주해하였고, 宋代의 孫奭과 朱熹는 〈說命〉편의 내용이라고 주해하였다.

그래서 ≪尙書≫에 이르기를 '약을 먹고 어찔하지 않으면 그 병이 낫지 않는다.'라고 한 것입니다.

【注】書는 逸篇也라 瞑眩은 藥攻人疾에 先使瞑眩憒亂이라야 乃得瘳愈니 喩行仁當精熟이라야 德惠乃洽也라

≪書≫는 ≪尙書≫의 逸失된 篇이다. 瞑眩은 약이 사람의 병을 치료할 때 먼저 정신을 어찔하게 하는 것을 말한다. 그렇게 한 다음에야 병을 치유할 수 있으니, 仁政을 행할 때 상황을 정확하게 알고 있어야 그 혜택이 백성들에게 흡족히 미칠 수 있음을 비유한 것이다.

【疏】'滕文公爲世子'至'厥疾不瘳'. ○ 正義曰：此章言人(上當)〔當上〕[1]則(칙)聖人, 秉仁行義者也.[2] '滕文公爲世子, 將之楚, 過宋而見孟子. 孟子道性善, 言必稱堯舜'者, 世子, 諸侯適子之稱也, 言滕文公爲世子之時, 往楚國, 而在宋國過, 見孟子. 孟子乃與世子文公道其人性皆有善, 但當行之而已, 凡有言, 則必以堯舜爲言, 蓋堯舜古之受禪之帝, 其治國所行之事, 皆爲後世所法, 故言必堯舜之事, 言於世子文公, 以其欲勉世子文公也. 文公者, 後謚世子爲文公也.

1) (上當)〔當上〕: 저본에는 '上當'으로 되어 있으나, 阮元의 〈校勘記〉에 의거하여 '當上'으로 바로잡았다.
2) 此章言人(上當)〔當上〕則(칙)聖人 秉仁行義者也 : 北京大本에는 章指를 "이 장의 章指는 다음과 같다. 사람이 마땅히 위로 聖人을 본받아 仁과 義를 실천하며, 古人의 높고 큰 행실에 부지런히 다가가야 한다. ≪論語≫에 이르기를, '힘써 행하는 것이 仁에 가깝다.' 하였으니, 그냥 한 말이 아니다.〔此章指言人當上則聖人 秉仁行義 高山景行 庶幾不倦 論語曰 力行近仁 蓋不虛云〕"라고 하였다.

經의 〔滕文公爲世子〕에서 〔厥疾不瘳〕까지

○ 正義曰 : 이 장은 사람이 마땅히 위로 聖人을 본받아 仁과 義를 실천해야 함을 말한 것이다.

〔滕文公爲世子 將之楚 過宋而見孟子 孟子道性善 言必稱堯舜〕 世子는 제후의 嫡子에 대한 칭호이다. 滕 文公이 世子로 있을 때에 楚나라로 가는 길에 宋나라에 들러서 맹자를 만났다. 맹자가 이에 세자인 문공에게 인간의 本性은 모두 선하므로 단지 그 선한 본성을 실천하기만 하면 된다고 말했다. 매번 말끝마다 반드시 堯舜을 언급하였는데, 요순은 옛날에 임금의 자리를 禪讓한 帝王으로서 나라를 다스릴 때 행한 史蹟이 모두 후세의 모범이 되었으므로 말끝마다 반드시 요순의 사적을 언급하여 세자인 문공에게 말을 해준 것이니, 이를 통해 세자인 문공을 勸勉하고자 한 것이다. 文公이란, 나중에 세자에게 諡號를 부여하여 문공이라 한 것이다.

'世子自楚反, 復見孟子'者, 是世子文公自宋而見孟子之後往至楚國, 又自楚國反歸, 復見孟子於宋國也.

〔世子自楚反 復見孟子〕 세자인 문공이 宋나라에서 맹자를 만난 후 楚나라로 갔다가, 초나라에서 돌아오는 길에 다시 맹자를 송나라에서 만난 것이다.

'孟子曰, 世子疑吾言乎, 夫道一而已矣'者, 孟子見世子復見, 再有所問, 乃曰, 世子是疑我言有不盡, 故復見乎. 言道之在天下一而已, 惟當善行焉, 何必復疑而再欲問邪.

〔孟子曰 世子疑吾言乎 夫道一而已矣〕 맹자가, 세자가 다시 찾아와 재차 묻는 것을 보고서 이에 말하기를, "세자는 나의 말에 미진한 점이 있다고 의심하여 다시 찾아온 것입니까? 천하에 도는 하나뿐이니, 오직 善을 실천하느냐에 달려 있습니다. 어찌 굳이 다시 의심하여 재차 물으려 합니까?"라고 한 것이다.

'成覸謂齊景公曰, 彼丈夫也, 我丈夫也, 吾何畏彼哉'者, 孟子又引往日成覸嘗謂齊景公曰, 彼之尊貴者卽丈夫也, 我亦丈夫也, 言卽一耳, 我何爲畏之哉. 是言我能爲之, 亦如彼之尊貴矣, 又何畏. 顔淵有曰, 舜何人也, 我何人也, 亦言其人卽一耳, 但有能爲之者, 亦若此舜矣. 故曰"舜何人也, 予何人也, 有爲者亦若是".

〔成覸謂齊景公曰 彼丈夫也 我丈夫也 吾何畏彼哉〕 맹자가 다시 지난날 成覸이 齊 景公에게 했던 말을 인용하여 말한 것이다. "저 尊貴한 사람도 丈夫이고 나 또한 장부이다."라고 한 것은 두 사람 다 똑같다는 말이다. "내가 어찌 두려워하겠는가."라고 한 것은 내가 능히 그렇게 할 수 있으면 나 또한 저와 같이 존귀해질 수 있으니 어찌 두려워하겠느냐는 말이다. 顔淵이 말한 "순임금은 어떤 사람이고 나는 어떤 사람인가?"라고 한 것도 또한 그 사람과 똑같은 사람이라는 말이다. 단지 그렇게 할 능력을 갖추고 있으면 또한 이 순임금과 같이 될 수 있다는 것이다. 그래서 "순임금은 어떤 사람이고 나는 어떤 사람인가? 큰일을 할 수 있으면 또한 순임금과 같이 될 수 있다."라고 한 것이다.

'公明儀曰, 文王我師也, 周公豈欺我哉'者, 孟子又以公明儀有曰, 文王者, 我師法者也, 周公豈欺誣我哉. 言周公我亦信而師法之耳.

〔公明儀曰 文王我師也 周公豈欺我哉〕 맹자가 다시 公明儀의 말을 가지고 말한 것이다. "文王은 내가 스승으로 본받는 분이요 周公은 어찌 나를 속이겠는가."라고 한 것은 周公에 대해서도 내가 신봉하여 스승으로 본받았다는 말이다.

'今滕絶長補短, 將五十里也, 猶可以爲善國'者, 孟子謂世子, 言今之滕國之地, 絶長補短, 其廣大亦將有五十里也, 尙可以爲行善之國也. 五十里者, 子男之國也, 故曰猶可以爲善國.

〔今滕絶長補短 將五十里也 猶可以爲善國〕 맹자가 세자에게 말하기를, "지금 滕나라의 영토를 긴 곳을 잘라 짧은 곳을 보충하면 그 넓이가 또한 사방 50리는 되니, 이 정도면 그래도 善政을 행하는 나라를 만들 수 있다."라고 한 것이다. 사방 50리는 子와 男의 나라에 해당하므로 "그래도 善政을 행하는 나라를 만들 수 있다."고 말한 것이다.

'書曰, 若藥弗瞑眩, 厥疾不瘳'者, 此蓋今之尙書·說命之篇文也. 孟子引書云, 若藥之攻人, 人服之不以瞑眩憒亂, 則其疾以不愈也. 所以引此者, 蓋孟子恐云今滕國絶長補短, 將有五十里, 猶可爲善國, 有致世子之所嫌, 乃引此而喩之, 抑亦所謂良藥苦口忠言逆耳之意, 而解世子又有以勸勉焉.

〔書曰 若藥弗瞑眩 厥疾不瘳〕 이는 지금의 ≪尙書≫ 〈說命〉편에 나오는 글이다. 맹자가 ≪상서≫에서 한 말을 인용하여 "약으로 환자를 치료할 때 환자가 약을 복용하고도 정신이 어찔하지 않으면 그 병이 낫지 않는다."고 한 것이다. 이 말을 인용한 것에 대해 말하자면, 아마도 맹자가 "지금 滕나라의 영토를 긴 곳을 잘라 짧은 곳을 보충하면 사방 50리는 되니, 이 정도면 그래도 善政을 행하는 나라를 만들 수 있습니다."라고 하여 세자의 의혹을 유발시킨 다음 이어서 이 말로 비유를 한 것이니, 또한 이른바 "좋은 약은 입에 쓰고 충고하는 말은 귀에 거슬린다."는 것과 같은 취지의 말로서 세자의 의혹을 풀어주고 또 이 말로 세자를 권면한 것이다.

【疏】 ○ 注'文公爲世子'至'勉世子也'. ○ 正義曰：此蓋古紀世本之文也. 云滕有考公麋, 與文公之父定公相直, 其子元公(洪)〔弘〕[1], 與文公相直. 後世因避諱之故, 更考公爲定公, 元公爲文公. 以其能安民大慮, 故以定爲諡, 以其能慈惠愛民, 故以文爲諡. 魯有文公・定公之號, 周有文王・定王之名. 其諡雖與滕君同, 然稱其實, 蓋不無異焉. 凡稱公者, 蓋古者天子有三公稱公, 王者之後稱公. 其餘大國稱侯伯, 小國稱子男之君亦得稱公者, 非僭之也, 以其國人尊之, 故稱公而已.

1) (洪)〔弘〕: 저본에는 '洪'으로 되어 있으나, 조기의 注에 의거하여 '弘'으로 바로잡았다. 淸나라 乾隆帝의 이름이 '弘曆'이었으므로 저본을 간행할 당시에 '弘'은 避諱의 대상이므로 '洪'으로 대체한 것이다. 焦循의 ≪孟子正義≫에서는 '弘'을 '宏'으로 대체하였다.

○ 注의 〔文公爲世子〕에서 〔勉世子也〕까지

○ 正義曰 : 이것은 ≪古紀世本≫에 나오는 내용으로, "등나라에 考公麋이 있는데 文公의 아버지 定公에 해당하고, 그의 아들 元公弘은 文公에 해당한다. 후세에 避諱로 인해 考公을 定公으로 고치고 元公을 文公이라 고쳤다."라고 하였다. 〈諡法〉에 의하면, 백성을 편안하게 할 것을 크게 생각하는 것을 '定'이라 하며〔安民大慮曰定〕, 慈惠로운 마음으로 백성을 사랑하는 것을 '文'이라 한다〔慈惠愛民曰文〕. 魯나라에 文公과 定公의 시호가 있고, 周나라에 文王과 定王이란 왕명이 있다. 시호가 비록 滕나라 임금과 같기는 하지만 실제 행적을 비교해보면 서로 차이가 없지 않다. 무릇 公이라 일컬은 사례를 보면, 옛날에 天子의 三公을 公이라 일컬었고, 王의 後孫을 公이라 일컬었다. 그

밖에도 大國의 侯와 伯, 小國의 子와 男의 군주를 부를 때 또한 公이라 일컬었으니, 이는 참람된 것이 아니라 그 나라 사람들이 존경하여 公이라 일컬은 것뿐이다.

【疏】 ○ 注云'成覸, 勇果者也', '公明儀, 賢者也'. ○ 正義曰 : 以意推之, 則成覸之勇果·公明儀之賢者可知矣, 人亦未詳, 禮於檀弓有公明儀, 而注亦無所說, 亦以孟子之時事罕有所載, 學者亦不必規規務求極焉.

○ 注의 〔成覸 勇果者也〕와 〔公明儀 賢者也〕

○ 正義曰 : 문장의 의미로 추측하건대 成覸이 용맹하고 과감한 것과 公明儀가 賢者라는 점은 알 수 있으나 그 사람이 구체적으로 누구인지는 미상이다. ≪禮記≫ 〈檀弓〉편에 公明儀가 언급되기는 하였으나 注에서도 그에 대한 설명이 없고, 또 맹자 당시의 일이 거의 기록되어 있지 않으니, 학자들도 굳이 자잘하게 따져들 필요는 없다.

【疏】 ○ 注'若藥不瞑眩, 厥疾不瘳'. ○ 正義曰 : 商書·說命篇 孔氏傳[1]云, "開汝心, 沃我心, 如服藥必瞑眩極, 其病乃除, 欲其出切言以自警."

1) 孔氏傳 : 漢나라 孔安國의 주석을 가리킨다. 구체적으로 〈說命〉편에서 殷나라 高宗이 傅說에게 "그대의 마음을 열어 나의 마음을 적셔 달라〔啓乃心 沃朕心〕"고 한 말에 대한 주석이다.

○ 注의 〔若藥不瞑眩 厥疾不瘳〕

○ 正義曰 : ≪尙書≫ 〈商書 說命〉篇에 대한 孔安國의 傳에 "너의 마음을 열어 내 마음을 적시라 한 것은, 마치 약을 복용할 때 반드시 정신이 아주 어찔해야만 그 병이 낫는 것과 같으니, 핍절한 말을 하게 해서 자신을 경계하고자 한 것이다."라고 하였다.

2. 滕定公이 薨커늘 世子謂然友曰 昔者에 孟子嘗與我言於宋이어시늘 於心終不忘이러니 今也不幸하여 至於大故하니 吾欲使子問於孟子然後에 行事하노라

滕 定公이 홍서하자 세자가 然友에게 이르기를, "지난번에 맹자가 宋나라에서 나와 함께 이야기를 나눈 적이 있었는데 그 말이 내 마음속에 끝내 잊혀지지 않는다. 이번에 불행히도 큰 변고를 당하고 말았으니, 내 그대를 맹자에게 보내 물어본 다음에 喪禮를 치르고자 한다."라고 하였다.

【注】定公은 文公父也라 然友는 世子之傅也라 大故는 謂大喪也라

定公은 文公의 아버지이다. 然友는 세자의 師傅이다. 큰 변고는 부모의 초상을 이른다.

然友之鄒하여 問於孟子한대

然友가 鄒나라로 가서 맹자에게 물었다.

【注】孟子歸在鄒也라

맹자가 그 때 鄒나라로 돌아가 있었다.

孟子曰 不亦善乎아 親喪은 固所自盡也니

맹자가 대답했다. "그 또한 훌륭한 일이 아니겠소. 부모의 초상은 본디 자신의 마음을 다하는 것이오.

【注】不亦者는 亦也니 問此가 亦其善也라

'또한 ~하지 않는가'라고 한 것은 '또한 ~하다'는 것과 같으니, 이 질문을 한 것이 또한 훌륭한 일이라고 말한 것이다.

曾子曰 生事之以禮하며 死葬之以禮하며 祭之以禮면 可謂孝矣라하시니

曾子가 이르기를, '부모가 살아계실 때에는 禮로써 섬기며 돌아가신 뒤에는 예로써 장사를 지내고 예로써 제사를 지내면 효성스럽다고 할 만하다.'라고 하였소.

【注】曾子傳孔子之言이니 孟子欲令世子如曾子之從禮也라 時諸侯皆不行禮라 故로 使獨行之也라

曾子가 孔子의 말을 전한 것으로, 맹자가 세자로 하여금 증자처럼 禮를 따르게 하고자 한 것이다. 당시 제후들이 모두 예를 행하지 않았으므로 文公으로 하여금 홀로 행하게 한 것이다.

曾子

諸侯之禮는 吾未之學也어니와 雖然이나 吾嘗聞之矣로니 三年之喪에 齋疏之服과 飦粥(전죽)之食은 自天子達於庶人하여 三代共之하니라

諸侯의 禮를 내가 배우지는 못했으나 하지만 일찍이 들어본 적은 있소. 삼년상에 齋疏의 상복을 입고 묽은 죽을 먹는 것은 天子로부터 庶人에 이르기까지 三代 이래로 공통적으로 시행해 왔던 것이오."

【注】 孟子言我雖不學諸侯之禮나 嘗聞師言하니 三代以(事)〔來〕[1]로 君臣皆行三年之喪이라 齋疏는 齋衰(자최)[2]也라 飦은 糜粥也라

1) (事)〔來〕: 저본에는 '事'로 되어 있으나, 廖本, 孔本, 韓本, 考文古本, 足利本에 의거하여 '來'로 바로잡았다.(阮元의 〈校勘記〉 참조)

2) 齋衰(자최) : 거친 베로 만든 喪服이다. '齊衰'라고도 쓴다.

맹자가 이르기를, "내가 비록 제후의 예를 배우지는 못했으나 일찍이 스승이 하신 말씀을 들어본 적은 있으니, 三代 이래로 임금과 신하가 모두 삼년상을 치렀다."라고 한 것이다. 齋疏는 거친 베로 만든 상복이고 飦은 묽은 죽이다.

然友反命하여 定爲三年之喪한대 父兄百官이 皆不欲也라 故로 曰[1] 吾宗國魯先君도 莫之行하시고 吾先君도 亦莫之行也어시늘 至於子之身而反之는 不可하니이다

1) 皆不欲也 故曰 : 朱熹의 集註本에는 '皆不欲曰'로 되어 있다.

然友가 復命하여 삼년상을 치르기로 정하자 父兄과 百官이 모두 그렇게 하고 싶어하지 않았다. 그래서 말하기를, "우리의 宗國인 魯나라 先君도 행한 적이 없었고 우리 선군 또한 행한 적이 없었는데, 지금 그대에게 와서 이를 어기는 것은 옳지 않습니다.

【注】 父兄百官은 滕(文)〔之〕[1]同姓異姓諸臣也니 皆不欲使世子行三年이라 滕魯는 同姓이니 俱出文王이라 魯는 周公之後요 滕은 叔繡[2]之後라 敬聖人故로 宗魯者也라

1) (文)〔之〕: 저본에는 '文'으로 되어 있으나, 宋本, 孔本, 韓本, 考文古本에 의거하여

'之'로 바로잡았다.(阮元의 〈校勘記〉 참조)

2) 叔繡 : 周 文王의 庶子인 錯叔繡로 周 武王 때에 滕侯로 봉해졌다.

父兄과 百官은 등나라의 同姓과 異姓의 신하들로서 모두들 세자에게 삼년상을 치르게 하고 싶지 않았다. 등나라와 노나라는 동성으로 모두 文王에게서 나왔다. 노나라는 周公의 후예이고 등나라는 叔繡의 후예이다. 聖人(周公)을 공경한 까닭에 魯나라를 宗國으로 삼은 것이다.

且志曰 喪祭는 從先祖라하니 曰吾有所受之也니이다

옛 기록에도 이르기를, '喪事와 祭祀는 선조를 따른다.'라고 하였으니, 우리가 전수받은 바가 있어서 하는 말입니다."라고 하였다.

【注】父兄百官且復言也라 志는 記也니 周禮에 小史掌邦國之志라하니라 曰喪祭之事는 各從其先祖之法이라하니 言我轉有所受之하니 不可於己身獨改更也라 一說에 吾有所受之는 世子言我受之於孟子也라 (故曰吾有所受)[1]

1) (故曰吾有所受) : 저본에는 '故曰吾有所受'가 있으나, 阮元의 〈校勘記〉에 의거하여 刪去하였다.

父兄과 百官이 또다시 말한 것이다. '志'는 '記'이니, ≪周禮≫에 "小史는 나라의 기록〔志〕을 담당한다."라고 하였다. "喪事와 祭祀는 각자 자기 선조의 법을 따른다."라고 말한 것은 우리들이 전수받은 바가 있으니 세자 자신이 홀로 이를 바꾸어서는 옳지 않음을 말한 것이다. 一說에 '吾有所受之'는 '내가 맹자에게 전수받은 것이 있다.'라고 세자가 말한 것으로 보기도 한다.

謂然友曰 吾他日에 未嘗學問이요 好馳馬試劍이러니 今也에 父兄百官이 不我足也하니 恐其不能盡於大事하노니 子爲我問孟子하라

이 말을 듣고 세자가 연우에게 말했다. "내가 지난날에 학문을 하지 않고 말타기와 칼쓰기를 좋아했던 탓에 이번에 부형과 백관이 나를 부족하게 여기고 있으니, 大事의 禮를 다하지 못할까 염려스럽소. 그대는 나를 위해 맹자에게 물어봐 주시오."

【注】父兄百官見我他日所行하고 謂我志行不足이라하니 似恐我不能盡大事之禮라 故로 止我也라 爲我問孟子하여 當何以服其心하여 使其信我也라

부형과 백관이 나의 지난날의 행실을 보고서 내 의지가 삼년상을 행하기에 부족하다고 생각하고 있으니, 아마도 내가 大事의 禮를 다하지 못할 것이라 염려하여 내 뜻을 멈추게 하려는 것이오. 어찌해야 그들의 마음을 복종시켜 나를 믿게 할 수 있을지 나를 위해 맹자에게 물어봐 달라고 한 것이다.

然友復之鄒하여 問孟子한대 孟子曰 然[1]不可以他求者也라 孔子曰 君薨커시든 聽於冢宰하고 歠(철)粥하며 面深墨하여 卽位而哭하니 百官有司莫敢不哀는 先之也라

1) 然 : 趙岐와 孫奭은 '然'을 '如是', '如此'로 주해하여 바로 앞에서 세자가 한 말 전체를 가리키는 것으로 본 반면, 朱熹는 ≪孟子集註≫에서 세자를 못마땅하게 여기는 父兄百官의 말을 맹자가 당연하게 받아들인 것〔然其不我足之言〕으로 주해하였다.

연우가 다시 鄒나라로 가서 맹자에게 물으니, 맹자가 말했다. "세자의 말대로라면 다른 데서 찾을 것이 없다. 공자께서 말씀하시기를, '國君이 승하하면 정사를 冢宰大臣에게 위임하여 그 명을 듣게 하며, 嗣君은 죽만 먹고 아주 검은 낯빛으로 상주의 자리에 나아가 哭을 하였으니, 百官과 有司가 모두 슬퍼한 것은 嗣君이 먼저 슬퍼하였기 때문이다.

【注】孟子言 如是면 不可用他事求也라 喪尙哀하니 惟當以哀戚感之耳라 國君薨에 委政冢宰大臣하고 嗣君[1]但盡哀情하여 歠粥不食하고 顔色深墨하여 −深은 甚也라 墨은 黑也라− 卽喪位而哭이니 百官有司莫敢不哀者는 以君先哀之[2]也일새니라

1) 嗣君 : 국군의 지위를 계승한 世子를 이른다.
2) 之 : 宋本, 孔本, 韓本, 考文古本에는 '故'로 되어 있다.(阮元의 〈校勘記〉 참조)

맹자가 이르기를, "세자의 말대로라면 다른 일에서 찾을 것이 없다. 喪禮는 슬퍼함을 중시하니 오로지 슬퍼함으로써 그들을 감동시키면 된다. 國君이 승하하면 정사를 冢宰大臣에게 위임하며, 嗣君은 단지 슬픈 마음을 다하여 죽만 마시고 다른 음식은 먹지 않으며 아주 검은 낯빛으로 −'深'은 심하다는 뜻이요 '墨'은 검다는 뜻이다− 喪主의 자리

에 나아가 哭을 하였으니, 百官과 有司가 모두 슬퍼한 것은 嗣君이 먼저 슬퍼하였기 때문이다."라고 한 것이다.

上有好者면 **下必有甚焉者矣**니 **君子之德**은 **風也**요 **小人之德**은 **草也**니 **草(上)〔尙〕**[1]**之風**이면 **必偃**이라하시니 **是在世子**하니라

1) (上)〔尙〕: 저본에는 '上'으로 되어 있으나, 石經, 廖本, 孔本, 韓本에 의거하여 '尙'으로 바로잡았다.(阮元의 〈校勘記〉 참조)

윗사람이 무언가 좋아하는 것이 있으면 아랫사람이 반드시 그보다 심하게 좋아하게 된다. 君子의 덕은 바람에 해당하고 小人의 덕은 풀에 해당하니, 풀 위에 바람이 불면 반드시 쓰러지게 마련이다.'라고 하셨으니, 이는 세자 하기에 달려 있소."

【注】 上之所欲을 下以爲俗이라 尙은 加也라 偃은 伏也라 以風加草면 莫不偃伏也라 是在世子以身帥(솔)之也라

윗사람이 하고 싶어 하는 것을 가지고 아랫사람은 하나의 습속을 이룬다. '尙'은 더한다는 뜻이다. '偃'은 쓰러진다는 뜻이다. 바람이 풀 위에 불면 쓰러지지 않는 것이 없으니, 이는 세자가 몸소 앞장서기에 달려 있다는 것이다.

然友反命한대 **世子曰 然**하다 **是誠在我**라하고

연우가 복명하자 세자가 말하기를, "그렇다. 이는 진실로 나에게 달려 있다."라 하고는

【注】 世子聞之하고 知其在身하여 欲行之也라

세자가 이 말을 듣고 그 일이 자신에게 달려 있음을 알고서 실행하려고 한 것이다.

五月居廬하여 **未有命戒**어늘 **百官族人**이 **可謂曰知**[1]라하며

1) 可謂曰知 : 이 구절은 의미가 부정확하다. 주희는 ≪孟子集註≫에서 闕文이나 誤字가 있는 듯하다고 하였다.

다섯 달 동안 여막에 거처하며 命令과 敎戒를 내리지 않자 百官과 族人이 禮를 안다고 말했으며,

【注】 諸侯五月而葬이니 未葬에 居倚廬於中門之(內)〔外〕[1]也라 未有命戒는 居喪不言也라 異姓同姓之臣이 可謂曰知世子之能行禮也라

1) (內)〔外〕: 저본에는 '內'로 되어 있으나, 조기의 注를 인용한 朱熹의 ≪孟子集註≫에 의거하여 '外'로 바로잡았다.

제후는 다섯 달만에 장례를 치르는데 장례를 치르기 전에는 中門 밖의 여막에 거처한다. 命令과 敎戒를 내리지 않았다는 것은 喪中에 아무 말도 하지 않은 것이다. 異姓과 同姓의 신하들이 세자가 능히 禮를 행할 줄 안다고 말한 것이다.

及至葬하여 **四方**이 **來觀之**하더니 **顔色之戚**과 **哭泣之哀**에 **吊者大悅**하더라

장례 때가 되자 사방의 제후들이 와서 이를 구경하였는데, 슬픈 낯빛과 애통한 哭泣 소리에 조문하러 온 사람들이 크게 감동하였다.

【注】 四方諸侯之賓來吊會者가 見世子之憔悴哀戚하고 大悅其孝行之高美也已라

조문을 와서 모인 사방의 제후들이 세자의 초췌하고 슬퍼하는 모습을 보고서 그 효행의 아름다움에 크게 감동한 것이다.

【疏】 '滕定公薨'至'吊者大悅'. ○ 正義曰：此章言事莫當於奉禮, 孝莫大於哀慟, 從善如流, 文公之謂也. '滕定公薨'者, 滕文公之父死也.

經의 〔滕定公薨〕에서 〔吊者大悅〕까지

○ 正義曰 : 이 장은 喪事를 치를 때는 禮에 따라 하는 것보다 합당한 것이 없고 孝心을 표현하는 것은 애통해 하는 것보다 더 큰 것이 없음을 말한 것이니, '물이 높은 데에서 낮은 데로 흐르듯이 좋은 의견을 신속히 받아들인다〔從善如流〕'는 말은 文公을 두고 한 말이다.

〔滕定公薨〕 滕 文公의 아버지가 죽은 것이다.

'世子謂然友曰, 昔者孟子嘗與我言於宋, 於心終不忘. 今也不幸, 至於大故, 吾欲使子問於孟子, 然後行事'者, 然友, 世子之傅也. 世子謂然友, 言往日孟子曾與我言於宋國之事, 於我心至今常存, 終不爲忘之也, 今也不幸至於父喪之大故, 我欲使子問於孟子, 然後行其父喪之事.

〔世子謂然友曰 昔者孟子嘗與我言於宋 於心終不忘 今也不幸 至於大故 吾欲使子問於孟子 然後行事〕 然友는 세자의 사부이다. 세자가 연우에게 이르기를, "지난번에 맹자가 나와 함께 宋나라에서 國事를 이야기한 적이 있었는데 지금까지도 내 마음 속에 생생하여 끝내 잊혀지지 않는다. 이번에 불행히도 부친상이라는 큰일을 당하고 말았으니, 내 그대를 보내 맹자에게 물어본 다음에 부친의 喪禮를 치르고자 한다."라고 하였다.

'然友之鄒, 問於孟子'者, 孟子將以自宋歸鄒也, 然友乃往鄒國, 問孟子以世子所問之事.

〔然友之鄒 問於孟子〕 맹자가 바야흐로 송나라에서 鄒나라로 돌아가고 있는 중이었으므로 연우가 추나라로 곧장 가서 세자가 물은 일을 가지고 맹자에게 질문한 것이다.

'孟子曰, 不亦善乎. 親喪固所自盡也'者, 孟子答然友, 謂不亦善然友以世子所問也.

〔孟子曰 不亦善乎 親喪固所自盡也〕 맹자가 연우에게 대답한 것으로, 연우를 통해 물어본 세자의 질문을 그 또한 훌륭한 것이 아니냐고 한 것이다.

'曾子曰, 生, 事之以禮, 死, 葬之以禮, 祭之以禮, 可謂孝矣'至'三代共之'者, 孟子以此答然友之問, 言曾子謂父母在生之時, 當以禮奉事之, -如冬溫夏淸, 昏定晨省,[1] 是其禮也,- 父母死之時, 當以禮安葬之, -如擗(벽)踴哭泣, 哀以送之, 卜其宅兆, 而安厝(조)之,[2] 是其禮也,- 及祭之禮, -如春秋祭祀, 以時思之, 陳其簠簋(보궤), 而哀戚之[3]是也- 能如此, 則可謂之能孝者矣. 如問其諸侯所行之禮, 則我未之學也. 雖然, -爲未嘗學諸侯之禮- 我嘗聞知之矣. 言嘗聞三年父母之喪, 以齋疏-齋衰-之服, 以饘粥之食. 凡此三年之喪, 自上至於天子, 下而達於庶人, 三代-夏·商·周-共行之矣.

1) 冬溫夏淸 昏定晨省 : ≪禮記≫ 〈曲禮 上〉에, "무릇 자식이 된 자가 지켜야 할 예는, 겨울에는 따뜻하게 해드리고 여름에는 시원하게 해드리며, 저녁에는 잠자리를 보살펴 드리고 아침에는 문안 인사를 올려야 한다.〔凡爲人子之禮, 冬溫而夏淸, 昏定而晨省.〕"라고 하였다.

2) 擗踴哭泣……而安厝之 : ≪孝經≫ 〈喪親章〉에 나온다.

3) 春秋祭祀……而哀戚之：≪孝經≫ 〈喪親章〉에 나온다.

〔曾子曰 生 事之以禮 死 葬之以禮 祭之以禮 可謂孝矣〕에서 〔三代共之〕까지

맹자가 이 말로 然友의 질문에 대답한 것이다. 즉, 曾子가 이르기를, "부모가 살아 계실 때에는 마땅히 예로써 받들어 모셔야 하며, -예를 들어 겨울에는 따뜻하게 해 드리고 여름에는 시원하게 해 드리며, 저녁에는 잠자리를 보살펴 드리고 아침에는 문안 인사를 올리는 것이 그 禮이다- 부모가 돌아가셨을 때에는 마땅히 예로써 安葬을 하고 -예를 들어 가슴을 치고 발을 구르며 哭泣을 하면서 슬픈 마음으로 보내드리고 묘소를 잘 가려서 편안히 모시는 것이 그 禮이다- 제사의 예를 올릴 때 -봄가을로 제사를 지내면서 계절에 맞게 그리운 마음을 펴고, 祭器를 진설하여 슬픔을 보이는 것- 능히 이와 같이 할 수 있다면 효성을 다한 사람이라 이를 만하다."라고 하였다. 만약 제후가 행한 예에 대해 묻는 것이라면 나는 그것을 배우지 못했다. 비록 그렇기는 하지만 -제후의 예를 배우지는 못했지만- 나는 예전에 들어서 알고는 있다. 즉, 부모를 위한 삼년상에 齋疏 -거친 베로 만든 상복-의 상복을 입고 묽은 죽을 먹는다고 예전에 들은 적이 있다. 무릇 이러한 삼년상은 위로는 천자에 이르기까지, 아래로는 서인에 이르기까지 三代 -夏·商·周- 이래로 공통적으로 시행해 온 것이다.

'然友反命'者, 然友自鄒得孟子之言, 乃反歸命告於滕公也.

〔然友反命〕 연우가 鄒나라에서 맹자의 말을 듣고서 돌아와 滕 文公에게 보고한 것이다.

'定爲三年之喪, 父兄百官皆不欲也, 故曰, 吾宗國魯先君莫之行也'至'於子之身而反之, 不可'者, 是世子因然友問孟子歸後, 乃定爲三年之喪事, 其滕之同姓與異姓諸臣, 皆不欲爲三年之喪, 遂曰, 我宗國魯先君莫之嘗行此三年喪禮, 我之先君亦莫之嘗行也, 今至於子之身而反違之, 以爲三年之喪, 不可. 言其不可反背先君, 而以自爲三年喪之禮也.

〔定爲三年之喪 父兄百官皆不欲也 故曰 吾宗國魯先君莫之行也〕에서 〔於子之身而反之 不可〕까지

세자가, 然友가 맹자에게 물어보고 돌아온 뒤에 삼년상을 치르기로 정하자 등나라의 同姓과 異姓의 신하들이 모두 삼년상을 치르는 것을 바라지 않아 마침내 말하기를, "우리의 宗國인 魯나라 先君도 일찍이 이 삼년의 상례를 행한 적이 없었고 우리 선군

또한 행한 적이 없었는데, 지금 그대에게 와서 이를 어기고 삼년상을 치르는 것은 옳지 않다."라고 한 것이다. 이는 선군의 전례를 어기고 자기 마음대로 삼년의 상례를 행하는 것이 옳지 않음을 말한 것이다.

'且志曰, 喪祭從先祖. 曰, 吾有所受之也', 父兄百官言之後復引記有曰, 喪祭之事, 各從其先祖之法, 我但有所承受之也, 不可於已身獨改更爲三年喪耳. 滕與魯同姓, 俱出魯周公之後, 故云吾宗國魯先君. 志, 記也.

〔且志曰 喪祭從先祖 曰 吾有所受之也〕父兄과 百官이 자시들의 의견을 말한 후에 다시 옛 기록을 인용하여 이르기를, "喪事와 祭祀는 각자 자기 선조의 법을 따른다고 하였다. 우리는 단지 그것을 전수받았으니 세자 자신이 홀로 이를 삼년상으로 바꾸는 것은 옳지 않다."라고 한 것이다. 滕나라와 魯나라는 同姓으로 모두 노나라 周公의 후예이다. 그래서 '우리 宗國인 魯나라 先君'이라 한 것이다. '志'는 '記'이다.

'謂然友曰, 吾他日未嘗學問, 好馳馬試劍. 今也父兄百官不我足也, 恐其不能盡於大事, 子爲我問孟子'者, 滕文公旣定爲三年之喪禮, 而父兄百官見之皆不欲爲, 乃復謂然友曰, 我所往他日未嘗學問禮, 但好驅馳走馬試劍事, 今也定爲三年之喪, 父兄百官見之, 皆謂我志不足以行此三年之喪, 恐其不能盡於大事之禮, 子復爲我之鄒問孟子, 以爲如何當使父兄百官服其心而信我也.

〔謂然友曰 吾他日未嘗學問 好馳馬試劍 今也父兄百官不我足也 恐其不能盡於大事 子爲我問孟子〕滕 文公이 삼년의 상례를 치르기로 이미 결정을 하였으나 父兄과 百官이 이를 보고서 모두들 그렇게 하고 싶어하지 않자 이에 다시 然友에게 말하기를, "내가 지난날 禮를 배우지 않고 말달리기와 칼쓰기만을 좋아하였던 탓에 이번에 삼년상을 하기로 이미 결정을 내렸음에도 부형과 백관이 이를 보고서 모두들 나의 의지가 이 삼년상을 행하기에는 부족하다 여기고 있으니, 이러다가는 大事의 禮를 다하지 못할까 염려스럽소. 그대는 다시 나를 위해 鄒나라로 가서 어찌해야 부형과 백관들이 진심으로 승복하여 나를 믿게 할 수 있을지 맹자에게 물어봐 주시오."라고 한 것이다.

'然友復之鄒問孟子'者, 是然友自文公所乃, 因其命, 復往鄒國, 見孟子而問焉.

〔然友復之鄒問孟子〕然友가 文公이 있는 곳에서 명을 받고는 다시 鄒나라로 가서 맹

자를 만나 물은 것이다.

'孟子曰, 不可以他求也. 孔子曰, 君薨, 聽於冢宰, 歠粥, 面深墨, 卽位而哭. 百官有司莫敢不哀先之也'至'是在世子'者, 孟子答然友爲世子之問, 言如此則不可更以他事求也, 惟當以哀戚感之耳. 故引孔子曰, 國君之薨, 其政事皆委冢宰大臣聽行之, 嗣君者但歠糜粥而不食, 面之顔色亦變爲甚黑之色, 卽喪位而哀哭之, 故百官有司莫敢不哀, 先之也. 是所謂上有所好者, 下必有甚焉者耳. 且君子之德如風也, 小人之德如草也, 草加之以風, 必偃伏而從風所趨耳, 是在世子但以身率之爾. 凡此皆孟子答然友爲世子之問, 而以此復教之矣.

〔孟子曰 不可以他求也 孔子曰 君薨 聽於冢宰 歠粥 面深墨 卽位而哭 百官有司莫敢不哀先之也〕에서 〔是在世子〕까지

맹자가 然友를 통해 세자의 질문에 대답한 것이다. 즉, 세자의 말대로라면 더 이상 다른 일에서 찾을 것이 없다. 오로지 슬퍼함으로써 그들을 감동시키면 된다. 그래서 공자의 말을 인용하여, "國君이 승하하면 그 정사를 모두 冢宰大臣에게 위임하여 그 명령을 들어 시행하며, 嗣君은 단지 죽만 마시고 다른 음식은 먹지 않으며 얼굴빛 또한 아주 검게 하여 喪主의 자리에 나아가 슬프게 哭을 하였다. 그러므로 百官과 有司가 모두 슬퍼한 것은 嗣君이 먼저 슬퍼했기 때문이다. 이는 이른바 윗사람이 무언가 좋아하는 것이 있으면 아랫사람이 반드시 그보다 심하게 좋아하게 된다는 것이다. 君子의 덕은 바람과 같고 小人의 덕은 풀과 같아서 풀 위에 바람이 불면 반드시 바람이 부는 대로 쓰러지게 마련이다."라고 하였으니, 이는 오직 세자가 몸소 앞장서기에 달려 있다는 것이다. 이 말은 모두 맹자가 연우를 통해 세자의 질문에 답한 것으로, 이로써 다시 세자를 가르친 것이다.

'然友反命, 世子曰, 是誠在我'者, 然友自問孟子之後, 乃以孟子之言反歸告於世子, 世子於是五月居於喪廬, 不敢入處, 故未有命以令人, 未有戒以號人, 以其在外思之而不言也. 百官族人皆以爲知禮, 能行三年之喪, 乃曰'可謂曰知', 以其百官族人指文公而言也.

〔然友反命 世子曰 是誠在我〕 연우가 맹자에게 물어본 다음 돌아가 세자에게 맹자의 말을 보고하자, 세자가 이에 다섯 달 동안 여막에 거처하면서 감히 中門 안으로 들어와 거처하지 않았다. 그리하여 命令을 내려 호령하지 않았고 教戒를 내려 호령하지 않

았으니, 바깥에 있으면서 생각만 하고 말을 하지 않은 것이다. 百官과 族人이 모두 세자가 禮를 알아서 능히 삼년상을 치를 수 있다고 생각하여 이에 '可謂曰知'라고 말했으니, 이 말은 백관과 족인이 文公을 가리켜 말한 것이다.

'及至葬, 四方來觀之, 顏色之戚, 哭泣之哀, 吊者大悅'者, 言及至葬日, 四方諸侯來吊, 慰而觀之, 顏色之戚而形於容, 哭泣之哀而形於聲, 於是吊之者皆大悅, 以喜其有孝行也.

〔及至葬 四方來觀之 顏色之戚 哭泣之哀 吊者大悅〕 장례일이 되어 사방의 제후들이 조문을 와서 위로를 하며 이 모습을 보았는데, 안색의 슬픔이 얼굴에 드러나고 哭泣의 슬픔이 소리에 나타나서 이에 조문 온 사람들이 모두 크게 감동하였으니, 세자에게 효행이 있음을 기뻐한 것이다.

【疏】 ○ 注'定公, 文公父也'. ○ 正義曰 : 說在前段已詳矣.

○ 注의 〔定公 文公父也〕.

○ 正義曰 : 이에 대한 설명은 앞 段에서 상세히 말했다.

【疏】 ○ 注'曾子傳孔子之言'. ○ 正義曰 : 案論語, '孟孫問孝於孔子, 孔子對曰, '生, 事之以禮, 死, 葬之以禮, 祭之以禮.'" 是曾子傳孔子之言而云, 孟子所以引爲曾子言矣.

○ 注의 〔曾子傳孔子之言〕

○ 正義曰 : ≪論語≫에 "孟孫이 공자에게 孝를 물으니, 공자가 대답하기를, '부모가 살아계실 때에는 예로써 섬기며 돌아가신 뒤에는 예로써 장사를 지내고 예로써 제사를 지낸다.'라고 하였다." 하였다. 이는 曾子가 공자의 말을 전하여 말한 것인데, 맹자가 증자의 말로 인용한 것이다.

【疏】 ○ 注'滕・魯國同姓, 俱出魯周公之後'. ○ 正義曰 : 案魯隱公十一年, 滕侯與薛侯爭長, 薛侯曰, "我先封." 滕侯曰, "我, 周之卜正[1]也. 薛, 庶姓也, 我不可以後之." 公使羽父請於薛侯曰, "君與滕侯辱在寡人. 周諺有之曰, '山有木, 工則度之. 賓有禮, 主則擇之.'周之宗盟, 異姓爲後. 寡人若朝於薛, 不敢與諸任齒. 君若辱貺(황)寡人, 則願以滕君爲請." 薛侯許之, 乃長滕侯. 杜預云, "薛, 任姓." 以此推之, 則知滕爲魯之後, 與魯同姓也.

1) 卜正 : 주나라 때 卜官의 우두머리이다.

○ 注의 〔滕魯國同姓 俱出魯周公之後〕

○ 正義曰 : ≪春秋左氏傳≫ 魯 隱公 11년 조에, "滕侯와 薛侯가 〈노나라를 방문하여〉 서로 앞자리를 차지하겠다고 다투었다. 이때 설후는 '내가 먼저 제후에 봉해졌다.'라고 하였고, 등후는 '나는 周나라의 卜正이다. 薛나라는 주나라 왕실과 다른 姓이니, 내가 뒷자리에 앉을 수 없다.'라고 하니, 隱公이 羽父(보)를 시켜 설나라 임금에게 요청하기를, '그대와 등후는 외람되게도 과인을 방문해 주셨습니다. 주나라 속담에, 「산에 나무가 있으면 木工이 그 나무를 헤아려 쓰고, 손님에게 예의를 갖출 일이 있으면 주인이 그 순서를 택한다.」라고 하였습니다. 주나라가 제후들과 동맹을 맺을 때는 異姓을 뒷자리에 앉히니, 과인이 만약 설나라를 방문하였다면 감히 여러 任氏들과 자리를 나란히 앉지는 않을 것입니다. 그대가 만일 과인에게 후의를 베푸신다면 등후를 앞자리에 앉게 해 주시기 바랍니다.'라고 하니, 설후가 허락하여 등후를 앞자리에 앉게 하였다."라고 하였는데 이에 대한 杜預의 注에 이르기를, "薛나라는 任씨 성이다."라고 하였다. 이 기사로 미루어 보건대, 滕나라는 魯나라의 후예이며 노나라와 같은 姓임을 알 수 있다.

【疏】 ○ 注'周禮小史掌邦國之志'至'孟子也'. ○ 正義曰 : 鄭司農云, "志, 謂記也." 春秋傳所謂周志, 國語所謂鄭志之屬也.[1] 兩說者, 其意皆行, 謂之父兄百官言亦行, 謂之世子亦行, 但不逆意則可矣.

1) 鄭司農云……國語所謂鄭志之屬也 : ≪周禮≫ 〈小史〉의 "掌邦國之志"에 대한 鄭衆의 注를 인용한 것이다.

○ 注의 〔周禮小史掌邦國之志〕에서 〔孟子也〕까지

○ 正義曰 : 鄭司農이 이르기를, "'志'는 '記'를 의미한다. ≪春秋左氏傳≫의 이른바 ≪周志≫와 ≪國語≫의 이른바 ≪鄭志≫ 따위가 그 예이다."라고 하였다. 〈'吾有所受之'〉에 대한 설명은 두 가지 설이 그 의미가 모두 통하니, 父兄과 百官이 말한 것이라 해도 통하고 世子가 말한 것이라 해도 통한다. 단지 뜻이 어긋나지만 않으면 된다.

【疏】 ○ 注'諸侯五月而葬, 未葬, 居倚廬於中門之內也'. ○ 正義曰 : 案左傳隱公元年云, "天子七月而葬, 同軌畢至, 諸侯五月而葬, 同盟至, 大夫三月, 同位至, 士逾月, 外姻至." (父)〔又〕[1]喪大記云"父母之喪, 居倚廬"是也.

1) (父)〔又〕: 저본에는 '父'로 되어 있으나, 阮元의 〈校勘記〉에 의거하여 '又'로 바로잡았다.

○ 注의 〔諸侯五月而葬 未葬 居倚廬於中門之內也〕

○ 正義曰 : ≪春秋左氏傳≫ 隱公 원년에 이르기를, "天子는 사후 일곱 달만에 장례를 치르는데 천하의 제후들이 모두 조문을 오고, 諸侯는 다섯 달만에 장례를 치르는데 동맹을 맺은 제후들이 조문을 오고, 大夫는 석 달만에 장례를 치르는데 같은 지위에 있는 대부들이 조문을 오고, 士는 다음 달에 장례를 치르는데 인척들이 조문을 온다."라고 하였다. 또 ≪禮記≫ 〈喪大記〉에 "부모의 상에는 여막에 거처한다."라고 한 것이 그 예이다.

3. 滕文公이 問爲國한대 孟子曰 民事는 不可緩也니

등 문공이 나라를 다스리는 방법에 대해 물으니, 맹자가 대답했다. "백성들의 농사일을 느슨하게 보아서는 안 됩니다.

【注】 問治國之道也라 民事는 不可緩之使怠惰니 當以政督趣요 教以生產之務也라

나라를 다스리는 방법에 대해 질문한 것이다. 백성들의 농사일을 느슨하게 보아 태만하게 처리해서는 안 될 것이니, 마땅히 政令으로 독촉을 하고 생업의 급선무로 가르쳐야 함을 말한 것이다.

詩云 晝爾於茅하고 宵爾索綯(삭도)하여 亟其乘屋이오사 其始播百穀이라하니이다

≪詩經≫에 이르기를, '낮에는 가서 띠풀을 베어오고 밤에는 새끼를 꼬아서 서둘러 지붕을 이어야 비로소 百穀을 파종할 수 있다.'라고 하였습니다.

【注】 詩邠風七月之篇에 言教民晝取茅草하고 夜索以爲綯하여 -綯는 絞也라- 及爾閑暇하여 亟而乘蓋爾野外之屋[1]이오사 春事起에 爾將始播百穀矣라하니 言農民之事無休已라

1) 野外之屋 : 농토가 있는 성밖의 집을 말한다.

≪詩經≫ 〈豳風 七月〉편에 나오는 말이다. 이 시에서 백성들을 가르쳐 말하기를,

"낮에는 띠풀을 베어 오고 밤에는 새끼를 꼬아서 -'綯'는 새끼를 꼬는 것이다.- 너희가 한가한 시간이 되면 급히 野外에 있는 너희의 집에 지붕을 이어야 한다. 그래야 봄농사가 시작될 때 너희가 비로소 百穀을 파종할 수 있을 것이다."라고 한 것이니, 農民들의 일이 쉼이 없음을 말한 것이다.

民之爲道也 有恒産者는 **有恒心**이요 **無恒産者**는 **無恒心**이니 **苟無恒心**이면 **放僻邪侈**를 **無不爲已**니 **及陷乎罪然後**에 **從而刑之**면 **是罔民也**니 **焉有仁人在位**하여 **罔民**을 **而可爲也**리오

백성이 살아가는 방식을 보면 恒産이 있으면 恒心이 있고, 恒産이 없으면 恒心도 없게 됩니다. 만약 恒心이 없다면 방탕, 편벽, 사악, 사치 등 하지 않는 짓이 없게 될 것입니다. 백성들이 이러한 죄에 빠진 뒤에 쫓아가서 형벌을 가한다면 이는 백성을 그물질하는 것입니다. 어찌 어진 사람이 임금의 자리에 있으면서 백성을 그물질하는 짓을 할 수 있겠습니까.

【注】 義與上篇[1]同이라 孟子旣爲齊宣王言之하고 滕文公問에 復爲究陳其義라 故로 各自載之也라

1) 上篇 : 〈梁惠王 上〉篇을 가리킨다.

뜻은 上篇과 동일하다. 맹자가 이전에 齊 宣王을 위하여 이 말을 하였고 滕 文公의 질문에 다시 그 뜻을 상세히 진술하였으므로 각편에 수록한 것이다.

是故로 **賢君**은 **必恭儉**하여 **禮下**하고 **取於民有制**니이다

그러므로 賢君은 반드시 공손하고 검소하여 禮로써 아랫사람을 대접하였고 백성들에게 조세를 거둘 때는 일정한 제한을 두었습니다.

【注】 古之賢君은 身行恭儉하여 禮下大臣하고 賦取於民不過十[1]一之制也라

1) 十 : 宋本, 孔本, 韓本, 考文古本에는 '什'으로 되어 있다.(阮元의 〈校勘記〉 참조)

옛날의 賢君은 공손함과 검소함을 몸소 실천하였으므로 예로써 아래의 大臣을 대접

하고 백성에게 조세를 거둘 때는 10분의 1의 제한을 넘지 않았다.

陽虎曰 爲富면 **不仁矣**요 **爲仁**이면 **不富矣**라하니이다

陽虎가 말하기를, '부자가 되면 仁하지 못하고 仁하면 부자가 되지 못한다.'라고 하였습니다.

【注】 陽虎는 魯季氏家臣也라 富者好聚하고 仁者好施라 施不得聚하니 道相反也라 陽虎非賢者也나 言有可采하니 不以人廢言也라

陽虎는 魯나라 季氏의 家臣이다. 富者는 재물을 모으기 좋아하고 仁者는 베풀기를 좋아한다. 재물을 베풀면 모으지 못하므로 그 길이 서로 반대된다. 陽虎는 어진 사람이 아니지만 그의 말은 채택할 만한 것이 있으므로, 그 사람됨 때문에 그가 한 말까지 폐하지 않은 것이다.

夏后氏는 **五十而貢**하고 **殷人**은 **七十而助**하고 **周人**은 **百畝而徹**하니 **其實**은 **皆什一也**니 **徹者**는 **徹也**요 **助者**는 **藉也**니이다

夏后氏는 50묘에 貢法을 시행하였고, 殷나라 사람은 70묘에 助法을 시행하였고, 周나라 사람은 100묘에 徹法을 시행하였으니, 그 실상은 모두 10분의 1의 조세를 거둔 것입니다. '徹'은 거둔다는 뜻이요 '助'는 빌린다는 뜻입니다.

【注】 夏禹之世를 號夏后氏니라 后는 君也니 禹受禪於君이라 故로 夏稱后하고 殷周는 順人心而征伐이라 故로 言人也라 民耕五十畝하여 貢上五畝하고 耕七十畝者는 以七畝助公家하고 耕百畝者는 徹取十畝以爲賦하니 雖異名而多少同이라 故曰皆什一也라 徹은 猶(取)[1] 人徹取物也라 藉者는 借也니 猶人相借力助之也라

1) (取) : 저본에는 '取'가 있으나, 阮元의 〈校勘記〉에 의거하여 刪去하였다.

夏나라 禹의 시대를 夏后氏라 부른다. '后'는 임금이란 뜻이니, 禹가 임금에게서 禪讓을 받았으므로 夏나라에 대해서는 '后'라고 칭하였다. 殷나라와 周나라는 人心에 순응하여 征伐을 한 것이므로 '人'이라 하였다. 하나라 때는 백성들이 50묘를 경작하여 5묘의 수확을 貢上하였고, 은나라 때는 70묘를 경작한 사람이 7묘씩 公家의 경작을

도왔으며, 주나라 때는 100묘를 경작한 사람에게 10묘의 수확을 조세로 거두어 들였다. 비록 조세의 이름은 다르지만 그 수량은 동일하였으므로 '모두 10분의 1의 조세를 거두었다'고 말한 것이다. '徹'은 사람이 재물을 거두어들이는 것과 같은 의미이다. '藉'는 빌린다는 뜻이니, 사람들이 서로 힘을 빌려서 돕는 것과 같은 의미이다.

龍子曰 治地는 **莫善於助**요 **莫不善於貢**이라하니 **貢者**는 **校數歲之中**하여 **以爲常**하나니

龍子가 말하기를, '토지의 조세를 거두는 것은 助法보다 더 좋은 것이 없고 貢法보다 더 나쁜 것이 없다.'라고 하였으니, 貢法은 몇 년의 수확을 비교하여 그 중간치로 일정한 조세를 정한 것입니다.

【注】 龍子는 古賢人也라 言治土地之賦는 無善於助者也라 貢者는 校數歲以爲常類而上之니 民供奉之에 有易有不易라 故로 謂之莫不善於貢也라하니라

龍子는 옛날의 賢人이다. 토지의 조세를 거두는 것은 助法보다 더 좋은 것이 없음을 말한 것이다. 貢法은 몇 년의 수확을 비교하여 이를 토대로 일정한 조세를 정해 바치게 하는데, 백성들이 이를 바침에 있어 쉬울 때도 있고 쉽지 않을 때도 있다. 그래서 貢法보다 더 나쁜 것이 없다고 한 것이다.

樂歲엔 **粒米狼戾**(낭려)하여 **多取之而不爲虐**이라도 **則寡取之**하고 **凶年**엔 **糞其田而不足**이어늘 **則必取盈焉**하나니

풍년엔 곡식의 낟알이 낭자하게 넘쳐나서 많이 거두어가도 暴虐함이 되지 않는데도 조금만 거두어가고, 흉년엔 자신의 밭에 거름을 주어 열심히 가꾸어도 먹을 것이 부족한 형편인데도 반드시 꽉 채워서 거두어가니

【注】 樂歲는 豐年이라 狼戾는 猶狼藉也라 粒米는 粟米之粒也라 饒多狼藉하여 棄捐於地면 是時엔 多取於民이 不爲暴虐也로되 而反以常數로 少取之하고 至於凶年饑歲엔 民人이 糞〔治〕其田[1]이라도 尙無所得하여 不足以食이로되 而公家取其稅必滿其常數焉하니 不若從歲饑穰以爲多少하여 與民同之也라

1) 糞〔治〕其田 : 저본에는 '糞其田'으로 되어 있으나, 宋本·孔本·韓本·考文古本에 의거하여 '治'를 보충하였다.(阮元의 〈校勘記〉 참조) 이 글에서 '糞'은 주석자에 따라 해석이 분분하다. 역자의 생각에는, 춘추전국시대에 농업의 생산량을 증대시키기 위해 도입한 농법이 施肥法인데 당시에 시비의 대표적 재료가 사람과 가축의 분뇨, 즉 '糞'이었다. 따라서 '糞〔治〕其田'은 수확을 늘이기 위한 농부의 적극적인 조처를 포괄하여 언급한 말로 보아야 할 것이다.

樂歲는 豐年이다. 狼戾는 狼藉와 같다. 粒米는 곡식의 낱알이다. 수확이 많아 곡식이 낭자하게 넘쳐나서 땅에 버려질 정도가 되면, 이러한 때에는 백성들에게 많이 거두어가도 暴虐함이 되지 않는데도 반대로 정해진 수량에 따라 조금만 거두어가고, 흉년으로 기근이 든 해에는 백성들이 자신의 밭에 거름을 주어 열심히 가꾸어도 오히려 수확이 나오지 않아 먹을 것이 부족한 형편인데도 관아에서는 반드시 조세를 정해진 수량만큼 꽉 채워서 거두어가니, 이는 흉년과 풍년에 따라 조세의 多寡를 조절하여 백성들과 豐凶을 함께 하는 것만 같지 못하다.

爲民父母하여 使民盻(혜)盻然[1)]將終歲勤動하여도 不得以養其父母하고 又稱貸而益之하여 使老稚로 轉乎溝壑(학)이면 惡在其爲民父母也리오

1) 盻(혜)盻然 : 조기가 '쉬지않고 부지런히 일하는 모습〔勤苦不休息之貌〕'으로 본 반면, 朱熹는 ≪孟子集註≫에서 '盻'를 한스럽게 보는 것〔恨視也〕이라고 주해하였으며, 孫奭 또한 주희와 같은 뜻으로 보았다.

백성들의 부모가 되어서 백성들로 하여금 일 년 내내 쉬지 않고 부지런히 일을 해도 그 부모를 봉양할 수 없게 하고, 더 나아가 백성들에게 〈곡식을〉 빌려주어 조세에 보태게 해서 그로 인해 노인과 어린아이의 시신이 구렁텅이 속에 나뒹굴게 한다면 백성의 부모됨이 어디에 있다고 하겠습니까.

【注】盻盻는 勤苦不休息之貌라 動은 作이요 稱은 擧也라 言民勤身動作終歲라도 不得以養食其父母하고 公賦當畢에 有不足者면 又當擧貸子倍而益滿之하여 至使老少轉尸溝壑하니 安可以爲民之父母也리오

'盻盻'는 쉬지 않고 부지런히 일하는 모습이다. '動'은 '일하다'는 뜻이요 '稱'은 '들다'는 뜻이다. 즉, "백성들이 일년 내내 부지런히 일을 해도 그 부모를 봉양하지 못하고,

관아에 내는 조세는 완납을 해야 하는데 부족한 양이 있으면 다시 이자를 배로 내고 빌려서 그 부족분을 더 채워 넣어야 하므로 이 때문에 결국 노인과 어린아이의 시신이 구렁텅이 속에 나뒹굴게 한다면 백성의 부모됨이 어디에 있단 말인가."라고 한 것이다.

夫世祿은 **滕固行之矣**니이다

世祿은 등나라가 본래부터 시행하고 있습니다.

【注】古者에 諸侯卿大夫士有功德이면 則世祿賜族者也[1]라 官有世功也엔 其子雖未任居官이라도 得世食其父祿이요 賢者子孫必有土之義也니 滕固知行是矣라 言亦當恤民之子弟요 閔其勤勞者也라

1) 有功德 則世祿賜族者也 : 沈廷芳의 ≪十三經注疏正字≫에서 이 구절에 衍字나 誤字가 있는 듯하다고 하였다

옛날에 諸侯, 卿, 大夫, 士가 功德이 있으면 世祿을 종족에게 하사하였다. 벼슬을 하여 대대로 공덕이 쌓으면 그 자식이 비록 벼슬을 하지 않더라도 그 아비의 祿을 대대로 받아먹을 수 있으며, 賢者의 자손에게는 반드시 토지를 소유할 명분이 있으니, 藤나라는 본래부터 이러한 제도를 시행하고 있었다. 이는 또한 백성들의 자제를 구휼하고 부지런히 일하는 사람을 불쌍히 여겨야 함을 말한 것이다.

詩云 雨我公田하여 **遂及我私**라하니 **惟助**에 **爲有公田**하니 **由此觀之**컨대 **雖周**나 **亦助也**니이다

≪詩經≫에 이르기를, '우리 公田에 먼저 비를 내려주시고 그런 다음 우리 私田에도 내려 주소서.'라고 하였습니다. 오직 助法에만 公田을 두었으니, 이를 통해 보면 周나라 때에도 助法을 시행하였습니다.

【注】詩小雅大田之篇이라 言太平時에 民悅其上하여 願欲天之先雨公田하고 遂以次及我私田也라 (猶)〔獨〕[1]殷人助者 爲有公田耳라 此는 周詩也로되 而云雨公田이라하니 知雖周家之時라도 亦有助之之制也라

1) (猶)〔獨〕: 저본에는 '猶'로 되어 있으나, 阮元의 〈校勘記〉에 의거하여 '獨'으로 바로잡았다.

≪詩經≫ 〈小雅 大田〉편의 시이다. 즉, 태평할 때 백성들이 그 윗사람을 좋아하여 하늘이 먼저 公田에 비를 내리고 그 다음에 자신들의 私田에 내려줄 것을 기원한 것이다. 오직 殷나라 사람이 시행한 助法에서만 公田을 두었다. 이 시가 周나라 詩인데도 불구하고 公田에 비를 내려달라고 한 것으로 볼 때, 周나라 때에도 助法의 제도가 있었던 것을 알 수 있다.

設爲庠序學校하여 **以敎之**하니

庠과 序와 學과 校를 설치하여 교육을 실시하였으니,

【注】以學習禮하여 敎化於國이라

학교에서 禮를 익히게 하여 나라에 교화를 편 것이다.

庠者는 **養也**요 **校者**는 **敎也**요 **序者**는 **射也**라 **夏曰校**요 **殷曰序**요 **周曰庠**이요 **學則三代共之**하니 **皆所以明人倫也**라

'庠'은 봉양한다는 의미를 가지고 있고, '校'는 가르친다는 의미를 가지고 있으며, '序'는 활쏘기를 한다는 의미가 있습니다. 夏나라에서는 '校'라 하고 殷나라에서는 '序'라 하고 周나라에서는 '庠'이라 하였으며, '學'은 三代가 공통으로 사용하였으니, 그 목적이 모두 人倫을 밝히는 것입니다.

【注】養者는 養耆老요 敎者는 敎以禮義요 射者는 三耦四矢以達物導氣也라 學則三代同名하여 皆謂之學이라하니 學乎人倫이라 人倫者는 人事也요 猶洪範曰彝(이)倫攸序이니 謂其常事有序者也라

'養'은 노인을 봉양하는 것이요, '敎'는 禮義를 가르치는 것이요, '射'는 두 사람씩 3조로 나누어 화살 4개씩 쏘아 만물의 기운을 소통시키는 것이다. '學'은 三代가 공통으로 그 이름을 사용하여 모두 '學'이라 하였으니, 人倫을 배운다는 의미를 가지고 있다. 인륜이란 '人事'를 뜻하며 ≪書經≫ 〈洪範〉편의 "彝倫에 次序가 있다"는 말과 같으니,

사람의 일상적인 일에 차서가 있음을 말한 것이다.

人倫이 **明於上**이면 **小民**이 **親於下**니이다 **有王者起**면 **必來取法**하리니 **是爲王者師也**니이다

人倫이 위에서 밝혀지면 백성들이 아래에서 친해질 것입니다. 후대에 王者가 興起하게 되면 반드시 여기에 와서 본을 받을 것이니, 그리되면 王者의 스승이 되시는 것입니다.

【注】 有行三王之道而興起者면 當取法於有道之國也라

三王의 道를 행하여 흥기하는 자가 있다면 마땅히 道가 있는 나라에 와서 본을 받을 것이다.

詩云 周雖舊邦이나 **其命惟**[1]**新**이라하니 **文王之謂也**니 **子**[2]**力行之**하시면 **亦以新子之國**하시리이다

1) 惟 : 閩本, 監本, 毛本과 朱熹의 孟子集註本에는 '維'로 되어 있다.(阮元의 〈校勘記〉 참조)
2) 子 : 公侯가 죽어 1년이 지나지 않았을 때 그 계승자를 부르는 칭호이다.

≪詩經≫에 이르기를, '周나라가 비록 오래된 나라이나 그 命은 새롭다.'라고 하였으니, 文王을 두고 한 말입니다. 子께서 힘써 행하신다면 또한 子의 나라를 새롭게 할 수 있을 것입니다."

【注】 詩는 大雅文王之篇이라 言周雖后稷以來舊爲諸侯나 其受王命은 惟文王新復修治禮義以致之耳라 以是勸勉文公하여 欲使庶幾新其國也라

詩는 〈大雅 文王〉편이다. 周나라가 비록 后稷이 세운 이래로 오래된 제후국이었으나 王命을 받게 된 것은 文王이 다시 새롭게 하여 각종 예법과 의식을 정비하였기 때문이다. 이 말로 文公을 권면하여 滕나라를 새롭게 만들기를 바란 것이다.

使畢戰으로 **問井地**하신대

〈滕 文公이〉 畢戰을 시켜 井田法에 대해 물어 보자,

【注】畢戰은 滕臣也라 問古井田之法이라 時에 諸侯各去典籍하여 人自爲政이라 故로 井田之道不明也라

畢戰은 滕나라 신하이다. 고대의 井田法에 대해 물은 것이다. 당시 제후들이 각자 옛 典籍을 팽개쳐 버리고 독자적으로 정치를 하였기 때문에 정전법을 시행하는 방법에 대해 알지 못한 것이다.

孟子曰 子之君이 將行仁政하여 選擇而使子하시니 子必勉之어다 夫仁政은 必自經界始니 經界不正이면 井地不鈞[1)]하며 穀祿不平하리니

1) 鈞 : 閩本, 監本, 毛本과 朱熹의 孟子集註本에는 '均'으로 되어 있다.(阮元의 〈校勘記〉 참조) 均과 鈞은 통용자이다.

맹자가 대답했다. "그대의 임금이 장차 仁政을 시행하려고 사람을 선택해서 그대를 보낸 것이니, 그대는 반드시 노력하여야 할 것입니다. 仁政이란 것은 반드시 經界를 긋는 일에서부터 시작됩니다. 경계를 바르게 긋지 않으면 井田이 고르게 되지 않고 穀祿이 공평하지 않게 됩니다.

【注】子는 畢戰也라 經은 亦界也라 必先正其經界하여 勿(慢)〔侵〕[1)]隣國이라야 乃可均井田하고 平穀祿이라 穀은 所以爲祿也라 周禮小司徒에 云 乃經土地하여 而井〔牧〕[2)]其田野라하니 言正其土地之界라야 乃定受其井牧之處也라

1) (慢)〔侵〕: 저본에는 '慢'으로 되어 있으나, 阮元의 〈校勘記〉에 의거하여 '侵'으로 바로잡았다.
2) 〔牧〕: 저본에는 '牧'이 없으나, ≪周禮≫ 해당 기사에 의거하여 보충하였다.

子는 畢戰을 가리킨다. '經' 또한 '界'의 뜻이다. 반드시 먼저 그 경계를 바르게 그어 그 경계가 이웃나라를 침범하지 않아야 井田을 고르게 하고 穀祿을 공평하게 할 수 있다. '穀'은 관리에게 녹봉으로 주는 물품이다. ≪周禮≫ 〈小司徒〉에 이르기를, "토지에 경계를 그어 그 田野를 井田과 牧場으로 만든다."라고 하였으니, 이는 토지의 경계를 바르게 그어야 정전과 목장을 규정대로 받을 수 있다는 말이다.

是故로 暴君汚吏는 必慢其經界하나니 經界旣正이면 分田制祿은 可坐而定也니라

그러므로 暴君과 汚吏는 반드시 그 경계를 긋는 일을 소홀히 합니다. 경계를 바르게 긋고 나면 토지를 나누어주고 관리의 봉록을 제정하는 일은 가만히 앉아서도 정할 수 있습니다.

【注】 暴君은 殘虐之君이라 汚吏는 貪吏也라 慢經界는 不正〔本〕[1]也니 必相侵陵하여 長爭訟也라 分田은 賦廬井[2]也라 制祿은 以庶人在官者比上農夫하여 轉以爲差[3]라 故로 可坐而定也라

1) 〔本〕 : 저본에는 '本'이 없으나, 阮元의 〈校勘記〉에 의거하여 보충하였다.
2) 廬井 : '廬'는 井田에 있는 2畝 半의 집이고 '井'은 1夫에게 지급한 100畝의 토지이다.
3) 以庶人在官者比上農夫 轉以爲差 : ≪禮記≫ 〈王制〉에 "上農夫는 9人을 부양할 수 있고, 그 다음은 8人을 부양할 수 있고, 그 다음은 7人을 부양할 수 있고, 그 다음은 6人을 부양할 수 있으며, 下農夫는 5人을 부양할 수 있다. 庶人으로서 관직에 있는 자의 봉록은 이에 준하여 차등을 둔다. 諸侯의 下士는 上農夫에 준하니, 그 봉록이 上農夫가 경작해서 얻는 수입을 대신하기에 충분하다.〔上農夫食九人 其次食八人 其次食七人 其次食六人 下農夫食五人 庶人在官者 其祿以是爲差也 諸侯之下士視上農夫 祿足以代其耕也〕"라고 한 것을 두고 한 말이다.

暴君은 잔학한 임금이다. 汚吏는 탐욕스런 관리이다. 경계를 긋는 일을 소홀히 한다는 말은 근본을 바로잡지 않는다는 것이니, 그리되면 틀림없이 경계를 서로 침범하여 오래도록 송사로 다툼이 벌어지게 된다. '分田'은 廬와 井에 조세를 부과하는 것이다. '制祿'은 庶人으로서 관직에 있는 자에게 上農夫에 준하여 〈봉록을 지급하되〉 지위에 따라 점차적으로 차등을 두는 것이다. 그러므로 가만히 앉아서도 정할 수 있게 된다.

夫滕이 壤地褊小하나 將爲君子焉이며 將爲野人焉이니 無君子면 莫治野人이요 無野人이면 莫養君子니라

등나라가 영토는 작기는 하지만 그 속에는 君子도 있고 野人도 있습니다. 군자가 없으면 야인을 다스릴 수가 없고 야인이 없으면 군자를 먹여 살릴 수가 없습니다.

【注】 褊小는 謂五十里也라 爲는 有也라 雖小國이나 亦有君子며 亦有野人이라하니 言足以爲善政也라

영토가 작다고 한 것은 사방 50리의 땅을 가리킨 것이다. '爲'는 '있다'는 뜻이다. 비록 작은 나라이기는 하지만 君子도 있고 野人도 있다고 한 것은 선정을 베풀기에 충분하다는 것을 말한 것이다.

請野에 **九一而助**하고 **國中什一**은 **使自賦**[1)]하라

1) 請野……使自賦 : 朱熹는 ≪孟子集註≫에서 이 문장에 대해 "이것은 土地를 나누어주고 祿俸을 제정해 주는 常法이니, 野人을 다스려 그들로 하여금 君子를 먹여살리게 하는 것이다. '野'는 교외의 都·鄙의 땅이다. '九一而助'는 公田을 만들어 助法을 시행하는 것이다. '國中'은 郊門의 안에 있는 鄕·遂의 땅이니, 토지를 井田으로 만들어 주지 않고 다만 溝洫을 만들어서 10분의 1을 스스로 바치게 한 것이니, 이는 貢法을 쓴 것이다. 周나라의 이른바 徹法이라는 것이 이와 같았다. 이로써 미루어보건대, 당시에는 비단 助法만 시행되지 못했을 뿐만 아니라, 貢法 역시 10분의 1에 그치지 않았던 것이다.〔此 分田制祿之常法 所以治野人 使養君子也 野 郊外都鄙之地也 九一而助 爲公田而行助法也 國中 郊門之內 鄕遂之地也 田不井授 但爲溝洫 使什而自賦其一 蓋用貢法也 周所謂徹法者蓋如此 以此推之 當時 非惟助法不行 其貢亦不止什一矣〕"라고 주해하여 趙岐의 注와 상당한 차이를 보인다.

청컨대 교외의 토지에는 '九一'의 세법을 시행하여 助法과 같게 하고, 지금 도성 안에서 10분의 1을 거두고 있는 것은 본래의 세법대로 하기 바랍니다.

【注】 九一者는 井田以九頃爲數而供什一[1)]이니 郊野之賦也라 助者는 殷家稅名也라 周亦用之니 龍子所謂莫善於助也라 時에 諸侯不行助法이라 國中什一者는 周禮에 園廛[2)]二十而稅一이라하니 時에 行重法[3)]賦하여 責之什一也라 而는 如也라 自는 從也라 孟子欲請使野人如助法하여 什一而稅之하고 國中從其本賦하여 二十而稅一以寬之也라

1) 九一者 井田以九頃爲數而供什一 : 여기에서 九頃은 900畝이다. 정전법은 900畝를 1井으로 삼아 800묘의 토지를 8夫에게 각각 1頃(100묘)씩 私田으로 지급하고 한복판의 公田 100묘는 농부의 주거용 廬舍로 1夫당 2.5묘씩 도합 20묘를 지급함에 따라 나머지 80묘를 1夫당 10묘씩 경작하게 되므로 결국 10분의 1의 조세를 내는 것이 된다.
2) 園廛 : '園'은 도성안에 있는 채소밭이고 '廛'은 가게이다.
3) 法 : 宋本, 孔本, 韓本, 考文古本에는 '法'이 刪去되어 있다.(阮元의 〈校勘記〉 참조)

'九一'이란 정전법에서 9頃을 한 단위로 하여 10분의 1을 조세로 납부하는 것이니,

교외의 토지에 부과하는 조세이다. '助'는 殷나라의 조세 이름으로 周나라에서도 사용하였으니, 龍子의 이른바 '助法보다 더 좋은 것이 없다'고 한 것이 이에 해당한다. 하지만 그 당시 제후들은 이 助法을 시행하지 않았다. '도성 안에서 10분의 1을 거두고 있다'고 한 것은, ≪周禮≫에서 '園廛에는 20분의 1의 조세를 거둔다'고 한 말을 고려할 때 등문공 당시에 이보다 무거운 세법을 시행하여 10분의 1을 거두고 있었음을 이른다. '而'는 '같다'는 뜻이고 '自'는 '따르다'는 뜻이다. 맹자가 野人에게는 助法과 같게 10분의 1의 조세를 내게 하고 도성 안에는 ≪주례≫의 본래 세법에 따라 20분의 1의 조세를 내게 함으로써 완화해줄 것을 청하려 한 것이다.

卿以下는 **必有圭田**하니 **圭田**은 **五十畝**니라 **餘夫**는 **二十五畝**니라

卿 이하는 반드시 圭田을 소유하였는데 규전은 50묘입니다. 그리고 餘夫는 25묘를 받았습니다.

【注】古者에 卿以下至於士 皆受圭田五十畝하니 所以供祭祀也라 圭는 潔也라 (上)〔士〕[1]田 故로 謂之圭田이니 所謂惟士無田則亦不祭[2]는 言絀士無潔田也라 井田之民養公田者受百畝하고 圭田半之라 故로 五十畝라 餘夫者는 一家一人受田하고 其餘老小[3]尚有餘力者 受二十五畝하여 半於圭田하니 謂之餘夫也라 受田者는 田萊[4]多少有上中下라 周禮에 曰 餘夫亦如之라하니 亦如上中下之制也라 王制에 曰 夫[5]圭田無征이라하니 謂餘夫圭田엔 皆不當[6]征賦也라 時에 無圭田餘夫하니 孟子欲令復古所以重祭祀利民之道也라

1) (上)〔士〕: 저본에는 '上'으로 되어 있으나, 閩本, 監本, 毛本, 孔本, 韓本에 의거하여 '士'로 바로잡았다.(阮元의 〈校勘記〉 참조)
2) 惟士無田 則亦不祭 : 〈滕文公 下〉篇 周霄問曰章에 나온다.
3) 小 : 閩本, 監本, 毛本에는 '少'로 되어 있다.(阮元의 〈校勘記〉 참조)
4) 田萊 : 田은 정상적으로 경작하는 토지이고 萊는 묵정땅, 즉 休耕地이다.
5) 夫 : 趙岐는 餘夫의 '夫'로 보았다.
6) 當 : 廖本, 孔本, 韓本, 考文古本에는 '出'로 되어 있다.(阮元의 〈校勘記〉 참조)

古代에 卿 이하부터 士에 이르기까지 모두 圭田 50묘를 받았는데 이는 제사를 받들기 위한 것이다. '圭'는 깨끗하다는 뜻이다. 士에게 지급하는 토지이므로 '圭田'이라 한 것이니, 이른바 "士에게 토지가 없으면 또한 제사를 지내지 못한다."라고 한 것은 士에

게 제사를 지내기 위한 정갈한 토지, 즉 潔田이 없음을 비판한 말이다. 정전법에서 公田을 경작하는 백성은 100묘를 받고 圭田은 그것의 절반이므로 50묘가 된다. 餘夫란, 한 家口에서 한 사람은 100묘의 井田을 받고 그 나머지 노인이나 젊은이 가운데 아직 餘力이 있는 백성들은 규전의 절반에 해당하는 25묘를 받는데 이를 餘夫라 한다. 토지를 받는 것은 경작하는 토지와 휴경하는 토지의 다소에 따라 上·中·下로 구분된다. ≪周禮≫에 이르기를, "餘夫 또한 같다"고 하였으니, 餘夫 또한 上·中·下로 나누는 제도와 같이 운영되었던 것이다. ≪禮記≫ 〈王制〉에 이르기를, "餘夫와 圭田에는 조세가 없다."라고 하였으니, 이는 여부와 규전에 대해서는 모두 조세를 거두지 않았음을 말한 것이다. 당시에 규전과 여부의 제도를 시행하지 않았으므로 맹자가 제사를 중시하고 백성을 이롭게 한 옛 제도를 회복하게 하고자 한 것이다.

死徙에 **無出鄕**이니

이렇게 하면 죽은 이를 장례 치르거나 이사를 하더라도 그 지역을 벗어나지 않게 될 것입니다.

【注】 死는 謂葬死也라 徙는 謂(受)〔爰〕土易居(也)〔平〕肥磽(교)也[1]라 不出其鄕이면 易爲功也라

1) (受)〔爰〕土易居(也)〔平〕肥磽(교)也 : 저본에는 '受土易居也肥磽也'로 되어 있으나, 阮元의 〈校勘記〉에 의거하여 '爰土易居平肥磽也'로 바로잡았다. 이 말은, 上田은 매년 경작하게 하고 中田은 1년씩 휴경하고 下田은 2년씩 휴경함으로써 농업생산력을 유지하게 하되, 3년마다 농민들의 토지와 거처를 바꿈으로써 농민들이 토지의 비옥도와 노동력의 동원 측면에서 공평한 기회를 가지게 한 것을 가리킨다.

'死'는 죽은 이를 장례 치르는 것이다. '徙'는 토지를 바꾸고 거처를 바꾸어서 비옥하고 척박한 정도를 공평하게 하는 것이다. 그 지역을 벗어나지 않으면 성과를 이루기가 쉽다.

鄕田同井이 **出入**에 **相友**하며 **守望**에 **相助**하며 **疾病**에 **相扶持**하면 **則百姓**이 **親睦**하리라

같은 지역에서 井田을 함께 경작하는 사람들이 출입을 할 때 서로 벗이 되어 함께 다니고, 지키고 망을 보는 일을 서로 협조해서 하며, 질병에 걸렸을 때 서

로 보살펴준다면 백성들이 친목하게 될 것입니다.

【注】同鄕之田의 共井之家가 各相營勞也라 出入相友는 相友耦也라 周禮大宰에 曰 八曰友이니 以任得民이라하니라 守望相助는 助察奸惡也라 疾病相扶持는 扶持其羸(이)弱하여 救其困急이니 皆所以教民相親睦之道라 睦은 和也[1]라

1) 睦和也 : 저본에는 '和睦也'로 되어 있으나, 阮元의 〈校勘記〉에 의거하여 '睦和也'로 바로잡았다.

같은 지역의 토지에서 井田을 함께 경작하는 가구들이 각각의 상황에서 서로 수고로움을 함께 하는 것이다. '출입할 때 서로 벗이 된다'는 것은 서로 벗이 되어 짝을 이루어 다닌다는 말이다. ≪周禮≫ 〈大宰〉에 이르기를, "여덟 번째는 友이니 信任함으로써 민심을 얻는다."라고 하였다. '지키고 망을 보는 일을 서로 협조해서 한다'는 것은 奸惡한 자들을 서로 협조하여 살핀다는 말이다. '질병에 걸렸을 때 서로 돌보아준다'고 한 것은 병약한 사람을 보살펴서 위급함에서 구해준다는 말이다. 이상은 모두 백성들에게 서로 친목하는 道를 가르친 것이다. '睦'은 和睦의 뜻이다.

方里而井이요 井九百畝니 其中이 爲公田이라 八家皆私百畝하여 同養公田하여 公事畢然後에 敢治私事하니 所以別野人也니라

사방 1里가 1井이요 1井은 900畝이니 그 가운데가 公田이 됩니다. 여덟 가구가 모두 100묘씩 私田으로 가지고 있으면서 公田을 공동으로 경작하였는데, 공전의 농사를 마친 뒤에 감히 사전의 농사를 지었으니, 이는 野人의 일을 구별지은 것입니다.

【注】方一里者는 九百畝之地也니 (地)[1]爲一井이라 八家各私得百畝하여 同共養其公田之苗稼라 公田이 八十畝요 其餘二十畝以爲廬(井)[2]宅園圃이니 家(一)〔二〕[3]畝半也라 先公後私는 遂及我私之義也니 則是野人之事로 所以別於士伍[4]者也라

1) (地) : 저본에는 '地'가 있으나, 阮元의 〈校勘記〉에 의거하여 刪去하였다.
2) (井) : 저본에는 '井'이 있으나, 廖本, 孔本, 韓本, 考文古本에 의거하여 刪去하였다. (阮元의 〈校勘記〉 참조)
3) (一)〔二〕 : 저본에는 '一'로 되어 있으나, 阮元의 〈校勘記〉에 의거하여 '二'로 바로잡았다.

4) 士伍：士列과 같은 말로 녹봉을 받는 군자를 일컫는다.(焦循, ≪孟子正義≫)

사방 1里는 900畝의 땅으로 1井의 면적이 된다. 여덟 가구가 각각 100묘씩 사유하면서 공전의 농사를 공동으로 함께 경작한다. 공전이 80묘이고 그 나머지 20묘를 가지고 廬舍와 園圃 용도로 한 가구당 2묘 반을 지급한다. 공전을 먼저하고 사전을 뒤로 한 것은 ≪詩經≫의 '마침내 우리들의 私田에까지 미친다[遂及我私]'라는 구절과 같은 의미이다. 그렇다면 이는 野人의 일에 해당하는 것으로 君子인 士伍와 구별이 되는 점이다.

九夫爲井之圖

此其大略也니 若夫潤澤之는 則在君與子矣니라

이것이 그 대략이니, 이를 潤澤하게 하는 것은 滕君과 그대에게 달려 있습니다."

【注】 略는 要也라 其井田之大要如是也요 而加慈惠潤澤之는 則在滕君與子共戮(육)力撫循之也라

'略'은 '要'의 뜻이다. 정전법의 大要가 이와 같다는 것이고, 慈惠의 마음을 가지고 이를 潤澤하게 하는 것은 滕君과 그대가 함께 힘을 다해 백성들을 위무하는 데에 달려 있다는 것이다.

【疏】 '滕文公問爲國'至'則在君與子矣'. ○ 正義曰：此章言尊賢師知, 采人之善, 修學校, 勸禮義, 勑民事, 正經界, 均井田, 賦十一, 則爲國之大本也. '滕文公問爲國'者, 滕文公問孟子治國之道也. '滕文公問爲國'者, 滕文公問孟子治國之道也.

經의 [滕文公問爲國]에서 [則在君與子矣]까지

○ 正義曰：이 장은 賢者를 높이 받들고 智者를 스승으로 삼아 사람들의 장점을 채택하며, 學校를 정비하고 禮義를 권면하며, 백성의 농사일을 신칙하고, 經界를 바로잡으며, 井田을 고르게 하고 10분의 1을 조세로 거두는 것은 나라를 다스리는 가장 기

본적인 일임을 말한 것이다.

〔滕文公問爲國〕 滕 文公이 맹자에게 나라를 다스리는 방법에 대해 질문한 것이다.

'孟子曰, 民事不可緩也'者, 孟子答文公言治國之道, 惟民事當急而不可緩也.

〔孟子曰 民事不可緩也〕 맹자가 문공에게 답하기를, "나라를 다스리는 방법은 백성들의 농사일을 느슨하게 다루지 말고 긴급하게 처리해야 한다."고 말한 것이다.

'詩云, 晝爾于茅, 宵爾索綯, 亟其乘屋, 其始播百穀'者, 此蓋詩之豳風七月之篇文也. 言民事於日中則取茅, 夜中以索綯. -綯, 絞索也. 晝, 日中也. 宵, 夜中也.- 及爾閑暇之時, 則亟疾乘蓋其野外之屋, 春事始興, 以爲播百穀爲也, 以其民事當無休已. 孟子所以引此而教之文公也, 亦欲文公教民如此者焉.

〔詩云 晝爾于茅 宵爾索綯 亟其乘屋 其始播百穀〕 이 시는 ≪詩經≫ 〈豳風 七月〉편에 나오는 내용이다. 백성들의 농사일은 낮에는 띠풀을 베어 오고 밤에는 새끼를 꼬아서 -'綯'는 새끼를 꼬는 것이다. 晝는 낮이다. 宵는 밤이다.- 한가한 시간이 되면 급히 野外에 있는 집에 지붕을 이어 놓아야 봄농사가 시작될 때 百穀을 파종할 수 있으니, 이는 백성들의 농사일에 쉼이 없어야 하기 때문이다. 그래서 맹자가 이 시를 인용하여 文公을 가르친 것이며, 또 한편으로 문공으로 하여금 이와 같이 백성들을 가르치게 하고자 한 것이다.

'民之爲道也, 有恒産者有恒心, 無恒産者無恒心. 苟無恒心, 放辟邪侈, 無不爲已. 及陷乎罪, 然後從而刑之, 是罔民也. 焉有仁人在位, 罔民而可爲也'者, 此義同前篇, 此所以復言之者, 以其前篇孟子爲齊宣陳之也, 此篇蓋因文公爲治國之道, 故孟子復此爲答, 遂兩載焉, 此更不說.

〔民之爲道也 有恒産者有恒心 無恒産者無恒心 苟無恒心 放辟邪侈 無不爲已 及陷乎罪 然後從而刑之 是罔民也 焉有仁人在位 罔民而可爲也〕 이 말은 그 뜻이 前篇과 동일하다. 여기에서 다시 언급한 것은, 前篇에서는 맹자가 齊 宣王을 위해 진술한 것이고 이 篇에서는 文公이 나라를 다스리는 방법을 물었기 때문에 맹자가 다시 이 말로 대답해 준 것이다. 그래서 마침내 양쪽에 다 수록해 놓은 것이므로 여기에서는 다시 설명하지 않는다.

'是故賢君制民必恭儉禮下, 取民有制'者, 言古之賢君必身行恭儉, 恭則不侮人, 儉則不奪人, 非特不侮人不奪人, 且又禮下接於賢人, 其取民之賦又有什一之制. 什一, 蓋十分則取一而已.

〔是故賢君制民必恭儉禮下 取民有制〕 옛날의 賢君은 반드시 공손함과 검소함을 몸소 실천하였다. 공손하면 남을 업신여기지 않고 검소하면 남에게 빼앗지 않는다. 단지 남을 업신여기거나 남에게 빼앗지 않았을 뿐만 아니라 禮로써 아래의 賢人을 대접하였고 백성에게 조세를 거둘 때에도 10분의 1의 제한을 두었던 것이다. '什一'은 10으로 나누어 그 가운데 1만 취하는 것이다.

'陽虎曰, 爲富不仁矣, 爲仁不富矣'者, 陽虎, 魯季氏之家臣也, 孟子言陽虎有云, 凡爲富者, 則常聚民之財賄爲己所有, 故不仁, 凡爲仁者, 以其常務博施濟衆, 故不能富矣. 孟子今引之而教文公者, 蓋欲使得其中矣.

〔陽虎曰 爲富不仁矣 爲仁不富矣〕 陽虎는 魯나라 季氏의 家臣이다. 맹자가 양호의 말을 인용하여 "무릇 富者가 된 사람은 항상 백성의 재물을 끌어 모아 자기 소유로 만들기 때문에 仁하지 못하게 되고, 仁者가 된 사람은 항상 재물을 널리 베풀어 백성들을 구제하는 데에 힘쓰기 때문에 부자가 될 수 없다."고 한 것이다. 이번에 맹자가 그 말을 인용하여 文公에게 가르쳐 준 것은 대체로 문공으로 하여금 그 中道를 터득하게 하고자 한 것이다.

'夏后氏五十而貢, 殷人七十而助, 周人百畝而徹, 其實皆什一也. 徹者, 徹也. 助者, 藉也'者, 言夏后氏之時, 民耕五十畝田, 其於貢上之賦但五畝而已, 是夏后氏五十而貢也, 殷人之時, 民耕七十畝田, 其助公家則七畝而已, 是殷人七十而助也, 周人之時, 民耕百畝, 其徹取之賦則十而已, 是周人百畝而徹也, 總而論之, 其實皆什一之賦也.

〔夏后氏五十而貢 殷人七十而助 周人百畝而徹 其實皆什一也 徹者 徹也 助者 藉也〕 夏后氏가 다스릴 때에는 백성들이 50묘의 토지를 경작하되 그 중 貢上한 조세는 단지 5묘뿐이었으니, 이는 하후씨가 50묘에 貢法을 시행한 것이다. 殷나라 사람이 다스릴 때에는 백성들이 70묘의 토지를 경작하되 公家를 도운 것은 7묘뿐이었으니, 이는 殷나라 사람이 70묘에 助法을 시행한 것이다. 周나라 사람이 다스릴 때에는 백성들이 100묘의 토지를 경작하되 거두어들인 조세는 10묘뿐이었으니, 이는 주나라 사람이

100묘에 徹法을 시행한 것이다. 이를 종합해 말하자면 사실은 모두 10분의 1의 조세를 시행한 것이다.

'徹者, 徹也. 助者, 藉也', 此孟子自解之義也. 徹猶徹取. 助但借民力而耕之矣, 故藉借也. 夏后氏與殷人周人之稱不同者, 蓋禹之受禪以繼舜有天下, 故夏稱后. -后, 君也.- 殷周以征伐順人心而有天下, 故云人也.

〔徹者 徹也 助者 藉也〕 이는 맹자가 그 의미를 스스로 풀이해 놓은 것이다. '徹'은 거두어서 가져간다는 뜻이다. '助'는 단지 백성의 힘을 빌려서 경작한다는 뜻이다. 그러므로 '藉'는 빌린다는 뜻이다. 夏后氏가 殷人, 周人과 그 칭호가 서로 다른 것은 禹가 禪讓을 받아서 舜의 천하를 계승하였기 때문에 夏나라에 대해서는 '后'라고 칭한 것이고, -'后'는 임금이란 뜻이다.- 殷나라와 周나라는 征伐을 통해 人心에 순응하여 천하를 소유한 것이므로 '人'이라 한 것이다.

'龍子曰, 治地莫善於助, 莫不善於貢. 貢者, 校數歲之中以爲常'者, 龍子蓋古之賢人也, 孟子言龍子有云, 治土地之賦, 莫善於助者也, 莫不善於貢也. 以其助則借民力而耕之, 其所出在歲之所熟如何耳. 貢者以其撿校數歲之中以爲有常之例也, 其歲之所熟, 則貢之數亦然, 歲之荒, 則貢之數亦然, 蓋以歲荒則有損於民也. 故曰莫善於助, 莫不善於貢.

〔龍子曰 治地莫善於助 莫不善於貢 貢者 校數歲之中以爲常〕 龍子는 옛날의 賢人이다. 맹자가 龍子의 말을 인용하여 "토지의 조세를 거두는 방식은 助法보다 더 좋은 것이 없고 貢法보다 더 나쁜 것이 없다." 하였다. 助法은 백성들의 힘을 빌려서 경작하는 것이라 그들이 내는 조세는 그해 농사의 풍년 여하에 달려 있기 때문이다. 반면에 貢法은 몇 년의 수확량을 비교 검토하여 그 중간치를 가지고 일정하게 조세를 내게 하는 제도이므로, 농사가 풍년이 들었을 때라도 바치는 조세의 수량은 이전과 마찬가지이고 농사가 흉년이 들었을 때라도 바치는 조세의 수량은 이전과 마찬가지이다. 이 貢法은 농사가 흉년이 들게 되면 백성들의 수입은 손실을 입게 된다. 때문에 助法보다 좋은 것이 없고 貢法보다 나쁜 것이 없다고 한 것이다.

'樂歲粒米狼戾, 多取之而不爲虐, 則寡取之. 凶年糞其田而不足, 則必取盈焉'者, 此亦孟子自解其上文之言也. 言豐樂之歲, 其粒米狼藉饒多, 雖多取之而不爲暴虐, 則以寡取之, 凶荒之年, 糞其田尙不足, 則以取滿其常數焉. 是則校數歲之中以爲常之意也.

〔樂歲粒米狼戾 多取之而不爲虐 則寡取之 凶年糞其田而不足 則必取盈焉〕 이 또한 맹자가 윗 문장을 스스로 풀이한 말이다. 즉, 풍년이 든 해에는 곡식이 낭자하게 넘쳐나서 비록 많이 거두어간다 해도 暴虐함이 되지 않는데도 조금만 거두어가고, 흉년이 든 해에는 자신의 밭에 거름을 주어 〈열심히 가꾸어도 오히려 먹을 것이〉 부족한데도 정해진 수량만큼 꽉 채워서 거두어가니, 이는 몇 년의 수확을 비교하여 그 중간치로 일정한 조세를 정한 貢法의 취지를 따른 것이다.

'爲民父母, 使民盻盻然, 將終歲勤動不得以養其父母, 又稱貸而益之, 使老稚轉乎溝壑, 惡在其爲民父母也', 孟子言人君爲下民之父母, 使民盻盻相顧, 將至終歲勤苦勞動, 不得以贍養其父母, 人君在上, 又更稱貸而益之, 以滿其常數之貢, 致使老少羸弱饑餓而轉尸於溝壑之中, 如此安更可在上爲下民父母也. 言其不足以爲民父母矣, 以其爲民父母, 當子養其民, 不當如此故也.

〔爲民父母 使民盻盻然 將終歲勤動不得以養其父母 又稱貸而益之 使老稚轉乎溝壑 惡在其爲民父母也〕 맹자의 말이다. 즉, 人君이 백성의 부모가 되어서 백성들로 하여금 원망스럽게 서로 바라보면서 일 년 내내 힘들게 일을 하여도 그 부모를 넉넉하게 봉양하지 못하게 하고, 人君이 위에 있으면서 더 나아가 백성들에게 곡식을 빌려주어 조세에 보태게 해서 정해진 수량의 조세를 채우게 하여 이 때문에 결국 노인과 어린아이와 같은 약한 백성들이 굶주려서 그 시신이 구렁텅이 속에 나뒹굴게 한다면, 이렇게 하고서도 어찌 윗자리에 앉아 백성의 부모라고 자처할 수 있겠느냐는 것이다. 이는 백성의 부모가 되기에 부족하다는 말이니, 백성의 부모가 되면 마땅히 백성을 자식처럼 부양하여야 하며 이와 같이 해서는 안 되기 때문이다.

'夫世祿, 滕固行之矣', 孟子言今夫滕國於世祿固已知行之矣, 但亦當憐憫民之老少與其勤勞者也. 世祿者, 以其有功德之臣, 則世祿之, 賜其土地也. 謂其子雖未任居官, 得食其父之祿, 亦必有土地祿之也.

〔夫世祿 滕固行之矣〕 맹자의 말이다. 즉, 지금 藤나라가 世祿의 제도를 이미 시행하고 있으니 단지 백성들 가운데 노인과 어린아이 그리고 부지런히 일하는 사람을 가련

히 여기는 稅法을 시행해야 한다는 것이다. 世祿이란 것은 功德이 있는 신하에게 대대로 祿을 주는 것인데, 그 祿에 상응하는 토지를 하사하는 것이다. 이는 그 자식이 비록 관직에 있지 않다 하더라도 그 아비의 녹을 받아먹을 수 있게 하였고 또한 반드시 토지를 주어 그것을 통해 祿을 받게 하였음을 말한다.

'詩云, 雨我公田, 遂及我私. 惟助爲有公田, 由此觀之, 雖周亦助也'者. 此詩蓋小雅大田之篇文也, '惟助'至'助也', 孟子又自言之, 因詩而解周之亦助也. 其詩蓋謂民樂其上, 願欲天之先雨及公田, 次及我等私田也. 孟子緣此而觀之, 遂知雖周百畝而徹取之賦, 其亦有助之制焉. 以其惟行助, 則爲有公田, 如貢徹則非有公田矣. 孟子於此, 所以復辨其周之亦有助法而取民之賦, 蓋謂其莫善於助之義也.

〔詩云 雨我公田 遂及我私 惟助爲有公田 由此觀之 雖周亦助也〕 이 시는 〈小雅 大田〉편의 글이다. '惟助……助也'도 맹자 자신이 말한 것이니, ≪詩經≫을 통해 周나라에서도 助法을 시행했다고 풀이한 것이다. 이 시는 백성들이 그 윗사람을 좋아하여 하늘이 먼저 公田에 비를 내리고 그 다음에 자신들의 私田에 내려줄 것을 기원한 것이다. 맹자가 이 시를 보고서 비록 周나라에서 百畝의 땅에 徹法을 시행하여 조세를 거두기는 하였지만 周나라 역시도 助法의 제도를 시행하였음을 안 것이다. 오직 助法을 시행하는 경우에만 公田을 두었고 貢法이나 徹法의 경우에는 公田을 두지 않았기 때문이다. 맹자가 이에 周나라 역시도 助法을 시행하여 백성들에게 조세를 거두었음을 다시 한 번 설명한 것이니, 이는 '助法보다 더 좋은 것이 없다'고 한 말의 의미를 말한 것이다.

'設爲庠序學校以敎之'者, 此孟子亦欲文公富而敎之[1]之意也. 言又不特止於制民之賦而已, 旣制其祿, 又當開設爲之庠序學校以敎之矣, 故曰'庠者養也, 校者敎也, 序者射也'至'是爲王者師也'者, 此孟子欲詳說其庠序學校之意也. 言庠者所以養耆老於此者也, 校者所以敎禮義於此者也, 序者所以講射於此而行尊卑揖遜之禮者也. 夏之時謂之校, 殷之時謂之序, 周之時謂之庠, 然而爲學則三代皆共之, 皆所以於此而明人倫之序. 大倫旣備明於上, 小民旣親之於其下, 如有王者興起而用之, 必來取法於此, 是爲王者之師也. 孟子所以區區爲滕文公言及此, 又欲文公由此化民成俗故也.

1) 富而敎之 : 공자가 衛나라로 갈 때 말을 몰던 冉有에게 나라를 다스리는 방법으로 백성들을 부유하게 한 다음 교육해야 한다고 하였다.(≪論語≫ 〈子路〉)

〔設爲庠序學校以敎之〕 이는 맹자가 文公에게 백성을 부유하게 만든 뒤에 교육을 하도록 한 것이다. 즉, 단지 백성들의 조세를 제정하는 데에만 그치지 않고, 등나라가 이미 世祿을 제정해 실시하고 있었으므로 더 나아가 庠・序・學・校를 설립하여 교육을 해야 함을 말한 것이다. 그래서 '庠者養也……是爲王者師也'라고 한 것이다. 여기에서 맹자는 庠・序・學・校의 의미를 자세히 말하려고 하였다. 본래의 의미로 보자면, '庠'이란 노인을 봉양하기 위해 설립된 곳이었고, '校'란 禮義를 가르치기 위해 설립된 곳이었으며, '序'란 활쏘기를 익혀 尊卑와 揖遜의 예법을 행하기 위해 설립된 곳이었다. 〈지방의 학교〉를 夏나라에서는 '校'라 불렀고, 殷나라에서는 '序'라 불렀으며, 周나라에서는 '庠'이라 불렀다. 하지만 〈중앙의 학교를 일컫는〉 '學'은 夏・殷・周 3대가 모두 공통으로 사용하였다. 이들 학교는 모두 人倫의 질서를 밝히기 위해 설립되었다. 大倫이 위에서 두루 밝혀지고 나면 백성들이 그 아래에서 친하게 될 것이니, 만약 후대에 王者가 興起하게 된다면 반드시 여기에 와서 본을 받을 것이다. 그리되면 〈滕 文公은〉 王者의 스승이 되는 것이다. 맹자가 구구하게 등 문공에게 이런 말까지 한 까닭은 문공이 이 말로 말미암아 백성들을 교화하고 훌륭한 풍속을 만들어가기를 바랐기 때문이다.

'詩云, 周雖舊邦, 其命惟新. 文王之謂也. 子力行之, 亦以新子之國'者, 詩云蓋詩大雅文王之篇文也, 其時周雖自后稷以來, 但爲之舊邦, 其受王命復修治而維新之, 是文王之謂也. 孟子言文公但能力行如此而修治, 亦以新子之國矣. 以其欲以此勉文公, 使庶幾新其國也.

〔詩云 周雖舊邦 其命惟新 文王之謂也 子力行之 亦以新子之國〕 '詩云'이라 한 것은 ≪詩經≫의 〈大雅 文王〉편에 나오는 말이다. 그 당시에 周나라가 비록 后稷이 세운 이래로 오래된 나라이기는 하지만 王命을 받고 다시 나라를 정비하여 새롭게 만들었으니, 이는 文王을 두고 한 말이다. 맹자가 말하기를, 文公이 단지 이처럼 힘써 행하여 나라를 정비하기만 해도 문공의 나라를 새롭게 할 수 있다고 한 것이다. 이 말을 가지고 문공을 권면하여 滕나라를 새롭게 만들기를 바란 것이다.

'使畢戰問井地', 畢戰, 滕文公之臣也. 滕文公自問爲國之道, 孟子告之民事貢賦勑禮義之意, 其後又使其臣畢戰問孟子以井地之制也.

〔使畢戰問井地〕 畢戰은 滕 文公의 신하이다. 등 문공이 직접 나라를 다스리는 道에 대해 묻자 맹자가 백성들의 농사일과 조세 제도와 禮義를 교육하는 일에 힘쓰라고 말해주었는데, 그 후에 다시 자신의 신하인 필전으로 하여금 맹자에게 가서 井田法의 제도에 대해 묻게 한 것이다.

'孟子曰, 子之君將行仁政, 選擇而使子, 子必勉〔之〕[2). 夫仁政必自經界始. 經界不正, 井地不鈞, 穀祿不平'者, 而以至'在君與子矣', 皆孟子答畢戰問井地之制也. 孟子言子之君將欲行其仁政, 選擇而使子來問以井地之制, 子必當勉力, 與民同行之耳. 夫仁政必自經界爲始, 如經界不能正之, 則井地由此不均齊, 井地不均, 則穀祿亦不平矣. 穀所以爲祿, 故云穀祿.

2) 〔之〕: 저본에는 '之'가 없으나, 阮元의 〈校勘記〉에 의거하여 보충하였다.

〔孟子曰 子之君將行仁政 選擇而使子 子必勉〔之〕 夫仁政必自經界始 經界不正 井地不鈞 穀祿不平〕 이 말에서부터 '在君與子矣'까지는 모두 맹자가 井田의 제도에 대해 질문한 畢戰에게 대답해 준 말이다. 맹자가 이르기를, "그대의 임금이 장차 仁政을 시행하려고 사람을 선택해서 그대를 보내 井田의 제도를 묻어보게 한 것이니, 그대는 반드시 힘을 다해 백성들과 함께 이를 시행해야 할 것이다. 인정이란 것은 반드시 경계를 긋는 일에서부터 시작된다. 만약 경계를 바르게 긋지 못하면 井田이 이로 말미암아 고르게 되지 않고 정전이 고르지 않으면 穀祿 또한 공평하지 않게 된다."라고 한 것이다. '穀'은 관리에게 祿俸으로 주는 물건이므로 '穀祿'이라 한 것이다.

'是故暴君汚吏必慢其經界'至'定也'者, 孟子言此故暴虐之君, 汚濫之吏, 必慢其經界. 所以告之以此者, 孟子欲滕君不爲暴君, 畢戰不爲汚吏也, 故如是云然. 經界旣以正, 則田由此而分, 平祿由是而得制, 是其分田制祿, 可坐而定之也, 以言其易定也.

〔是故暴君汚吏必慢其經界〕에서 〔定也〕까지

맹자가 말하기를, "그러므로 포학한 임금과 더러운 관리는 틀림없이 그 경계를 긋는 일을 소홀히 한다"라고 하였는데, 이 말로 고한 까닭은 맹자가 滕나라 임금이 暴君이 되지 않기를 바라고 畢戰이 汚吏가 되지 않기를 바랐기 때문에 이처럼 말한 것이다. 경계를 바르게 긋고 나면 토지가 이로 말미암아 나누어지게 되고 봉록이 이로 말미암아 고르게 제정될 수 있다. 이것이 바로 토지를 나누어주고 관리의 봉록을 제정하는 일을 가만히 앉아서도 할 수 있다는 것이다. 이는 쉽게 제정할 수 있음을 말한 것이다.

'夫滕, 壤地褊小, 將爲君子焉, 將爲野人焉, 無君子莫治野人, 無野人莫養君子', 孟子言今夫滕國土壤之地褊小, 卽止於五十里, 然將爲之君子人焉, 爲之野人焉. 以其無君子則莫能治其野人, 無野人則莫能養其君子. 孟子所以言此者, 蓋以滕國亦有君子, 亦有野人, 足以爲善政也.

〔夫滕 壤地褊小 將爲君子焉 將爲野人焉 無君子莫治野人 無野人莫養君子〕 맹자가 말하기를, "지금 滕나라는 영토가 작아서 사방 50리에 그치지만 그 속에는 君子도 있고 野人도 있다. 군자가 없으면 야인을 다스릴 수가 없고 야인이 없으면 군자를 먹여 살릴 수가 없다."라고 하였다. 맹자가 이 말을 한 것은 등나라에 군자도 있고 야인도 있어서 善政을 베풀기에 충분하다고 여겼기 때문이다.

'請野九一而助, 國中什一使自賦'至'若夫潤澤之, 則在君與子矣'者, 此皆孟子欲滕國爲善政, 故以是請敎之也. 今言請於郊野行井田之制, 以九一而助佐公田爲之賦, 國中廛園以什一之法使貢自賦之, 以其十中取一也. 古者自卿以下皆有其圭田, 謂之圭田者, 所以名其潔而供祭祀之田也. 言自卿以下, 皆受此圭田五十畝.

〔請野九一而助 國中什一使自賦〕에서 〔若夫潤澤之 則在君與子矣〕까지

이는 모두 맹자가 滕나라로 하여금 善政을 베풀게 하려고 하였기 때문에 이 말로 청한 것이다. 이번에 교외의 토지에는 정전법을 시행하여 九一의 세법에 따라 公田의 경작을 도와주는 방식으로 조세를 부과하고, 도성 안의 가게와 채소밭에는 10분의 1의 세법을 적용하여 貢法으로 조세를 바치게 함으로써 10분의 1을 취할 것을 청한 것이다. 고대에는 卿 이하의 관원들에게 모두 圭田을 소유하게 하였는데, 이를 圭田이라 부른 것은 제사를 받드는 정결한 토지라는 뜻으로 이름을 붙인 것이다. 이는 卿 이하의 관원들이 모두 이 규전 50畝를 받았음을 말한 것이다.

'餘夫二十五畝', 以其一家之人受田, 其餘老少尙有餘力者, 亦受此圭田二十五畝而已. '死徙無出鄕', 以其死葬易居, 無出其本鄕耳.

〔餘夫二十五畝〕 한 가구를 구성한 사람이 井田을 받고 그 나머지 노인이나 젊은이

가운데 餘力이 있는 사람은 또 이 圭田 25묘를 받는다.

〔死徙無出鄕〕 죽어서 장례를 치르거나 거처를 바꾸는 사유로 본래의 지역을 벗어나지 않는 것이다.

'鄕田同井, 出入相友, 守望相助, 疾病相扶持, 則百姓親睦', 以其謂同鄕之田共井之家者, 凡有出入, 皆相交友爲伴, 所以同其心也, 相助以守, 而此不可以威武奪, 相助以望, 而彼不得以投隙來, 疾病則相扶持其羸弱而救其困急, 則百姓於是相親和睦矣.

〔鄕田同井 出入相友 守望相助 疾病相扶持 則百姓親睦〕 같은 지역의 토지와 정전을 함께 경작하는 가구들이 평소에 출입할 때 모두 벗이 되어 짝을 이루어 다니는 것은 그 마음을 함께 하는 것이다. 서로 협조하여 지키게 되면 이쪽에서 위력으로 빼앗아 갈 수 없고, 서로 협조하여 망을 보면 저쪽에서 빈틈을 보고 들어오지 못할 것이며, 질병이 걸리면 병약한 이들을 서로 보살펴서 위급함에서 구해준다. 그렇게 되면 백성들이 이에 서로 가까와져서 화목하게 된다.

'方里而井', 以其方一里之地爲之井. '(田)〔井〕[3]九百畝', 以其一井之田有九百畝. '其中爲公田', 以其九百畝於井中抽百畝爲公田之苗稼. '八家皆私百畝', 以其八口之家, 皆受八百畝以爲已之私田苗稼. '同養公田, 公事畢, 然後敢治私事', 以其八口之家同共耕養其公田, 及至公田之事了畢, 然後耕治已之私田, 以爲之私事. '所以別野人也', 此所以爲野人之事以別於士伍者也. '此其大略也. 若夫潤澤之, 則在君與子矣', 孟子言此則井田之大要如是也, 若夫加之以慈惠潤澤之, 則有在於滕君與子矣. 子者, 稱畢戰爲子也.

3) (田)〔井〕: 저본에는 '田'으로 되어 있으나, 經文에 의거하여 '井'으로 바로잡았다.

〔方里而井〕 사방 1里의 땅이 1井이 된다는 것이다.

〔(田)〔井〕九百畝〕 1井의 토지가 900畝가 된다는 것이다.

〔其中爲公田〕 900畝의 井田 중에서 100묘를 뽑아내어 公田의 농사로 삼은 것이다.

〔八家皆私百畝〕 여덟 가구가 모두 800畝를 받아 자신들의 私田 농사로 삼은 것이다.

〔同養公田 公事畢 然後敢治私事〕 여덟 가구가 공동으로 公田을 경작하여 공전의 농사를 마친 다음에 자신들의 私田을 경작하여 사적인 농사를 지은 것이다.

〔所以別野人也〕 이는 野人의 일로서 士伍와는 구별이 되는 점이다.

〔此其大略也 若夫潤澤之 則在君與子矣〕 맹자가 한 말이다. 이는 정전법의 大要가 이와 같다는 것이고 慈惠의 마음을 가지고 이를 潤澤하게 하는 것은 滕君과 그대에게 달려 있다고 한 것이다. '子'는 畢戰을 가리켜 子라고 한 것이다.

【疏】 ○ 注'詩邠風七月之篇'至'無休已'. ○ 正義曰：毛氏云, "宵, 夜也. 綯, 絞也. 乘, 升也." 箋[1]云, "爾, 女也. 汝當晝日往取茅歸, 夜作絞索, 以待時用. 亟, 急也. 乘, 治也. 十月定星將中[2], 急當治野廬之屋. 其始播百穀, 謂期[3]來年百穀于公社也." 此詩蓋陳王業之艱難.

1) 箋：鄭玄의 ≪毛詩箋≫을 가리킨다.
2) 十月定星將中：定星은 북방의 별자리로 營室星이라고도 한다. 이 별자리가 하늘의 중앙에 자리 잡으면 夏나라의 正月인 10월이 되며, 이 때 宮室을 짓는다고 한다. (≪詩集傳≫〈鄘風 定之方中〉)
3) 期：四庫全書本 ≪毛詩注疏≫에는 '祈'로 되어 있다.

○ 注의 〔詩邠風七月之篇〕에서 〔無休已〕까지

○ 正義曰：毛氏가 이르기를, "'宵'는 밤이다. '綯'는 새끼를 꼬는 것이다. '乘'은 올라가는 것이다."라고 하였고, 鄭玄의 箋에는 "'爾'는 '너'이니, 네가 낮에는 가서 띠풀을 베어 돌아오고 밤에는 새끼를 꼬아서 나중의 쓰임에 대비해야 한다는 말이다. '亟'은 급하게 서두는 것이요 '乘'은 수리한다는 뜻이니, 定星이 중앙을 지나는 10월이 되면 급히 郊野의 집을 수리하여야 함을 말한 것이다. '비로소 百穀을 파종한다'는 것은 다음 해 백곡의 수확을 公社에 기원한다는 말이다."라고 하였다. 이 시는 王業의 어려움을 진술한 것이다.

【疏】 ○ 注'陽虎, 魯季氏家臣, 非賢者也'. ○ 正義曰：案論語云, "陽貨欲見孔子, 孔子不見." 孔傳[1]云, "陽貨, 陽虎也, 季氏之家臣, 而專魯國之政." 是則姓陽名虎, 字貨也. 孔子不見, 所以知其非賢故也.

1) 孔傳：孔安國의 ≪論語≫ 주석을 가리킨다. 현재는 전하지 않는다.

○ 注의 〔陽虎 魯季氏家臣 非賢者也〕

○ 正義曰：≪論語≫에 이르기를, "陽貨가 공자를 만나려 하였으나 공자가 만나주지 않았다."라고 하였는데, 孔安國의 傳에 이르기를, "陽貨는 陽虎를 가리키니, 季氏의 家

臣으로 魯나라의 국정을 전횡한 인물이다."라고 하였다. 그렇다면 그의 성은 '陽'이요 이름은 '虎'이고 字는 '貨'이다. 공자가 만나주지 않은 것은 그가 어질지 않음을 알았기 때문이다.

【疏】○ 注'詩小雅大田之篇'至'亦助也'. ○ 正義曰：此蓋幽王之詩也. 箋云, "其民之心, 先公後私, 令天注雨於公田, 因及私田爾. 言民怙(호)君德, 蒙其餘惠."

○ 注의 〔詩小雅大田之篇〕에서 〔亦助也〕까지

○ 正義曰：이 시는 幽王 때의 시이다. 鄭玄의 箋에 이르기를, "백성들의 마음이 공적인 것을 먼저 하고 사적인 것을 뒤로하여 하늘로 하여금 公田에 비를 내리게 한 다음 私田에까지 내리게 해달라고 한 것이다. 이는 백성들이 임금의 덕에 의지하여 그 혜택을 입음을 말한 것이다."라고 하였다.

【疏】○ 注'洪範彝倫攸敍'. ○ 正義曰：孔安國云, 彝倫, 常道也, 言常道所以次敍也. 洪, 大也. 範, 道也. 此箕子陳之於武王者也.

○ 注의 〔洪範彝倫攸敍〕

○ 正義曰：孔安國이 이르기를, "'彝倫'은 '일상적인 道理'이니, 일상적인 도리에 차서가 있다는 말이다. '洪'은 '크다'는 뜻이고 '範'은 '도리'를 뜻한다. 이것은 箕子가 武王에게 진술한 말이다.

【疏】○ 注'詩大雅文王之篇'. ○ 正義曰：此詩蓋言文王受命作周. 箋云, 大(태)王聿來胥宇, 而國於周, 王迹起矣, 而未有天命, 至文王而受命. 言新者, 美之也.

○ 注의 〔詩大雅文王之篇〕

○ 正義曰：이 시는 文王이 天命을 받아 周나라를 세운 것을 말한 것이다. 鄭玄의 箋에 이르기를, "太王이 와서 집터를 잡고 周땅에 나라를 세워 王業을 일으켰으나 아직 天命을 받지는 못하였고, 文王에 이르러서야 천명을 받았다. '새롭다〔新〕'고 한 것은 훌륭하게 여긴 것이다."라고 하였다.

【疏】○ 注'周禮·小司徒曰, 乃經土地, 而井牧其田野'. ○ 正義曰：鄭注云, "小司徒爲經之立其五溝五塗[1]之界, 其制似井之字, 因取名焉." 鄭司農云, "井牧者, 春秋傳所謂井衍沃・牧隰皐者也." 鄭玄云, "隰皐之地, 九夫爲牧, 二牧而當一井. 今造都鄙[2], 授民田, 有不易者, 有一易者, 有再易者, 通率二而當一, 是之謂井牧. 昔少康在虞, 思有田一成, 有衆一旅. 一旅之衆, 而田一成, 則井牧之法, 先古然矣. 九夫爲井者, 方一里, 九夫所治之田也. 此制小司徒經之, 匠人爲之, 溝洫相包乃成耳.[3]"

1) 五溝五塗 : 五溝는 井田의 경계를 흐르는 다섯 종류의 개천으로 遂・溝・洫・澮・川이고, 五塗는 개천가에 수레나 사람이 지나는 다섯 종류의 길로서 徑・畛・塗・道・路이다.(≪周禮≫ 〈夏官 司馬第四 司險〉)

2) 都鄙 : ≪周禮≫ 〈天官 冢宰第一 太宰〉에서 '都鄙'에 대한 鄭玄의 注에 "都에서 사람이 거주하는 곳을 鄙라 한다. 都鄙는 公卿大夫의 采邑이요 王의 子弟에게 내린 食邑이다. 周・召・毛・聃・畢・原 등과 같이 畿內에 소재하면서 先君과 社稷에 제사를 지내는 고을이다."라고 하였다.

3) 鄭司農云……溝洫相包乃成耳 : ≪春秋佐氏傳≫ 哀公 원년 "虞思於是妻之以二姚, 而邑諸綸, 有田一成有衆一旅" 기사의 孔穎達 疏에 나온다. 이 기사는 夏나라 임금 相이 죽음을 당하고 그의 아들 少康이 虞나라에서 망명 생활을 할 때 우나라 임금 思가 그에게 두 딸을 아내로 주고 綸땅에 살게 하면서 1成(사방 10里)의 토지와 1旅(500명)의 군대를 준 것을 기록하고 있다.

○ 注의 〔周禮小司徒曰 乃經土地 而井牧其田野〕

○ 正義曰 : 鄭玄의 注에 이르기를, "小司徒가 경계를 구획하여 五溝와 五塗의 경계를 세우면 그 모양이 '井'자와 흡사하므로 그로 인해 井田이란 이름을 얻은 것이다."라고 하였다. 鄭司農이 이르기를 "'井牧'이란 ≪春秋左氏傳≫의 이른바 '평탄하고 비옥한 토지는 井田을 만들고 濕地나 물가의 토지는 목장을 만든다.〔井衍沃 牧隰皐〕'라고 한 데서 나온 말이다."라고 하였고, 정현이 이르기를 "습지나 물가의 토지는 9夫가 1牧이 되는데, 2牧은 1井에 해당한다. 지금 都鄙를 만들고 백성에게 토지를 나누어 주는데, 토지의 정도에 따라 매년 경작할 수 있는 토지가 있고, 1년 간격으로 윤작해야 하는 토지가 있고, 2년 간격으로 윤작해야 하는 토지가 있으므로 이를 통틀어 2牧 對 1井의 비율로 해당시켰다. 이를 井牧이라 한다. 옛날에 少康이 虞나라에 있을 때 우나라의 임금 思가 토지 1成과 군대 1旅를 주었다. 1旅의 군대와 1成의 토지를 준 것으로 볼 때 井牧의 법이 上古 때부터 시행된 것이라 할 수 있다. 9夫가 1井이 된다고 하는 것은 사방 1里를 9夫가 나누어 경작하는 토지를 두고 말한 것이다. 정전의 모양은 小司徒가 경계를 구획하고 匠人이 그 주위에 溝洫을 파서 완성한다."라고 하였다.

【疏】 ○ 注'周禮園廛二十而稅一'. ○ 正義曰 : 鄭司農云, "園廛亦輕之者, 廛無穀, 園少利也."

○ 注의 〔周禮園廛二十而稅一〕

○ 正義曰 : 鄭司農이 이르기를, "園廛에 또 조세를 가볍게 부과한 것은 廛에는 곡식이 나지 않고 園은 이익이 적기 때문이다."라고 하였다.

【疏】 ○ 注'周禮曰餘夫亦如之', '王制曰夫圭田無征'. ○ 正義曰 : 鄭司農云, "戶計一夫一婦而賦之田, 其一戶有數口者, 餘夫亦受此田也." '夫圭田無征'者, 鄭氏云, "夫猶治也, 征, 稅也, 治圭田者不稅, 所以厚賢也." 此則周禮之士田, 以在近郊之地者也.

○ 注의 〔周禮曰餘夫亦如之〕와 〔王制曰夫圭田無征〕

○ 正義曰 : 鄭司農이 이르기를, "家戶를 夫婦를 기준으로 계산하여 井田을 지급하고 한 가호 속에 식구가 여럿인 경우 餘夫 또한 이 토지를 받는다."라고 하였다. '夫圭田無征'의 의미에 대해 鄭玄은 "'夫'는 '治(경작하다)'와 같으며, '征'은 조세이다. 圭田을 경작하는 자에게 조세를 거두지 않는 것은 賢人을 후하게 대접하는 것이다."라고 하였다. 이것은 ≪周禮≫에서 언급한 士田이 近郊 지역에 있었기 때문이다.

【疏】 ○ 注'周禮·大宰曰, 八曰友, 以任得民'. ○ 正義曰 : 案大宰之職, "以九兩繫邦國之民, 一曰牧, 以地得民. 二曰長, 以貴得民. 三曰師, 以賢得民. 四曰儒, 以道得民. 〔五曰宗, 以族得民. 六曰主, 以利得民. 七曰吏, 以治得民.〕[1] 八曰友, 以任得民. 九曰藪, 以富得民." 注云, "兩猶耦也, 所以協耦萬民. 繫, 聯綴也. 牧, 州長[2]也. 長, 諸侯也. 師, 諸侯師氏[3]有德行敎民者也. 儒, 諸侯保氏[4]有六藝以敎民者也. 宗, 繼別爲大宗, 牧族者也. 鄭司農云, '主謂公卿大夫, 世世食至[5]不絶者也.' 吏, 小吏在鄕邑者. 友, 謂同井相合耦鋤(서)作者. 藪亦有虞[6], 掌其政令, 爲之厲禁者, 使其地之民, 守其財物者.[7]'" 此大宰之職, 有是以掌之也.

1) 〔五曰宗 以族得民 六曰主 以利得民 七曰吏 以治得民〕 : 저본에는 이 21자가 결락되어 있으나 阮元의 〈校勘記〉에 의거하여 보충하였다.

2) 州長 : 한 州의 敎化와 政令을 관장하는 관직이다. ≪周禮≫ 〈地官 州長〉 賈公彦의 ≪周禮疏≫에 의하면, 州長은 侯伯 가운데 功德이 높은 사람이 맡아서 하위 제후국을 통솔하게 한다고 하였다.

3) 師氏 : 周나라 때 조정의 得失을 살피고 귀족 자제를 가르치는 일을 담당한 大夫의 관직이다.(≪周禮≫ 〈地官 師氏〉)
4) 保氏 : 군주의 잘못을 간언하고 六藝로 귀족 자제를 가르치는 관원이다.(≪周禮≫ 〈地官 保氏〉)
5) 至 : ≪周禮注疏≫에는 '采'로 되어 있다.
6) 藪亦有虞 : '藪'는 山林과 川澤 등을 가리키고 '虞'는 虞人, 즉 山林과 川澤을 관장하는 관리이다.
7) 掌其政令……守其財物者 : ≪周禮注疏≫에는 '掌其政令 爲之厲禁 使其地之民 守其材物'로 되어 있다.

○ 注의 〔周禮大宰曰 八曰友 以任得民〕

○ 正義曰 : 太宰의 직임을 살펴보건대, "九兩으로 邦國의 백성을 결속한다. 첫 번째는 牧이니 땅으로써 민심을 얻고, 두 번째는 長이니 신분의 귀함으로써 민심을 얻고, 세 번째는 師이니 어짊으로써 민심을 얻고, 네 번째는 儒이니 道로써 민심을 얻고, 다섯 번째는 宗이니 宗族으로써 민심을 얻고, 여섯 번째는 主이니 이로움으로써 민심을 얻고, 일곱 번째는 吏이니 다스림으로써 민심을 얻고, 여덟 번째는 友이니 信任함으로써 민심을 얻고, 아홉 번째는 藪이니 부유함으로써 민심을 얻는다."라고 하였는데, 鄭玄의 注에 이르기를, "'兩'은 '耦'와 같으니, 萬民을 화합하는 것이다. '繫'는 결속하는 것이다. '牧'은 州長이다. '長'은 諸侯이다. '師'는 제후의 師氏로서 德行을 갖추어 백성들을 교화시키는 사람이다. '儒'는 제후의 保氏로서 六藝를 갖추어 백성들을 교화시키는 사람이다. '宗'은 別子를 이어받아 大宗이 되어 종족을 다스리는 사람이다. 鄭司農의 注에 의하면, '主'는 公卿大夫로서 대대로 食邑이 끊이지 않는 자를 일컫는다. '吏'는 鄕邑에 있는 小吏이다. '友'는 井田을 함께 하여 서로 힘을 합쳐 경작하는 자이다. '藪'에는 또한 虞人을 두었으니, 虞人은 政令을 관장하여 엄하게 단속함으로써 그 땅의 백성들로 하여금 그곳에서 나오는 재물을 지키게 하는 자이다."라고 하였다. 이는 太宰의 직임으로, 太宰를 두어 이 모든 일을 관장하였다.

孟子注疏解經 卷第五 下

滕文公章句 上

趙氏 注 孫奭 疏

4. 有爲神農之言者許行이 自楚之滕하여 踵門而告文公曰 遠方之人이 聞君行仁政하고 願受一廛[1]而爲氓하노이다

1) 廛 : ≪詩經≫ 〈伐檀〉의 "胡取禾三百廛兮"에 대한 朱熹의 集傳에, "一夫가 거처할 만한 작은 집을 廛이라 한다.〔一夫所居曰廛〕"라고 하였다.

神農氏의 가르침을 실천하는 許行이란 사람이 楚나라에서 滕나라로 갔다. 그가 대궐문에 이르러 文公에게 아뢰었다. "먼 지방 사람이 군주께서 仁政을 행하신다는 소문을 듣고서 집 한 칸 얻어 백성이 되기를 원하옵니다."

【注】 神農은 三皇之君이니 炎帝神農氏라 許는 姓이요 行은 名也니 治爲神農之道者라 踵은 至也라 廛은 居也라 自稱遠方之人이 願爲氓이라하다 氓은 野人也[1]라

1) 野人也 : 廖本, 孔本, 韓本, 考文古本에는 '野人之稱'으로 되어 있다.(阮元의 〈校勘記〉 참조)

神農은 三皇 중의 한 임금인 炎帝神農氏이다. 許는 姓이요 行은 이름이니, 神農氏의 道를 연구하여 실천하는 사람이다. 踵은 '이른다'는 뜻이요, 廛은 '거처'를 의미한다. 먼 지방 사람이 백성이 되기를 원한다고 스스로 일컬은 것이다. 氓은 '野人'을 일컫는 말이다.

炎帝神農氏

文公이 **與之處**하시니 **其徒數十人**이 **皆衣褐**하고 **捆屨**(구)**織席**하여 **以爲食**하더라

문공이 그에게 거처할 곳을 주자, 그의 제자 수십 명이 모두 짐승의 털옷을 입고는 신발과 돗자리를 만들어서 그것으로 먹을 것을 공급하였다.

【注】文公與之居處하니 舍之宅也라 其徒는 學其業者也라 衣褐은 貧也라 捆는 猶叩椓也니 織屨에 欲使堅故로 叩之也라 賣屨席以供飮食也라

文公이 그에게 거처할 곳을 주었으니, 이는 집에 머물도록 해준 것이다. '其徒'는 그에게 학업을 배우는 자들이다. '衣褐'은 가난함을 표현한 것이다. '捆'은 두드리는 것이니, 신발을 만들 때 견고하게 하기 위해 두드리는 것이다. 신발과 돗자리를 팔아서 먹을 것을 공급한다는 말이다.

陳良之徒陳相이 **與其弟辛**으로 **負耒耜**(뇌사)**而自宋之**滕하여 **曰 聞君行聖人之政**하니 **是亦聖人也**시니 **願爲聖人氓**하노이다

陳良의 제자 陳相이 그의 아우 陳辛과 함께 쟁기를 짊어지고 宋나라에서 滕나라로 가서 말하기를, "군주께서 聖人의 정사를 행한다는 소문을 들었으니, 이 또한 聖人이십니다. 원컨대 聖人의 백성이 되고 싶습니다."라고 하였다.

【注】陳良은 儒者也라 陳相은 良之門徒也라 辛은 相弟라 聖人之政은 謂仁政也라

陳良은 儒者이다. 陳相은 陳良의 제자이다. 辛은 陳相의 아우이다. 聖人之政은 仁政을 이른다.

陳相이 **見許行而大悅**하여 **盡棄其學而學焉**이러니

陳相이 許行을 만나보고는 크게 기뻐하여 그동안 자신이 배운 것을 모두 팽개쳐버리고 그에게 다시 배웠다.

【注】棄陳良之儒道하고 更學許行神農之道也라

陳良의 儒道를 버리고 許行이 주창한 神農氏의 道를 다시 배운 것이다.

陳相이 **見孟子**하여 **道許行之言曰 滕君則誠賢君也**어니와 **雖然**이나 **未聞道也**로다

陳相이 맹자를 만나서 許行이 한 말을 가지고 맹자에게 말했다. "滕나라 군주는 진실로 賢君입니다. 그렇기는 하지만 아직 道를 듣지는 못했습니다.

【注】 陳相言許行以爲滕君未達至道也라

陳相이 滕나라 군주가 지극한 道의 경지에 도달하지 못하였다고 한 許行의 말을 맹자에게 말한 것이다.

賢者는 **與民竝耕而食**하며 **饔飧**(옹손)**而治**하나니 **今也**에 **滕有倉廩府庫**하니 **則是厲民而以自養也**니 **惡**(오)**得賢**이리오

賢君은 백성들과 함께 농사를 지어서 먹고 살며 아침과 저녁을 손수 지어먹으면서 나라를 다스립니다. 그런데 지금 滕나라에는 倉廩과 府庫가 있습니다. 이는 백성들을 괴롭혀서 자신의 배를 불린 것이니, 어찌 賢君이라 할 수 있겠습니까."

【注】 相言許子以爲古賢君當[1]與民竝耕而各自食其力이라 饔飧은 熟食也니 朝曰饔이요 夕曰飧이라 當身自具其食하고 兼治民事耳라 今滕은 賦稅有倉廩府庫之富하니 是爲厲病其民以自奉養이라 安得爲賢君乎리오 三皇之時는 質樸無事라 故로 道若此者也라

1) 當 : 廖本에는 '常'으로 되어 있다.(阮元의 〈校勘記〉 참조)

陳相이 옛날의 賢君은 백성들과 함께 농사를 지어서 각자 자신의 힘으로 먹고 살았다는 許子의 말을 맹자에게 한 것이다. 饔飧은 익힌 음식으로, 아침에 먹는 익힌 음식을 '饔'이라 하고 저녁에 먹는 익힌 음식을 '飧'이라 한다. 그때는 자신이 직접 음식을 마련해 먹으면서 백성의 일도 함께 다스렸다. 그런데 지금 滕나라는 조세를 거두어 倉廩과 府庫에 가득 쌓아놓았으니, 이는 백성들을 괴롭혀서 자신의 배를 불린 것이므로, 어찌 賢君이라 할 수 있겠는가. 三皇의 시대에는 세상이 질박하여 복잡한 일이 없었으므로 그 道가 이와 같았던 것이다.

孟子曰 許子는 **必種粟而後食乎**아

맹자가 말했다. "許子는 반드시 곡식을 재배한 다음에 먹습니까?"

【注】問 許子必自身種粟하여 乃食之邪(야)아

許子는 반드시 자신이 직접 곡식을 재배하여 먹느냐고 물은 것이다.

曰 然하다

"그렇습니다."

【注】相曰 然하다 許子自種之니라

진상이 이르기를, "그렇다. 허자는 자신이 재배한다."라고 한 것이다.

許子는 必織布然後에 衣乎아

"허자는 반드시 옷감을 짠 뒤에 옷을 입습니까?"

【注】孟子曰 許子는 自織布然後에 衣之乎아

맹자가 말하기를, "허자는 스스로 옷감을 짠 뒤에 옷을 입느냐?"고 한 것이다.

曰 否라 許子는 衣褐이니라

"아닙니다. 許子는 짐승의 털옷을 입습니다."

【注】相曰 不自織布하니 許子는 衣褐이니라 以毳(취)織之하니 若今馬衣[1]也라 或曰 褐은 枲(시)衣也요 一曰粗布衣也라

1) 馬衣 : 거친 毛布를 꿰매 만든 짧은 웃옷으로 신분이 천한 사람이 입는 옷이다.

陳相이 말하기를, "스스로 옷감을 짜지 않는다. 許子는 짐승의 털옷을 입는다."고 한 것이다. 〈褐은〉 짐승의 털로 짠 것이니 지금의 馬衣와 같다. 어떤 곳에서는 褐을 모시옷이라 하기도 하고, 어떤 곳에서는 거친 옷감으로 만든 옷이라고도 한다.

許子는 冠乎아

"허자는 관을 씁니까?"

【注】孟子問相冠乎[1)]아

1) 冠乎 : 저본에는 '相' 뒤에 '冠乎'가 있으나 廖本, 孔本, 韓本, 考文古本에는 이 2자가 删去되어 있다.(阮元의 〈校勘記〉 참조)

맹자가 陳相에게 묻기를, "許子가 관을 쓰느냐?"고 한 것이다.

曰 冠이니라

"관을 씁니다."

【注】相曰 冠也라

진상이 말하기를, "관을 쓴다."고 한 것이다.

曰 奚冠고

"무슨 관을 씁니까?"

【注】孟子問 許子何冠也오

맹자가 묻기를, "許子는 무슨 관을 쓰느냐?"고 한 것이다.

曰 冠素니라

"흰 비단으로 만든 관을 씁니다."

【注】相曰 許子冠素니라

진상이 말하기를, "許子는 흰 비단으로 만든 관을 쓴다."고 한 것이다.

曰 自織之與아

"스스로 그것을 짭니까?"

【注】〔孟子曰 許子自織素與〕[1)]아

1) 〔孟子曰許子自織素與〕 : 저본에는 이 9자가 없으나, 阮元의 〈校勘記〉에 의거하여 보충하였다.

맹자가 말하기를, "許子는 스스로 비단을 짜느냐?"고 한 것이다.

曰 否라 以粟易之니라

"아닙니다. 곡식으로 바꾸어 씁니다."

【注】相言 許子는 以粟易素니라

陳相이 말하기를, "許子는 곡식을 주고 비단과 바꾼다."고 한 것이다.

曰 許子는 奚爲不自織고

"허자는 어찌하여 비단을 스스로 짜지 않습니까?"

【注】孟子曰 許子는 〔何爲不〕[1] 自織素乎아

1) 〔何爲不〕: 저본에는 이 3자가 없으나, 阮元의 〈校勘記〉에 의거하여 보충하였다.

맹자가 말하기를, "허자는 어찌하여 스스로 비단을 짜지 않는가?"라고 한 것이다.

曰 害於耕이니라

"농사를 짓는데 방해가 되기 때문입니다."

【注】相曰 織紡이 害於耕이라 故로 不自織也라

진상이 말하기를, "비단을 짜는 것은 농사를 짓는데 방해가 되기 때문에 스스로 짜지 않는 것이다."라고 한 것이다.

曰 許子는 以釜甑爨(증찬)하며 以鐵耕乎아

"허자는 솥과 시루로 밥을 짓고 쇠붙이로 밭을 갑니까?"

【注】爨은 炊也라 孟子曰 許子는 寧以釜甑炊食하고 以鐵爲犁하여 用之耕否邪(야)아

'爨'은 밥을 짓는 것이다. 맹자가 말하기를, "許子는 솥과 시루로 밥을 짓고 쇠붙이로 쟁기를 만들어 밭을 가느냐?"고 한 것이다.

曰 然하다

"그렇습니다."

【注】 相曰 用之니라

진상이 말하기를, "그것을 쓴다."라고 한 것이다.

自爲之與아

"스스로 그것을 만듭니까?"

【注】 孟子曰 許子는 自冶鐵陶瓦器邪아

맹자가 말하기를, "許子는 鐵器와 瓦器를 스스로 만드냐?"라고 한 것이다.

曰 否라 以粟易之니라

"아닙니다. 곡식을 주고 바꿉니다."

【注】 相曰 不自作鐵瓦요 以粟易之也니라

陳相이 말하기를, "스스로 철기와 와기를 만들지 않고 곡식을 주고 바꾼다."라고 한 것이다.

以粟易械器者 不爲厲陶冶니 陶冶亦以械器易粟者 豈爲厲農夫哉리오 且許子는 何不爲陶冶하고 舍皆取諸其宮中而用之하며 何爲紛紛然與百工交易고 何許子之不憚煩고

"곡식을 주고 器物과 바꾸는 것이 陶工과 冶工을 괴롭히는 것이 아니듯 陶工과 冶工 또한 器物을 주고 곡식과 바꾸는 것이 어찌 農夫를 괴롭히는 것이겠습니까. 또한 許子는 어찌하여 陶工과 冶工의 일을 손수 하지 않고 모든 것을 자신의 집에서 직접 가져다가 사용하려 하지 않는 것이며, 어찌하여 분분히 百工들과 교역을 하는 것입니까? 어찌하여 許子는 그 번거로움을 꺼리지 않습니까?"

【注】 械는 器之總名也라 厲는 病也라 以粟易器가 不病陶冶니 陶冶亦何以爲病農夫乎리오 且許子何爲不自陶冶하여 -舍者, 止也.- 止 -不肯[1]- 皆自取之其宮 -宅[2]- 中而用之하고 何爲反與百工交易하여 紛紛而爲之[3]煩也아

1) 不肯 : 趙岐가 '舍'의 의미를 '止'로 주해한 다음, '止'의 여러 의미 가운데 '不肯(~하려 하지 않다)'의 뜻으로 사용되었음을 다시 구체적으로 설명한 것이다.(焦循, ≪孟子正義≫)
2) 宅 : '宮'을 설명한 말이다. '宮'은 秦漢 이래로 왕들의 거처를 지칭하는 말로 사용되었으므로 혼동을 피하기 위하여 일반인이 거처하는 집〔宅〕임을 설명한 것이다.(焦循, ≪孟子正義≫)
3) 而爲之 : 廖本, 孔本, 韓本, 考文古本에는 '爲'로 되어 있다.(阮元의 〈校勘記〉 참조)

'械'는 器物의 총칭이다. '厲'는 괴롭히는 것이다. 곡식을 주고 器物과 바꾸는 것이 陶工과 冶工을 괴롭히는 것이 아니듯 陶工과 冶工 또한 어찌 농부를 괴롭히는 것이 되겠는가. 그리고 許子는 어찌하여 陶工과 冶工의 일을 손수 하지 않고 -'舍'는 '止'의 뜻이다- 모든 것을 자신의 집 -宮은 宅이다.-에서 직접 가져다가 사용하려 하지 않는가? -止는 不肯이다- 어찌하여 그 반대로 百工들과 교역을 하느라 번거롭게 분분하는가?

曰 百工之事는 固不可耕且爲也니라

"百工의 일은 본래 농사를 지으면서 할 수는 없습니다."

【注】 相曰 百工之事는 固不可耕且爲라 故로 交易也니라

진상이 말하기를, "백공의 일은 원래 농사를 지으면서 할 수 없기 때문에 교역을 하는 것이다."라고 한 것이다.

然則治天下는 獨可耕且爲與아

"그렇다면 천하를 다스리는 일은 유독 농사를 지으면서 할 수 있다는 말입니까?

【注】 孟子言 百工各爲其事는 尙不可得耕且兼之온 人君自天子以下當治天下政事는 此反可〔得〕[1]耕且爲邪아 欲以窮許行之非滕君不親耕也라 孟子謂五帝以來로 有禮義上下之事나 不(得)〔可〕[2]復若三皇之道也라하니 言許子不知禮者[3]也라

1) 〔得〕 : 저본에는 '得'이 없으나, 阮元의 〈校勘記〉에 의거하여 보충하였다.

2) (得)〔可〕: 저본에는 '得'으로 되어 있으나, 阮元의 〈校勘記〉에 의거하여 '可'로 바로잡았다.
3) 者 : 岳本, 孔本, 韓本, 考文古本에는 '者'가 刪去되어 있다.(阮元의 〈校勘記〉 참조)

맹자가 말하기를, "각자 자신의 일을 하는 百工들마저도 농사를 짓는 일과 兼行할 수 없다고 하면서 天子 이하 임금이 天下의 政事를 다스리는 일에 대해서는 도리어 농사를 지으면서 할 수 있단 말인가?"라고 한 것이다. 이는 滕나라 군주가 몸소 농사를 짓지 않는 것에 대하여 許行이 비판한 것을 추궁하고자 한 것이다. 맹자가 말하기를, "五帝 이래로 禮義에 따른 上下의 일을 구분해 놓았으나 三皇의 道를 회복하지는 못했다."라고 하였는데, 이는 許子가 禮를 알지 못함을 두고 말한 것이다.

有大人之事하고 有小人之事하며 且一人之身而百工之所爲備하니 如必自爲而後用之면 是率天下而路[1)]也니라

1) 路 : '路'는 '露'와 통용되며 두 글자 모두 '피로하다', '고달프다'는 의미를 가지고 있다.(阮元의 〈校勘記〉 참조)

일에는 大人이 하는 일이 있고 小人이 하는 일이 있습니다. 그리고 한 사람의 몸에 百工이 만든 물건들을 두루 갖추고 있으니, 만약에 이러한 물건들을 반드시 자신이 직접 만든 다음에야 사용하게 한다면 이는 천하 사람들을 끌어다가 피로하게 만들 것입니다.

【注】 孟子言 人道에 自有大人之事하니 謂人君行教化也요 小人之事하니 謂農工商也라 一人而備百工之所作하니 作之乃得用之者면 是率導天下人以羸(리)困之路[1)]也라 (故曰是率天下而路也)[2)]

1) 羸困之路 : '困之' 2자는 앞의 '羸'를 부연 설명한 글자로 보인다. 阮元의 〈校勘記〉에서는 이 2자를 削去하였으며, 이 2자를 뺀 '羸路(=露)'를 하나의 어휘로 보는 것이 타당한 듯하나, 孫奭의 疏에서 이 4자를 그대로 인용하고 있으므로 그대로 두었다.
2) (故曰是率天下而路也) : 저본에는 '故曰是率天下而路也' 9자가 있으나, 阮元의 〈校勘記〉에 의거하여 削去하였다.

맹자가 말하기를, "사람의 역할에는 본래 大人이 하는 일이 있으니 임금이 교화를 행하는 일이 이에 해당하고, 小人이 하는 일이 있으니 농업, 공업, 상업이 이에 해당한다. 한 사람의 몸에는 百工이 만든 물건들이 갖추어져 있는데 그것들을 직접 만들어서 사용하게 한다면 이는 천하 사람들을 끌어다가 피로하게 만드는 것이다."라고 한 것이다.

故曰 或勞心하며 **或勞力**이니 **勞心者**는 **治人**하고 **勞力者**는 **治於人**이라하니 **治於人者**는 **食人**하고 **治人者**는 **食於人**이 **天下之通義也**니라

옛말에 이르기를, '어떤 이는 마음을 수고롭게 하고 어떤 이는 몸을 수고롭게 하니, 마음을 수고롭게 하는 자는 남을 다스리는 일을 하고 몸을 수고롭게 하는 자는 남에게 다스림을 받는다.'라고 하였습니다. 남에게 다스림을 받는 자는 남에게 먹을 것을 제공하고 남을 다스리는 자는 남에게 먹을 것을 제공받는 것이 천하의 보편적인 이치입니다.

【注】 勞心〔者〕[1]는 君也요 勞力〔者〕는 民也라 君施教以治理之하고 民竭力治公田以奉養其上이라 天下通義는 所常行者也라

1) 〔者〕 : 저본에는 '者'가 없으나, 廖本, 孔本, 韓本, 考文古本에 의거하여 보충하였다. 아래도 같다.

마음을 수고롭게 하는 자는 君主이고 몸을 수고롭게 하는 자는 百姓이다. 군주는 政敎를 베풀어서 백성을 다스리고 백성들은 자신의 노동력으로 公田을 경작함으로써 윗사람을 봉양한다. 이는 천하의 보편적인 이치로서 언제나 통행되는 말이다.

當堯之時하여 **天下猶未平**하여 **洪水橫流**하여 **氾濫於天下**하여 **草木暢茂**하며 **禽獸繁殖**이라 **五穀不登**하며 **禽獸偪**(핍)**人**하여 **獸蹄鳥迹之道**가 **交於中國**이어늘 **堯獨憂之**하사 **擧舜而敷**[1]**治焉**하시니

1) 敷 : '敷'의 의미에 대해서는 그 설이 분분하다. 趙岐는 '다스리다〔治也〕'로 주해하였고, 孫奭은 '널리〔廣〕'로 보았으며, 朱熹는 '펴다〔布也〕'로 주해하였다. 또한 焦循은 ≪孟子正義≫에서 '나누다〔分〕'의 의미로 보아 '擧舜而敷治焉'을 '〈堯임금이 홀로 근심하다〉 舜을 등용하여 나라를 나누어 다스렸다'는 뜻으로 이해하였다.

堯임금 시대에는 天下가 아직 안정되지 않은 상태라 큰물이 제멋대로 흘러서

天下에 범람하는 바람에 草木이 울창하고 禽獸가 번성하였습니다. 이 때문에 五穀이 제대로 여물지 않고 금수가 사람에게 접근하여 짐승과 새의 발자국이 나라 안에까지 뒤섞여 있었습니다. 요임금이 이를 깊이 근심하여 舜을 등용하여 다스리게 하였습니다.

【注】遭洪水故로 天下未平하고 水盛故로 草木暢茂하며 草木盛故로 禽獸繁息衆多也라 登은 升也[1)]니 五穀不足升用也라 猛獸之迹이 當在山林이어늘 而反交於中國하여 懼害人하니 故로 堯獨憂念之하니라 敷는 治也라 書曰 禹敷土라하니 是言治其土也라

1) 登 升也 : 焦循은 ≪孟子正義≫에서 '登'은 '升'의 의미이고, '升'은 '成'의 의미이며, '成'은 '熟'의 의미임을 각종 문헌을 통해 밝혀 趙岐의 이 주해를 고증하였다. 이렇게 볼 때, '登'은 곡식이 여문 상태를 일컫는 것으로 해석할 수 있다.

큰물을 만났기 때문에 天下가 안정되지 않은 것이고, 물이 넘쳐났기 때문에 草木이 울창해진 것이며, 초목이 무성했기 때문에 禽獸가 많이 번성하게 된 것이다. '登'은 '올리다'는 뜻이니, 五穀이 식탁에 올려서 사용하기에 부족하다는 말이다. 맹수의 발자국은 山林 속에 있어야 하거늘 반대로 나라 안에 뒤섞여 있어 사람을 위협하였으므로 堯임금이 이를 깊이 근심한 것이다. '敷'는 '다스리다'는 뜻이다. ≪書經≫에 '禹敷土'라 하였는데, 이는 '〈禹가〉 그 토지를 다스렸다'는 말이다.

舜이 使益掌火하신대 益이 烈山澤而焚之[1)]하니 禽獸逃匿이어늘

1) 烈山澤而焚之 : 趙岐는 '烈'을 '熾'와 같은 뜻으로 訓義하고, 이를 다시 '매우 무성하다'는 뜻의 '熾盛'으로 보아 '산과 늪의 초목이 熾盛한 것을 보고 불태웠다〔視山澤草木熾盛者而焚之〕'는 말로 다소 모호하게 풀이하였다. 이에 대해 孫奭은 '무성하다'와 '불태우다'는 두 가지 의미를 동시에 살려 '益이 산과 늪의 초목이 熕盛한 것을 보고서 산과 늪에 불을 질러 태워버렸다〔益視山澤草木熕盛 乃烈山澤而焚燒之〕'고 주해하였고, 阮元은 〈校勘記〉에서 "'熾盛'은 草木을 대상으로 한 말이지 불을 대상으로 한 말이 아니다.〔熾盛謂草木不謂火〕"라고 하여 趙岐의 설을 명료화 하였다. 한편 朱熹는 ≪孟子集註≫에서 烈을 '熾'로 풀이한 趙岐의 설을 그대로 인용하면서 '熾'의 구체적 의미에 대해서는 언급하지 않았다. 그런 까닭에 조선의 언해본에서는 '烈'을 '태우다'는 의미로 풀이하였다.

舜이 益으로 하여금 불을 주관하게 하였는데, 益이 산과 늪의 초목이 매우 무성한 것을 보고 불태워버리자 금수가 도망쳤습니다.

【注】掌은 主也라 主火之官은 猶古之火正也라 烈은 熾라 益視山澤草木熾〔盛〕[1])者而焚之라 故로 禽獸逃匿而奔走[2])遠竄也라

1) 〔盛〕 : 저본에는 '盛'이 없으나, 阮元의 〈校勘記〉에 의거하여 보충하였다.
2) 奔走 : 廖本, 孔本, 韓本, 考文古本에는 '奔走' 2자가 刪去되어 있다.(阮元의 〈校勘記〉 참조)

'掌'은 주관하는 것이다. 불을 주관하는 관리는 古代의 火正과 같은 것이다. '烈'은 매우 무성한 것이다. 益이 산과 늪의 초목이 매우 무성한 것을 보고 불태워버렸으므로 금수가 도망하여 멀리 달아난 것이다.

禹疏九河하며 **瀹**(약)**濟漯而注諸海**하시며 **決汝漢**하시며 **排淮泗而注之江**하시니 **然後**에 **中國**이 **可得而食也**하니 **當是時也**하여 **禹八年於外**에 **三過其門而不入**하시니 **雖欲耕**이나 **得乎**아

이에 禹가 九河를 준설하여 물길을 내고, 濟水와 漯水를 준설하여 바다로 흘러가게 하였으며, 또 汝水와 漢水를 준설하고 淮水와 泗水에 제방을 쌓아 다같이 江으로 흘러가게 하였습니다. 그렇게 한 다음에야 중국 땅이 먹고 살 수 있게 되었습니다. 이 당시에 禹가 8년 동안 외지에 있으면서 세 차례나 자기집 문 앞을 지나가면서도 집안에 들어가지 못했으니, 아무리 농사를 짓고자 한들 그럴 수 있겠습니까.

【注】疏는 通也라 瀹은 治也라 排는 壅也라 於是에 水害除라 故로 中國之地에 可得耕而食也라 禹勤事於外하여 八年之中에 三過其〔家〕[1])門而不〔得〕[2])入이라 書曰 辛壬癸甲하고 啓呱呱而泣[3])이라하니 如此어니 寧可得耕也리오

1) 〔家〕 : 저본에는 '家'가 없으나, 孔本, 韓本, 考文古本에 의거하여 보충하였다.(阮元의 〈校勘記〉 참조)
2) 〔得〕 : 저본에는 '得'이 없으나, 孔本, 韓本, 考文古本에 의거하여 보충하였다.(阮元의 〈校勘記〉 참조)
3) 書曰……啓呱呱而泣 : 《書經》 〈益稷〉에, "〈塗山氏에게 장가들었으나〉 겨우 辛·壬·癸·甲의 나흘 밖에 함께 지내지 못했으며, 아들 啓가 응애응애 울었으나 나는 아들의 이름 한 번 불러보지 못했다.〔娶于塗山 辛壬癸甲 啓呱呱而泣 予弗子〕"라고 한 것을 두고 한 말이다.

'疏'는 통하게 하는 것이다. '瀹'은 다스리는 것이다. '排'는 막는 것이다. 이에 水害가 없어졌으므로 중국 땅에 농사를 지어 먹고 살 수 있게 된 것이다. 禹가 외지에서 부지런히 일을 하여 8년 동안 자기집 문 앞을 세 번이나 지나면서도 들어가지 못했다. ≪尙書≫에 이르기를, "辛·壬·癸·甲의 나흘밖에 〈신혼의 아내와 함께 지내지 못했으며,〉 啓가 응애응애 울었으나 〈나는 아들의 이름 한 번 불러보지 못했다.〉"라고 하였으니, 이러한 상황에서 어떻게 농사를 지을 수 있겠는가.

后稷으로 **敎民稼穡**하여 **樹藝五穀**한대 **五穀熟而民人育**하니

또 后稷으로 하여금 백성들에게 농사를 가르쳐 五穀을 파종하여 재배하게 하니 오곡이 잘 여물어 백성들이 살아갈 수 있게 되었다.

【注】 棄爲后稷也라 樹는 種이라 藝는 殖也라 五穀은 謂稻·黍·稷·麥·菽也라 五穀所以養人也라 故로 言民人育也라

〈舜이〉 棄를 后稷으로 삼은 것이다. '樹'는 파종하는 것이다. '藝'는 자라게 하는 것이다. 五穀은 벼, 기장, 피, 보리, 콩이다. 五穀은 사람을 먹여살리는 양식이므로 백성들이 살아갈 수 있게 되었다고 말한 것이다.

人之有道也[1]에 **飽食煖衣**하여 **逸居而無敎**면 **則近於禽獸**일새 **聖人**이 **有憂之**하사 **使契**(설)**爲司徒**하여 **敎以人倫**하시니 **父子有親**하며 **君臣有義**하며 **夫婦有別**하며 **長幼有敍**[2]하며 **朋友有信**이니라

1) 人之有道也 : 孫奭은 이 구절을 "사람들이 이에 살아갈 방도를 얻다〔人之於是有養生之道〕"로 주해한 반면, 朱熹는 ≪孟子集註≫에서 "사람들이 모두 떳떳한 성품을 가지고 있다〔人之有道 言其皆有秉彛之性也〕"로 주해하였다.

2) 敍 : 閩本, 監本, 毛本에는 '序'로 되어 있다.(阮元의 〈校勘記〉 참조)

그러나 사람이 살아가는 방도에 있어서 배불리 먹고 따뜻하게 입고서 편히 지내기만 하고 아무런 가르침이 없다면 금수와 가깝게 될 것입니다. 聖人이 이를 염려하여 契에게 司徒의 직책을 맡겨 人倫을 가르치게 하였으니, 父子有親, 君臣有義, 夫婦有別, 長幼有敍, 朋友有信입니다.

【注】司徒는 主人하여 教以人事니라 父父子子 君君臣臣 夫夫婦婦 兄兄弟弟 朋友貴信은 是爲契之所教也라

司徒는 사람을 주관하여 人事를 가르치는 관직이다. 父子 사이에 父子의 도리를 다하고 君臣 사이에 君臣의 도리를 다하고 夫婦 사이에 夫婦의 도리를 다하고 兄弟 사이에 兄弟의 도리를 다하고 朋友 사이에 믿음을 귀하게 여기는 것이 契이 가르친 내용이다.

放勳曰 勞之來之하며 **匡之直之**하며 **輔之翼之**하여 **使自得之**하고 **又從而振德之**라하시니

放勳이 이르기를, '백성들을 위로해주고 찾아오게 하며 바로잡고 곧게 하며, 곁에서 도와주고 거들어주어 스스로 터득하게 하고 더 나아가 은덕을 베풀어 주라.'라고 하였습니다.

【注】放勳은 堯號也라 遭水災하여 恐其小民放僻邪侈라 故로 勞來之하고 匡 -正[1])- 直其曲心하여 使自得其本善性然後에 又從而振其羸窮하여 加德惠也[2])니라

1) 正 : 앞의 '匡'자에 대한 訓義이다.
2) 加德惠也 : 저본에는 '德 恩惠之德也'로 되어 있으나, 廖本, 孔本, 韓本, 考文古本에 의거하여 '加德惠也'로 바로잡았다.(阮元의 〈校勘記〉 참조)

放勳은 堯임금의 칭호이다. 水災를 당해 백성들이 放僻하고 邪侈하게 될까 염려하였으므로 백성들을 위로하고 찾아오게 하였으며, 그들의 굽은 마음을 바로잡고 -匡은 正이다.- 곧게 하여 본래의 선한 성품을 얻게 하였으며, 그렇게 한 다음에 더 나아가서 약하고 곤궁한 백성들을 진휼하여 恩德을 베풀게 하였다.

聖人之憂民이 **如此**하시니 **而暇耕乎**아

성인이 백성들을 근심한 것이 이와 같았으니, 어느 겨를에 농사를 짓겠습니까.

【注】重喩陳相이라

거듭해서 陳相을 깨우친 것이다.

堯는 **以不得舜**으로 **爲己憂**하시고 **舜**은 **以不得禹皐陶**(요)로 **爲己憂**하시니 **夫以百畝之不易**(이)로 **爲己憂者**는 **農夫也**니라 **分人以財**를 **謂之惠**요 **敎人以善**을 **謂之忠**이요 **爲天下得人者**를 **謂之仁**이니

堯임금은 舜을 얻지 못하는 것으로 자신의 근심거리를 삼았으며, 舜은 禹와 皐陶를 얻지 못하는 것으로 자신의 근심거리를 삼았습니다. 그런데 百畝의 땅을 제대로 가꾸지 못하는 것으로 자신의 근심거리를 삼는 자는 다름 아닌 農夫입니다. 사람들에게 재물을 나누어주는 것을 '惠'라 하고 사람들에게 善을 가르치는 것을 '忠'이라 하며 천하를 위해 인재를 얻는 것을 '仁'이라 합니다.

【注】言聖人은 以不得賢聖之臣으로 爲己憂하고 農夫는 以百畝不易治로 爲己憂니라

聖人은 賢聖한 신하를 얻지 못하는 것으로 자신의 근심거리로 삼고, 農夫는 百畝의 땅을 잘 가꾸지 못하는 것으로 자신의 근심거리를 삼음을 말한 것이다.

是故로 **以天下與人**은 **易**하고 **爲天下得人**은 **難**하니라

그렇기 때문에 천하를 다른 사람에게 전해주기는 쉬워도 천하를 위해 인재를 얻는 것은 어려운 일입니다.

【注】爲天下求能治天下者難得也라 故로 言以天下傳與人尙爲易也라

천하를 위해서 천하를 잘 다스릴 수 있는 사람을 구하는 것은 어려운 일이다. 그렇기 때문에 천하를 남에게 전해주는 것이 오히려 쉽다고 말한 것이다.

孔子曰 大哉라 **堯之爲君**이여 **惟天**이 **爲大**어늘 **惟堯則之**하시니 **蕩蕩乎民無能名焉**이로다 **君哉**라 **舜也**여 **巍巍乎有天下而不與焉**이라하시니 **堯舜之治天下**에 **豈無所用其心哉**시리오마는 **亦不用於耕耳**시니라

孔子께서 이르시기를, '위대하도다. 堯의 임금됨이여! 오직 하늘만이 위대하거늘 堯임금이 이를 본받으셨으니, 넓고도 넓어서 백성들이 무어라 표현할 수가 없도다. 임금답도다. 舜이여! 높고도 높아서 천하를 소유하였으나 그 높은 덕에 더

보태지는 못하였도다.'라고 하셨습니다. 堯舜이 천하를 다스릴 때 어찌 그 마음을 쓰는 데가 없었습니까마는 단지 농사를 짓는 일에는 마음을 쓰지 않았습니다.

【注】天道蕩蕩乎大無私하여 生萬物而不知其所由來하니 堯法天이라 故로 民無能名堯德者也라 舜得人君之道哉여 德盛而巍巍乎하여 有天下之位가 雖貴盛이나 不能與益舜巍巍之德이니 言德之大가 大於天子位也라 堯舜蕩蕩巍巍如此로되 但不用心於躬自耕也라

天道는 넓고도 넓어 위대하고 그 어떤 사사로움도 없으므로 萬物을 生育하면서도 그 힘이 어디에서 유래한 것인지 알 수 없다. 堯임금이 이러한 하늘을 본받아 다스렸기 때문에 백성들이 堯임금의 德을 무어라 표현하지 못한 것이다. 舜이 임금의 道를 얻어 그 성대한 德이 높고도 높아서 천하를 소유한 지위가 매우 존귀하기는 했지만 舜의 높고도 높은 덕에 더 보탤 수는 없었으니, 덕의 크기가 天子의 지위보다 크다는 말이다. 堯舜의 넓고도 넓은 덕과 높고도 높은 덕이 이와 같았지만 단지 몸소 농사를 짓는 일에는 마음을 쓰지 않았던 것이다.

吾聞用夏變夷者요 未聞變於夷者也로라

나는 中夏의 문명을 가지고 오랑캐를 변화시켰다는 말은 들었어도 오랑캐에게 변화되었다는 말은 듣지 못했습니다.

【注】(言)〔當〕[1]以諸夏之禮義化變蠻夷之人耳요 未聞變化於夷蠻之人이니 (同)〔則〕[2]其道也라

1) (言)〔當〕: 저본에는 '言'으로 되어 있으나, 阮元의 〈校勘記〉에 의거하여 '當'으로 바로잡았다.
2) (同)〔則〕: 저본에는 '同'으로 되어 있으나, 廖本, 孔本, 韓本, 考文古本에 의거하여 '則'으로 바로잡았다.(阮元의 〈校勘記〉 참조)

마땅히 諸夏의 禮義를 가지고 蠻夷 사람들을 변화시켜야 하는 것이지, 蠻夷 사람들에게 변화되었다는 말은 듣지 못했으니, 이는 보편적인 진리이다.

陳良은 楚産也니 悅周公仲尼之道하여 北學於中國이어늘 北方之學者가 未能或之先也하니 彼所謂豪傑之士也라 子之兄弟事之數十年이라가 師死而遂倍之온여

陳良은 楚나라 출신으로 周公과 仲尼의 道를 좋아하여 북쪽으로 中國에 와서 배웠는데, 北方의 학자들이 아무도 그를 앞서지 못했으니, 그는 이른바 호걸스러운 선비라 하겠습니다. 그대의 형제가 수십 년 동안 모시다가 스승이 죽자 마침내 배신을 한 것입니다.

【注】陳良生於楚하여 北遊中國이로되 學者不能有先之也하니 所謂豪傑過人之士也라 子之兄弟는 謂陳相・陳辛也니 數十年師事陳良이라가 良死而倍之하고 更學於許行하니 非之也라

陳良은 楚나라에서 태어나 북쪽으로 中國에 遊學하였는데 〈中國의〉 학자들이 그를 앞서지 못했으니, 이른바 일반 학자들보다 뛰어난 호걸스러운 선비이다. '그대의 형제'란 陳相과 陳辛을 가리키는데, 수십 년 동안 陳良을 스승으로 모시다가 陳良이 죽자 배신을 하고 다시 許行에게 배웠으므로 비난을 한 것이다.

昔者에 孔子沒커시늘 三年之外에 門人이 治任將歸할새 入揖於子貢하고 相嚮而哭하여 皆失聲[1]然後歸어늘 子貢은 反하여 築室於場하여 獨居三年然後歸하니라

1) 失聲 : 焦循은 ≪孟子正義≫에서 '失'을 '放'의 뜻으로 보아 '放聲' 즉 목놓아 우는 것으로 주해하였다.

옛날에 孔子가 돌아가시고 3년이 지난 뒤에 門人들이 짐을 꾸려 돌아가려고 할 때에 子貢에게 들어가 揖을 하고는 서로 마주보면서 哭을 하여 모두들 목이 쉰 후에야 돌아갔습니다. 하지만 子貢은 다시 돌아와 祭壇 곁에 집을 짓고는 홀로 3년을 지낸 다음에 돌아갔습니다.

【注】任은 擔也라 失聲은 悲不能成聲이라 場은 孔子冢上祭祀壇場也라 子貢獨於場左右築室하여 復三年하니 愼終追遠也라

'任'은 짐이다. '失聲'은 슬퍼하여 목소리를 내지 못하는 것이다. '場'은 공자 묘소 곁의 제사지내는 壇이다. 子貢이 홀로 祭壇 주변에 집을 짓고 다시 3년 동안 지냈으니, 孔子의 愼終追遠을 실천한 것이다.

他日에 子夏・子張・子游가 以有若似聖人이라하여 欲以所事孔子로 事之하여 强

曾子한대 **曾子曰 不可**하니 **江漢以濯之**며 **秋陽以暴之**라 **皓皓乎不可尙已**라하시니라

有若

훗날에 子夏, 子張, 子遊가 有若의 외모가 聖人과 닮았다 하여 공자를 섬기는 禮로 섬기려고 하면서 曾子에게도 이를 강요하였는데, 증자가 말하기를, '그럴 수 없다. 선생님께서는 江水와 漢水로 깨끗이 씻고 가을 햇볕으로 말린 것과 같아서 더 이상 潔白할 수 없는 그런 고귀한 분이시다.'라고 하였습니다.

【注】 有若之貌似孔子하니 此三子者가 思孔子而不可復見이라 故로 欲尊有若以[1]作聖人하여 朝夕奉事之禮[2]를 如事孔子하여 以慰思也라 曾子不肯하여 以爲聖人之潔白은 如濯之江漢하고 暴之秋陽이라하니라 秋陽은 周之秋와 夏之五六月盛陽也라 皓皓는 白甚[3]也니 何可尙이리오 而乃欲以有若之質로 (於)〔放〕[4]聖人之坐席乎아 尊師道라 故로 不肯也라

1) 以 : 宋本, 廖本, 孔本, 韓本, 考文古本에는 '似'로 되어 있다.(阮元의 〈校勘記〉 참조)
2) 禮 : 宋本, 廖本, 孔本, 韓本, 考文古本에는 '禮'가 결락되어 있다.(阮元의 〈校勘記〉 참조)
3) 白甚 : 廖本, 孔本, 韓本, 考文古本에는 '甚白'으로 되어 있다.(阮元의 〈校勘記〉 참조)
4) (於)〔放〕: 저본에는 '於'로 되어 있으나 阮元의 〈校勘記〉에 의거하여 '放'으로 바로잡았다. '放'은 '倣'의 뜻이다.

有若의 외모가 孔子와 닮았기에 이 세 사람이 孔子가 그리워도 다시 볼 수 없다는 이유로 유약을 聖人처럼 높여서 孔子를 섬기듯이 아침저녁으로 받듦으로써 그리운 마음을 달래려고 한 것이다. 하지만 曾子는 이를 거부하면서 '聖人의 潔白함은 江水와 漢水로 씻고 가을 햇볕에 말린 것과 같다'고 하였다. '秋陽'은 周나라 가을과 夏나라 5,6월의 왕성한 햇볕이다. '皓皓'는 매우 흰 것이니, 이보다 더 흴 수가 없건마는 유약의 자질로 聖人의 자리를 흉내내고자 한단 말인가? 증자가 스승의 道를 높이 받들었기 때문에 이를 거부한 것이다.

今也에 **南蠻鴃**(격)[1]**舌之人**이 **非先王之道**어늘 **子倍子之師而學之**하니 **亦異於曾子矣**로다 **吾聞出於幽谷**하여 **遷於喬木者**요 **未聞下喬木而入於幽谷者**로라

1) 鴃(격) : 博勞 또는 伯勞라고도 한다. 우리말로는 때까치라고 부르며, 학명은 Lanius

이다. 이 새는 곤충·거미·도마뱀·개구리·물고기·들쥐 등을 잡아먹는 육식성 조류로, 잡은 먹이를 나뭇가지나 뾰족한 가시에 꽂아 두고 하나씩 찢어먹는 습성이 있어 屠夫鳥라고도 불린다. 성질이 사납고 울음소리가 귀를 찌르는듯 날카롭다.

鴃

지금 南蠻의 때까치 소리를 내는 사람이 先王의 道를 비난하고 있거늘 그대가 그대의 스승을 배신하고 그에게 배우고 있으니, 또한 曾子와는 차이가 있습니다. 나는 깊은 골짜기에서 나와 높은 나무로 옮겨 갔다는 말은 들었어도 높은 나무에서 내려와 깊은 골짜기로 들어갔다는 말은 들어보지 못했습니다.

【注】今此許行乃南楚蠻夷니 其舌之惡如鴃鳥耳라 鴃은 博勞鳥也라 詩云 七月鳴鴃[1]이라하니 應陰而(後勸)〔殺物〕[2]者也라 許子托於太古하여 非先聖王堯舜之(之)[3]道하고 不務仁義而欲使君臣竝耕하여 傷害道德이 惡如鴃舌하니 與曾子之心으로 亦異遠也라 人當出深谷하여 止喬木이어늘 今子反下喬木하여 入於幽谷이로다

1) 詩云 七月鳴鴃 : ≪詩經≫ 〈豳風 七月〉에 "七月鳴鵙(격)"이라고 한 것을 가리킨다. 鵙과 鴃은 통용자이다.
2) (後勸)〔殺物〕: 저본에는 '後勸'으로 되어 있으나, 阮元의 〈校勘記〉에 의거하여 '殺物'로 바로잡았다.
3) (之) : 저본에는 '之'가 중복되어 있으나, 焦循의 ≪孟子正義≫에 의거하여 刪去하였다.

지금 許行은 남쪽 楚나라 오랑캐이니, 그 혀에서 나오는 소리가 鴃새의 울음소리와 같이 귀에 거슬린다는 말이다. 鴃은 博勞새이다. ≪詩經≫에 이르기를, "7월에 우는 鴃새"라고 하였으니, 陰氣가 성할 때 동물을 잡아먹는 새이다. 許子가 太古에 의탁하여 堯舜과 같은 앞선 聖王의 道를 비난하고 仁義를 뒤로한 채 君臣이 함께 농사를 짓게 하고자 하였으므로 道德을 해친 것이 마치 鴃새의 혀에서 나오는 소리처럼 나쁘다 할 것이니, 또한 曾子의 마음과는 큰 차이가 있다. 사람이라면 마땅히 깊은 골짜기에서 나와 높은 나무에 머물러야 하는 법이거늘 지금 그대는 반대로 높은 나무에서 내려와 깊은 골짜기로 들어갔다고 말한 것이다.

魯頌曰 戎狄是膺하고 **荊舒是懲**이라하니 **周公**이 **方且膺之**어시늘 **子是之學**하니 **亦爲不善變矣**로다

〈魯頌〉에, '戎狄을 공격하고 荊舒를 징계한다.'라고 하였으니 周公 또한 그들을 공격한 것인데 그대는 반대로 그들을 배우고 있으니, 이 또한 잘못 변화한 것입니다."

【注】 詩・魯頌・閟宮之篇也라 膺은 擊也라 懲은 艾也라 周家時擊戎狄之不善者하고 懲止荊舒之人하여 使不敢侵陵也라 周公이 常欲擊之하여 言南蠻之人難用이어늘 而子反悅是人而學其道하니 亦爲不善變更矣라 孟子究陳此者는 所以責陳相也라

≪詩經≫〈魯頌 閟宮〉편의 구절이다. 膺은 공격하는 것이다. 懲은 억누르는 것이다. 周나라 왕실이 당시 악행을 저지르는 戎狄을 공격하고 荊舒 사람들을 억눌러서 감히 대들지 못하게 한 것이다. 周公이 늘 그들을 공격하고자 하면서 南蠻 사람들은 쓰기가 어렵다는 말을 하였거늘 그대는 반대로 이 사람을 좋아하여 그 道를 배우고 있으니, 또한 잘못 변화한 것이라는 말이다. 맹자가 이 말을 자세히 진술한 것은 陳相을 질책한 것이다.

從許子之道면 **則市賈不貳**하여 **國中**이 **無僞**하여 **雖使五尺之童適市**라도 **莫之或欺**니 **布帛長短同**이면 **則賈相若**하며 **麻縷絲絮輕重同**이면 **則賈相若**하며 **五穀多寡同**이면 **則賈相若**하며 **屨大小同**이면 **則賈相若**이니라

陳相이 말했다. "許子의 道를 따르면 시장의 물가가 서로 다르지 않게 되어 나라 안에 속이는 일이 없어질 것이므로 五尺의 아이를 시장에 내보내더라도 어느 누구도 속이는 일이 없을 것입니다. 베와 비단의 長短이 같으면 그 가격이 서로 같으며, 삼, 올실, 명주실, 솜의 輕重이 같으면 그 가격이 서로 같으며, 五穀의 多寡가 같으면 그 가격이 서로 같으며, 신발의 大小가 같으면 그 가격이 서로 같게 됩니다."

【注】 陳相復爲孟子言此니 如使從許子淳樸之道면 可使市無二價하여 不相爲詐하여 不相

欺愚小(大)〔也〕[1]라 長短은 謂丈尺이요 輕重은 謂斤兩이요 多寡는 謂斗石이요 大小는 謂尺寸이니 皆言同價라 故로 曰市無二價者也.

1) (大)〔也〕: 저본에는 '大'로 되어 있으나, 阮元의 〈校勘記〉에 의거하여 '也'로 바로잡았다.

陳相이 다시 맹자에게 이 말을 한 것이다. 즉, 許子의 淳樸한 道를 따르면 시장에 서로 다른 가격이 없어 서로 속이지 못하고 심지어 어리석은 아이조차 속이지 못하게 만들 수 있다는 것이다. 長短은 丈과 尺을 말하는 것이고, 輕重은 斤과 兩을 말하는 것이고, 多寡는 斗와 石을 말하는 것이고, 大小는 尺과 寸을 말하는 것이니, 모두 가격이 같음을 말한 것이다. 그래서 시장에 서로 다른 가격이 없다고 한 것이다.

曰 夫物之不齊는 物之情也니 或相倍蓰(사)하며 或相什百하며 或相千萬이어늘 子比而同之하니 是亂天下也로다 巨屨小屨同賈면 人豈爲之哉리오 從許子之道면 相率而爲僞者也니 惡(오)能治國家리오

맹자가 말했다. "물건이 서로 같지 않은 것은 그 물건이 가지고 있는 속성 때문입니다. 이에 따라 가격이 혹 두 배가 되고 다섯 배가 되기도 하며, 혹 열배가 되고 백 백가 되기도 하며, 혹 천 배가 되기도 하고 만 배가 되기도 하는데, 그대는 크기가 같다는 이유로 동일하게 취급하고 있으니, 이는 천하를 어지럽히는 것입니다. 거칠게 만든 신발과 섬세하게 만든 신발이 가격이 같다면 사람들이 어찌 〈섬세한 신발을〉 만들겠습니까. 許子의 道를 따른다면 사람들을 몰아다가 거짓을 행하게 하는 것이니, 어찌 나라를 다스릴 수 있겠습니까."

【注】孟子曰 夫萬物은 好醜異賈하고 精粗異功하니 其不齊同은 乃物之情性也라 蓰는 五倍也요 什은 十倍也라 至於千萬相倍라 譬若和氏之璧이 雖與凡玉之璧으로 尺寸厚薄適等이라도 其價豈可同哉리오 子欲以大小相比而同之면 則使天下有爭亂之道也라 巨는 粗屨也요 小는 細屨也라 如使同價而賣之면 人豈肯作其細哉리오 時許子教人僞者耳니 安能治其國家者也리오

맹자가 한 말이다. 만물은 아름다운 정도에 따라 그 가격이 다르고 정교한 정도에 따라 거기에 든 공력이 다른 법이니, 그 가치가 서로 동일하지 않는 것은 바로 물건이

지니고 있는 속성 때문이다. '蓰'는 다섯 배요 '什'은 열 배이다. 심지어 천 배 만 배가 차이 나기도 한다. 비유컨대 和氏의 구슬이 비록 일반 玉으로 만든 구슬과 견주어 길이와 두께가 똑같다 한들 그 가격이 어찌 같을 수 있겠는가. 그대가 만약 크기가 서로 같다는 이유로 그것들을 동일하게 취급한다면 이는 천하에 분쟁을 일으키는 길이다. '巨'는 거칠게 만든 신발이고 '小'는 섬세하게 만든 신발이다. 만약 같은 가격으로 이것들을 팔게 한다면 사람들이 어찌 섬세한 신발을 만들려고 하겠는가. 지금 許子는 사람들에게 거짓을 가르치고 있으니 어찌 국가를 다스릴 수 있겠는가.

【疏】'有爲神農之言'至'惡能治國家'. ○ 正義曰：此章言神農務本, 教以凡民. 許子蔽道, 同之君臣. 陳相倍師, 降於幽谷, 不理物情, 謂之淳樸者.[1] '有爲神農者許行'至'願受一廛而爲氓'者, 神農, 炎帝氏也. 許行, 南蠻之人也, 姓許名行也, 自楚蠻之地往滕國, 至門而言, 告於文公曰, 我是遠方楚蠻之人, 聞滕君行仁政於此, 我今所以來至, 心願受一廛居之, 以爲之氓也. 氓, 野人之稱, 已說在孫丑篇.

1) 此章言神農務本……謂之淳樸者：北京大本에는 章指를 "이 장의 章指는 다음과 같다. 神農氏는 農事에 힘쓰면서 백성들을 교화하였고, 許子는 道에 어두워 임금과 신하의 역할을 동일시하였으며, 陳相은 스승을 배신하고 스승보다 못한 許子에게 나아가 배운 다음 물건마다 지니는 특성들을 인정하지 않고서 이를 淳樸한 것이라고 하였다. 그래서 맹자가 堯舜이 내세운 上下의 차례를 폭넓게 진술하여 이를 바로잡은 것이다.〔此章指言神農務本 教以凡民 許子蔽道 同之君臣 陳相倍師 降於幽谷 不理萬情 謂之淳樸 是以孟子博陳堯舜上下之敍以匡之也〕"라고 하였다.

經의 〔有爲神農之言〕에서 〔惡能治國家〕까지

○ 正義曰：이 章은, 神農氏는 農事에 힘쓰면서 백성들을 교화하였고 許子는 道에 어두워 임금과 신하의 역할을 동일하게 보았으며 陳相은 스승을 배신하고 스승보다 못한 許子에게 나아가 배운 다음 물건마다 지니는 특성들을 인정하지 않고서 이를 淳樸한 것이라고 하였음을 말한 것이다.

〔有爲神農者許行〕에서 〔願受一廛而爲氓〕까지

神農은 炎帝氏이다. 許行은 南蠻 사람으로, 姓은 許요 이름은 行이다. 楚蠻 지방에서 滕나라로 가서 대궐문에 이르러 文公에게 아뢰기를, "나는 멀리 楚蠻 지방 사람으로 滕나라 군주가 이곳에서 仁政을 행한다는 소문을 듣고서 지금 찾아온 것이니, 집 한 칸 얻어 살면서 백성이 되기를 진심으로 원한다."라고 한 것이다. 氓은 '野人'을 일컫는 말이니, 이에 대해서는 〈公孫丑〉편에서 이미 설명하였다.

'文公〔與〕[2)]之處, 其徒數十人皆衣褐, 捆屨織席以爲食', 言文公乃與許行之居而處之, 其許行之徒弟有數十人, 皆衣短褐, 叩㧘織屨席以供其飮食也.

2) 〔與〕: 저본에는 '與'가 없으나, 阮元의 〈校勘記〉에 의거하여 보충하였다.

〔文公〔與〕之處 其徒數十人皆衣褐 捆屨織席以爲食〕 문공이 이에 許行에게 거처할 곳을 주어서 머물게 하니 허행의 제자 수십 명이 모두 짧은 털옷을 입고는 신발과 돗자리를 만들어서 자신들의 먹을 것을 공급하였다고 말한 것이다.

'陳良之徒陳相與其弟辛'至'願爲聖人氓', 陳良, 儒者也, 陳相與其陳辛二人皆陳良徒弟也, 言陳良徒弟陳相與其弟辛背負其耒耜, 而從宋國往滕國, 而向滕君曰, 我聞知君行聖人之政事, 是爲聖人者也, 今願爲聖人之氓.

〔陳良之徒陳相與其弟辛〕에서 〔願爲聖人氓〕까지

陳良은 儒者이고 陳相과 陳辛 두 사람은 모두 진량의 제자이다. 진량의 제자인 진상과 그의 아우 진신이 등에 쟁기를 짊어지고 宋나라에서 滕나라로 가서 滕나라 군주에게 "제가 군주께서 聖人의 政事를 행한다는 소문을 들었으니 이는 곧 聖人에 해당합니다. 이번에 聖人의 백성이 되기를 원합니다."라고 말한 것이다.

'陳相見許行而大悅, 盡棄其學而學焉', 言陳相至滕, 乃見許行而大悅樂之, 遂盡棄去陳良之儒學, 而就學於許行之道.

〔陳相見許行而大悅 盡棄其學而學焉〕 陳相이 滕나라에 가서 許行을 보고는 크게 기뻐하여 마침내 陳良의 儒學을 모두 팽개쳐버리고 허행의 道에 나아가 배웠다는 말이다.

'陳相見孟子, 道許行之言, 曰'至'惡得其賢', 言陳相後見孟子, 乃道許行之言. 曰滕君則誠爲賢君者也, 雖然, 未聞至道也. 古之賢君, 乃與民同耕而食, 饔飧而兼治政事. 朝食曰饔, 夕曰飧. 今也滕君乃取財稅而有倉廩府庫之富, 則是厲病其民以自奉養也, 安得謂之賢君乎? 倉廩, 釋名曰, "倉, 藏也, 藏穀物也." 廩, 倉有屋曰廩.[3)]

3) 廩 倉有屋曰廩 : 廣韻을 인용한 것이다.

〔陳相見孟子 道許行之言 曰〕에서〔惡得其賢〕까지

陳相이 그 후에 맹자를 만나 許行의 말을 가지고 맹자에게 말하기를, "滕나라 군주는 진실로 賢君이다. 그렇기는 하지만 아직 지극한 道를 듣지는 못했다. 옛날의 賢君은 백성들과 함께 농사를 지어서 먹고 살았으며 음식을 직접 지어 먹으면서 政事도 함께 다스렸다. 아침 음식을 饔이라 하고 저녁 음식을 飧이라 한다. 그런데 지금 滕나라 군주는 재물과 조세를 거두어서 倉廩과 府庫에 가득 쌓아놓고 있다. 이는 백성들을 괴롭혀서 자신의 배를 불린 것이니, 어찌 賢君이라 부를 수 있겠는가."라고 한 것이다. 倉廩이란, ≪釋名≫에서 "倉은 저장한다는 뜻이니 곡물을 저장하는 것이다."라고 하였고, 廩은 倉에 지붕을 씌운 것을 말한다.

'孟子問許子必種粟而後食乎, 曰然', 陳相答之, 以爲許行是自種而後食也. '許子必織布然後衣乎', 孟子又問許子必自織布然後衣着乎. '曰, 許子(子)[4]衣褐', 陳相答之, 許子不自紡織其布爲衣, 以其卽著枲布也. '許子冠乎', 孟子問, 許子戴冠乎. '曰冠', 陳相答之, 許子戴冠也. '曰奚冠', 孟子又問許子戴何冠. '曰冠素', 陳相答之, 許子冠以素爲之爾. 素, (烏)〔帛〕[5]也. '曰自織之歟', 孟子又問許子以素爲冠, 其自織之歟. '曰否, 以粟易之', 陳相答之, 許子不自織爲冠, 以粟更易之而已. '曰, 許子奚爲不自織', 孟子又問許子何爲而不自織爲之乎. '曰害於耕', 陳相答之, 以謂許子不自織爲之也, 以其自織者斯害於耕也. '曰, 許子以釜甑爨, 以鐵耕乎', 孟子又問許子寧以釜甑炊食, 以鐵爲犁用之耕否乎. '曰然', 陳相答之, 以爲許子用之也. '自爲之歟', 孟子又問許子是自爲釜甑炊食, 鐵犁耕乎. '曰否, 以粟易之', 陳相答, 以爲許子之不自爲也, 以粟更易之而已.

4) (子) : 저본에는 '子'가 중복되어 있으나, 阮元의 〈校勘記〉에 의거하여 刪去하였다.
5) (烏)〔帛〕: 저본에는 '烏'로 되어 있으나, 四庫全書本에 의거하여 '帛'으로 바로잡았다.

〔孟子問許子必種粟而後食乎 曰然〕 陳相이 대답하기를, "許行은 자신이 재배한 뒤에 먹는다."라고 한 것이다.

〔許子必織布然後衣乎〕 맹자가 "許子는 반드시 옷감을 직접 짠 뒤에 입느냐?"라고 다시 물은 것이다.

〔曰 許子衣褐〕 陳相이 답하기를, "許子는 옷감을 직접 짜서 옷을 만들지 않고 모시풀로 만든 옷감을 가져다 곧바로 입는다."라고 한 것이다.

〔許子冠乎〕 맹자가 묻기를, "許子가 관을 쓰느냐?"라고 한 것이다.

〔曰冠〕 陳相이 대답하기를, "허자는 관을 쓴다."라고 한 것이다.

〔曰奚冠〕 맹자가 또 묻기를, "許子는 무슨 관을 쓰느냐?"라고 한 것이다.

〔曰冠素〕 陳相이 대답하기를, "許子의 관은 素로 만든다."라고 한 것이다. '素'는 비단이다.

〔曰自織之歟〕 맹자가 또 묻기를, "許子는 비단으로 관을 만드는데 그 비단을 스스로 짜느냐?"라고 한 것이다.

〔曰否 以粟易之〕 陳相이 대답하기를, "許子는 스스로 비단을 짜서 관을 만들지 않고 곡식을 주고 비단과 바꾼다."라고 한 것이다.

〔曰 許子奚爲不自織〕 맹자가 또 묻기를, "許子는 무엇 때문에 스스로 비단을 짜서 만들지 않는가?"라고 한 것이다.

〔曰害於耕〕 陳相이 대답하기를, "許子가 스스로 비단을 짜서 만들지 않는 것은 스스로 비단을 짜게 되면 농사를 짓는데 방해가 되기 때문이다."라고 한 것이다.

〔曰 許子以釜甑爨 以鐵耕乎〕 맹자가 또 묻기를, "許子는 솥과 시루로 밥을 짓고 쇠붙이로 쟁기를 만들어 밭을 가느냐?"라고 한 것이다.

〔曰然〕 陳相이 답하기를, "許子는 그것을 쓴다."라고 한 것이다.

〔自爲之歟〕 맹자가 또 묻기를, "許子는 솥과 시루를 스스로 만들어 밥을 짓고 철제 쟁기를 스스로 만들어 밭을 가느냐?"라고 한 것이다.

〔曰否 以粟易之〕 陳相이 대답하기를, "許子는 스스로 그것을 만들지 않고 곡식을 주고 바꾼다."라고 한 것이다.

'以粟易械器者, 不爲厲陶冶'至'何許子之不憚煩', 孟子又復問, 以許子將粟更易械器者不以厲病於陶冶, 陶冶亦以器更易之以粟, 豈爲病厲其農夫哉. -陶, 作瓦器之匠也, 冶, 鑄金之匠也.- 且許子何不自爲之陶冶, 止皆取其宮室之中而用之乎. 何爲更紛紛然交易於百工歟. 何許子之不畏其煩. 故以此欲排之陳相也.

〔以粟易械器者 不爲厲陶冶〕에서 〔何許子之不憚煩〕까지

맹자가 또 다시 묻기를, "許子가 곡식을 가지고 器物과 바꾸는 것이 陶工과 冶工을 괴롭히는 것이 아니듯 陶工과 冶工 또한 器物을 가지고 곡식과 바꾸는 것이 어찌 農夫를 괴롭히는 것이 되겠는가. -陶는 瓦器를 만드는 장인이고 冶는 金屬을 주조하는 장인이다.- 그리고 許子는 어찌하여 陶工과 冶工의 일을 손수 하지 않고 모든 것을 자신의 집에서 직접 가져다가 사용하려 하지 않는 것이며, 어찌하여 다시 분분하게 百工들과 교역을 하는 것인가? 어찌하여 許子는 그 번거로운 일을 꺼리지 않는가?"라고 한 것이다. 의도적으로 이 말을 하여 陳相을 비판하고자 한 것이다.

'曰, 百工之事, 固不可耕且爲也', 陳相又答之, 以謂百工之事, 固不可耕且爲之也, 所以用交易而用之耳.

〔曰 百工之事 固不可耕且爲也〕 陳相이 다시 답하기를, "百工의 일은 원래 농사를 지으면서 할 수 없다. 그래서 交易을 하여 사용한 것이다."라고 한 것이다.

'然則治天下獨可耕且爲之歟', 孟子又排之, 如是則爲國君治天下, 獨可自耕且 -又[6]- 爲 -政事以治天下[7]- 歟? 陳相及此以應答, 故孟子一向自言而排之, 乃曰, 有大人之事, 大人之事則國君行教化也, 有小人之事, 卽農工商也. 且以一人之身而用百工之所作爲備具, 如必皆用自爲然後方行用之也, 此則驅率天下之人以羸困之路也. 又一說云, 如此是驅率天下之人如道路之人, 但泛視而不知上下貴賤耳. 以其許行・陳相皆欲君民竝耕, 不知有上下貴賤相待, 故以此說, 據下文意義相通, 堪以此說爲尙. 所(及亡)〔以云〕[8]羸困之路者, 但趙注之說耳. 詳而推之, 羸[9]困之路, 不若此說.

6) 又 : 앞의 '且'를 訓義한 것이다.
7) 政事以治天下 : 앞의 '爲'를 부연 설명한 것이다.
8) (及亡)〔以云〕 : 저본에는 '及亡'으로 되어 있으나, 四庫全書本에 의거하여 '以云'으로 바로잡았다.
9) 羸 : 監本, 毛本에는 '羸'으로 되어 있다.(阮元의 〈校勘記〉 참조)

〔然則治天下獨可耕且爲之歟〕 맹자가 또 다시 비판하기를, "이와 같다면 國君이 되어 천하를 다스리는 일에 있어서만 유독 직접 농사를 지으면서 -且는 又이다.- 할 수 -爲는 政事를 하여 천하를 다스리는 것이다.- 있단 말인가?"라고 한 것이다. 陳相이 이렇게 응답하였으므로 맹자가 곧장 그 말을 되받아 비판을 하고 이어서 말하기를, "大人이 하는 일이 있으니 대인이 하는 일은 곧 國君이 敎化를 시행하는 것이요, 小人이 하는 일이 있으니 이는 곧 농업, 공업, 상업의 일이다. 그리고 한 사람의 몸에는 百工이 만든 물건들을 두루 갖추고 있으니, 만약에 이 모든 것을 반드시 자신이 만든 다음에 사용하게 한다면 이는 천하 사람들을 끌어다가 피로하게 만들 것이다."라고 하였다. 또 一說에 의하면, "이와 같이 하면 천하 사람들을 몰아다 그저 길에서 스치는 사람처럼

만들어 버리고 모두 똑같은 사람으로 보아 上下와 貴賤을 알지 못하게 하는 것이다." 라고 하기도 한다. 許行과 陳相이 모두 군주와 백성이 함께 농사를 지음으로써 上下와 貴賤의 구분이 없이 상대하게 하고자 하였기 때문에 이러한 說이 나온 것이다. 아래 문장과 의미가 서로 연결되는 면으로 볼 때 이 說이 더 낫다 하겠다. '路'를 '피로하다'고 풀이한 것은 단지 趙注의 說일 뿐이다. 자세히 따져들면 '피로하다'고 풀이한 것이 이 說만 같지 못하다.

'故曰或勞心, 或勞力'至'天下之通義也'者, 此下文之如此也, 言天下之人, 有但或勞其力, 但或勞其心者. 勞其心所以制政教, 而治天下之人耳, 勞其力所以見治於上人而已. 見治於上之人者, 竭力治公田以奉養上之人也, 治天下之人者, 以其爵祿皆出民之賦稅, 故食於人而已. 言此是天下通義, 人所常行者也. 上之人君爲言也, 下之人民爲言也, 以此推之, 則上下貴賤有所相待耳.

〔故曰或勞心 或勞力〕에서 〔天下之通義也〕

이에 대해서는 아래 글에서 그 예가 나온다. 천하 사람들 중에는 단지 몸만 수고롭게 하는 자도 있고 마음만 수고롭게 하는 자도 있다. 마음을 수고롭게 하는 것은 政教를 제정하여 천하 사람들을 다스리는 것이고, 몸을 수고롭게 하는 것은 윗사람에게 다스림을 받을 뿐이다. 윗사람에게 다스림을 받는 자는 자신의 노동력으로 公田을 경작함으로써 윗사람을 봉양하며, 천하 사람을 다스리는 자는 그들이 받는 爵祿이 백성들의 賦稅에서 나오기 때문에 남에게 먹을 것을 제공받는 것이 된다. 이 말은 천하의 보편적인 이치로 사람들 사이에 언제나 통행되는 것이라고 말한 것이다. 윗사람이란 君主를 두고 말한 것이고 아랫사람이란 百姓을 두고 한 말이다. 이로써 따져보면 上下와 貴賤은 서로 의지하여 존재하는 것이다.

'當堯之時, 天下猶未平'至'舉舜而敷治焉', 孟子又言當古之唐堯盛帝[10]之時, 天下猶尙未平, 是以其大水橫流, 逆其勢, 泛泛濫濁, 徧於天下, 草木由是暢茂敷實, 禽獸又由此而繁息而生殖焉. 五穀 -黍·稷·稻·麥·菽- 於是不豐登, 禽獸亦偪害於人, 猛獸之迹交馳於中國之道. 堯帝乃獨自憂懼之, 以其有傷害於人民, 故舉用虞舜[11]而廣治之. -廣治其水土也-

10) 唐堯盛帝 : 唐에 봉해진 堯임금을 높여 부른 이름이다.

11) 虞舜 : 舜임금을 가리킨다. '虞'는 舜임금과 舜임금의 선조 대대로 다스리던 나라 이름이다.

〔當堯之時 天下猶未平〕에서 〔擧舜而敷治焉〕까지

맹자가 또 말한 것이다. 즉, 옛날 堯임금 시대에는 天下가 아직 안정되지 않은 상태였으므로 큰물이 물길대로 가지 않고 제멋대로 흘러서 범람한 흙탕물이 천하를 뒤덮어 버렸다. 草木이 이로 말미암아 울창하여 열매를 많이 맺었으며, 禽獸가 또 이로 말미암아 번식하여 많이 불어나게 되었다. 五穀 -기장, 피, 벼, 보리, 콩- 이 이 때문에 제대로 여물지 않게 되고 금수 또한 사람 가까이 달려들어 맹수의 발자국이 나라 안의 길에 뒤섞여 있게 되었다. 堯임금이 이에 금수가 백성을 다치게 하는 것을 깊이 근심한 나머지 舜임금을 등용하여 널리 다스리게 하였다. -水土를 널리 다스린 것이다.-

'舜使益掌火'至'禹疏九河', '后稷教民稼穡'又至'使契爲司徒', 止於'亦不用於耕耳'[12], 言舜因堯帝擧用, 乃使伯益爲掌火之官, 益視山澤草木煩盛, 乃烈山澤而焚燒之, 禽獸於是懼而逃匿, 遠竄而不敢出. 又使禹疏通九河, 又瀹治濟・漯之水而流注歸海, 又開決汝・漢之水而斟壅淮・泗二水, 而同流注歸之江. 九河在東北, 案爾雅云"九河一曰徒駭, 二曰太史, 三曰馬頰(협), 四曰覆釜, 五曰湖蘇, 六曰簡, 七曰潔, 八曰鉤盤, 九曰鬲(격)津"是也. 江, 九江也, 案潯陽端(記)〔地〕[13]有云"一曰烏江, 二曰蚌(봉)江, 三曰烏白江, 四曰嘉匪江, 五曰箘江, 六曰提江, 七曰廩江, 八曰源江, 九曰畎(견)江"是也. 然後中國之地, 人方可耕藝而食也. 當此之時, 大禹八年在外治水土, 經三次過其家門而不得入其家, 雖欲於時耕作之, 其可得乎. 又使后稷棄教天下民稼穡, 種樹藝殖五穀, 五穀旣豐熟, 而天下人民於是得養育其生. 稼穡者, 說文云"種曰稼, 斂曰穡"也. 人之於是有養生之道, 飽食而煖衣, 逸樂居處而無以教之, 則近類於禽獸, 以其不知高下也. 聖人有憂懼其民如此, 舜又使契爲司徒之官, 教以人倫. 使天下之人知父子有親親慈孝, 君臣有尊卑之義, 夫婦有交別, 長幼有等敍, 朋友有忠信.

12) 止於亦不用於耕耳 : 원문의 인용범위가 뒷부분과 중복되어 있으므로 刪去되어야 할 듯하다.

13) (記)〔地〕: 저본에는 '記'로 되어 있으나, 阮元의 〈校勘記〉에 의거하여 '地'로 바로잡았다.

〔舜使益掌火〕에서 〔禹疏九河〕까지, 〔后稷教民稼穡〕에서 〔使契爲司徒〕까지

舜이 堯임금에게 등용되어 伯益으로 하여금 불을 주관하는 관리를 맡게 하니, 伯益이 산과 늪의 초목이 번성한 것을 보고서 산과 늪에 불을 질러 태워버렸다. 이에 금수가 두려워 도망쳐서 멀리 달아나 감히 나오지 못하였다.

또 禹로 하여금 九河를 준설하여 물길을 내고 또 濟水와 漯水를 준설하여 바다로 흘러가게 하였으며, 또 汝水와 漢水를 준설하고 淮水와 泗水에 제방을 쌓아 다 같이 江으로 흘러가게 하였다. 九河는 東北지방에 있으니, ≪爾雅≫에서 "九河는 첫째 徒駭, 둘째 太史, 셋째 馬頰, 넷째 覆釜, 다섯째 湖蘇, 여섯째 簡, 일곱째 潔, 여덟째 鉤盤, 아홉째 鬲津이다."라고 한 것이 이에 해당한다. 江은 九江이니, ≪潯陽端地≫에서 "첫째 烏江, 둘째 蚌江, 셋째 烏白江, 넷째 嘉靡江, 다섯째 畎江, 여섯째 提江, 일곱째 廩江, 여덟째 源江, 아홉째 畎江이다."라고 한 것이 이에 해당한다. 그렇게 한 다음에야 중국 땅에 사람들이 바야흐로 농사를 지어서 먹고 살 수 있게 된 것이다. 이 당시에 大禹가 8년 동안 외지에서 水土를 다스렸는데, 세 차례나 자기 집 문앞을 지나가면서도 집안에 들어가지 못했으니, 그때 아무리 농사를 지으려 한들 그럴 수 있었겠는가.

또 后稷인 棄로 하여금 천하의 백성들에게 농사를 가르쳐 五穀을 파종하여 재배하게 하니, 오곡이 풍성하게 여물어 천하의 백성들이 이에 그 삶을 살아갈 수 있게 되었다. '稼穡'이란, ≪說文解字≫에서 "파종하는 것을 稼라 하고 거두는 것을 穡이라 한다." 하였다.

사람들이 이에 살아갈 방도를 얻어 배불리 먹고 따뜻한 옷을 입게 되었다. 하지만 편하게 지내기만 하고 가르침이 없으면 금수와 가깝게 되어 高下를 모르게 된다. 聖人이 백성들이 이런 상태가 될까 염려하였으므로 舜이 다시 契에게 司徒의 직책을 맡겨 人倫을 가르치게 하였다. 그리하여 천하 사람들로 하여금 父子 사이에는 親親과 慈孝가 있으며, 君臣 사이에는 尊卑의 도리가 있으며, 夫婦 사이에는 구별이 있으며, 長幼 사이에는 차례가 있으며 朋友 사이에는 忠信이 있음을 알게 하였다.

又言'放勳有曰, 勞之來之, 匡之直之, 輔之翼之, 使自得之, 又從而振德之', 民之有勤勞於事者, 有以償其勞, 故曰勞之. 因其民之來歸者, 有以償其來, 故曰來之. 民之旣能直其心, 故以正其直爲之正, 故曰匡之. 民之或曲其心, 故以正其曲爲之直, 故曰直之. 輔之如車輔[14], 使民有所安於業, 故曰輔之. 翼之如羽翼, 使民有所進於道, 故曰翼之. 勞之來之匡之直之輔之翼之, 所以欲使其自得悅樂之而已矣. 民旣自得而悅樂之, 於是又從加之恩惠而振德之. 振德卽恩惠耳. 言聖人之憂於天下之民如此, 尙何暇以耕爲乎. 又言堯以不得舜而擧用使敷治焉, 則爲民之憂, 舜旣得堯擧而用之, 如舜復不得皐陶・禹爲輔, 則亦爲己之憂. 今夫以百畝之難耕, 恐爲己所憂者, 農夫也.

14) 車輔 : 덧방나무. 수레에 짐을 싣기 편리하게 수레 양쪽 가장자리에 덧대는 나무를 일컫는다.

〔放勳有曰 勞之來之 匡之直之 輔之翼之 使自得之 又從而振德之〕 백성들 중에 부지런히 수고한 사람이 있으면 그 수고한 것에 대한 보상을 해 주었으므로 '勞之'라 한 것이다. 백성들이 찾아와 歸附하면 찾아온 것에 대한 보상을 해 주었으므로 '來之'라 한 것이다. 백성들 중에 이미 마음을 곧게 가진 경우에는 그 곧음을 바로잡은 것을 가지고 바른 사람이라 격려해 주었으므로 '匡之'라 한 것이다. 백성들 중에 혹 마음을 비뚤게 가진 경우에는 그 비뚤어진 마음을 바로잡는 것을 가지고 곧은 사람이라 칭찬해 주었으므로 '直之'라고 한 것이다. 수레의 덧방나무〔輔〕처럼 도와주어 백성으로 하여금 生業을 안정적으로 유지할 수 있게 하였으므로 '輔之'라 한 것이다. 새의 날개〔翼〕처럼 거들어주어 백성으로 하여금 道에 나아갈 수 있게 하였으므로 '翼之'라고 한 것이다. 백성들의 수고를 위로해 주고 찾아와 귀부한 것을 보답해 주고, 바른 사람을 격려해 주고, 곧은 사람을 칭찬해 주고, 수레의 덧방나무처럼 도와주고 새의 날개처럼 거들어 주는 것은 백성들로 하여금 자신의 역할을 스스로 터득하여 즐겁게 임하도록 만들고자 한 것이다. 백성들이 스스로 터득하여 즐겁게 임하게 되면 이에 다시 은혜를 더하여 덕을 베풀었다. 振德은 곧 恩惠를 베푸는 것이다. "聖人이 천하의 백성들을 근심하는 것이 이와 같으니 어느 겨를에 농사를 짓겠는가."라고 말하고, 또 "堯임금이 舜을 등용하여 천하를 다스리게 하지 못했다면 이는 백성들의 근심거리가 되었을 것이고, 舜이 堯임금에게 등용되고 난 뒤에 만약 舜이 다시 皐陶와 禹를 얻어 보좌를 받지 못했다면 이 또한 자신의 근심거리가 되었을 것이다. 지금 百畝의 땅이 잘 가꾸어지지 않는 것을 염려하여 자신의 근심거리로 삼는 자는 농부이다."라고 말한 것이다.

'分人以財謂之惠, 敎人以善謂之忠, 爲天下得人謂之仁', 以言其以己之財物布與人者, 是謂(忠)〔恩〕[15]惠也. 以己之有善而以敎諸人, 謂其心之忠也, 中心之謂忠. 爲天下求得其人而治天下者, 是謂其仁者也, 愛人之謂仁, 所以爲天下求得其人, 不過愛天下之人, 故如是也.

15) (忠)〔恩〕: 저본에는 '忠'으로 되어 있으나, 四庫全書本에 의거하여 '恩'으로 바로잡았다.

〔分人以財謂之惠 教人以善謂之忠 爲天下得人謂之仁〕 자기의 재물을 남에게 베풀어 주는 것을 恩惠라 한다. 자기가 가지고 있는 善으로 남을 가르치는 것을 일러 그 마음이 忠하다고 하는데, 내면에 지니고 있는 진정한 마음을 忠이라고 한다. 천하를 위해 적합한 人才를 구하여 천하를 다스리는 것을 仁이라 한 것은, 사람을 사랑하는 것을 仁이라 하는데 천하를 위해 人才를 구하는 것이 천하 사람들을 사랑하는 데에 지나지 않으므로 그렇게 말한 것이다.

'是故以天下與人易, 爲天下得人難', 孟子言如此故以天下傳與其人, 尙以爲易也, 爲天下得其人而治天下者, 猶以爲難.

〔是故以天下與人易 爲天下得人難〕 맹자가 말하기를, "이와 같기 때문에 천하를 그 사람에게 전해주는 것은 오히려 쉽고, 천하를 위해 그 사람을 얻어 천하를 다스리는 것은 오히려 어렵다."고 한 것이다.

'孔子曰, 大哉堯之爲君, 惟天爲大, 惟堯則之, 蕩蕩乎, 民無能名焉'至'亦不用於耕耳', 孟子又引孔子有云, 大哉堯帝之爲君也, 惟上天之爲大而不可尙, 惟堯帝又能則法上天而行之, 故蕩蕩然, 其德之大, 而民無有能指名之者, 亦若上天之蕩蕩, 其覆載之德, 人亦不能指名而窮極之故也. 德於堯如此其大, 故孔子所以曰大哉堯之爲君. 君哉舜也, 巍巍乎其功德之大如此, 而天下之事未嘗自與及焉. 無他, 以其急於得人而輔之耳, 所以但無爲而享之, 故不必自與及焉. 然則堯帝・舜帝之治天下, 豈爲無所用其心哉. 以其但急用心於得賢, 亦且不用於躬耕耳. 孟子所以言至於此者, 蓋欲排許子於陳相欲以滕君與民竝耕而食, 故演之以此也, 是所以(謂)〔闢〕[16]之之云耳.

16) (謂)〔闢〕: 저본에는 '謂'로 되어 있으나, 四庫全書本에 의거하여 '闢'으로 바로잡았다.

〔孔子曰 大哉堯之爲君 惟天爲大 惟堯則之 蕩蕩乎 民無能名焉〕에서 〔亦不用於耕耳〕까지

맹자가 또 孔子의 말을 인용하기를, "위대하도다, 堯임금의 임금됨이여! 오직 上天이 위대하여 더없이 높거늘 堯임금이 그대로 上天을 본받아 행하였다. 그래서 그 德의 위대함이 넓고 넓어 백성들이 무어라 지목하여 표현할 수가 없다."라고 한 것이다. 이는 또한 萬物을 담고 있는 上天의 넓고 넓은 德과 같아서 사람들 또한 그것을 지목하여 완전하게 표현할 수가 없었기 때문이다. 堯의 덕이 이처럼 위대하였기 때문에 孔子

가 "위대하도다, 堯의 임금됨이여!"라고 한 것이다. 또 "임금답도다 舜이여! 功德의 크기가 이처럼 높고 높은데도 천하의 일에 직접 관여한 적이 없었다."라고 하였으니, 이는 다름이 아니라 뛰어난 인재를 얻어 보좌하게 하는 것을 중시한 것으로 단지 無爲의 통치방식으로 임금의 자리를 누렸기 때문에 굳이 직접 관여할 필요가 없었던 것이다. 그렇다면 堯임금과 舜임금이 천하를 통치할 때 어찌 그 마음을 쓰는 것이 없었겠는가? 다만 賢人을 얻는 데에 중점적으로 마음을 쓰고 농사짓는 일에는 쓰지 않았을 뿐이다. 맹자가 이렇게까지 말을 하게 된 것은, 陳相을 통해 滕나라 군주를 백성들과 함께 농사를 지어 먹도록 하려고 한 許子를 비판하기 위해서이다. 그래서 이러한 말들로 장황하게 설명한 것이다. 이는 상대를 물리치기 위해서 말한 것이다.

'吾聞用夏變夷者, 未聞變於夷者也'至'亦爲不言變矣'者, 此蓋孟子又欲以此而譏陳相學於許行者也. 言其聞用中夏之禮義而變化於蠻夷之人, 未聞以蠻夷之道而變化於中夏也. 且陳良自楚國而生也, 悅樂其周公・仲尼之大道, 乃自楚之南而往北求學於中國, 蓋中國以楚地觀之, 則中國在北之地故也. 北方之學者, 未能有人或先之陳良. 彼陳良所謂豪傑過人之士者也, 子之兄弟, 以師事數十年矣, 至師死而遂背去其所學而學於許行, 故以此而譏之. 言往日孔子喪沒至於三年之外, 其門人有治擔任而將歸室者, 乃至子貢之所, 入揖於子貢, 相向面而哭, 乃至悲不成聲, 然後歸之室, 復感發子貢, 追思孔子, 又反至築室於孔子冢上之壇, 獨居又至三年, 然後方辭冢室而歸處. 又及他日, 子夏・子張・子遊三人以有若之貌狀似孔子聖人, 三人遂欲以往日所事孔子之禮旦夕奉事有子, 至勉强曾子同以此事之. 曾子乃曰不可, 言"江漢以濯之", 則至淸而不可汚, "秋陽以曝之", 則至明而不可掩. 其孔子如此江漢・秋陽皓皓然淸潔明白, 不可得而尙耳. 故不可以有若比之, 而以事孔子之禮事之也. 孟子所以言之以此者, 蓋謂孔子之死至三年之久, 而門人尙歸與子貢相向而哭, 乃至悲而不成聲, 又感子貢復築室於冢上而追思之, 以至子張・子遊・子夏欲慰其心思, 乃强曾子同以往日事孔子之禮而事之有若, 曾子尙不忍以有若加於孔子, 而今子之兄弟, 但自師死之未久, 遂便以背去之, 而欲以許行爲師而就學之, 何忍之如是邪? 故以此非之. 然前(又)〔文〕[17]所謂用夏變夷, 卽陳良北學中國, 以周公・仲尼之道爲悅, 是又孟子明言之也, 豈見如許行・陳相兄弟用蠻夷之事而欲變於滕國也.

17) (又)〔文〕: 저본에는 '又'로 되어 있으나, 四庫全書本에 의거하여 '文'으로 바로잡았다.

〔吾聞用夏變夷者 未聞變於夷者也〕에서 〔亦爲不言變矣〕까지

이는 맹자가 또 이 말을 통하여 陳相이 許行에게 배운 것을 기롱하고자 한 것이다. 中夏의 禮義를 가지고 蠻夷 사람을 변화시켰다는 말은 들었어도 만이의 道를 가지고 중화를 변화시켰다는 말은 듣지 못했다고 말한 것이다. 게다가 陳良은 楚나라에서 태어나 周公과 仲尼의 大道를 좋아하여 마침내 남쪽의 楚나라에서 북쪽으로 中國에 가서 배움을 구하였으니, 중국이 楚땅에서 보면 북쪽 땅에 있었기 때문이다. 북방의 학자가 아무도 진량을 앞서지 못하였으니, 저 진량은 이른바 일반 학자들보다 뛰어난 호걸스러운 선비이다. 그대의 형제가 수십 년 동안 스승으로 섬기다가 스승이 죽자 마침내 배운 것을 던져버리고 허행에게 배웠으므로 이 말로 기롱한 것이다.

옛날에 孔子가 돌아가시고 3년이 지나자 門人 중에 짐을 꾸려 집으로 돌아가려는 자들이 子貢의 처소에 와서 자공에게 揖을 하고는 서로 얼굴을 마주보고 哭을 하였는데 너무나 슬퍼한 나머지 목이 쉰 후에야 집으로 돌아갔다. 이에 감정이 더욱 복받친 자공은 공자를 추모하여 다시 되돌아와 공자의 묘소 곁에 있는 壇에다 집을 짓고 홀로 거처하면서 다시 3년을 더 지낸 다음에야 묘소를 떠나 돌아갔다. 그리고 훗날에 子夏, 子張, 子遊 세 사람이 有若의 외모가 聖人 공자와 닮았다고 생각하여 세 사람이 마침내 지난날 공자를 섬기던 禮로써 아침저녁으로 有子를 받들려고 하면서 曾子에게도 이런 예로 함께 섬기자고 강요하였다. 증자가 이에 그럴 수 없다고 대답하면서 "江水와 漢水로 씻었다."라고 하였으니 이는 지극히 淸潔해서 더렵혀질 수 없다는 말이고, "가을 햇볕으로 말렸다."라고 하였으니 이는 지극히 明白해서 가릴 수 없다는 말이다. 공자는 이렇게 강수와 한수로 씻고 가을 햇볕으로 말린 것처럼 더할 수 없이 청결하고 명백한 분이다. 그러므로 유약을 공자에 견주어 공자를 섬기는 예로 섬길 수 없었던 것이다.

맹자가 이 말을 한 것은 다음과 같은 이유 때문일 것이다. 즉 공자는 세상을 떠난 지 3년이란 오랜 세월이 지났어도 門人들이 고향으로 돌아가기에 앞서 자공과 서로 마주보고 哭을 하면서 너무나 슬퍼 운 나머지 목이 다 쉬었고, 감정이 복받친 자공은 다시 묘소 곁에다 집을 짓고 공자를 추모하였으며, 심지어 자장, 자유, 자하는 자신들의 마음을 달래려고 지난날 공자를 섬기던 예로 유약을 함께 섬기자고 증자에게 강요하기까지 하였고 증자는 아무리 그래도 차마 유약으로 공자를 대신할 수는 없다고 반대하였다. 그런데 지금 그대 형제는 스승이 돌아가신 지 오래되지도 않았는데 곧바로

배신하고 떠나 허행을 스승으로 삼아 배우고자 하였으니, 어찌 차마 이렇게 할 수 있단 말이냐는 것이다. 그래서 이 말로 비난한 것이다. 앞글에서 이른바 中夏의 문명을 가지고 오랑캐를 변화시킨 예를 들어 진량이 북쪽으로 中國에 와서 배우고 주공과 중니의 道를 좋아한 것을 말하였고, 여기에서 다시 맹자가 분명하게 자신의 생각을 말하였으니, 어찌 허행과 진상 형제가 오랑캐의 일을 가지고 滕나라를 변화시키려고 하는 그런 꼴을 보겠는가.

'今也南蠻鴃舌之人, 非先王之道, 子倍子之師而學之'至'爲不善變矣', 孟子言今也許行乃南蠻鴃舌之惡如於鳥者也, 所行皆非先王之正道, 而子之兄弟皆背去其己之師陳良, 而以學許行, 是亦有異於曾子不忍以有若加孔子矣. 我聞出自幽谷之內而遷登於高大之木者, 未聞有下高大之木而遷入於幽谷之內者也. 又魯頌・閟宮之篇有曰, 戎狄之人不善, 周公於是膺擊之, 荊舒之人亦不善, 周公於是懲誡之. 然則戎狄之人, 周公方且膺擊之, 今以南蠻之人, 反悅其道而以學之, 亦爲不善變更者矣. 蓋戎狄・荊舒皆南蠻之地也, 然周公一則膺擊之, 一則但懲誡之, 是何邪? 夫以戎狄之地遠, 荊舒之地近, 以遠者有所膺擊, 則近者自然從而治也. 故戎狄是膺, 荊舒是懲矣. 此孟子所以又執此而非之陳相兄弟學于許行, 爲不善更變其師者焉.

〔今也南蠻鴃舌之人 非先王之道 子倍子之師而學之〕에서 〔爲不善變矣〕까지

맹자가 한 말이다. 즉, 지금 許行은 南蠻의 鴃새처럼 귀에 거슬리는 소리를 내는 사람으로, 그 행실이 先王의 正道를 따르는 것이 아니거늘 그대의 형제가 모두 자기 스승인 陳良을 배신하고 허행을 배우고 있으니, 이 또한 曾子가 차마 有若으로 孔子를 대신하지 못한 것과 차이가 있다. 나는 깊은 골짜기 안에서 나와 높고 큰 나무 위로 올라간다는 말은 들었어도 높고 큰 나무에서 내려와 깊은 골짜기 안으로 들어간다는 말은 듣지 못했다.

또 〈魯頌 閟宮〉편에 이르기를, "戎狄 사람이 악행을 저지르자 周公이 이에 그들을 공격하였고, 荊舒 사람이 또 악행을 저지르자 周公이 이에 징계를 하였다."라고 하였다. 그렇다면 戎狄 사람은 주공 또한 공격한 대상이었는데 지금 南蠻 사람을 그대가 반대로 그들의 道를 좋아하여 배우고 있으니, 또한 잘못 변한 것이라는 말이다. 대체로 戎狄과 荊舒는 모두 南蠻 지역에 해당한다. 그런데 주공이 한쪽은 공격하고 다른 한쪽은 단지 징계만 하였으니, 이렇게 차이를 둔 것은 무엇 때문인가? 그것은 戎狄의

땅은 멀고 荊舒의 땅은 가까워서 먼 곳을 공격하게 되면 가까운 곳은 저절로 다스려지기 때문이다. 그래서 戎狄에 대해서는 공격을 하고 荊舒에 대해서는 징계만 한 것이다. 이상은 맹자가 다시 이 말을 함으로써 陳相 형제가 허행에게 배우는 것이 스승을 잘못 바꾼 것이라고 비난한 것이다.

'從許子之道, 則市價相若'者, 此乃陳相之言從許行之道爲美之之意於孟子也, 言今從許行之道而行之, 則市中物價貴賤則一而不二也, 國中亦無姦僞欺詐, 雖使五尺之童子往市中, 亦莫有人或敢欺瞞之也, 以其布與絹帛長短則同, 其價例則相若不異, 麻縷絲絮四者輕重又同, 而價例亦相若而更無高低, 五穀斗量多寡亦則同, 而價例亦相若, 脚履大小亦同, 而價則相若, 凡此是皆市無二價也, 故以此言於孟子.

〔從許子之道 則市價相若〕 이는 陳相의 말로서, 許行의 道를 따르는 것이 좋은 것임을 맹자에게 말한 것이다. 즉, 지금 허행의 道를 따라서 행한다면 시장 物價의 貴賤이 하나로 통일되어 나라 안에서 또한 간사하게 속이는 일이 없게 될 것이므로 五尺의 어린아이를 시장에 내보내더라도 어느 누구도 감히 속이는 일이 없을 것이다. 베와 비단의 長短이 같으면 법정 가격이 서로 같아서 차이가 없고, 삼, 올실, 명주실, 솜의 네 가지의 輕重이 같으면 법정 가격 또한 같아서 더 이상 차이가 없고, 五穀 수량의 多寡가 또한 같으면 법정 가격 또한 서로 같고, 신발의 大小가 또한 같으면 가격이 서로 같게 될 것이라고 말한 것이다. 이는 모두 시장에 서로 다른 가격이 없는 사례이다. 때문에 이런 사례로써 맹자에게 말한 것이다.

'曰, 夫物之不齊, 物之情也'至'惡能治國家', 此孟子又從而排之也. 言夫萬物之不齊等, 是物有貴賤好惡之情也. 然或相倍蓰, 或相什伯, 或相千萬, 其不同之有如此, 而子今以爲(上)〔比〕[18]皆同之而無二價, 是使天下交爭而亂之也. 大屨與小屨同其價, 則人必爲之小屨而賣之, 而大屨豈爲之哉? 言此屨之大小, 則其他物之貴賤不言而可知矣. 今從許行之道者, 是相驅率而作詐僞者也, 又安能治國家焉. 此孟子至終而闢之以此也.

18) (上)〔比〕: 저본에는 '上'으로 되어 있으나, 四庫全書本에 의거하여 '比'로 바로잡았다.

〔曰 夫物之不齊 物之情也〕에서 〔惡能治國家〕까지

이는 맹자가 다시 陳相의 말을 되받아 비판한 것이다. 즉, 모든 물건이 그 가치가 서로 동일하지 않는 것은 물건 속에 지니고 있는 貴賤과 好惡의 속성 때문이다. 그래서 그 가격이 혹 두 배가 되고 다섯 배가 되기도 하며, 혹 열 배가 되고 백 배가 되기도 하며, 혹 천 배가 되고 만 배가 되기도 한다. 이렇게 서로 같지 않은데도 그대는 지금 이것들을 같은 것으로 보아 모두 동일하게 취급하여 가격이 서로 다른 것을 인정하지 않고 있으니, 이는 천하 사람들로 하여금 서로 다투어 혼란하게 만드는 것이다. 큰 신발과 작은 신발의 가격이 같다면 사람들은 반드시 작은 신발만 만들어서 팔게 될 것이니, 큰 신발은 어찌 만들겠느냐고 말한 것이다. 여기에서는 신발의 大小를 가지고 예를 들어 말했다. 그렇다면 다른 물건의 貴賤에 대해서는 말하지 않아도 알 수 있는 것이다. 지금 許行의 道를 따르는 자는 사람들을 몰아다가 놓고 속임수를 쓰는 자이니, 또 어찌 국가를 다스릴 수 있겠는가. 이는 맹자가 마지막으로 그들을 물리친 말이다.

【疏】 ○ 注'神農, 三皇之君, 炎帝, 神農氏也'. ○ 正義曰：案皇甫謐(밀)[1]曰, 易稱包犧氏沒, 神農氏作, 是爲炎帝. 班固云, 敎民耕農, 故號曰神農.

1) 皇甫謐(밀)：215~282. 자는 士安, 호는 玄晏이다. 西晉의 학자로 ≪帝王世紀≫, ≪高士傳≫, ≪逸士傳≫, ≪列女傳≫ 등의 전기서와 ≪玄晏春秋≫, ≪陰陽曆術≫, ≪鬼谷子注≫ 등의 철학서 및 ≪鍼灸甲乙經≫ 등의 의학서를 저술하였다.

○ 注의 〔神農 三皇之君 炎帝 神農氏也〕

○ 正義曰：皇甫謐이 이르기를, "≪周易≫에서는 '包犧氏가 죽고 神農氏가 임금이 되니 이 분이 바로 炎帝이다.'라고 하였고, 班固가 이르기를, '백성들에게 농사짓는 법을 가르쳤으므로 神農이라 불렀다.'라고 한다."라고 하였다.

【疏】 ○ 注'褐馬衣'至'粗布衣也'. ○ 正義曰：案說文云, "編枲襪(시말)也[1], 一曰短衣也." 又曰[2]"袍也, 馬被衣也."

1) 編枲襪(시말)也：≪說文解字≫의 '褐'자에 대한 풀이이다. 이 풀이에 대한 段玉裁의 注에, "길쌈하지 않은 麻를 가지고 만든 足衣로 지금의 짚신 따위와 같은 것이다.〔取未績之麻編之爲足衣, 如今草鞻之類〕"라고 하였다.

2) 又曰：≪玉篇≫의 '褐'자에 대한 풀이에서 "袍也, 馬被袒衣也"를 지칭한 것으로 보인다.

○ 注의 〔褐馬衣〕에서 〔粗布衣也〕까지

○ 正義曰：≪說文解字≫에 이르기를, "〈褐은〉 모시를 엮어서 만든 신발이다. 어떤 곳에는 짧은 웃옷이라고도 한다."라고 하였다. 또 어떤 곳에서는 "袍이니, 馬被衣이다."라고 하였다.

【疏】 ○ 注'古火正'. ○ 正義曰：案左傳昭公二十九年,"有五行之官, 木正曰勾芒, 火正曰祝融, 金正曰蓐(욕)收, 水正曰玄冥, 土正曰后土." 顓頊氏之子曰犂, 爲祝融, 是爲火正故也.

○ 注의 〔古火正〕

○ 正義曰：≪春秋左氏傳≫ 召公 29년조에, "五行을 주관하는 관리가 있었으니, 木을 주관하는 관리를 勾芒이라 하고, 火를 주관하는 관리를 祝融이라 하고, 金을 주관하는 관리를 蓐收라 하고, 水를 주관하는 관리를 玄冥이라 하고, 土를 주관하는 관리를 后土라 한다."라고 하였다. 顓頊氏의 아들 犂를 祝融이라 한 것은 그가 火를 주관하는 관리를 지냈기 때문이다.

【疏】 ○ 注'書曰, 辛壬癸甲, 啓呱呱而泣'. ○ 正義曰：案孔傳[1)]云, "辛日娶妻, 至於甲日復往治水. 啓, 禹之子, 禹治水過門不入, 聞啓泣聲, 不暇子名之, 以大治度水土之功故也."[2)]

1) 孔傳：孔安國의 주해〔傳〕가 포함된 ≪孔傳古文尙書≫를 이른다. ≪尙書≫에는 漢 文帝 때 伏生이 전수한 ≪今文尙書≫와 漢 景帝 때 孔子 古宅의 벽속에서 발견된 ≪孔壁古文尙書≫(失傳)가 있고, 그 후 東晉의 梅賾이 진상한 이 ≪孔傳古文尙書≫가 있는데 이 ≪孔傳古文尙書≫는 孔安國의 이름을 가탁한 僞作임이 明淸代에 밝혀져 ≪僞古文尙書≫로 불린다.

2) 辛日娶妻……以大治度水土之功故也：≪尙書≫ 〈益稷〉편의 "塗山氏에게 장가를 들고서 辛·壬·癸·甲의 나흘밖에 함께 지내지 못했으며, 啓가 응애응애 울었으나 나는 아들의 이름 한 번 불러보지 못했으니, 이는 土功을 크게 하고 있었기 때문이다.〔娶于塗山 辛壬癸甲 啓呱呱而泣 予弗子 惟荒度土功〕"에 대해 孔安國이 주해한 傳의 내용을 인용한 것이다.

禹娶塗山圖

○ 注의 〔書曰 辛壬癸甲 啓呱呱而泣〕

○ 正義曰：≪尙書≫ 孔安國의 傳에 이르기를, "申日에 장가를 들어 〈사흘 뒤인〉 甲

日에 다시 治水를 하러 갔다. 啓는 禹의 아들이다. 禹가 治水를 하는 동안 자기집 문 앞을 지나면서도 들어가지 못했고 啓의 울음소리를 듣고도 아들의 이름조차 부를 겨를이 없었으니, 이는 水土의 공사를 대대적으로 하고 있었기 때문이다."라고 하였다.

【疏】 ○ 注'放勳, 堯名也'. ○ 正義曰 : 案徐廣云, "放勳, 號陶唐也."[1] 孔安國云, "堯能放上世之功化也."[2]

1) 徐廣云……號陶唐也 : 徐廣(352~425)은 東晉의 학자로 諸子百家에 박통하여 당시 東晉의 황실도서관인 秘閣의 문헌들을 교감하였으며, 저서로는 ≪國史≫, ≪車服儀注≫, ≪晉義熙四年秘閣史部目錄≫, ≪史記音義≫가 있으나 대부분 逸失되어 전하지 않는다. 이 글은 ≪史記正義≫ 〈五帝本紀〉에서 인용한 것으로, 원래 逸失된 ≪史記音義≫에 있던 내용을 채록한 것으로 보인다. 堯임금이 거처한 곳이 陶와 唐이었으므로 堯임금을 陶唐氏라고 불렀다.

2) 堯能放上世之功化也 : ≪尙書≫ 〈堯典〉의 孔安國의 傳에서 '放勳'을 설명한 말이다.

○ 注의 〔放勳 堯名也〕

○ 正義曰 : 徐廣이 이르기를, "放勳은 陶唐氏를 일컫는다."라고 하였고, 孔安國이 이르기를, "堯는 上世의 功化를 잘 본받았다."라고 하였다.

【疏】 ○ 注'場, 孔子冢上祭祀壇場'. ○ 正義曰 : 案史記云, "孔子葬魯城北泗上. 皇覽曰[1], '孔子冢去城一里, 冢(營)〔塋〕[2]百畝, 南北廣十步, 東西十三步, 高一丈二尺. 冢前以(缶(부))〔瓴(영)〕[3]甓爲祠壇, 方六尺, 與地平, (之)〔本〕[4]無祠堂. 冢(營)〔塋〕中樹以百數, 皆異種, 魯人世世無能名其樹者. 民傳言, 「孔子弟子異國人, 各持其方樹來種之.」其樹柞(작)・枌・雒離・女貞・五味・毚(참)檀之樹, 塋中不生荊棘及刺人草.'"

1) 皇覽曰 : 이하는 모두 ≪史記≫ 〈孔子世家〉의 "孔子葬魯城北泗上"에 대한 ≪史記集解≫의 주석에 인용된 내용이다. 원출처인 ≪皇覽≫은 삼국시대 魏나라 文帝 때 桓范 등이 황제의 열람을 위하여 편찬한 책으로 현재는 전해지지 않는다.

2) (營)〔塋〕 : 저본에는 '營'으로 되어 있으나, ≪史記集解≫에 의거하여 '塋'으로 바로잡았다. 아래도 같다.

3) (缶(부))〔瓴(영)〕 : 저본에는 '缶'로 되어 있으나, ≪史記集解≫에 의거하여 '瓴'으로 바로잡았다.

4) (之)〔本〕 : 저본에는 '之'로 되어 있으나, ≪史記集解≫에 의거하여 '本'으로 바로잡았다.

○ 注의〔場 孔子冢上祭祀壇場〕

○ 正義曰：≪史記≫에 이르기를, "孔子는 魯나라 도성 북쪽의 泗水가에 安葬되었다. ≪皇覽≫에, '孔子의 묘소는 도성에서 1里 떨어져 있으며 묘역은 100묘이고 묘소의 너비는 남북으로 10보, 동서로 13보이며 높이는 1장 2척이다. 묘소 앞에는 벽돌로 祠壇을 만들었는데 사방 6척으로 地面과 높이가 같으며 祠堂은 본래부터 없었다. 묘역 안에 수백 그루의 나무를 심었는데 모두 종류가 달랐으므로 魯나라 사람들이 여러 대가 지나도록 그 나무에 이름을 붙이지 못하였다. 백성들이 전하는 말로는, 孔子의 제자들이 다른 나라 사람이어서 각자 자기 나라 나무를 가지고 와서 심어놓았기 때문이라고 한다. 그 나무는 柞(떡갈나무)·枌(느릅나무)·雒離·女貞(광나무)·五味(오미자)·毚檀(박달나무) 등이다. 묘역 안에는 가시가 있는 나무나 사람을 찌르는 풀은 자라지 않는다.'라고 기록되어 있다."라고 하였다.

【疏】 ○ 注'魯頌·閟宮之篇'. ○ 正義曰：此詩頌僖公能復周公之宇也. 箋云, 懲, 艾也. 僖公與齊桓擧義兵, 北當戎[1)]狄, 南艾荊與群舒[2)], 是其解也.

1) 戎：≪毛詩注疏≫에는 '戎' 다음에 '與'가 있다.
2) 荊與群舒：'荊'은 楚나라를 가리키고, '群舒'는 楚나라 주변의 동맹국들을 가리킨다.

○ 注의〔魯頌閟宮之篇〕

○ 正義曰：이 詩는 魯 僖公이 周公 시대의 영토를 회복한 것을 칭송한 것이다. 鄭玄의 箋에 "'懲'은 억누르다는 뜻이다. 희공이 齊 桓公과 함께 義兵을 일으켜 북쪽으로 戎과 狄을 공격하고 남쪽으로 荊과 주변의 여러 舒를 억눌렀다는 것이다."라고 풀이하였다.

5. 墨者夷之 因徐辟而求見孟子한대

墨家의 道를 공부하는 사람인 夷之가 徐辟을 통하여 맹자를 만나기를 요청했다.

夷之는 治墨家之道者라 徐辟은 孟子弟子也라 求見孟子하여 欲以辯道也라

夷之는 墨家의 道를 공부하는 사람이다. 徐辟은 맹자의 제자이다. 맹자를 만나기를 요청하여 道에 대해 논쟁을 해보려고 한 것이다.

孟子曰 吾固願見이러니 今吾尙病[1]이라 病愈어든 我且往見하리라하니

1) 尙病 : '尙'은 當, 值의 뜻으로 쓰였으며, 尙病은 '병에 걸리다'는 의미이다.

맹자가 말했다. "내가 늘 만나보고 싶어 했는데 지금 내가 마침 병에 걸렸으니 병이 낫게 되면 내 장차 가서 만나보겠다."

我常願見之러니 今値我病하여 不能見也니 病愈어든 將自往見하리라 以辭却之라

내가 늘 만나보고 싶어 했는데 지금 마침 병에 걸려 만나볼 수 없게 되었다. 병이 나으면 장차 직접 가서 만나보겠다는 것이다. 이 말로 거절한 것이다.

夷子 不來[1]라가 他日에 又求見孟子한대

1) 夷子 不來 : 趙岐는 이 구절을 夷之의 실제 행위로 본 반면, 朱熹는 ≪孟子集註≫에서 앞 문장과 연결된 맹자의 말로 章句하였다. 이에 따라 諺解本에서는 '이자는 오지 아니 할지니라'고 풀이하였다.

〈이 말을 듣고〉 夷子가 만나러 오지 않았다. 훗날에 다시 맹자에게 만나기를 요청하니,

是日에 夷子聞孟子病이라 故不來라가 他日에 復往求見之하다

이날 夷子가 맹자가 병에 걸렸다는 말을 들었으므로 만나러 오지 않았다. 훗날 다시 가서 만나기를 요청한 것이다.

孟子曰 吾今則可以見矣어니와 不直[1]則道不見(현)하나니 我且直之하리라

1) 直 : 趙岐는 '直'을 '직설적인 말로 상대방의 학설을 공박하는 것'으로 본 반면, 朱熹는 ≪孟子集註≫에서 '말을 다하여 상대방의 학설을 바로잡는 것〔盡言以相正也〕'이라고 주해하였다.

맹자가 말했다. "내가 지금은 만나볼 수 있겠다. 直說的으로 말하지 않으면 道가 드러나지 않을 것이니, 내 장차 直說的으로 말해 보겠다.

告徐子曰 今我可以見夷之矣라 不直言〔攻〕[1]之면 則儒家聖道不見하나니 我且欲直攻之

也하리라

1)〔攻〕: 저본에는 '攻'이 없으나, 廖本, 孔本, 韓本, 考文古本에 의거하여 보충하였다.

맹자가 徐子에게 해준 말이다. 즉, "지금은 내가 夷之를 만나볼 수 있겠다. 直說的인 말로 攻駁하지 않으면 儒家에서 주창하는 聖人의 道가 드러나지 않게 될 것이니 내가 장차 直說的으로 攻駁하려 한다."라고 한 것이다.

吾聞夷子는 **墨者**라하니 **墨之治喪也**는 **以薄爲其道也**라 **夷子**는 **思以易天下**하나니 **豈以爲非是而不貴也**리오 **然而夷子葬其親厚**[1]인댄 **則是以所賤事親也**로다

1) 夷子葬其親厚: 趙岐는 이 구절을 夷之를 논박하기 위해 가상으로 설정한 말로 보았다. 반면에 朱熹는 ≪孟子集註≫에서 이 구절을 맹자가 夷之를 공박하기 위해 그가 墨家의 원칙을 위반한 실제 사례로 주해하였다.

나는 夷子가 墨家의 道를 공부하는 사람이라 들었다. 墨家들은 초상을 치를 때 薄葬을 원칙으로 여기므로 夷子는 그것으로 천하를 바꾸어보려고 생각할 것이니, 어찌 薄葬을 옳지 않은 것으로 여겨 귀하지 않게 생각하겠는가. 그런데 만약 夷子가 자신의 부모에 대해서 후하게 장사를 지냈다고 한다면 이는 자신이 천하게 여기는 방식으로 부모를 섬긴 것이 될 것이다.

我聞夷子는 爲墨道者라하니 墨者治喪은 貴薄而賤厚라 夷子〔思〕[1]欲以此道易天下之化使從已하나니 豈肯以薄爲非是而不貴之也리오 如使夷子葬其父母厚也면 是는 以所賤之道로 事[2]其親也요 如其薄也인댄 下言上世不葬者 又可鄙足以[3]爲戒也라 吾欲以此攻之者[4]也라

1)〔思〕: 저본에는 '思'가 없으나, 廖本, 孔本, 韓本, 考文古本에 의거하여 보충하였다. (阮元의 〈校勘記〉 참조)

2) 事: 廖本, 孔本, 韓本, 考文古本에는 '奉'으로 되어 있다.(阮元의 〈校勘記〉 참조)

3) 以: 廖本, 孔本, 韓本, 考文古本에는 '以'가 刪去되어 있다.(阮元의 〈校勘記〉 참조)

4) 者: 廖本, 孔本, 韓本, 考文古本에는 '者'가 刪去되어 있다.(阮元의 〈校勘記〉 참조)

나는 夷子가 墨家의 道를 공부하는 사람이라 들었다. 墨家들은 초상을 치를 때 薄葬을 귀하게 여기고 厚葬을 천하게 여기므로 夷子는 이러한 원칙으로 천하의 풍속을 바

꾸어 묵가의 방식을 따르게 하고자 하는 생각을 가질 것이니, 어찌 薄葬을 옳지 않은 것이라 여겨 귀하지 않게 생각하겠는가. 그런데 만약 夷子가 자신의 부모를 후하게 장사 지냈다면 이는 자신이 천하게 여기는 방식으로 부모를 섬긴 것이 된다. 반대로 그가 薄葬을 했다면 아래에 나오는 上古時代에 부모를 장사 지내지 않은 사람이 나중에 자신의 행동을 부끄러워한 것이 경계가 될 것이다. 내가 이러한 내용으로 그를 공박하려 한다.

徐子以告夷子한대 **夷子曰 儒者之道**에 **古之人**이 **若保赤子**[1]라하니 **此言**은 **何謂也**오 **之則以爲愛無差等**이요 **施由親始**라하노라

1) 若保赤子 : ≪書經≫ 〈康誥〉에 나오는 말이다. 이 말은 백성들이 갓난아기처럼 無知하여 법을 어기고 형벌에 걸려드는 것을 안타깝게 여기라는 뜻으로 사용한 것인데, 夷之는 儒家에서도 墨家의 兼愛說과 같은 주장을 한 사례로 이 말을 인용하여 자신의 행위를 정당화하였다.

徐子가 이 말을 夷子에게 전하니, 이자가 말했다. "儒者의 가르침에, '옛 사람이 갓난아기를 보살피는 것같이 했다.'라고 하였으니, 이 말은 무슨 말인가? 나는 恩愛에는 差等이 없고 단지 恩愛를 베푸는 일은 부모로부터 시작하는 것이라고 생각한다."

若保赤子圖

之는 夷子名也라 蓋儒家者曰 古之治卽若愛赤子[1]라하니 此何謂乎아 之以爲當同其恩愛하여 無有差次等級親疏[2]也요 但施愛之事 先從己親屬始耳라 若此인댄 何爲獨非墨道也리오

1) 蓋儒家者曰 古之治卽若愛赤子 : 廖本, 孔本, 韓本, 考文古本에는 '言儒家曰古之治民若安赤子'로 되어 있다.(阮元의 〈校勘記〉 참조)

2) 差次等級親疏 : 廖本, 孔本, 韓本, 考文古本에는 '差次等級相殊'로 되어 있다.(阮元의 〈校勘記〉 참조) 여기에서 '次'는 '差'를 설명한 것이고 '級'은 '等'을 설명한 것이다. 또한 저본의 '親疏'와 異本의 '相殊'는 '等級'을 설명한 것이다. 趙岐의 이 注는 '差等'→'差次等級'→'差次等級親疏' 또는 '差次等級相殊'의 순서로 주석이 증보된 것으로 보인다.

'之'는 夷子의 이름이다. 儒家들이 말하기를 '옛 사람이 백성을 다스릴 때 갓난아기를 사랑하는 것같이 했다.'라고 하는데 이는 무슨 말인가? 모든 사람을 똑같이 恩愛하여 差等을 두어서는 안 되며 단지 恩愛를 베푸는 일에 있어서만 자기의 親屬에서부터 시작하는 것뿐이라고 나는 생각한다. 이 말대로라면 어찌 墨家의 道만 그르다 하겠는가.

徐子以告孟子한대 孟子曰 夫夷子는 信以爲人之親其兄之子가 爲若親其隣之赤子乎아 彼有取爾也나 赤子匍匐(포복)將入井은 非赤子之罪也[1]라

1) 彼有取爾也……非赤子之罪也 : 趙岐는 '彼'를 夷之로 보아, 夷之가 '갓난아기를 보살피는 것같이 했다〔若保赤子〕'는 말을 인용한 데에는 특별한 의도를 가진 것으로 보았다.(윗주석 若保赤子 참조) 반면에 朱熹는 ≪孟子集註≫에서 '彼'를 ≪書經≫으로 보아, ≪書經≫에서 이러한 비유를 취한 것은 본래 백성들이 무지하여 법을 범하는 것이 갓난아기가 무지하여 우물에 기어가 빠지려는 것과 같기 때문이라고 하였다.〔書之取譬 本爲小民無知而犯法 如赤子無知而入井耳〕

徐子가 이 말을 맹자에게 전하니, 맹자가 말했다. "夷子는 정말로 사람들이 자기 형의 아들을 사랑하기를 이웃집 갓난아기를 사랑하는 것과 똑같이 한다고 여기는가? 그는 취한 바가 있어 그런 말을 했을 것이다. 하지만 그 말(若保赤子)은 갓난아기가 엉금엉금 기어서 우물로 들어가는 것이 갓난아기의 잘못이 아니라는 뜻으로 말한 것이다.

親은 愛也라 夫夷子以爲人愛兄子與愛隣人之子等耶아 彼取赤子將入井이니 雖他人子라도 亦(愛)〔驚〕[1]救之어늘 故謂之愛同也니라 但以赤子無知故로 救之耳라 夷子必以此況之하니 未盡達人情者也라 故曰赤子匍匐將入井은 非赤子之罪也라하니라

1) (愛)〔驚〕 : 저본에는 '愛'로 되어 있으나, 廖本, 孔本, 韓本, 考文古本에 의거하여 '驚'으로 바로잡았다.(阮元의 〈校勘記〉 참조)

'親'은 사랑하는 것이다. 저 夷子는 사람들이 자기 형의 아들을 사랑하는 것을 이웃

집 아들을 사랑하는 것과 똑같은 것으로 여기는가? 그는 이 말에서 갓난아기가 우물에 빠지려는 상황을 가정하였다. 〈이러한 상황에서는〉 비록 다른 사람의 아들이라 하더라도 또한 놀라서 구하게 될 것인데, 이것을 가지고 사랑하는 것이 똑같다고 의도적으로 말을 한 것이다. 그러나 이는 단지 갓난아기가 지각이 없어 일어난 일이기 때문에 구한 것뿐이다. 그런데 夷子가 기어코 이 말로 비유를 들고 말았으니, 이는 사람의 本性을 제대로 이해하지 못한 것이다. 그래서 갓난아기가 엉금엉금 기어서 우물로 들어가려 하는 것은 갓난아기의 잘못이 아니라고 맹자가 말한 것이다.

且天之生物也는 **使之一本**이어늘 **而夷子**는 **二本故也**로다

또 하늘이 萬物을 낳을 때 하나의 根本에서 나오게 하였는데, 夷子는 두 개의 근본을 가졌기 때문이다.

天生萬物은 各由一本而出이어늘 今夷子는 以他人之親與己親等하니 是爲二本이라 故로 欲同其愛也니라

하늘이 萬物을 낳을 때 각자 하나의 根本에서 나오게 하였는데, 지금 夷子는 다른 사람의 부모를 자기 부모와 똑같이 보았으니, 이는 두 개의 근본을 가진 것이 된다. 그래서 똑같이 사랑하고자 한 것이다.

蓋上世에 **嘗有不葬其親者**러니 **其親死**어늘 **則擧而委之於壑**하고

上古時代에 부모의 장례를 치르지 않은 어떤 사람이 있었는데, 그는 자기 부모가 죽자 시신을 들어다 구덩이에 버렸다.

上世는 未制禮之時라 壑은 路傍坑壑也라 其父母終에 擧而委之棄於壑也[1]라

1) 擧而委之棄於壑也 : 廖本, 孔本, 韓本, 考文古本에는 '擧而委棄之壑中也'로 되어 있다. (阮元의 〈校勘記〉 참조)

上世는 禮法을 제정하기 이전의 시대이다. 壑은 길가의 구덩이이다. 부모가 죽자 시신을 들어다 구덩이에 버린 것이다.

他日過之할새 **狐狸食之**하며 **蠅蚋**(승예)**姑嘬**(최)**之**어늘 **其顙**(상)**有泚**(체)하여 **睨**(예)

而不視하니 夫泚也는 非爲人泚라 中心이 達於面目이니 蓋歸하여 反虆(나)梩而掩之하니 掩之誠是也면 則孝子仁人之掩其親이 亦必有道矣리라

훗날 그가 이곳을 지나다가 여우와 살쾡이가 시신을 뜯어먹고 파리와 모기가 서로 모여 빨아먹는 모습을 보고는 이마에 식은땀이 흘러 똑바로 보지 못하고 힐끗 보고 지나쳤다. 그가 식은땀을 흘린 것은 남들이 보기 때문에 흘린 것이 아니라 마음속의 감정이 얼굴에까지 나타난 것이다. 그는 집으로 돌아가 삼태기와 삽을 가져와 시신을 덮어주었으니, 시신을 덮는 것이 진실로 옳은 것이라면 孝子와 仁人이 자기 부모의 시신을 덮는 것에도 반드시 법도가 있을 것이다."

嘬는 (相)〔攢〕[1]共食之也라 顙은 額也라 泚는 汗出泚泚然也라 見其親爲獸蟲所食하여 形體毀敗하고 中心慙이라 故로 汗泚泚然出於額이니 非爲他人而慙也요 自出其心이라 聖人緣人心而制禮也라 虆梩는 籠臿(농삽)之屬이니 可以取土者也라 而掩之實是其道면 則孝子仁人掩其親이 亦有道矣라

1) (相)〔攢〕: 저본에는 '相'으로 되어 있으나, 阮元의 〈校勘記〉에 의거하여 '攢'으로 바로잡았다.

'嘬'는 모여서 함께 먹는 것이다. '顙'은 이마이다 '泚'는 땀이 주르르 흐르는 것이다. 자기 부모의 시신이 짐승과 벌레에게 먹혀 그 형체가 훼손되는 것을 보고서 마음속으로 부끄러워 이마에 식은땀이 주르르 흐른 것이니, 남들이 볼까 부끄러워서 그런 것이 아니라 자기의 마음속에서 우러나온 것이다. 성인이 이러한 사람들의 마음에 따라 예법을 만든 것이다. '虆梩'는 삼태기와 삽 따위이니, 흙을 가져오는 도구이다. 덮어주는 것이 실로 법도에 맞는 것이라면 孝子와 仁人이 자기 부모의 시신을 덮는 것에도 법도가 있을 것이다.

徐子以告夷子한대 夷子憮然爲閒曰 命之矣샷다

徐子가 이 말을 夷子에게 전하자, 夷子가 멍하니 한참동안 가만히 있다가 이윽고 "가르침을 잘 받았습니다."라고 하였다.

孟子言是는 以爲墨家薄葬이 不合道也니 徐子復以告夷子라 夷子憮然者는 猶悵然也라 爲

間者는 有頃之間也라 命之는 猶言受命教矣라

맹자가 이 말을 통해 墨家의 薄葬이 법도에 맞지 않음을 설명한 것이니, 徐子가 다시 이를 夷子에게 전하였다. 이자가 '憮然'했다는 말은 '悵然'했다는 말과 같다. '爲間'은 '한참 동안'이다. '命之'는 '가르침을 잘 받았다'는 말과 같다.

【疏】'墨者夷之'至'命之矣'. ○ 正義曰：此章言聖人緣情, 制禮奉終, 墨子互同, 質而違中, 以直正枉, 憮然改容而受命也.[1] '墨者夷子, 因徐辟而見孟子', 夷之, 治墨家之道者姓名也. 徐辟, 孟子弟子也. 言治墨家之道者夷之因孟子弟子徐辟而見孟子也. 孟子曰, 吾固願見, 今吾尙正病, 且待病之瘥愈, 我以往而見之也.

1) 此章言聖人緣情……憮然改容而受命也：北京大本에는 章指를, "이 장의 章指는 聖人이 인간의 本性에 따라 禮法을 정해 장례를 치르게 하였는데, 墨子는 원래 같은 입장이었으나 검소함이 中道를 벗어났으므로 맹자가 곧은 道로 굽은 道를 바로잡으니, 夷之가 멍하니 있다가 얼굴빛을 고쳤으니, 그것이 이치이다.〔此章指言聖人緣情 制禮奉終 墨子元同 質而違中 以直正枉 憮然改容 蓋其理也〕"라고 하였다.

經의 〔墨者夷之〕에서 〔命之矣〕까지

○ 正義曰：이 장은 聖人이 인간의 本性에 따라 禮法을 정해 장례를 치르게 하였는데, 墨子도 서로 같은 입장이었으나 검소함이 中道를 벗어났으므로 맹자가 곧은 道로 굽은 道를 바로잡으니, 〈夷之가〉 멍하니 있다가 얼굴빛을 고치고 맹자의 가르침을 받아들였음을 말한 것이다.

〔墨者夷子 因徐辟而見孟子〕 夷之는 墨家의 道를 공부하는 사람의 姓과 이름이다. 徐辟은 맹자의 제자이다. 墨家의 道를 연구하는 사람인 夷之가 맹자의 제자인 徐辟을 통해 맹자를 만나려 한 것이다. 맹자가 말하기를, "내가 늘 만나보고 싶어 했는데 지금 마침 병에 걸렸으니 장차 병이 낫게 되면 내가 가서 만나보겠다."라고 하였다.

'夷子不來, 他日, 又求見孟子', 夷子聞孟子以爲尙病, 故不來見. 至於他日, 復往求見孟子.

〔夷子不來 他日 又求見孟子〕 夷子가 맹자가 병에 걸렸다고 한 말을 들었으므로 만나러 오지 않았다. 훗날에 다시 가서 맹자에게 만나기를 요청한 것이다.

'孟子曰, 吾今則可以見矣. 不直則道不見, 我且直之', 孟子見夷子復來求見, 遂不得已, 先言於徐子曰, 我今則可以見矣, 欲不見, 則不得直己之道而正之, 儒家先王之正道, 則泯而不見. 我且見而直己之道而正彼也.

〔孟子曰 吾今則可以見矣 不直則道不見 我且直之〕 맹자가 夷子가 다시 와서 만나기를 요청한 것을 보고서 어쩔 수 없이 徐子에게 먼저 이 말을 한 것이다. 즉, "내가 지금은 만나볼 수 있겠다. 그를 만나지 않으려고 하면 나의 道를 직설적으로 설파하여 그를 바로잡을 수 없을 것이고 儒家에서 주창하는 先王의 正道가 민멸되어 드러나지 않게 될 것이다. 내가 장차 그를 만나 직설적으로 나의 도를 설파하여 그를 바로잡아 놓겠다."라고 한 것이다.

'吾聞夷子墨者, 墨之治喪也, 以薄爲其道也'至'是以所賤事親也', 此孟子, 以此告徐子是其直己之道而正夷子也. 以其夷子旣以厚葬其親, 而尙治其墨家之道, 故不知以此厚其親是儒家之正道而已. 孟子所以反覆直而正之, 乃因徐子而告之曰, 我聞夷子治墨家之道者也, 夫墨者治喪不厚, 但以薄之是爲其道也, 夷子思以墨道以變易天下之化, 豈以薄其喪而不貴之者也? 然而夷子葬其父母, 以厚爲之, 則是以墨家所賤者而事父母之親喪也. 以其墨家賤厚而貴薄也.

〔吾聞夷子墨者 墨之治喪也 以薄爲其道也〕에서 〔是以所賤事親也〕까지

이는 맹자가 徐子에게 말해준 것으로, 자신의 道를 직설적으로 설파하여 夷子를 바로잡은 것이다. 夷子가 이전에 자신의 부모를 厚葬하고서 여전히 墨家의 道를 공부하고 있었으므로 이렇게 부모를 厚葬하는 것이 儒家에서 추구하는 正道임을 몰랐던 것이다. 그래서 맹자가 반복해서 직설적인 말로 바로잡으려 한 것이고 이에 徐子를 통해 말하기를, "나는 夷子가 墨家의 道를 공부하는 사람이라고 들었다. 墨家는 초상을 치를 때 厚葬을 하지 않고 단지 薄葬으로 하는 것이 그들의 원칙이고, 夷子는 墨家의 道로 천하를 바꾸어 보고자 하는 생각을 가지고 있을 것이니, 그 초상을 박하게 치르는 것을 귀하게 여기지 않겠는가. 그런데 만약 夷子가 그 부모를 장사할 때 厚葬을 했다면, 이는 墨家에서 천하게 여기는 방식으로 부모의 초상을 치른 것이다. 墨家에서는 厚葬을 천하게 여기고 薄葬을 귀하게 여기기 때문이다."라고 한 것이다.

'徐子以告夷子', 徐子因孟子此言以告之夷子也. '夷子曰, 儒者之道, 古之人若保赤子'至'施由親始', 此又夷子以言於徐子, 而以墨道爲是也. 乃曰, 儒者之道, 有云古之人治民, 若保安赤子者, 是言何謂之乎? 是則以爲恩愛之道無有差等之異也, 但施行恩愛之道, 當自父母之親爲始耳, 我所以厚葬其親, 何爲獨非以墨道也? 之, 夷子自稱己之名也. 徐子又以夷子此言告於孟子.

〔徐子以告夷子〕 徐子가 맹자의 이 말을 夷子에게 전해준 것이다.

〔夷子曰 儒者之道 古之人若保赤子〕에서 〔施由親始〕까지

이는 夷子가 徐子를 통해 답변한 말로서, 墨家의 道가 옳다는 내용이다. 즉, "儒者의 가르침에 '옛 사람이 백성을 다스릴 때 마치 갓난아기를 보살피는 것같이 했다'고 하는데, 이 말은 무슨 말인가? 이 말은 恩愛에는 대상에 따른 差等이 없고 단지 恩愛를 베푸는 일에 있어서만은 마땅히 父母로부터 시작해야 한다는 것이라고 생각한다. 그러니 내가 父母를 厚葬한 것을 어찌 墨家의 道에 비춰 유독 그르다고 하겠는가."라고 한 것이다. '之'는 夷子가 스스로 자기의 이름을 일컬은 것이다. 徐子가 다시 夷子의 이 말을 맹자에게 전해준 것이다.

'孟子曰, 夫夷子信以爲人之親其兄之子'至'亦必有道矣', 孟子又言今夷子以爲愛無差等, 是夷子信以爲人親愛其兄之子, 爲若親愛其隣家之赤子乎? 然彼夷子蓋亦有所取而云耳, 故亦不足怪也. 彼夷子必謂孺子有將入井, 人皆有怵惕(출척)惻隱之心, 故云愛無差等, 又以古之人"若保赤子"爲言也. 蓋其赤子匍匐將入於井, 非赤子之罪惡也, 但以赤子未有知, 人故不忍見焉, 故救之耳. 今夷子必以此況之, 而遂以爲愛無差等, 如親其兄之子, 爲若親其隣之赤子同是, 則親兄之子, 必亦得將入井然後救之矣, 是夷子未達人情者也. 且天之生萬物也, 皆使其由一本而出矣. 今夷子以他人之親與己之親同, 是爲有二本也, 又安知先王制禮而稱人之情以爲之厚薄, 施於父子者不以同於兄弟, 行於同宗者不以行於隣族也. 蓋上世於太古未制禮之時, 常有不葬其親者, 其親之死, 則擡擧而委棄於路傍坑壑之中. 他日, 子過之於此, 見其狐狸野獸食之, 蠅蚋飛蟲且共嘬食, 其子之額泚然出汗, 故眥睨(자예)而不敢詳視. 夫子所以有泚泚然之汗於額而出者, 非爲他人而慙也, 故如是而泚[2]泚泚然而出於額也, 以其中心有所不忍其親之如是, 故自中心之所痛恨故發[3]之於面目, 所以有泚泚然之汗出於額也. 蓋不忍之如是, 乃歸取虆梩籠臿取土而遮掩之, 誠是其不忍其親之道也. 是則孝子仁人之心, 而掩其親亦必有道耳. 孟子所以言是者, 蓋非墨家薄葬爲非[4], 而以厚葬爲是, 故以直其正道矣. 夫[5]以謂太古未制禮之時, 子有不忍其親爲獸蟲所食, 尙知掩之之道, 況今之世,

先王所制定其禮，而可蔽之墨家道而薄葬爲是而以厚葬爲非邪？夷子既以能厚其親，而尙不知以墨家之所薄爲非，所以執此而直之使正耳.

2) 泚：四庫全書本에는 '汗'으로 되어 있다.
3) 恨故發：四庫全書本에는 '遂達而'로 되어 있다.
4) 爲非：앞의 '非墨家薄葬'을 부연 설명한 말이다.
5) 夫：四庫全書本에는 '意'로 되어 있다.

〔孟子曰 夫夷子信以爲人之親其兄之子〕에서 〔亦必有道矣〕까지

맹자가 또다시 말한 것이다. 즉, 지금 夷子가 사랑에는 差等이 없다고 하였는데, 이 말은 夷子가 사람들이 자기 형의 아들을 사랑하는 것을 이웃집 갓난아기를 사랑하는 것과 똑같은 것으로 정말 여긴다는 말인가? 하지만 저 夷子 또한 취한 바가 있어서 그런 말을 했을 것이니, 그 또한 괴이하게 여길 것은 없다. 저 夷子는 필시 갓난아기가 우물로 기어서 들어가려 하면 사람들이 모두 깜짝 놀라 측은히 여기는 마음이 생긴다고 생각했으므로 사랑에는 差等이 없다는 말을 하였고 또 "갓난아기를 돌보는 것처럼 한다"는 옛 사람의 말을 언급하였던 것이다. 대체로 갓난아기가 엉금엉금 기어서 우물로 들어가려 하는 것은 갓난아기의 잘못이 아니다. 단지 갓난아기가 아직 지각이 없어서 그런 것이므로 사람들이 이 모습을 차마 볼 수 없어 구한 것뿐이다. 그런데 지금 夷子가 기어코 이 말로 비유를 들어 마침내 사랑에는 差等이 없다고 말을 하여 자기 형의 아들을 親愛하는 것과 이웃집 갓난아기를 親愛하는 것을 동일하게 만들어 버리고 말았다. 그렇게 본다면 결국 자기 친형의 아들 또한 우물에 들어가려 하고 나서야 구하게 될 것이니, 이는 夷子가 사람의 本性을 제대로 이해하지 못한 것이다. 또 하늘이 萬物을 낳을 때 모두 하나의 근본에서 나오게 하였는데, 지금 夷子는 다른 사람의 父母와 자기의 父母를 동일하게 보았으니, 이는 두 개의 근본을 가진 것이 된다. 그가 어찌 先王이 禮法을 제정하되 사람의 本性에 맞게 厚薄을 달리하여 父子 사이에 베푸는 것이 兄弟에게 베푸는 것과 똑같지 않고 집안사람에게 행해지는 것이 이웃에 그대로 행해지지 않는다는 것을 알았겠는가.

上古時代, 즉 禮法이 제정되기 이전의 太古 시절에 부모의 장례를 치르지 않는 사람이 있었는데, 자기 부모가 죽자 시신을 들어다 길가의 구덩이 속에 버렸다. 훗날에 그 아들이 이곳을 지나다가 여우와 살쾡이 같은 들짐승이 시신을 뜯어먹고 파리와 모기 같은 날벌레가 모여서 빨아먹는 모습을 보고는 아들의 이마에 식은땀이 주르르 흘러

감히 자세히 쳐다보지도 못하고 힐끗 보고 지나쳤다. 그 아들이 이마에 식은땀이 주르르 흐른 것은 남들이 볼까 부끄러워 이처럼 이마에 땀이 주르르 흐른 것이 아니다. 마음속에 부모의 시신을 이처럼 차마보지 못하는 감정이 솟구쳐서 마음속의 痛恨이 얼굴에까지 나타났기 때문에 이마에 땀이 주르르 흐른 것이다. 차마 하지 못하는 마음이 이러하기에 마침내 집으로 돌아가 삼태기와 삽을 가지고 와서 흙을 가져다 덮어주었으니, 진실로 자기 부모에게 차마하지 못하는 마음을 표현한 것이다. 이는 孝子와 仁人의 마음에서 나온 것으로, 부모의 시신을 덮는 데에도 반드시 법도가 있을 것이다. 맹자가 이 말을 한 것은 墨家의 薄葬을 잘못된 것이라 여기고 厚葬을 하는 것이 옳다고 여겼기 때문에 그 正道를 직설적으로 말한 것이다. 이 말의 취지는, 禮法이 제정되기 이전의 太古 시절에도 아들이 자기 부모가 짐승과 벌레들에게 먹히는 것을 차마 볼 수 없어 그 시신을 덮어줄 줄 알았는데, 하물며 지금 세상은 先王이 이미 그에 맞는 禮法을 제정해 놓았거늘 어찌 墨家의 道에 가려서 薄葬을 옳다 하고 厚葬을 잘못된 것이라 한다는 말이냐고 한 것이다. 夷子가 이미 자기 부모를 厚葬하고서 墨家에서 薄葬을 하는 것이 잘못이라는 것은 여전히 모르고 있었으므로 맹자가 이것을 가지고 직설적으로 말하여 바로잡아 준 것이다.

'徐子以告夷子'至'命之矣'者, 徐子又因孟子此言而告於夷子, 夷子乃憮然而覺悟其已之罪, 故頃然爲間, 曰, 我今受孟子之教命, 而不敢逆矣.

〔徐子以告夷子〕에서 〔命之矣〕까지

徐子가 다시 맹자의 이 말을 가지고 夷子에게 전하자, 夷子가 자기의 잘못을 깨닫고는 머리가 멍해졌다. 그래서 한참동안 가만히 있다가 이윽고 "내가 지금 맹자의 가르침을 잘 받았으니 감히 거스르지 못하겠다."라고 한 것이다.

附 錄

1. ≪孟子注疏 2≫ 參考書目

◇ 底本 및 주요 참고도서

• ≪孟子注疏≫, 阮元(淸) 校刻, 十三經注疏(淸 嘉慶刊本), 中華書局, 2009.
• ≪孟子注疏≫, 十三經注疏整理委員會 整理, 北京大學出版社, 2000.

◇ 十三經注疏

• ≪論語注疏≫, 阮元(淸) 校刻, 十三經注疏(淸 嘉慶刊本), 中華書局, 2009.
• ≪毛詩正義≫, 阮元(淸) 校刻, 十三經注疏(淸 嘉慶刊本), 中華書局, 2009.
• ≪尙書正義≫, 阮元(淸) 校刻, 十三經注疏(淸 嘉慶刊本), 中華書局, 2009.
• ≪禮記正義≫, 阮元(淸) 校刻, 十三經注疏(淸 嘉慶刊本), 中華書局, 2009.
• ≪儀禮注疏≫, 阮元(淸) 校刻, 十三經注疏(淸 嘉慶刊本), 中華書局, 2009.
• ≪爾雅注疏≫, 阮元(淸) 校刻, 十三經注疏(淸 嘉慶刊本), 中華書局, 2009.
• ≪周禮注疏≫, 阮元(淸) 校刻, 十三經注疏(淸 嘉慶刊本), 中華書局, 2009.
• ≪周易正義≫, 阮元(淸) 校刻, 十三經注疏(淸 嘉慶刊本), 中華書局, 2009.
• ≪春秋穀梁傳注疏≫, 阮元(淸) 校刻, 十三經注疏(淸 嘉慶刊本), 中華書局, 2009.
• ≪春秋公羊傳注疏≫, 阮元(淸) 校刻, 十三經注疏(淸 嘉慶刊本), 中華書局, 2009.
• ≪春秋左傳正義≫, 阮元(淸) 校刻, 十三經注疏(淸 嘉慶刊本), 中華書局, 2009.
• ≪孝經注疏≫, 阮元(淸) 校刻, 十三經注疏(淸 嘉慶刊本), 中華書局, 2009.

◇ 기타 원전자료

• ≪經典釋文≫, 陸德明(唐) 撰, 上海古籍出版社, 1985.
• ≪經傳釋詞≫, 王引之(淸) 撰, 臺灣商務印書館, 1968.

- ≪孔子家語≫, 王肅(魏) 編, 學民文化社.
- ≪管子校正≫, 尹知章(唐) 注, 戴望(淸) 撰, 世界書局, 1990.
- ≪國語≫, 左丘明(周) 撰, 學民文化社.
- ≪論語譯注≫, 楊伯峻 譯注, 中華書局, 1980.
- ≪論語集註大全≫, 朱熹(宋) 集註, 胡廣(明) 等編, 成均館大 大東文化硏究院.
- ≪道德經≫, 王弼(魏) 注, 文淵閣四庫全書, 臺灣商務印書館, 1986.
- ≪白虎通義≫, 班固(漢) 撰, 臺灣商務印書館, 1968.
- ≪史記≫, 司馬遷(漢) 撰, 裴駰(南朝 宋) 集解, 司馬貞(唐) 索隱, 張守節(唐) 正義, 中華書局, 1997.
- ≪司馬法譯注≫, 李零 譯注, 河北人民出版社, 1992.
- ≪尙書大傳≫, 伏勝(漢) 撰, 文淵閣四庫全書, 臺灣商務印書館, 1986.
- ≪書傳大全≫, 蔡沈(宋) 集傳, 胡廣(明) 等編, 朝鮮內閣本, 學民文化社.
- ≪說文解字注≫, 許愼(漢) 撰, 段玉裁(淸) 注, 上海古籍出版社, 1981.
- ≪水經注≫, 酈道元(北魏) 撰, 文淵閣四庫全書, 臺灣商務印書館, 1986.
- ≪荀子集解≫, 王先謙(淸) 集解, 中華書局, 1988.
- ≪詩傳大全≫, 朱熹(宋) 集傳, 胡廣(明) 等編, 學民文化社.
- ≪新序≫, 劉向(漢) 撰, 臺灣商務印書館, 1968.
- ≪禮記集說大全≫, 陳澔(元) 集說, 胡廣(明) 等編, 學民文化社.
- ≪爾雅≫, 郭璞(晉) 注, 中華書局, 1985.
- ≪莊子集釋≫, 莊周(周) 撰, 郭象(西晉) 注, 陸德明(唐) 釋文, 成玄英(唐) 疏, 郭慶藩(淸) 輯, 王孝魚 點校, 中華書局, 1961.
- ≪周禮今註今譯≫, 林尹 譯注, 臺灣商務印書館, 1997.
- ≪周易傳義大全≫, 程頤(宋) 傳, 朱熹(宋) 本義, 胡廣(明) 等編, 學民文化社.
- ≪中庸章句大全≫, 朱熹(宋) 章句, 胡廣(明) 等編, 成均館大 大東文化硏究院.
- ≪晉書≫, 房玄齡(唐) 等撰, 中華書局, 1997.

- ≪春秋經傳集解≫, 左丘明(周) 撰, 杜預(晉) 註, 保景文化社.
- ≪春秋釋例≫, 杜預(晉) 撰, 文淵閣四庫全書, 臺灣商務印書館,
- ≪太平御覽≫, 李昉(宋) 等撰, 中華書局, 1960.
- ≪韓非子集解≫, 王先愼(淸) 集解, 中華書局, 1998.
- ≪漢書≫, 班固(漢) 撰, 顔師古(唐) 注, 中華書局, 1997.
- ≪後漢書≫, 范曄(南朝 宋) 撰, 李賢(唐) 等注, 中華書局, 1997.
- ≪淮南子≫, 劉安 撰, 高誘 注, 文淵閣四庫全書, 臺灣商務印書館, 1986.

◇ 번역서 및 주석서

〔韓國〕

- ≪국역 孟子≫, 유교문화연구소, 성균관대학교출판부, 2006.
- ≪신완역 孟子≫, 차주환 역, 명문당, 1988.
- ≪孟子≫, 홍인표 역, 서울대학교출판부, 1992.
- ≪맹자 사람의 길≫, 김용옥, 통나무, 2012.
- ≪孟子註譯≫, 김중식 역, 한국인쇄주식회사, 1956.
- ≪역주 茶山 孟子要義≫, 정약용, 현대실학사, 1994.
- ≪우리말 사서 : 논어 · 대학 · 중용 · 맹자≫, 금장태, 지식과 교양, 2013.
- ≪한글 맹자≫, 이을호 역, 전남대학교출판부, 1958.
- ≪현토완역 孟子集註≫, 성백효, 전통문화연구회, 1998.

〔中國〕

- ≪孟子≫, 金良年 詳解, 上海古籍出版社, 2010.
- ≪孟子今註今譯≫, 史次耘, 臺灣商務印書館, 1978.
- ≪孟子譯注≫, 楊伯峻 譯注, 中華書局, 1960.
- ≪孟子正義≫, 焦循 撰, 中華書局, 1987.

• ≪孟子集註大全≫, 朱熹(宋) 集註, 胡廣(明) 等編, 成均館大 大東文化硏究院.
• ≪十三經直解≫, 朱安群, 江西人民出版社, 1993.

〔日本〕

• ≪孟子≫, 金谷治 譯, 東京, 岩波新書, 1966.
• ≪孟子≫, 渡辺卓 譯, 東京, 明德出版社, 1982.
• ≪孟子≫, 貝塚茂樹 譯, 東京, 中央公論新社, 2006.
• ≪新釋孟子全講≫, 宇野精一, 東京, 學燈社, 1959.
• ≪漢文大系≫, 富山房編輯部, 東京, 富山房, 1984.

〔기타〕

• Mencius, D.C. Lau., London, Penguin, 2004.
• Mencius, David Hinton, Washington, D.C., Counterpoint, 1999.
• Mencius, James Legge, New York, BiblioBazaar, 2008.
• The essential Mengzi : selected passages with traditional commentary, Bryan W. Van Norden, Indianapolis, Ind. : Hackett Pub. Co., 2009.

◇ 電子文獻 및 Web DB

• 동양고전종합DB (http://db.cyberseodang.or.kr)
• 한국고전종합DB (http://db.itkc.or.kr)
• 상우천고 (http://www.s-sangwoo.kr)
• 電子版 文淵閣四庫全書, 上海古籍出版社

2. ≪孟子注疏 2≫ 圖版目錄 및 出處

3. 戰國七雄圖

* QR코드를 스캔하면 더 선명한 지도를 볼 수 있습니다.

(≪中國歷史地圖≫ 上冊 (程光裕·徐聖謨 主編, 中國文化大學出版部, 1980)에서 轉載)

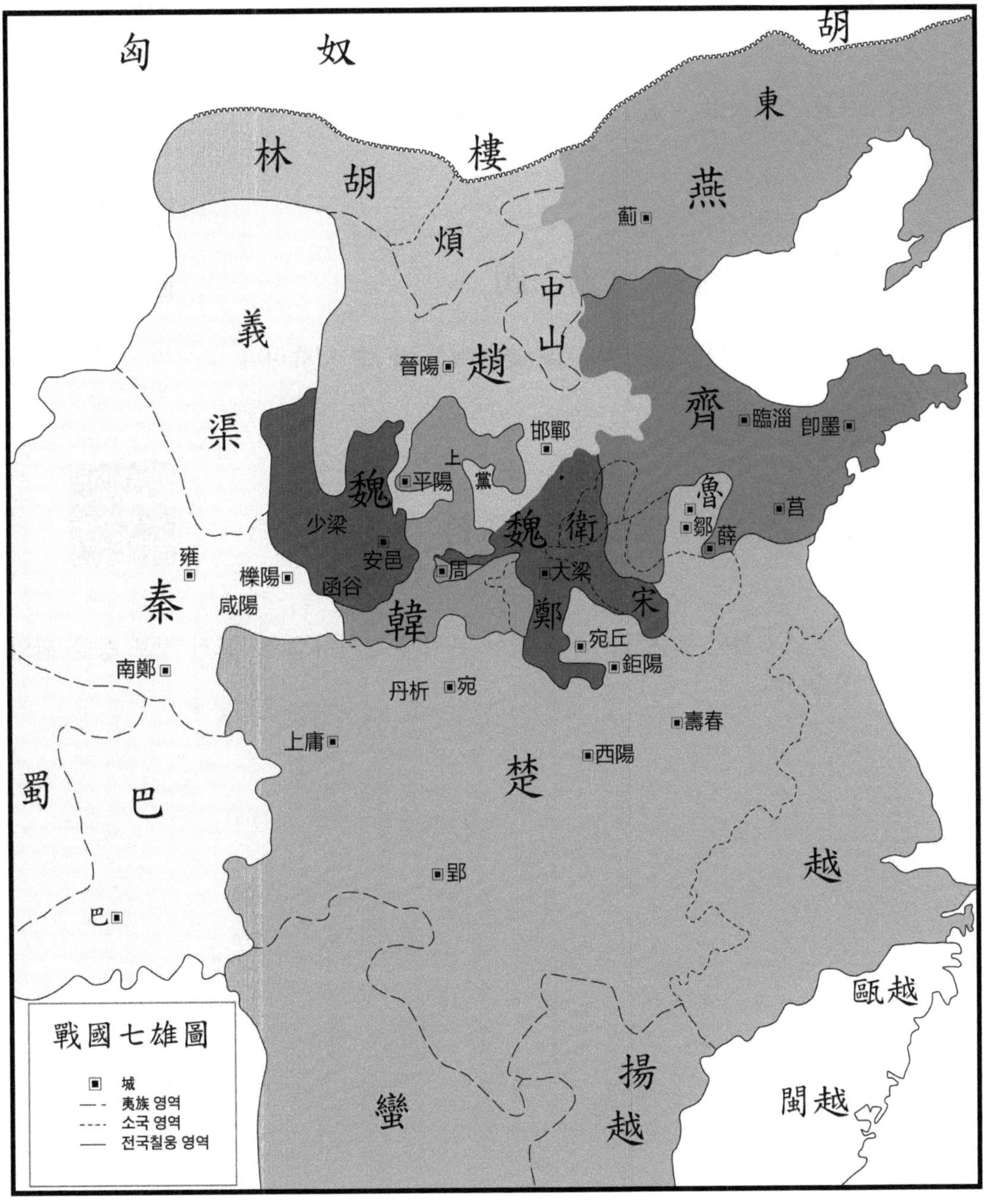

4. ≪孟子注疏≫ 總目次

• QR코드를 스캔하면 ≪孟子注疏≫ 解題를 볼 수 있습니다.

5. ≪孟子注疏≫ 解　題

• QR코드를 스캔하면 ≪孟子注疏≫ 總目次를 볼 수 있습니다.

6. ≪孟子≫ 관련 參考資料

• QR코드를 스캔하면 ≪孟子≫와 관련한 본회의 강의자료 및 도서 정보 등을 확인할 수 있습니다.

共同飜譯

崔彩基

서울大學校 교육학과 졸업

成均館大學校 大學院 文學博士

民族文化推進會 國譯硏修院(연수부, 상임연구부) 졸업

韓國古典飜譯院 首席硏究委員(現)

論文 및 譯書

〈退溪 李滉의 朱子書節要 編纂과 그 刊行에 관한 硏究〉, 〈圃隱集의 編纂과 刊行에 관한 硏究〉, 〈한국에서의 朱子文集 수용방식〉 등

≪拙藁千百≫, ≪記言≫(공역), ≪明齋遺稿≫(공역), ≪弘齋全書≫(공역), ≪星湖全集≫(공역) 등

梁基正

高麗大學校 한문학과 졸업

成均館大學校 大學院 박사과정 수료

民族文化推進會 國譯硏修院 연수부 졸업

韓國古典飜譯院 責任硏究員(現)

論文 및 譯書

〈禮記類編의 編刊과 毁板・火書에 관한 연구〉, 〈正祖의 當代 臣僚 文集 命刊에 대한 연구〉, 〈한국고전번역원 출간 한문번역 관련 공구서 현황과 과제〉 등

≪明齋遺稿≫(공역), ≪星湖全集≫(공역), ≪樊巖集≫(공역), ≪南冥集校注≫ 등

十三經注疏
譯註 孟子注疏 2　　　　정가 33,000원

2021년 12월 30일 초판 발행
2024년 03월 15일 초판 3쇄

共同飜譯　崔彩基 梁基正
企劃編輯　東洋古典飜譯編輯委員會
常任原文校閱　吳圭根
飜譯研究管理　南賢熙
潤　　文　朴勝珠
校　　訂　李承俊

發 行 人　郭成文

發 行 處　社團法人 傳統文化研究會
서울시 종로구 삼일대로 428 낙원빌딩 411호
전화 : (02)762-8401　전송 : (02)747-0083
전자우편 : juntong@juntong.or.kr
홈페이지 : juntong.or.kr
사이버書堂 : cyberseodang.or.kr
온라인서점 : book.cyberseodang.or.kr
등록 : 1989. 7. 3. 제1-936호

인쇄처 : 한국법령정보주식회사(02-462-3860)
총　판 : 한국출판협동조합(070-7119-1750)

ISBN 979-11-5794-490-3 (94140)
　　978-89-91720-93-0 (세트)

※ 이 책은 2021년도 교육부 고전문헌 국역지원사업 지원비에 의해 초판 간행.